친절한 간화선

월암 月庵

친절한 간화선

선수행의 정통 교과서

담앤북스

• 추천하는 글

급한 물살에 공을 치듯이

어떤 스님이 조주趙州선사에게 물었다.

갓난아이도 육식六識이 있습니까, 없습니까?

조주가 대답하였다.

급한 물살에 공을 치는 격이다.

그 스님이 다시 투자投子선사에게 물었다.

급한 물살에 공을 치는 격이라는 것은 무슨 뜻입니까?

투자가 대답하였다.

생각 생각이 머무르지 않는 것이다.

　도를 배우는 사람은 갓난아이처럼 일체 경계에 흔들림이 없어 무심無心하여야 한다. 일체의 상相을 내려놓고 천진天眞의 삶을 살아야 부처의 자리에 나아갈 수 있다. 물살에 공을 치듯 무심하여 견문각지見聞覺知에 속하지도(卽) 않고 떠나지도(離) 않음이 무위진인無位眞人의 경계境界이다.

　돌이켜보면 현대사회에서 비록 인간의 삶은 편리하고 풍요로워졌지만 갈등과 방황의 늪에 빠져 본분사本分事를 망각해 버렸다. 이러한 혼돈의 시대에 불조佛祖의 가르침이야말로 21세기 인간문명을 선도先導할 대안으로 떠오르고 있다. 조사가 이르기를, 즉심시불卽心是佛이요 즉인시불卽人是佛이라 하였다. 즉 마음이 부처요, 사람이 부처다. 공적영지空寂靈知한 인간의 자성自性이 생사生死가 본래 없는 영원한 자가보장自家寶藏이라는 선禪의 종지宗旨는 중생들에게 희망과 용기를 주기에 충분하다. 중생이 부처라는 선불교禪佛敎의 가르침은 편협하고 독선적인 종교의 영역을 벗어난 인류공생人類共生의 진리이며, 미래문명未來文明의 지향指向임이 분명分明하다.

이러한 외적外的 시절인연時節因緣을 맞이하고 있는 우리 교단의 사부대중四部大衆은 성찰省察의 의미에서 재삼 불조佛祖의 유훈遺訓에 어긋남이 없는지 점검點檢해 보아야 할 것이다. 특히 상구보리上求菩提, 하화중생下化衆生을 체현體現해야 할 선납禪衲들은 만에 하나 소승적小乘的 증상만增上慢에 빠져 정진精進을 게을리하지나 않는지, 현실과 괴리乖離된 수행으로 중생을 위한 헌신獻身이 없지나 않은지, 수행과 교화로써 도량道場을 장엄하는 진정한 출가인出家人이 아닌 적주승니賊住僧尼로서 호구지책糊口之策에 빠져 있지나 않는지 깊이 반성해 보아야 할 것이다. 아! 백번을 고쳐 생각해 보아도 분명 한탄恨歎스럽고 자괴自愧스러운 일이 분명한 일일진저!

이러한 말류적末流的 현실을 통찰洞察한 월암선사月庵禪師가 이번에 『친절한 간화선』이라는 저술을 통해 시대적時代的 책임責任과 사명使命을 다하지 못하는 사부대중四部大衆에게 경종警鐘을 울리는 한편, 출가出家와 재가在家

의 수행자에 있어서 과연 어떤 것이 올바른 정진精進이며, 무엇이 구경究竟을 향한 수증修證인지를 세세細細하고도 분명分明하게, 경전經典과 어록語錄의 가르침에 의거하여 심도深度 있게 분석分析하고 체계적으로 논술論述하였다.

이 책에서는 누구나 알기 쉽게 발심發心으로부터 습인習忍, 정견正見과 수증修證의 점차, 불이중도不二中道의 구경究竟과 간화선看話禪 수행의 방편에 대하여 친절親切하고 극명極明하게 적시摘示해 놓았다.

월암선사月庵禪師는 중국中國의 북경대학北京大學에서 선종사禪宗史와 돈오선頓悟禪을 연구研究하여 철학박사哲學博士 학위를 받은 바 있으며, 그동안 넓고 깊은 선학적禪學的 토대土臺를 바탕으로 많은 논문論文과 저술著述을 통해 대중에게 감명을 준 바 있다.

그리고 중국의 진여선사眞如禪寺, 남화선사南華禪寺, 백림선사栢林禪寺 등의 선당禪堂에서 안거安居하였으며, 봉암사, 정혜사, 벽송사, 대승사를 비롯한 제방선원諸方禪院에서 실참실수實參實修한 본분납자本分衲子이며, 깨어 있는 선사禪師이다. 이번에 저작한 『친절한 간화선』은 우리 교단敎團의 사부대중四部大衆에게는 훌륭한 수행의 지침서指針書가 될 것이며, 신앙적 귀감龜鑑이 될 것이다. 또한 불교를 잘 모르는 일반인一般人에게는 불교의 원융무애圓融無

碍한 사상과 불이중도不二中道의 진리眞理가 무엇인지를 알게 하는 나침반羅針盤이 되고, 불교입문서佛敎入門書가 될 것이다.

　아울러 안일安逸과 탐욕貪慾으로 명리名利에만 급급한 작금의 출가인出家人에게는 일대경종一大警鐘이 될 것이며, 발심發心은 했으나 공부工夫의 차제次第를 모르는 사람에게는 명확明確한 이정표里程標가 될 것이다. 이『친절한 간화선』이 견성성불見性成佛, 요익중생饒益衆生하는 선수행자의 영원永遠한 지남指南이 되기를 기원祈願하는 바이다.

항사 법계는 시작도 끝도 없는데
한산의 달빛은 예와 지금에 통하네.

세존응화 임진년 2월 10일

德崇叢林 方丈 雪靖

• 책을 펴내며

사람이 부처다

　서산스님은 말하기를, "차라리 영겁토록 생사에 윤회하더라도 모든 부처의 해탈을 구하지 않는 것이 선가의 안목이요, 다른 사람의 허물을 보지 않고 항상 자신의 허물을 보는 것이 선가의 수족이다."라고 하였다.
　나고 죽음이 본래 없는 무생법인無生法忍을 체득하여 제도한 바 없이 중생을 제도함이 청안납자의 본분사요, 허물이 허물 아닌 줄 아는 그 자리에서 허물을 돌이켜 바른 행(正行)을 장엄함이 선수행자의 일상사이다.
　사바의 언덕에 태어나 숙연으로 공문空門에 들어온 지 벌써 강산이 네 번이나 바뀌었다. 경계를 따라 춤을 춘 날들을 반조하며 선방에 앉아 애꿎은 화두만 씹고 있으니 새벽의 여명은 멀기만 하다. 평생을 수행한 답시고 모습만 지키며 시주의 은혜만 두텁게 하였으니 염라노자의 방망이를 피해 가기 어렵게 되었다.
　한 자식이 출가하면 구족이 승천한다고 하였는데 지천명知天命을 훨씬 넘겨 이순耳順의 문턱으로 치닫고 있는 이즈음, 아직 한 소식으로 스승의 은혜에 보답하지 못했고 팔순의 지친 노모에게도 기쁜 소식을 전하지 못하였으니 양가兩家에 지은 죄로 오히려 조상이 구천을 떠돌 것 같다.

그러나 다행히 선문에 들어 천하 노화상들의 가르침을 받을 수 있었고, 강호의 용상들과 어깨를 맞대고 좌복의 먼지를 털 수 있었으니 시절인연이 하수상한 것만은 아닌 것 같다. 비록 견성見性의 문안에 들어 가리사家裏事를 밝히지는 못하였지만, 문안의 소식을 더듬어 횃불 든 도둑의 심정으로 반딧불과 싸락눈을 주워 모아 도중사途中事를 밝히기로 용기를 내었다. 도중사와 가리사가 둘이 아니기에 도중사를 여의고 가리사를 밝힐 수 없다.

어찌 한 잔의 물로 대지를 적실 수 있으며, 한 숟가락의 음식으로 모든 사람이 배를 채울 수 있겠는가. 그러나 작은 옹달샘 물이 장강을 흘러 대해에 이르러 해인의 삼매(海印三昧)를 이루어 많은 중생을 이롭게 할 수 있다는 믿음으로 종문 정안들의 장군죽비를 기다리며 횡설수설의 넋두리를 늘어놓았다.

썩은 나무 등걸을 의지해 편안히 숨을 쉬는 눈먼 거북이가 있듯, 이 작은 넋두리가 소실문少室門으로 향하는 지친 납자의 이정표가 될 수도 있다는 기대로 눈썹이 빠지는 심정으로 미륵하생의 그날을 기다리기로 하였다.

한산閑山의 겨울은 길고 혹독하다. 하필 새로 일군 도량이 백두대간의 한산 중턱 800고지에 자리한지라 겨울이면 온통 눈보라의 향연이요, 매일이 바람의 잔날이다. 다행이 남향이라 낮 동안의 따스한 햇살로 위안하며 긴 삼동 안거를 지내고 있다. 방문객의 발길이 사라진 폭설의 기간이 오히려 고마운 것은 세상을 염려하고 은혜의 인정을 위해 망상의 꽃을 피울 수 있기 때문이다. 여러 아는 스님들과 많은 신도들이 쉽고 친절한 참선 지침서 한 권을 펴내 줄 것을 요청한 지 몇 해가 흘렀지만 그 약속을 지키지 못하고 있다가 이번 동안거 기간에 결심하고 망상을 피워 원고를 정리하게 되었다.

선禪은 깨어 있는 눈이요, 열려 있는 삶이다. 우리의 일상을 여의고 선이 없으며, 마음을 떠나 부처를 찾을 수 없다. 그러므로 평상심이 도(平常心是道)이며, 마음이 부처(卽心是佛)라고 말하는 것이다. 평상심이 도이기에 생활이 그대로 참선이요, 마음이 부처이기에 참선이 그대로 생활이다. 사람이 부처다. 사람이 부처인 세상을 만들기 위해 부처님은 이 땅에 오시었다. 부처님의 제자인 우리들도 기꺼이 사람이 부처인 세상을 만들기 위해 수행의 좌복을 깔고 교화의 걸망을 져야 한다. 모든 사람을 부처로 섬기고, 모든 사람이 부처로 살아가는 정토를 장엄하고자 하나의 티끌을 더하는 노고를 아끼지 말아야 한다.

나비의 날갯짓이 폭풍이 되고, 작은 미소가 희망이 된다. 아무도 몰래 들꽃 한 송이를 피우기 위해 온 우주가 심혈을 기울였다. 태양과 달 그리고 별, 나무, 흙, 물, 불, 바람, 이슬, 꿀벌의 입맞춤까지 헤아릴 수 없이 많은 인연이 모여 꽃을 피워 화엄을 이루었다. 이것이 화엄법계華嚴法界의 소식이다. 세상의 어느 것 하나 소중하지 않은 것이 없고, 유정 무정이 하나로 연기緣起되어 존재의 실상을 드러내고 있다. 나는 너를 위해 너는 나를 위해 너와 나는 우리 모두를 위해 사랑해야 한다. 사람이 부처인 세상, 생명이 부처인 세계를 위하여 수행하는 것이 최상승선最上乘禪이다. 모든 사람이 부처가 되어도 한 사람도 부처를 이룬 자가 없을 때 선수행은 완성된다.

황벽스님은 말하기를 "부처님의 자비慈悲는 인연에 얽매이지 않으므로 대자비라 한다. 자慈는 이루어지는 부처가 있다는 견해를 가지지 않는 것이며, 비悲는 제도되는 중생이 있다는 견해를 가지지 않는 것이다."라고 하였다. 이루어진 부처도 없고 제도된 중생도 없어 평등하니, 중생이 부처를 제도하고 부처가 중생을 제도한다. 중생의 번뇌가 아니면 어떻게 부처의 보리를 깨달을 수 있으며, 부처의 보리가 아니면 어떻게 중생을 제도할 수 있겠는가. 중생과 부처가 본래 둘이 아닌 불이중도不二中道를 실천함이 진정한 지혜와 자비, 깨침과 제도가 둘이 아닌 불이선不二禪이다.

참선입문 지침서인 이 한 권의 『친절한 간화선』을 통해 많은 사람들이 선수행에 입문해 발심하고 습인을 거쳐 정견을 확립하고, 견성을 이루어 안심安心의 해탈이 이루어지기를 희망해 본다. 아울러 수행과 깨달음이 하나 되는 해행일치解行一致의 수행자가 되어, 간화의 자기물음을 통해 존재의 실상인 본지풍광本地風光을 밝혀 모든 중생에게 회향되는 보리의 삶을 살기를 기원한다.

언제나 인자한 미소와 준엄한 가르침으로 후학의 안목을 열어 주고 계시는 덕숭총림 방장 설정 큰스님께 엎드려 구배 올리며, 지금까지 제방에서 정진함에 경책을 아끼지 않았던 구참 선덕들과 항상 동수정업同修淨業으로 탁마와 정진을 함께한 여러 선우禪友들의 은혜와 인연의 소중함에 머리 숙인다. 기꺼이 출판에 응해 준 담앤북스 사장 석담 거사와 도량 건립과 책 출판에 진력으로 동참해 준 칠불암 암주 예진스님과 불이마을 가족 여러분들께도 깊이 감사드리는 바이다. 끝으로 교정과 윤문에 애썼던 상좌 숭인, 정인, 종인, 능인과 최종 교정에 노고를 아끼지 않은 금강혜, 일래향 불자님께도 깊은 감사를 드린다. 가장 으뜸가는 수행자들이여, 부디 부처가 있는 곳에는 머물지 말고, 부처가 없는 곳에서는 속히 지나가기를 바란다.

세존응화 신묘년 동안거 해제 날에
한산의 용성선원에서 월암 합장

:: 목 차

서론 19

제1장 발심發心 31

　　제1절 귀의歸依와 신심信心 33
　　제2절 발보리심發菩提心 43
　　제3절 출가出家 63

제2장 습인習忍 83

　　제1절 참회懺悔 88
　　제2절 좌선坐禪 105
　　제3절 선교겸수禪敎兼修 128
　　제4절 삼학등지三學等持 143

제3장 정견正見 163

　　제1절 중도정관中道正觀 165
　　제2절 선지식의 지도 187

제4장 수증修證 203

제1절 선오후수先悟後修 205
제2절 견성성불見性成佛 233

제5장 간화선看話禪 263

제1절 정념正念과 화두話頭 265
제2절 화두참구話頭參究의 자세 289
  1. 간절한 마음 289
  2. 결정심을 갖춤 301
  3. 순일한 마음 306

제3절 화두의 결택決擇 313
제4절 화두참구 332
  1. 일념반조一念返照 332
  2. 화두참구법 343
  3. 공부삼단工夫三段 366

제6장 회향廻向 393

친절한 간화선

서론

  신앙과 수행과 생활은 정립鼎立되어야 한다. 즉 신앙을 떠난 수행, 수행이 없는 생활, 생활이 결여된 신앙은 정법正法이 아니다.
  신심과 원력이 없는 수행은 공허空虛하여 모양(相)만 키우게 되고, 수행이 없는 생활은 무명에 싸여 업業만 키우게 되며, 현실적 삶에 바탕을 두지 않는 신앙은 맹신에 빠져 무지無知만 키우게 된다.
  신앙과 수행과 생활은 셋이자 하나이다. 그러므로 철저한 신앙심이 바탕이 되지 못하고, 지금 여기의 현실적 삶에 뿌리를 두지 않는 참선 수행은 결국 메마른 간혜지乾慧智만 남게 되어 세상은커녕 자신도 구제하지 못하게 된다. 신심과 원력에 바탕을 둔 화두수행으로 본래면목을 깨달아 무량한 중생에게 회향하여야 한다.
  보조스님은 일찍이 『정혜결사문』의 서두에서 "땅에 쓰러진 자(人因地而倒者) 땅을 짚고 일어서라(因地而起)."고 외치고 있다. 즉 "일심이 미혹(迷)하여 번뇌를 일으켜 중생이 되었으니, 일심을 깨달아(悟) 불성의 묘용을 회복해 부처를 이루어야 한다."[1]라고 사자후를 외친 것이다. 이것은 또한 위기에 처한 불교의 위상 또한 불교적 정신과 실천을 회복함으로써 재정립이 가능하다는 것을 일깨워 준 말이기도 하다. 즉 오늘의 불교를 바로 세우기 위해

---

1) 보조, 『정혜결사문』.

서는 부처님 법대로 살면 되고, 조사의 청규대로 실천하면 된다는 말이다.

조계종을 선종으로 규정한다면 이는 모든 종파의 종지를 융회하여 선禪의 실천으로 회통되는 의미로서의 선종인 것이다. 그러므로 조계종은 종파적 의미로 한정되는 선종이 아니라, 전 불교의 화쟁和諍적, 회통적 의미의 선종이 되는 것이다. 따라서 현재 조계종 내의 수행방편 역시 통불교通佛敎적 요소가 혼재하고 있는 것이다. 즉 전통적 입장에서 보면 참선參禪, 간경看經, 염불念佛, 주력呪力, 예참禮懺, 불사佛事 등 다양한 방편이 공존하면서 수행과 교화의 토대를 형성해 왔다.

한암스님은 일찍이 출가사문의 본분사로서 "승가오칙僧伽五則"[2]을 수립하여 후학을 지도한 전례를 보여주었으니, 첫째 참선參禪, 둘째 염불念佛, 셋째 간경看經, 넷째 의식儀式, 다섯째 가람수호伽藍守護 등이다. 즉 참선을 위주로 하되 기존의 여러 방편들이 함께 수행되고 있다. 여기에 비해 현재 조계종 수행체계의 문제점은 참선이란 실천의 방편을 통해 간경, 염불, 주력, 예참, 불사 등을 포괄하지 못하고 있다는 점이다. 선禪이 삶의 전 영역에서 안심과 해탈로 작용하지 못하고 오로지 선정주의禪定主義에 매몰되어 형식화·교조화의 길로 나아간다면 활발발한 선풍의 진작은 요원하게 된다. 즉 좌선 위주의 내면적 선정의 확대에 그치는 수행은 올바른 선수행이 아니며, 바라밀의 실천행으로 회향되지 못하는 깨달음은 참된 깨달음일 수 없다.

이와 같은 인식의 바탕에서 조계종의 종지를 말한다면 간경, 염불, 주력,

---

[2] 한암, 「한암일발록」 상권.

예참, 불사 등의 수행이 융회된 참선을 통하여 견성성불見性成佛, 요익중생饒益衆生하는 것이 되어야 한다. 현재 한국 선원에서 실참되는 참선수행은 주로 간화방법론에 입각해 있으며, 이는 조사선 수행 전통에 연유한 최상승最上乘의 수행체계라 일컬어지고 있다. 아울러 간화선 수행이 가장 으뜸가는 선의 실천이라는 인식이 견지되고 있으며, 선수행자들을 수행대중의 표상인 수좌首座라고 지칭하고 있는 것이다. 이러한 정황에서 한국불교가 간화선의 전통을 가장 잘 보존하고 있다고 말하는 것이다.

한편 근래에 와서 남방 상좌부 전통에서 유래한 위빠사나수행이 유입되어 괄목할 만한 세력으로 성장하고 있다. 남방 불교의 직접 수용이라는 의미와 수행문화의 정착, 심리 치유에의 응용 등 다양한 측면에서 긍정적 요소로 작용하고 있다. 북방 전통의 간화선과 남방 전통의 위빠사나 수행문화가 만나 충돌과 융회의 과정을 거치며, 서로 상승의 매개가 되어 미래지향적 수행 모범을 만들어, 많은 대중들로 하여금 해탈의 삶을 살게 하는 것이 선수행의 본령일 것이다.

현재 한국불교의 제방선원에는 매 안거安居마다 2천여 수선대중修禪大衆이 운집하여 정진에 매진하고 있다. 이러한 현상으로 인해 한국불교에서 간화선풍이 활발하게 진작되고 있다고 말한다. 그럼에도 불구하고 여전히 간화선의 위기를 제기하고 있는 이유는 간화선 수행자들이 간화선의 정신에 바탕을 두고 철저히 간화정종看話正宗[3]에 의거해 수행과 깨달음, 교화와

---

[3] 간화정종이란 수행의 내용, 수행의 방법, 수행자의 인격, 깨달음과 교화 등의 문제가 완벽하게 정립된 간화선 수행체계를 말한다.

회향이 원만히 이루어지지 못하고 있다는 현실적 진단을 하고 있기 때문이다.

출가와 재가를 막론하고 최상승선을 표방하며 실참실구實參實究하는 간화행자들의 의식과 실천이 통불교적 수행방편의 이점을 살림과 동시에, 참선수행의 포괄적 다양성과 질적 향상을 도모함으로써 수행과 깨달음이 역사와 중생에게 회향될 수 있는 선풍을 조성해 나가야 한다. 또한 간화의 물음이 삶 전체의 문제를 풀어내어 안심입명安心立命을 얻게 하는 보편적 방법론으로 정립되지 못하고, 적정무사에 안주하여 선미禪味를 탐착하는 무사안일의 선정방편으로 전락된다면 간화선의 역동성 또한 구현될 수 없을 것이다.

대승불교는 근본불교의 정신으로 돌아가 지혜와 자비를 함께 닦는 "비지쌍운悲智雙運"으로 그 사상적 근간을 이루고 있다. 선종도 대승불교의 깨달음과 실천의 정신을 계승하여 "견성성불見性成佛, 요익중생饒益衆生"을 종지로 이론과 실천의 토대로 삼았다. 대혜스님이 창시한 간화선 역시 사회현실에 적극적으로 동참하는 요익중생의 길과 깨달음을 법칙으로 삼는(以悟爲則) 견성성불의 길을 동시에 제시하고 있다. 간화행자들은 간화정신인 견성성불, 요익중생의 종지를 충실히 이행하여 자타겸제(自他兼濟: 나와 남을 함께 제도함)의 선풍을 진작시켜 나가야 한다. 그리고 간화선 역시 역사적이며 연기적 산물이기에 또한 이 시대에 맞는 간화정종看話正宗의 이론적 토대를 정립하여 시대 대중들로 하여금 쉽게 접근하여 화두참구를 통해 안심의 삶을 지향해 나아가도록 해야 한다.

선의 전통에서 살펴보면 수행과 깨달음이 일치되는 "수오일여修悟一如"의 수증방편修證方便이 핵심사상으로 제기되었다. 이른바 "수오일여"란 수행과 깨달음의 일치, 즉 수행이 그대로 깨달음으로 발현되고 깨달음이 바로 수행으로 회향되는, 그래서 수행이 곧 깨달음이 되고 깨달음이 바로 수행이 되는 방편을 말하는 것이다.

수오일여의 입장에서 보면 수행자가 비록 구경의 깨달음을 지향하고 있지만, 사실은 깨달음의 여부與否보다 언제 어디서나 자기물음의 현전일념現前一念을 통하여 깨어 있고 열려 있는 수행 그 자체로서 중생 회향이 이루어지는 것이 더욱 중요한 덕목이 되는 것이다. 모든 대승경전에서 설하고 있는 중생본래성불衆生本來成佛의 교설에 의거하면, 모든 중생은 이미 깨달아 있는 본각本覺의 입장에 서 있다. 물론 본각을 여읜 불각不覺의 입장인 중생에 있어서는 다시 수행을 통하여 본각에 합치되는 시각始覺이 요청됨은 불문가지이다. 그렇다 하더라도 더욱 중요한 것은 본래성불이라는 본각이 존재함으로 해서 밖을 향해 다시 깨달음을 만들거나 구할 필요가 없다는 사실이다. 그래서 마음이 부처(卽心是佛)라고 말하고, 사람이 부처(是人卽佛)라고 주장하는 것이다. 수행을 통한 깨달음의 성취와 무관하게 중생은 이미 깨달음이 완전하게 갖추어져 있기 때문에, 석가세존은 "이 세상을 구원하러 온 것이 아니라, 이 세상이 이미 구원되어 있음을 선포하러 온 것"이라고 말하는 것이다. 따라서 사람이 그대로 불성의 존재임을 깨침으로써 지금 여기에서 부처로 살아가는 것이 선수행의 백미가 되는 것이다.

임제스님은 "언제 어디서나 주인으로 살게 되면(隨處作主), 지금 여기가 그대로 진실의 세계이다(立處皆眞)."라고 말했다. 주체적이고 진실되어 어디에도 얽매임 없이 자유의 해탈을 살아가는 삶이 선수행이 지향하는 목적이다.

역사학자 토인비는 일찍이 20세기 문명의 가장 놀랄 만한 사건으로 서양이 불교를 만난 것이라고 주장한 바 있다. 지금 서방세계에도 명상이란 이름으로 선수행의 열풍이 거세게 불고 있다. 고도로 발전된 물질문명의 귀착지가 바로 선禪이라는 인식이 팽배해 가고 있는 것이다. 과학문명이 가져다 준 심리적 속박과 정신적 고통의 문제는 모두 마음으로부터 일어나는 현상이다. 따라서 마음이 부처라고 외치며 마음의 본래성을 깨달아 완전한 인격으로 살아가게 하는 선수행이야말로 그 치유의 방편으로 필요충분조건을 갖추고 있다고 할 수 있다. 다시 말하면 사람이 부처임을 자각하는 선禪의 가르침은 이 시대 모든 사람들의 심리적 정신적 고통을 치유하여 건강한 부처로서의 삶을 살게 하고, 모든 존재를 욕망의 사슬로부터 자유롭게 하는 방편이 될 수 있을 것이다.

고덕은 말하기를 학문은 채우는 것이며, 도는 비우는 것이라고 하였다. 선수행은 비움의 실천이다. 무명에 덮인 인간의 삶은 밖을 향해 구하고 보태고 쌓아가는 채움의 삶이지만, 반면 지혜로운 사람이 마음에서 일어나는 망념을 끊고 스스로가 부처임을 반조하는 선수행은 비움의 실천이다. 선은 이 비움을 통해 인간의 내면에 완벽하게 부처를 갖추고 있음을 직관하고 통찰하는 것이다. 따라서 완전한 인격체로서 부처의 삶으로 깨어 있는 것이 선수행인 것이다. 실로 수행이란 맑은 가난에서 이루어지는 것이다. 물질도 마음도 비우고, 안의 인식도 바깥의 경계도 비워 내외가 명징明澄해야 제대로 된 수행이 되는 것이다. 지금처럼 물질도 마음도 인식도 경계도 넘쳐나는 풍토에서는 깨달음은 고사하고 수행이 제대로 이루어질 여지가 없다. 철저히 비움을 체득한 청빈淸貧의 가풍이 수립되지 않고서는 수행한다는 모양(相)은 지을 수 있으나 참된 수행과는 거리가 멀다.

인생에 있어서 가장 소중한 것은 행복이다. 행복이 무엇인가. 선의 관점에서 말하면 사람이 부처임을 깨달아 부처로 살아가는 것이다. 석존의 깨달음의 내용, 즉 연기의 진리는 생사의 고통이 본래 없음을 여실히 보아 인간의 삶 자체가 부처로서의 해탈이라는 행복의 길을 제시해 주고 있다. 그러므로 진정한 행복은 인간의 참생명이 곧 부처임을 깨닫게 하는 선수행으로 귀결된다. 진리란 "지금 여기"를 떠나서 이루어질 수 없다. 생각하고 말하고 행동하는 지금 여기에서 어떻게 고통의 인과를 벗어나 해탈의 삶을 누리느냐가 선의 실천이다.

시시각각 일어나는 번뇌 망념을 끊고 지금 여기에서 부처로 거듭나기 위해서는 이 마음이 본래 없음(無心)을 깨달아야 한다. 마음이 본래 없다는 것은 마음의 본체가 없다는 것이 아니라, 마음이 일어나되 일어남이 없다(無生)는 것을 말한다. 청허스님은 말하기를 "경계를 대하여 마음이 일어나지 않는 것을 생하지 않음(不生)이라고 하며, 생하지 않는 것을 생각이 없다(無念)고 말하며, 생각이 없는 것이 해탈이라고 한다."[4]라고 하였다. 즉 생각하되 생각함이 없는 것(於念而念)이 무념으로서 해탈인 것이다. 이 무념을 체

---
4) 청허, 「선가귀감」.

득하는 것이 선수행이다. 일념에 대한 미혹, 즉 무명에 가려진 삶은 고통이요, 일념의 무생無生인 공성空性을 여실히 깨달아 실천하는 삶은 행복이다. 선종에서는 진리에 대한 미혹과 깨달음을 일념一念의 미오迷悟로 보고 일체유심一切唯心의 입장에서 해탈의 길을 제시하고 있다. 즉 한 생각이 미혹하면 중생이요, 한 생각을 깨달으면 부처인 것이다. 다시 말하면 마음에서 일어난 허구적이고 비실제적인 의식의 작용인 일념의 연기적인 공성空性을 깨달아 번뇌 망념을 보리 정념으로 돌려쓰는 것이 해탈의 길이요, 선수행의 요체인 것이다. 선을 수행하는 목적이 여기에 있다.

　간화 방법론 역시 이 마음이라는 현전일념現前一念을 떠나 수행하는 것이 아니다. 다시 말하면 화두의심의 일념을 통해 바깥 경계로 향하는 의식작용을 멈추어, 즉 망념을 끊어 진여본성이 드러나게 하는 것이다. 마음은 일어난 바 없이 일어나는 것이기 때문에 실로 있는 것도 아니요 실로 없는 것도 아닌 불이중도不二中道의 마음이다. 불이중도에서 보면 번뇌가 곧 보리이며, 생사가 곧 열반이며, 중생이 바로 부처다. 중도의 깨달음은 보되 본 바 없이 보기 때문에 색으로부터 해탈이며, 듣되 들은 바 없이 듣기 때문에 소리로부터 해탈이며, 생각하되 생각한 바 없이 생각하기 때문에 생각의 대상(법)으로부터 해탈이다. 언제 어디서나 시간과 공간을 초월하여 마음과 경계가 둘이 아닌 해탈자재의 삶을 살아가는 것이 불이선不二禪의 수행이다. 간화선은 이뭣고라는 물음의 현전일념을 통해 생각 없음(無念)과 생각 있음(有念) 그 어디에도 얽매이지 않는 해탈의 길을 제시하는 불이不二의 수증이다.

간화선 수행이 형식주의와 선정주의의 함정으로부터 탈피하여 망념이 그대로 정념임을 통찰하는 반야의 눈이며, 깨어 있고 열려 있는 일상의 삶 자체이기 위해서는 철저히 불이중도의 실상을 체득해야 한다. 나아가 간화선 수행이 시대 대중의 아픔을 치유하고 전 삶의 영역에서 해탈의 기쁨을 주기 위해서는 화두참구의 일념 가운데 육도만행(六度萬行: 육바라밀)이 두렷이 드러나야 한다. 선수행은 한 법도 세운 바 없이 만법을 건립하는 것이기에 실상에서는 본래무일물本來無一物의 돈오이지만, 방편에서는 늘 부지런히 털고 닦는(時時勤拂拭) 만법의 점차를 세우게 된다.

간화선 수행이 단순히 화두참구의 방법론에만 국한되지 않고, 전체 선수행의 영역에서 제시하고 있는 수중의 해탈론으로 승화되어야만이 진정한 의미의 선수행이 될 수 있는 것이다. 즉 간화선 수행을 통해 시대 대중들이 안심입명安心立命의 해탈법문에 들어갈 수 있으며, 동시에 화두하는 현전일념의 바탕에 보현행원普賢行願이 원만하게 드러나 중생회향이 이루어져야 명실상부한 최상승의 수증체계로서 인정 받을 수 있는 것이다. 그렇게 하기 위해서는 견성성불, 광도중생이라는 선의 근본종지를 회복해야 하며, 선의 대중화·세계화를 위한 체계적 방법론에 의거한 간화수증론이 정립되어야 한다. 거듭 말하면 이뭣고의 물음이 존재의 실상에 대한 물음임과 동시에 어떻게 사는 것이 역사와 사회에 대한 바른 회향인가를 묻는 물음이 되어야 한다. 이와 같이 존재에 대한 인식론적 물음과 역사에 대한 실천론적 물음이 동시에 제기되어야 간화선의 대중화와 세계화가 앞당겨질 수 있을 것이다.

본서에서는 한국불교의 회통적 가풍에 입각하여 간화선 수행을 화두참구라는 방법론에만 한정시키지 않고, 발심으로부터 습인習忍의 닦음, 정견의 확립, 화두참구의 방법론 및 보현행원의 회향에 이르기까지 포괄적 의미의 간화정종看話正宗을 수립하는 것을 염두에 두고 논지를 전개하고자 한다. 이러한 모색이 하나의 징검다리가 되어 간화선 수행의 지남指南이 완성되고, 이 지침서를 통해 많은 대중들이 간화선 수행에 입문하여 안심의 삶을 살아가게 하는 데 집필의 목적을 두고자 한다. 따라서 선수행에 필요한 다양한 요소들을 체계적으로 정리하여 간화선 수증의 방편으로 제시하고자 한다. 이를 위해 특히 선수행의 정신과 실천의 두 측면을 중점적으로 탐색하여 종문의 올바른 화두선의 사상적 토대와 수행의 방양榜樣을 정립해 보는 방법을 택하고자 한다.

제1장 발심發心에서는 제1절 귀의와 신심, 제2절 발보리심, 제3절 출가 등에 대해 천착해 보고자 한다. 모든 수증체계는 삼보에 귀명하는 것으로 출발점을 삼으며, 신심과 발심이 전제되지 않은 선수행은 구두선에 그치기 쉬우며, 출재가자를 막론하고 생사를 벗어나겠다는 출가의 정신이 결여되면 올바른 수행이 이루어질 수 없기 때문에 다층적 의미의 출가에 대해 기술하고자 한다.

제2장 습인習忍에서는 수행을 익히고 체득해 가는 여러 이론과 실천을 통해 상호 융회적인 방향으로 나아갈 수 있음을 밝히고자 한다. 즉 제1절 참회, 제2절 좌선, 제3절 선교겸수, 제4절 삼학등지의 차례로 습인의 내용을 전개하고 있음을 볼 수 있다. 진실로 발심한 수행자는 참회로부터 첫발을

내디뎌야 하며, 행주좌와에 화두를 참구하는 간화의 입장에서 좌선을 어떻게 정의할 것인지를 탐구해 보았다. 아울러 선과 교를 함께 닦는 선교겸수의 가풍이 불교 수중의 방편에서 어떻게 전승되어 왔는지를 밝히고, 선수행이 그대로 삼학의 등지等持가 되는 선풍을 세우기 위해 선과 삼학三學의 관계를 정립해 보도록 하겠다.

제3장 정견正見에서는 선수행에서 가장 중요한 바탕이 되는 정견에 대해 논술하고 있다. 즉 제1절에서는 중도정관에 대해 살펴보고, 제2절에서는 선지식의 지도에 대해 기술하고자 한다. 불교 수행의 기본은 정견의 확립에 있다. 정견은 중도의 바른 관을 수행함으로써 확립될 수 있다. 그리고 선지식의 참문을 통해 정견과 수중의 방편에 대한 지도를 받음으로써 한결 용이하게 깨달음으로 나아갈 수 있게 된다.

제4장 수증修證에서는 나름대로 선수행의 수중체계를 수립해 보도록 하겠다. 즉 제1절에서는 먼저 깨닫고 나중에 닦는 선오후수에 대해 논증해 보고자 한다. 제2절에서는 선의 종지이기도 한 견성성불에 대한 선사先師들의 논지를 살펴봄으로써 견성과 성불의 의미를 음미해 보도록 하겠다. 다시 말하면 수행에 있어서 심성론心性論이 뿌리가 된다면 수중론修證論은 그 줄기가 된다고 할 수 있다. 수중의 방편으로 선오후수를 주장하는 종문의 전통에 대해 살펴보고, 선종의 종지인 견성성불에 대해 구체적으로 논증해 보고자 한다.

제5장 간화선看話禪에서는 본격적으로 간화선의 수중방법에 대해 천착해 보도록 하겠다. 즉 제1절에서 정념과 화두를 함께 고찰하여, 남방의 위빠

사나와 화두 수행을 비교 관찰해 봄으로써 두 수행문화에 대한 회통의 길을 모색해 보고자 한다. 제2절에서는 화두참구의 자세로서 첫째 간절한 마음, 둘째 결정심을 갖춤, 셋째 순일한 마음 등을 차례로 열거해 보기로 하겠다. 제3절에서는 간화선에 입문하고자 하는 사람을 위해 화두 결택의 중요성에 대해 피력하고자 하며, 제4절에서는 화두참구의 방편에 대해 기술하고자 한다. 참구의 방법론으로 첫째 일념반조, 둘째 화두참구의 방법, 셋째 공부삼단의 방편에 대해 논증해 보기로 하겠다.

제6장 회향廻向에서는 회향의 의미와 함께 선수행과 실천회향에 대해 천착해 보는 것으로 대미를 장식하고자 한다. 즉 선수행과 바라밀행이 결코 둘이 아님을 밝혀 견성성불과 보현행원이 함께 실천되는 수행풍토 조성에 대해 고민해 보고자 한다.

제 1 장

발심
發心

발심
發心

제1절 귀의歸依와 신심信心

모양 없는(無形) 부처님께 귀의합니다.
남이 없는(無生) 진리에 귀의합니다.
다툼 없는(無爭) 승가에 귀의합니다.
최상의 무생계無生戒에 귀의합니다.

모든 존재는 분별망념의 형상形相을 여의었기에 무형無形이요, 무상無相이다. 모든 형상이 형상 아님(諸相非相)이 바로 부처이다(卽是如來). 일체 법이 본래 생겨난 바도 없고 멸함도 없음(不生不滅)이 진리(法)이다. 다툼 없이(無爭) 화합하며 수행하는 청정대중이 승가이다. 그리고 불법승佛法僧 삼보三寶에 귀의하여 남이 없는 생명의 실상에 복귀하는 것이 무생계법無生戒法이다. 그러므로 임제선사는 이르기를 "부처란 우리들 마음이 청정한 것이며, 법이란 우리들 마음이 광명인 것이며, 도道란 어떠한 곳에도 걸리지 않는 깨끗한 빛인 것이다. 이 셋은 곧 하나이며, 모두 헛된 이름에 불과하며 실체가 있는 것은 아니다. 진정한 수행자라면 생각 생각에 깨달음의 작용이 끊어지지 않는다."5)라고 하였다.

『보성론』에는 불법승 삼보의 여섯 가지 뜻을 설하고 있다. 첫째 희유稀有

---
5) 『임제어록』.

의 뜻이니, 삼보는 백천만겁이 지나도 한결같이 세간에 얻기 어려운 진귀한 보배이기 때문이다. 둘째 명정(明淨: 밝고 깨끗함)의 뜻이니, 삼보는 일체 유루법有漏法을 멀리 여의어 때가 없어 밝고 깨끗하기 때문이다. 셋째 세력勢力의 뜻이니, 삼보는 불가사의한 위덕을 갖추어 자재하기 때문이다. 넷째 장엄莊嚴의 뜻이니, 삼보는 능히 출세간을 장엄하여, 한결같이 세간의 보배가 세간을 장엄하는 것과 같기 때문이다. 다섯째 최승(最勝: 가장 수승함)의 뜻이니, 삼보는 출세간의 법 가운데서 가장 수승하고 미묘하기 때문이다. 여섯째 불변不變의 뜻이니, 삼보는 무루법無漏法으로서 세간의 여덟 가지 법[6]이 변하는 것과 같지 않기 때문이다.[7]

『만선동귀집』에 이르기를, "삼보에 귀명歸命함은 온갖 수행 가운데서도 가장 으뜸가는 복전福田이 된다. 굳센 마음을 일으켜 무너지지 않는 믿음을 갖추며 다섯 가지의 두려움[8]을 떠나 삼보리三菩提를 이루게 하는 최초의 인연이 되는 까닭에 온갖 선법善法을 두루 포용하지 않음이 없다. 또한 고덕古德이 이르기를 산에 옥玉이 있으면 초목이 윤택하고, 샘에 용龍이 있으면 물이 마르지 않으며, 머무는 곳에 삼보가 있으면 선근善根이 더욱 자라난다."고 하였다.

---

6) 팔법(八法)이란 지(地), 수(水), 화(火), 풍(風), 색(色), 향(香), 미(味), 촉(觸)을 말한다.
7) 『보성론』 권2.
8) 다섯 가지 두려움이란 진리를 깨닫지 못한 초학보살이 가지는 다섯 가지의 공포심을 말한다. 첫째 불활외(不活畏)로서 보시를 행할 때에 다 주어버리면 내가 살지 못할까 두려워하여 있는 대로 다 베풀지 못함. 둘째 악명외(惡名畏)로서 좋지 못한 명성이 들릴까 두려워서 능히 화광동진(和光同塵: 중생과 하나가 됨)하지 못함. 셋째 사외(死畏)로서 비록 광대한 마음을 내었다 하더라도 죽을까 두려워서 능히 온몸을 던지지 못함. 넷째 악도외(惡道畏)로서 잘 못되어 악도에 떨어질까 두려워서 좋지 못한 일을 보아도 대치(對治)하지 못하고 피해버림. 다섯째 대위덕외(大威德畏)로서 많은 사람이나 또는 위덕이 있는 사람 앞에서 두려운 마음이 생겨 능히 사자후를 하지 못함.

불문에 들어와 수행하여 부처를 이루고자 하는 사람은 마땅히 먼저 불법승佛法僧 삼보三寶에 돌아가 귀의해야 한다. 삼보에는 삼종삼보三種三寶가 있다. 삼종삼보는 동체삼보同體三寶, 별상삼보別相三寶, 주지삼보住持三寶를 말한다.

첫째 동체삼보란 본체론적인 입장에서의 삼보를 말한다. 자성이 영각靈覺함이 불보佛寶이니, 즉 자신의 성품이 신령스럽게 깨달았음이 불보이다. 자성이 적멸寂滅함이 법보法寶이니, 즉 자신의 성품이 고요하여 일어나고 사라짐(生滅)이 없음이 법보이다. 자성이 청정淸淨함이 승보이니, 즉 자신의 성품이 번뇌에 물들지 않아 항상 맑고 깨끗함이 승보인 것이다.

둘째 별상삼보別相三寶란 법신法身·보신報身·화신化身은 불보佛寶이며, 교敎·리理·행行·과果는 법보이며, 팔배현성八輩賢聖은 승보이다.

법신法身이란 곧 부처님의 진신眞身인 영원한 불佛의 본체로서, 진여眞如·실상實相인 법계의 이치(理)와 일치한 부처님의 몸(佛身)을 말한다. 이를 인격화하여 청정법신비로자나불이라 부른다. 보신報身이란 인위因位9)에서 지은 한량없는 원顚과 행行의 과보로 나타난, 만덕이 원만한 부처님의 몸(佛身)을 말한다. 이를 인격화하여 원만보신노사나불이라 부른다. 화신化身이란 중생을 제도하기 위하여 화현化現하여 나타나시는 부처님의 몸(佛身)을 말한다. 이를 공용功用의 측면에서 천백억화신석가모니불이라 부른다.

그리고 법보인 교敎·리理·행行·과果는 언어나 문자로써 설해진 교설敎

---

9) 인위(因位)란 원인이 되는 계위(階位)란 뜻인데, 수행이 깨달음의 원인이 되므로 수행의 단계를 말한다. 반면에 과위(果位)란 수행의 원인에 의해 얻어지는 결과의 계위로서 깨달아 부처가 되는 것을 말한다.

과 그 가르침의 내용인 도리(理)와 그 도리에 따라 실천하는 수행(行)과 수행의 결과로 얻는 과덕(果)을 말한다. 승보인 팔배현성八輩賢聖이란 수다원향(向)·사다함향·아나함향·아라한향의 4향(向)과 수다원과(果)·사다함과·아나함과·아라한과의 4과(果)를 합한 팔배현성八輩賢聖을 가리킨다.

수다원은 예류과預流果라고 하는데 무루도無漏道에 처음 참례하여 들어간 지위이다. 사다함은 일래과一來果라고 하며, 욕계欲界의 사혹(탐貪, 진嗔, 치痴, 만慢)을 끊지 못하였기 때문에 이제 한 번 더 와서 욕계에 태어나는 지위이다. 아나함은 불래不來라고 하는데 욕계에서 죽어 색계色界, 무색계無色界에서 태어나고는 번뇌가 없어져서 다시 돌아오지 않기 때문에 불래不來라고 한다. 아라한은 사과四果의 가장 윗자리인 응공應供, 살적殺賊이라는 뜻의 무학도無學道[10]를 성취한 이를 가리킨다. 사과四果를 향하여 수행하고 있는 이를 사향四向이라고 하며, 사과四果를 증득한 이를 사과라고 하여 합해서 사향사과四向四果, 즉 팔배현성八輩賢聖이 곧 승보가 되는 것이다.

셋째 주지삼보住持三寶란 등상불等像佛·탱화는 불보이며, 경經·율律·논論 삼장은 법보이며, 출가 오중五衆은 승보이다. 즉 32대인상三十二大人相과 팔십종호八十種好[11]를 갖추어 모신 거룩한 성상聖像 및 탱화 등을 점안하여 봉안하면 불보이다. 경은 범어로 수다라(Sutra)로, 부처님께서 제자와 중생

---

10) 아라한을 응공(應供)이라 하는 것은 응당히 공양 받을 만하다는 뜻이며, 살적(殺賊)이라 하는 것은 번뇌의 도적(盜賊)을 다 죽여 없앴기 때문이다. 아라한을 또한 무학도(無學道)라 하는 것은 배움을 다 마쳐 더 이상 배울 것이 없는 지위에 나아갔으므로 무학도라 부르는 것이다.
11) 부처님만이 갖추고 계시는 32가지 대인의 모습과 80가지의 특징적인 좋은 모습을 말한다.

을 교화하기 위하여 말씀하신 교법을 기록한 경전을 말한다. 율은 부처님께서 제정하신 금계禁戒인데 계율에 관한 경전을 모은 것이 율장律藏이고, 논은 부처님께서 스스로 법상法相을 문답 결택한 것과 부처님의 제자나 부처님께서 열반하신 후 여러 선지식들이 이에 준해서 법상을 변론한 것으로 그것을 모아놓은 것을 논장論藏이라 한다. 출가 오중五衆이란 출가한 비구, 비구니, 사미, 사미니, 식차마나를 가리킨다. 여기서 식차마나란 학법녀學法女를 말하는데, 사미니로서 비구니에 이르는 2년 동안에 사근본四根本, 육법六法 등의 행법을 수련시켜 구족계를 받을 만한가를 시험하여 그 자격을 갖춘 이를 가리킨다.

이상 삼종삼보를 말하였으나, 이 삼종삼보는 모두 자성삼보自性三寶를 벗어나지 않는다. 즉 스스로의 성품(自性)이 신령스럽게 깨달음이 불보이며, 스스로의 성품이 공空하여 적멸함이 법보이며, 스스로의 성품이 맑고 청정함이 승보이다. 삼보에 귀의할 것을 맹서하는 것이 삼귀의계이다. 삼귀의계의 원형은 『화엄경』의 「정행품」에 다음과 같이 설해지고 있다.

> 스스로 부처님께 귀의하여 중생들이 마땅히 대도를 깨달아 위없는 보리심을 일으킬 것을 원하옵니다. 스스로 법에 귀의하여 중생들이 마땅히 경의 가르침에 깊이 들어가 지혜가 바다와 같기를 원하옵니다. 스스로 승가에 귀의하여 마땅히 중생들이 대중을 지도하고 이끌어 모든 것에 걸림이 없고 청정한 계를 수지할 것을 원하옵니다.[12]

---

12) 『대정장』 제9권, p 430하.

이와 같이 여러 경론에서 삼보에 귀의하여 공경하고 예배할 것을 설하고 있다. 그런데 예배는 법답게 행해져야 하는 것이다. 『파상론』에 설하기를, "무릇 예禮란 공경한다는 뜻이고, 배拜란 굴복한다는 말이다. 이른바 참성품(眞性)을 공경하며 무명無明을 굴복시키는 것을 예배라 한다."[13]라고 하였다. 즉 무명업식을 소멸시키고 진여자성을 드러내는 수행을 실천함이 진정으로 삼보를 공경하고 예배함이 되는 것이다. 선종에서는 일심으로 종을 삼기 때문에(一心爲宗) 주로 마음의 성품을 깨닫게 하는 자성삼보自性三寶에 대한 귀의를 강조하는 경우가 대종을 이룬다. 그 대표적인 예로 혜능은 『법보단경』에서 무상삼귀의계無相三歸依戒를 설하고 있다.

다시 선지식들에게 모습 없는(無相) 삼귀의계를 주겠다. 선지식이여, 깨달아 두 가지 갖추신 분(佛)께 귀의하며, 올발라 욕심 떠난 법法에 귀의하며, 청정하여 무리 가운데 높은 이(僧)께 귀의할 것이니, 오늘부터 깨달음으로 스승을 삼아서 다시는 삿된 마(邪魔)와 외도外道들에게 귀의하지 않고 자기 성품의 삼보(自性三寶)로써 항상 스스로 증명하라. 선지식에게 권하여 자기 성품의 삼보께 귀의케 하니, 부처란 깨달음이며 법이란 바름이고 승가란 청정함이다. 스스로의 마음이 깨달음에 귀의하면 삿된 미혹이 생겨나지 않고 욕심을 줄이고 만족함을 알아 재물을 떠날 수 있게 되니, 이것을 복덕과 지혜 두 가지를 갖추신 분(兩足尊)이라 한다. 스스로의 마음이 바름에 귀의하면 생각 생각에 삿된 견해가 없어지고, 삿된 견해

---

13) 『파상론』.

가 없으므로 너와 나를 다투어 높은 체함도 없고 애욕의 집착도 없으니, 이것을 욕심 떠난 법(離欲尊)이라 한다. 스스로의 마음이 청정함에 귀의하면 일체의 번뇌 티끌과 애욕의 경계에 자성이 물들어 집착하지 않으니, 이것을 무리 가운데 높은 이(衆中尊)라고 한다. …… 이제 이미 스스로 깨달았으니 각기 반드시 자기 마음의 삼보에 귀의하여 안으로 마음의 성품을 고르게 하고 밖으로 다른 사람들을 공경하면 이것이 스스로 귀의함이다.[14]

혜능스님은 경전에 분명히 "스스로의 부처님께 귀의한다."라고 설하였지, "다른 부처님께 귀의한다."라고 설하지 않았다고 주장하며, "자성삼보에 귀의하지 않으면 그 어디에도 의지할 곳이 없다."라고 단언하고 있다. 그리고 부처란 깨달음(覺)이며, 법이란 바름(正)이며, 승가란 청정(淨)이라고 정의하고 있으니, 이것은 생활 밖에서 삼보를 찾고 귀의할 대상을 찾는 망집을 깨기 위해 자성의 삼보에 귀의하라고 가르치고 있는 것이다. 스스로의 성품(自性)이란 인식 주관과 객관 대상(세계) 그리고 주객이 합해지는 인식 작용이 모두 연기되어 공(空)이므로 그 어디에도 실다움이 없음을 일컫는 말이기에 한 법도 얻을 것이 없음을 나타내는 말이다. 그래서 자기 성품의 삼보에 귀의함 또한 관념의 상에 복귀하는 것으로 이해해서는 안 된다. 삼보는 중생의 마음속에 이미 갖추어진 진여의 공덕을 현실의 삶에 온전히 구현해 내는 실천의 지표이다. 그러므로 삼보에 귀의하는 것과 주체적인 실

---
14) 종보본, 육조대사, 『법보단경』.

천수행은 결코 분리될 수 없는 수행자의 삶 자체이다. 부처님께서도 최후의 설법인 『유교경』에서 "스스로에게 귀의하고(自歸依), 법에 귀의하며(法歸依), 스스로를 등불로 삼고(自燈明), 법을 등불로 삼으라(法燈明)."고 설하고 있다. 불문에 들어온 자는 마땅히 삼보에 귀의하고, 자신의 삶이 자성의 삼보를 떠나 있지 않음을 굳게 믿어야 한다.

삼보에 귀의한 대장부는 수행하여 깨달아 일체 중생을 섬길 원력을 발해야 한다. 원력의 종자는 믿음이다. 따라서 수행하여 깨닫기 위해서는 먼저 신심信心이 밑바탕이 되어야 한다. 신심은 도의 근원이요 공덕의 어머니이다. 일체의 선한 법을 길러서 의심의 그물을 끊고 애정을 벗어나, 위없는 열반의 도를 열어 보여주기[15] 때문이다.

신심信心이란 무엇인가. 『기신론』에 네 가지의 신심을 설하고 있다. "첫째, 근본을 믿음이니, 이른바 진여의 법을 즐거이 생각하기 때문이다. 둘째, 부처님께 한량없는 공덕이 있음을 믿음이니, 항상 부처님을 친근하여 공양하고 공경하며 선근을 일으켜 일체지一切智 구하기를 원하기 때문이다. 셋째, 법에 큰 이익이 있음을 믿음이니, 늘 모든 바라밀을 수행할 것을 생각하기 때문이다. 넷째, 승가는 바르게 수행하여 스스로를 이롭게 하고 남도 이롭게 한다고 믿음이니, 항상 모든 보살의 무리를 가까이 모시기를 즐겨하여 실다운 행을 배우기를 구하기 때문이다."

불교 수행의 근본은 진여眞如를 깨닫는 데 있다. 그래서 첫 번째의 믿음이 근본인 진여를 믿는 것이다. 진여란 일체 법의 실상實相이니, 모양에 모

---

15) 『화엄경』.

양 없음을 봄이 존재의 실상이다. 그러므로 진여를 믿음이란 중생의 삶을 떠나 존재하는 절대의 경지를 믿음이 아니라, 마음에서 마음 떠나고 세계에서 세계 떠난 중도의 삶을 살아가는 것이다. 그리고 불법승 삼보를 믿음은 삼보에 귀의하여 삼보를 믿고 따르는 마음이다. 즉 자성 가운데 삼보가 구족되어 있음을 믿어 불법승을 현실 가운데 구현하며 살아가는 것이 신심이다. 연수선사는 "스스로의 마음을 깨달음이 부처요, 마음의 원리대로 유지함이 법이며, 마음의 성품이 화합하여 둘이 아니므로 승이라 한다."라고 하였다. 즉 마음이 부처임을 믿고, 마음이 공적하되 항상 작용함을 믿고, 마음이 다툼이 없어 깨끗함을 믿는 것이 신심이다.

선禪에서는 마음이 부처임을 믿는 것을 신심이라 한다. 그래서 선문의 조사들은 한결같이 "마음이 부처(卽心是佛)"라고 말하고, 또한 "사람이 부처(卽人是佛)"라고 주장하고 있는 것이다. 마음 밖에 부처가 없고(心外無佛), 부처 밖에 마음이 없다(佛外無心). 따라서『관무량수경』에서 "이 마음이 부처이니(是心是佛), 이 마음으로 부처를 지어라(是心作佛)."고 하였다. 이른바 "마음으로 부처를 지어라."고 하는 것은 마음이 부처임을 깨달아 끊임없이 마음으로 부처를 수행해(行佛) 나가야 한다는 의미이다. 『화엄경』에서도 "부처와 마음과 중생, 이 셋이 차별이 없다."라고 말하였다. 마음을 깨달으면 부처요, 마음이 미혹하면 중생이다.

마음이 부처요, 사람이 부처라면 마땅히 부처인 마음과 부처인 사람을 깨닫기 위해 적극적인 수행을 해야 한다. 탐진치 삼독으로 오염된 마음이 부처일 수 없고, 번뇌 망념에 싸여 있는 어리석은 중생이 그대로 부처일 수 없기 때문에 각고의 수행정진을 통해 마음을 깨달아 중생과 부처가 둘이 아님(不二)을 증득해야 한다. 이와 같이 수행을 통해 깨달음을 이룰 수 있기에 불교를 "수행의 종교"라고 말하는 것이다. 수행이란 중생으로 하여금 생사의 고통을 벗어나서 해탈열반을 성취하는 실천행을 말하는 것이다. 엄격히 말하면 수행을 하지 않는 사람은 불제자가 아니다. 불자의 생활은 생활 그대로가 수행으로 나타나야 한다. 생활을 떠나서는 불법이 없다. 그러므로 생활이 불법이요, 불법이 생활이라고 말하는 것이다. 생활 그대로가 온전히 수행으로 깨어 있는 삶이 바로 선禪이다.

제2절 발보리심 發菩提心

한국불교의 새벽 원효는 이렇게 말하였다. "모든 부처님이 깨달음의 세계를 성취한 것은 오랜 겁을 통해 욕심을 버리고 고행을 하였기 때문이요, 모든 중생이 삼계화택을 윤회하는 것은 한량없는 세월 속에서 탐욕을 버리지 못했기 때문이다."[16)]

중생이 삼계윤회를 영단하고 생사해탈의 깨달음을 성취하기 위해서는 탐욕을 버리고 수행해야 한다. 불교는 "깨달음의 종교"이다. 성철스님은 "불교란 부처를 믿는 종교가 아니라, 부처가 되는 종교이다."라고 말했다. 즉 불교란 부처를 믿어 복을 비는 기복의 종교가 아니라, 이 마음이 본래 부처임을 깨닫는 깨달음의 종교라는 가르침이다. 그리고 석가모니 부처님이 이 땅에 오신 것은 중생을 구원하러 온 것이 아니라, 중생이 이미 구원되어 있음을 알리기 위한 것이라 하였다. 즉 중생이 본래 부처임을 선포하러 온 것이라고 주장하고 있는 것이다.

마음이 부처이며 중생이 본래 부처임을 확신하며 수행을 통해 다시 부처를 이루겠다는 결정적 믿음을 성취한 보살은 마땅히 어떻게 하여야 하는가. 먼저 발심發心을 해야 한다. 그래서 "마음을 깨닫는 데는 발심보다 우선하는 것이 없다."라고 말하는 것이다. 즉 수행하여 깨닫기 위해서는 발

---
16) 원효, 「발심수행장」.

심이 밑바탕이 되어야 한다는 것이다.

발심이란 발보리심發菩提心을 줄여서 한 말이며, 또한 발무상보리심發無上菩提心이라 하여, 위없는 보리심을 일으키는 것을 말한다. 『금강경』에서도 "세존이시여! 가장 높고 바른 깨달음(보리심)을 얻고자 하는(發阿耨多羅三藐三菩提心) 선남자 선여인은 어떻게 살아야 하며 어떻게 그 마음을 다스려야 합니까?"라고 설하고 있어서 수행을 결심한 보살이 마땅히 무상보리심을 일으켜야 함을 증명하고 있다.

생사의 어두운 장야長夜에서 온전한 사람으로 태어나 부처님의 법을 만나고 더군다나 정법을 믿고 수행하게 되었으니 이 얼마나 다행한 일인가. 위없는 깨달음의 마음(無上菩提心)을 수행하고자 처음 진리에 마음을 낸 보살을 "초발심보살初發心菩薩"이라 하고, 새로 진리에 뜻을 낸 보살을 "신발의보살新發意菩薩"이라 부른다.

생사가 찰나지간에 있으니 하루 속히 해탈의 법을 구해야 되겠다고 처음으로 마음을 낸 초발심보살이 되었든지, 불법 문중에 들어와 아상我相과 아소我所[17]의 울타리에 갇혀 자신의 이익만을 위해 기도하다가 일체 생명을 이롭게 하기 위해 결정코 무상보리를 이루어야 되겠다고 새롭게 다짐하는 신발의보살이 되었든지 간에 자타가 일시에 성불하는 구경성불究竟成佛을 담보하고 있기에 세간에서 가장 최고의 법(世第一法)을 수행하는 보살이 분명하다. 『대지도론』은 다음과 같이 게송을 설하고 있다.

---

[17] 아상(我相)은 내가 있다는 실체적 자아에 집착하는 모습이며, 아소(我所)는 실체적 자아가 소유하는 것들을 말한다.

만일 처음 발심할 때
마땅히 성불하리라고 서원하면
이미 세간을 뛰어넘은 것이니
응당 세간의 공양을 받을 만하다.[18]

『기신론』에서는 세 종류의 발심(三種發心)을 설하고 있으니, 첫째 신성취발심信成就發心, 둘째 해행발심解行發心, 셋째 증발심證發心이 그것이다. 신성취발심이란 신심을 성취시키고 결정심을 발하는 것을 말하며, 해행발심이란 이해와 실천을 굳건히 하여 더욱 앞으로 나아가고자 하는 발심을 말하며, 증발심이란 법신을 증득하고 참마음(眞心)을 드러내는 발심을 말한다.

이어서 삼종발심에 대해 자세히 설명하고 있는데, 대략 신성취발심은 신심을 성취하는 것과 더불어 결정심을 발하는 것을 그 내용으로 하여 구체적으로 직심直心, 심심深心, 대비심大悲心[19]을 낼 것을 주장하고 있다. "직심은 진여의 법을 바르게 생각하기 때문이요, 심심은 모든 착한 행실을 즐겨 모으기 때문이며, 대비심은 일체 중생의 고통을 건지려 하기 때문이다."라고 설하였다. 해행발심에서는 육바라밀의 실천과 회향심을 발할 것을 고취하고 있으며, 증발심에서는 법신을 증득하여 진심(眞心: 불심)을 드러낼 것을 제시하고 있다.

---

18) 『대지도론』 제4권.
19) 직심(直心)은 곧은 마음이니, 진여본성에 바로 닿아 있는 마음이며, 심심(深心)이란 마음의 근원, 즉 진여본성 그 자체를 계발하여 빛나게 하는 마음이며, 대비심(大悲心)이란 모든 중생을 남김없이 고통 속에서 구제하겠다는 마음을 말한다.

위의 삼종발심의 내용을 개략하면 결정심의 신심을 발하여 육바라밀의 실천을 통한 중생회향(자비)과 법신을 깨달아 부처를 드러내는 반야지혜를 동시에 설하고 있음을 알 수 있다. 보리심은 보살이 지혜와 자비를 함께 실천하는 것임을 분명하게 밝히고 있는 내용임에 틀림없다. 즉 대승의 상구보리와 하화중생[20]이 발심의 전부임을 말해주고 있다. 왜냐하면 이승(二乘: 성문승, 연각승)인 소승은 보리심을 자신의 깨달음만으로 한정하기 때문에 중생을 위한 비원悲願이 없다. 그러므로 소승은 진정한 발심을 할 수 없게 된다. 반면 대승의 보살은 위없는 깨달음을 성취하고자 하는 목적이 일체 중생을 제도하겠다는 원력이기 때문에 지혜와 자비를 겸비한 정발심正發心이 성취되는 것이다.

이와 같이 발보리심은 '위없는 깨달음을 얻는 지혜'이며, 동시에 '일체 중생을 제도하려는 자비'를 말한다. 그러면 어찌하여 무상보리심을 원하는 마음을 내는 것인가. 『무량수경종요』에서는 "세간의 부와 즐거움 및 이승의 열반을 돌아보지 않고, 한결같이 삼신三身의 지혜에 뜻을 두고 원하는 것"[21]이기에 무상보리심이라 부른다고 설하고 있다.

다시 말하면, 발심한다는 것은 세간의 부유함이나 즐거움에 빠져 있는 중생의 욕락도 취하지 않으며, 자신만의 깨달음을 추구하는 이승의 열반에도 탐닉하지 않고, 오로지 법신法身, 보신報身, 화신化身의 지혜(깨달음)에 뜻

---

20) 상구보리(上求菩提) 하화중생(下化衆生)이라는 말은 대승불교에서 내세우는 실천 강령이다. 직역하면 위로 깨달음(보리)를 구하고, 아래로 중생을 교화한다는 의미이다. 수행과 교화가 둘이 아닌 행화일치(行化一致)를 나타내는 말이다.
21) 원효 지음, 정목 해설,『무량수경종요』, (자연과 인문, 2009), p 231.

을 두고 원하는 것을 말한다. 법보화法報化 삼신三身이 지혜와 자비를 상징하는 언어임은 두말할 나위가 없다. 중생과 이승(二乘: 성문, 연각)을 넘어 불일승佛一乘에 돌아감이 무상발심임을 말하고 있다.

이를 바탕으로 『무량수경종요』에서는 두 종류의 발심을 설하고 있는데, 첫째는 수사발심隨事發心이요, 둘째는 순리발심順理發心이다. "수사발심이란 번뇌가 무수하지만 모두 끊기를 원하고, 선법善法이 무량하지만 모두 닦기를 원하고, 중생이 무변하지만 모두 제도하기를 원하는 것"이라고 하였다.

즉 불삼신佛三身의 보리심(지혜)을 체득하기 위해서는 마땅히 번뇌 끊기를 발원하며, 선법 닦기를 발원하며, 중생 제도하기를 발원해야 하는 것이다. 이것은 보살의 실천행을 강조한 사홍서원의 내용이기도 하다. 천태지자는 『차제법문』을 통해 다음과 같이 주장하고 있다.

> 보살이 발심하는 상相은 바로 발보리심發菩提心이다. 보리심이란 중도정관中道正觀으로서 제법의 실상을 보아 일체 중생을 가련히 여기는 대비심을 일으켜 사홍서원을 세우는 것이다.[22]

발심한 수행자가 사홍서원을 세우고 사홍서원이 일체의 마음을 담고 일체의 마음이 바로 일심이며 일심 또한 얻을 수 없지만 일체의 마음을 갖춘다는 것을 잘 알면 바로 이것이 청정한 보리심이 되는 것이다.

"순리발심이란 모든 법이 다 허깨비 같고 꿈과 같아 유有도 아니고 무無

---

22) 지자, 『석선바라밀차제법문』.

도 아니어서 말을 떠나고 생각이 끊어진 경계임을 믿고 이해하여, 이 믿고 이해하는 데에 의지하여 광대한 마음을 일으키는 것이다. 비록 번뇌와 선법이 있음을 보지 못하지만 가히 끊고 닦을 것이 없다고 버리지는 않는다. 이러한 까닭에 비록 모두 끊고 모두 닦기를 원하지만 무원삼매無願三昧[23]를 어기지 않는다. 비록 무량한 중생을 모두 제도하기를 원하지만, 제도하는 자와 제도 받는 자를 두지 않는다. 그러므로 능히 공空과 무상無相을 따르는 것"[24]을 말한다.

다시 말하면, 일체 모든 세간법이 연기공성緣起空性이므로 실체가 없어 자성이 없지만(無自性), 그 본성 가운데 한량없는 공덕을 갖추고 있으므로 "유有도 아니고 무無도 아니어서 말을 떠나고 생각이 끊어진 경계"인 중도실상中道實相인 것이다. 즉 중도실상의 법을 믿고 이해하여 광대한 마음을 일으킨 바 없이 일으킴이 순리발심인 것이다.

위의 내용에서 알 수 있듯이 『무량수경종요』에서 밝히고 있는 순리발심順理發心과 수사발심隨事發心은 이사원융理事圓融한 대승보살의 실천행인 "상구보리上求菩提, 하화중생下化衆生"을 밝힌 것이다. 중도실상의 법을 깨닫기를 강조한 순리발심은 상구보리의 영역에 속하며, 삼신三身의 지혜를 깨닫기 위한 보살의 실천행인 수사발심은 하화중생의 영역에 배대配對할 수 있다.

---

23) 『증일아함경』 제16권. "세 가지 삼매가 있다. 그것은 공삼매(空三昧), 무원삼매(無願三昧), 무상삼매(無相三昧)이다. 모든 것이 다 공(空)하다고 살피는 것이 공삼매요, 모든 법은 전혀 생각할 수 없고 볼 수도 없다는 것이 무상삼매이며, 그 어떤 법에도 원하거나 구하지 않는 것이 무원삼매이다. 이와 같이 비구들이여, 이 세 가지 삼매를 얻지 못하면 영원히 생사의 굴레를 벗어나 스스로 깨닫지 못할 것이다."
24) 『무량수경종요』, p 234, 239.

이른바 상구보리 하화중생은 대승보살의 실천 강령이다. 즉 중도실상의 지혜를 깨닫고, 일체 중생을 제도하겠다는 보살의 실천행이 곧 발심인 것이다. 그러므로 보살은 응당히 세간의 법이 공함을 깨달아 늘 그 깨달음을 중생에게 회향하여 중생과 세간을 요익되게 하려는 크나큰 서원과 자비의 실천으로 나타나는 정발심正發心을 성취해야 한다.

수보리여, 저 여러 보살이 위없는 깨달음(無上菩提)의 마음을 내어 위없는 깨달음을 얻으려는 것은 매우 어려운 일이다. 이 사람은 이 세간을 안온하게 하기 위해 발심하며 세간을 안락하게 하기 위해 발심한다. 그러므로 그는 '내가 마땅히 위없는 깨달음을 얻게 되면 나는 세간을 위해 구제자가 되고, 세간을 위해 돌아갈 곳이 되고, 세간을 위해 쉴 집이 되고, 세간을 위해 구경의 길이 되고, 세간을 위해 머무를 섬이 되고, 세간을 위해 길잡이가 되고, 세간을 위해 나아갈 곳이 되리라.'고 생각한다.[25]

위없는 깨달음의 마음(보리심)을 내는 것은 매우 어렵고 희유한 일이지만, 참으로 바르게 발심한 자는 세상을 안락하고 행복하게 하기 위한 역사를 살아가야 한다. 위없는 깨달음을 성취하는 목적이 세간의 중생을 제도하고자 함이기 때문에, 세간과 일체 중생을 보듬는 넉넉한 품이 되어 세간 그 자체가 되고 중생의 고통과 하나가 되어야 한다. 세간을 향한 무한한 사랑의 구현자가 진정한 발심행자인 것이다.

---
25) 『팔천송반야경』 「대여품」.

이러한 바른 발심을 하기란 그리 간단한 일이 아니다. 실로 어려운 일임에 틀림없다. 그러나 결정심이 보리심이기에 결코 물러나지 않는 불퇴전의 대비심으로 중생을 섬겨야 한다. 영가스님은 다음과 같이 발원하고 있다.

내가 이제 머리 숙여 삼보에 귀의하고 널리 중생을 위하여 도의 마음 발하오니, 많은 중생이 고해 중에 빠지면 바라건대 삼보의 힘에 의거하여 자비하신 방편으로 모든 고통 없애 주며 큰 서원 버리지 않고 중생들을 제도하되, 교화의 힘 자유로와 제도함이 끝이 없으며, 항하의 모래처럼 많은 중생이 정각을 이루어지이다. …… 삼보의 힘을 입어 지심으로 발원하여 위없는 보리도를 닦되 금생으로부터 정각을 이룰 때까지 중간에 결정코 부지런히 구하고 물러나지 않겠습니다. …… 저희들 모든 중생이 굳게 보리를 구하여 불법승에게 예배하오니 원하옵건대 속히 정각을 이루어지이다. [26]

보리의 마음을 낸 금생으로부터 항하의 모래와 같은 중생이 모두 정각을 이룰 때까지 결정코 물러나지 않겠다고 발심하는 정안종사의 발원문 내용이다. 이와 같이 크나큰 발심을 일으키기는 결코 쉬운 일이 아니기에 우리들 말세 중생의 염려가 여기에 있다. 이 일이 진정 어렵기에 삼세제불과 역대조사가 함께 고구정녕 발심의 정로를 제시해 주고 있는 것이리라.

---

26) 영가, 「선종영가집」.

보리의 마음을 내기가 어려움을 『사십이장경』에서는 다음과 같이 설하고 있다.

비록 악도를 여의었더라도 사람의 몸을 받기 어렵고, …… 육근이 완전히 갖춰졌다 하더라도 좋은 곳에 태어나기 어렵고, 좋은 곳에 태어났다 하더라도 부처님 계신 때를 만나기 어렵다. 부처님 계신 때를 만났더라도 수도하여 깨친 사람들을 만나기 어렵고, 수도하여 깨친 사람들을 만났더라도 믿는 마음을 내기 어렵고, 믿는 마음을 냈다 하더라도 보리의 마음(菩提心)을 내기 어렵고, 보리의 마음을 냈다 하더라도 닦을 것도 없고 얻을 것도 없는 곳에 나아가기 어렵다. [27]

『화엄경』의 「초발심공덕품」에서도 처음 발심한 공덕이 얼마나 어렵고 수승한가에 대해 자세히 설하고 있다. "초발심의 공덕은 설하기 어렵고, 알기 어렵고, 분별하기 어렵고, 믿고 이해하기 어렵고, 증득하기 어렵고, 행하기 어렵고, 통달하기 어렵고, 생각하기 어렵고, 헤아리기 어렵고, 들어가기 어려우니라."

이 세상에 네 가지 어려움이 있다. 첫째 사람의 몸 받기 어렵고(人生難得), 둘째 부처님 법을 만나기 어렵고(佛法難逢), 셋째 장부의 마음 내기가 어렵고(丈夫難得), 넷째 정법을 믿기가 어렵다(正法難信). 우리는 다행스럽게도 이러한 좋은 조건을 다 갖춘 출격장부出格丈夫가 아닌가. 그런데도 불법 문중에

---

27) 학담(鶴潭) 역해, 『사십이장경』, (큰수레, 2010), p 223.

들어와 노닐면서 보리심을 내지 못한다면 과연 누구를 탓해야 되겠는가. 진리에 믿음을 내고 실천 수행에 첫발을 내디던 자라면 이보다 더한 최상의 복전은 없을 것이다. 이와 같이 초발심수행자는 이미 위없는 깨달음(보리)의 언덕에 첫발을 내딛고 서 있는 불종자佛種子이기에 여래의 집에서 여래의 밥을 먹고 여래와 더불어 살아가고 있는 여래의 사도임에 분명하다.

보살의 올바른 발심은 발심의 첫발을 내딛는 순간에 이미 구경의 깨달음에 이르렀음을 확신하는 발심이며, 중생에게 회향할 결심의 첫 마음을 내는 순간 이미 중생해탈의 도량에 서 있음을 확신하는 발심이다. 이렇게 하여야 바로 "닦을 것도 없고 얻을 것도 없는" 중도中道실천행으로 승화되어지는 진발심眞發心이 이루어지는 것이다.

이러한 보살의 중도실천행을 남종의 신회선사는 "유위를 다함도 없고(不盡有爲), 무위에도 머물지 않는다(無住無爲)."[28]라고 표현하고 있다. 이 말은 본래 『유마경』의 「보살행품」에 나오는 법문인데 하택신회를 계승한 대주혜해는 아래와 같이 해석하고 있다.

> 불법은 유위有爲를 다하지 아니하고 무위無爲에도 머물지 않는다 하니 어떤 것이 유위를 다하지 아니하고 무위에도 머물지 않는 것입니까? 유위를 다하지 아니한다는 것은 처음 발심으로부터 드디어 보리수 아래에서 등정각을 이루시고 마침내 쌍림에 이르러 열반에 드실 때까지 그 가운데 일체 법을 모두 다 버리지 않음이 곧 유위有爲를 다하지 않는 것이

---

28) 신회, 「신회어록」, 「정시비론」.

다. 무위無爲에도 머물지 아니한다는 것은 비록 무념無念을 닦는다 할지라도 무념(생각 없음)으로써 깨달음을 삼지 않으며, 비록 공空을 닦으나 공으로써 깨달음을 삼지 않으며, 비록 보리·열반·무상(無相: 모습 없음)·무작(無作: 지음 없음)을 닦으나 무상·무작으로써 깨달음을 삼지 않음이 곧 무위에도 머물지 않는 것이다."[29]

유위有爲란 함이 있음이지만 하되 함이 없는 것(爲而無爲)이요, 무위無爲란 함이 없지만 함이 없이 하는 것(無爲而爲)을 말한다. 따라서 유위를 다하지 않고, 무위에도 머물지 않는 것이 중도의 실천행이 되는 것이다. 즉 발심으로부터 열반에 이르는 모든 법을 버리지 않는 까닭은 일체 중생을 제도하기 위함이요, 연기의 공성을 깨닫고 지음이 없는 중도의 실상을 깨달았지만 깨달음의 상에 머물지 않기에 진실로 무상보리에 계합하는 것이다. 이 뜻을 『유마경』에서는 이렇게 설하고 있다.

무엇을 유위有爲를 다하지 않음이라 하는가. 크나큰 자비를 여의지 않고 크게 슬피 여기는 마음을 버리지 않으며, 일체지一切智의 마음을 깊이 내되 홀연히 잊어버리지 않으며, 중생을 교화하되 끝내 싫증을 내지 않으며, …… 대승의 가르침으로 보살승을 이루며, 마음에 함부로 놓아 지냄이 없어서 여러 실천을 잃지 않으니, 이러한 법을 향하면 바로 보살이 유위를 다하지 않음이라 한다.

---
29) 혜해, 「돈오입도요문론」.

무엇을 무위에도 머물지 않음이라 하는가. 공空을 배우고 닦더라도 공으로써 깨달음을 삼지 않고, 무상(無相: 모습 없음)과 무작(無作: 지음 없음)을 배우고 닦더라도 무상과 무작으로써 깨달음을 삼지 않는다. …… 이와 같은 법을 닦는 것을 보살이 무위에 머무르지 않는다고 한다.

『유마경』에 의거하면, "유위(有爲: 함이 있음)"는 오염, 세간, 생사, 번뇌 등을 가리키고, "무위(無爲: 함이 없음)"는 청정, 출세간, 열반, 보리 등을 가리킨다. 보살은 반야지혜를 구족하고 있기 때문에 일체 유위법有爲法을 끊을 필요가 없다. 또한 보살은 자비방편을 발휘하기 때문에 결코 무위無爲의 경계에 안주하지도 않는다. 『유마경』은 또한 "반야지혜는 보살의 어머니요, 방편자비는 보살의 아버지다. 일체 세간, 출세간의 도사導師는 모두 지혜와 방편으로부터 나오지 않음이 없다."라고 설하고 있다. 반야지혜는 상구보리의 영역에 속하는 말이며, 자비방편은 하화중생의 영역에 속하는 말이라는 것을 위에서 이미 밝혔다.

이와 같은 정신을 『반야경』, 『유마경』 등 대승경전에서는 "번뇌를 여의지 않고 보리를 얻고(不離煩惱而得菩提)", "생사를 여의지 않고 열반에 들고(不離生死而入涅槃)", "중생을 여의지 않고 부처를 구하는(不離衆生而求諸佛)" 불이중도행 不二中道行으로 나타내고 있다.

대승불교의 근본정신은 "생사를 해탈하여 열반을 성취하되(無住生死), 그 열반에도 안주하지 않고(無住涅槃) 생사의 땅으로 다시 돌아와(和光同塵) 중생을 이롭게 하는 것(饒益衆生)"에 있다. 즉 생사가 공한 줄 알면 생사가 그대로 열반이요, 열반마저 공한 줄 알면 열반이 그대로 생사이니, 생사를 떠나지 않고 열반을 성취하고, 열반을 여의지 않고 생사의 중생을 이롭게 한다. 이것을 무주행無住行이라 하고, 반야바라밀이라 한다. 지혜로써 생사에 머물지 않고, 자비로써 열반에도 머물지 않는 "비지쌍운(悲智雙運: 지혜와 자비를 함께 닦음)"의 실천이 보살의 발심이자 또한 조사선의 종지이다.

 선의 종지는 견성성불見性成佛, 요익중생饒益衆生이다. 견성하여 성불하므로 생사에 머물지 않으며, 열반에도 머물지 않고 일체 중생을 제도함으로써 요익중생하는 것이다.

 이와 같은 보살의 발심을 『법화경』에서는 일대사인연一大事因緣으로 표현하고 있다. 일대사인연이란 불지견(佛知見: 진여, 불성)을 개시오입開示悟入케 하는 것이다. 즉 불지견을 열어(開) 보여주는 것(示)은 교화의 방편으로 요익중생, 하화중생을 실천하는 것이며, 불지견에 깨달아(悟) 들어감(入)은 견성성불, 상구보리의 수증을 가리킨다. 결국 일대사인연은 견성성불하여 생사를 해탈하며, 중생을 제도하여 요익되게 하는 발보리심의 다른 표현이다.

 일대사인연을 선종에서는 현행발심現行發心의 입장에서 "생사대사生死大事 무상신속無常迅速"이라는 말로 표현하고 있다. 즉 태어나도 그 태어난 곳을 모르니 태어남의 일이 크고(生大), 죽어도 그 죽어 가는 곳을 모르니 죽음의 일이 크다(死大)는 것이다. 중생의 목숨이 찰나지간에 달려 있으니 무상無常이 신속迅速하다고 말한다. 수행자는 일대사인연一大事因緣을 깨달아 생사대사生死大事를 해결하기 위하여 발심, 수행하여야 한다. 발심은 견성성불

요익중생을 내용으로 하는 본분사本分事이기에 시작이자 곧 구경이다. 그러므로 신회선사는 『열반경』의 말씀을 인용하여 발심의 중요성을 거듭 강조하고 있다.

발심과 깨달음은 둘이 아니다. 이 둘 중 발심하기가 더욱 어렵다. 내가 아직 도를 이루지 못했다 하더라도, 먼저 다른 이를 제도하라. 그러므로 초발심에 경례하는 것이다. 초발심은 이미 인천人天의 스승이라 성문과 연각을 뛰어넘는다. 30)

자신의 깨달음에 경도되어 있는 소승의 수행자는 자신이 먼저 깨닫고 난 연후에 다른 이를 제도하겠다고 생각한다. 요즘 한국의 선문에도 선禪과 실천행(行)이 하나되지 못하고 이원화되는 기형적 수행 행태가 고착되어 있다. 좌복 위에 앉아서 망상 아니면 무기에 빠진 일부 암증선사들이 자칭 최상승을 수행한다는 증상만增上慢에 빠져 노닐고 있다면 천불千佛이 출세한들 어찌 제도의 문이 열리겠는가.

이른바 "내가 아직 도를 이루지 못했다 하더라도, 먼저 다른 이를 제도"하는 것이 진정한 보살의 보리심인 것이다. 그러면 어찌하여 초발심에 경례하느냐. 처음 발심한 그 자리가 깨달음의 자리임을 확신하는 발심이기에 『화엄경』에서는 "초발심이 바로 바른 깨달음이다(初發心是便正覺)."라고 주장

---

30) 『단어』, "發心畢竟二不別, 如是二心先心難, 自未得度先得他, 是故敬禮初發心, 初發已爲人天師, 勝出聲聞緣覺." 『열반경』에서 설하고 있는 마지막 두 구절은 "이와 같이 발심하면 삼계를 벗어나니(如是發心過三界), 그러므로 가장 위없음이라 이름 얻었네(是故得名最無上)"이다.

하고 있는 것이다.「보현행원품」에서는 "모든 부처님은 대비심을 바탕(體)으로 삼으시는 까닭에 중생으로 하여금 대비심을 일으키고, 대비심으로 인하여 보리심을 일으키고, 보리심으로 인하여 등정각을 이루었다."라고 설하고 있다. 보살이 보리심으로 인하여 정각을 이루지만 보리심을 내는 목적 자체가 바로 중생의 완전한 해탈을 위한 것이다.

이상의 내용에 의거하면, 일체 법이 공함을 깨닫는 수행, 즉 공성空性에 대한 지혜와 무변한 중생을 제도하겠다는 자비의 방편이 바로 위없는 보리심을 내는 것이다. 다시 말하면 공성에 대한 지혜는 절대적 보리심이며, 자비의 방편은 상대적 보리심이 되는 것이다. 절대의 지혜는 상대의 자비로 극복되고, 상대의 방편은 절대의 지혜로 융회되어 지혜와 방편이 둘이 아닌 바라밀의 중도행으로 나아가게 된다. 그러므로 신발의보살은 언제 어디서나 중도실천행으로서의 보리심(보살행)을 발해야 하는 것이다.

따라서 연명연수선사는 『화엄경』을 읽다가 "만일 보살이 큰 원력을 내지 않으면 그것은 보살의 마장(魔事)이다."라는 구절에 이르러 크게 감동하여 마침내「대승비지원문大乘悲智願文」을 지어 미혹한 뭇 중생들을 대신해서 날마다 한 번씩 두루 발원하였다. 『자비도량참법』에서도 "보리심은 한 번 발하여 마치는 것이 아니라 자주자주 발하여야 한다."라고 강조하고 있다.

이상으로 대승보살의 위없는 보리심을 내는 것에 대한 여러 경론의 가르침에 의해 발심에 대한 정신과 실천에 공감하였다. 그렇다면 생사의 땅에 서 있는 발심수행자가 현실의 삶에서 구체적으로 어떻게 보리심을 행해야 하는가. 우선 보조선사는 『계초심학인문』 서두에서 "무릇 처음 발심한 사람은 반드시 악한 벗을 멀리 여의고 어질고 착한 이를 친히 가까이 하며, 오계五戒와 십계十戒 등을 받아서 지니고 범하고 열고 막는 것(持犯開遮)을 잘 알아야 한다. 다만 부처님의 성스러운 말씀을 의지할지언정 용렬한 무리들의 망령된 말을 따르지 말라."고 적고 있다. 또『우바새계경』에서는 다음과 같이 설하고 있다.

> 선남자야, 보리심을 일으키고 나서 해야 할 다섯 가지 일이 있으니, 첫째는 좋은 벗을 가까이 함이요, 둘째는 성내는 마음을 끊음이요, 셋째는 스승의 가르침을 따름이요, 넷째는 연민의 정을 일으킴이요, 다섯째는 부지런히 정진精進하는 일이니라.

첫째는 불선우不善友를 멀리하고 발심을 함께 한(同共發心) 선우善友, 즉 도반道伴을 친근하여 두루 탁마를 해야 하며, 둘째는 나의 욕심을 내세워 거기에 맞지 않는다고 진심嗔心을 내어서는 안 된다. 항상 온화한 마음으로 인욕바라밀을 성취해야 한다. 인욕바라밀이란 인식주관(육근)과 객관경계(육경)가 공하기에 인식작용(육식) 또한 공空함을 알아 화내는 마음 자체가 일어나지 않는 것으로 진정 성내는 마음을 끊는 것이다. 셋째는 선지식을 믿고 따라야 한다. "새로 진리에 뜻을 낸 보살(新發意菩薩)이 반야바라밀을 배우려 하면 먼저 반야바라밀을 설할 수 있는 선지식을 가까이 모셔야 한다."[31] 선지식인 스승을 모시고 조석으로 참문參問하는 것이 선문의 전통이

---

31)『팔천송반야경』「대여품」.

다. 넷째는 한량없는 자비심을 내어야 한다. 일체 중생을 과거 전생으로부터 살펴보면 내 부모 형제 아닌 이가 없다. 어찌 금생의 부모 형제로 한정하여 인연을 논할 수 있겠는가. 금생에 인연 있는 이나 인연 없는 이를 막론하고 항상 유연有緣 무연無緣의 자비를 행해야 한다. 본래 심왕(心王: 부처)을 위배하고 무명에 가려 삼계화택(三界火宅: 세계는 불난 집)에서 살아가고 있는 부모 형제들에게 한없는 연민의 정을 느끼고 정법의 수행으로 인도해야 한다. 다섯째는 맹구우목盲龜遇木[32]으로 불법을 만나 생사의 바다에 뗏목을 띄우게 되었으니 머리에 불이 난 듯이 사무치게 정진에 매진해야 한다. 이것이 발심수행자의 본분사이다.

『화엄경』은 피안에 이르고자 하는 수행자가 결정코 보리심을 내어야 하는 까닭을 이렇게 노래한다.

　　보리심은 곧 큰 길이니 능히 모든 지혜의 성에 들어갈 수 있는 까닭이니라. 보리심은 곧 맑은 눈이니, 삿되고 바른 이치를 모두 보는 까닭이니라. 보리심은 곧 밝은 달이니, 모든 거룩하고 청정한 법을 원만케 하는

---

[32] 잡아함 15권 406경 『맹구경(盲龜經)』에 나오는 이야기. "아난다야, 큰 바다에 눈먼 거북이 한 마리가 살고 있다. 이 거북이는 백 년에 한 번씩 물 위로 머리를 내놓고 숨을 쉬는데 그때 바다 한가운데 떠다니는 구멍 뚫린 나무판자를 만나면 잠시 거기에 목을 넣고 쉰다. 그러나 판자를 만나지 못하면 그냥 물속으로 들어가야 한다. 그런데 이때 눈먼 거북이가 과연 나무판자를 만날 수 있겠느냐?" 아난다는 "그럴 수 없습니다."라고 대답한다. "그래도 눈먼 거북이는 넓은 바다를 떠다니다 보면 서로 어긋나더라도 혹시 구멍 뚫린 나무판자를 만날 수 있을지도 모른다. 그러나 어리석고 미련한 중생이 육도윤회(六道輪廻)의 과정에서 사람으로 태어나기란 저 거북이가 나무판자를 만나기보다 더 어렵다. 왜냐하면 저 중생들은 선(善)을 행하지 않고 서로서로 죽이거나 해치며, 강한 자는 약한 자를 해쳐서 한량없는 악업을 짓기 때문이니라. 그러므로 비구(比丘)들이여, 너희들은 사람으로 태어났을 때 내가 가르친 '네 가지 진리(四聖諦: 고집멸도苦集滅道)'를 부지런히 닦으라. 만약 아직 알지 못하였다면 불꽃같이 치열하게 배우기를 힘써야 한다."

까닭이니라. 보리심은 곧 맑은 물이니, 모든 번뇌의 때를 깨끗이 씻는 까닭이니라. 보리심은 곧 좋은 밭이니 중생들이 거룩하고 청정한 법을 길이길이 기르는 까닭이니라. 보리심은 곧 모든 부처님의 씨앗이니, 능히 모든 부처님을 낳는 까닭이니라.

보리심은 안과 밖이 없기에 중도의 "큰 길"이다. 큰 길은 문이 없다(大道無門). 일체 중생이 함께 발심하는 순간 이미 구경각의 문 안에 들어간다. 보리심은 중도의 정안正眼이기에 "맑은 눈"이다. 생사와 열반이 둘이 아님을 보고, 중생과 부처가 둘이 아님을 본다. 보리심은 실상實相의 반야를 사무쳤기에 "밝은 달"이다. 불이중도不二中道의 법을 두루 비추어 원만케 한다. 보리심은 명경지수明鏡之水의 샘물이기에 "맑은 물"이다. 번뇌가 본래 없음(本來無一物)을 통달해 위없는 깨달음을 증득한다. 보리심은 중생의 복전이기에 "좋은 밭"이다. 가지가지 보리수가 자라나 보리의 열매가 가득하다. 그리고 보리심은 중생의 어머니이기에 "부처의 씨앗"이다. 이로부터 제불이 출세하여 정토를 장엄한다.

견성성불, 요익중생의 당간을 높이 세우고, 생사의 예토에서 향상일로向上一路의 경지로 향하는 발심납자는 선당에 나아가 아름다운 청규를 지키며 오로지 생명을 담보한 불퇴전의 신심으로 용맹정진에 임해야 한다. 이에 『선원청규』에 명시한 「좌선의」는 이렇게 독려하고 있다.

대저 반야를 배우려는 보살은 먼저 마땅히 큰 자비심을 일으키고, 넓고 큰 서원을 일으켜서 부지런히 삼매를 닦아 중생을 제도하려는 서원을 세워야 하니, 자기 한 몸만을 위하여 홀로 해탈을 구함이 아니기 때문이다.[33]

위에서 이미 언급했듯이 "보리심이란 중도정관中道正觀으로서 제법의 실상을 깨달아 일체 중생을 애민哀愍히 여기는 대비심을 일으켜 사홍서원을 세우는 것"이라고 하였다. 크나큰 자비심을 일으키고 또한 사홍서원을 일으켜 선정을 닦아 일체 중생을 제도하는 것은 보리심을 낸 발심수행자가 마땅히 행해야 할 의무인 것이다. 천태스님은 보살이 이미 사홍서원으로 보리심을 발하였으면 이렇게 사유하여야 한다고 말하고 있다.

사홍서원을 다 이루기 위해서는 반드시 보살도를 행해야 한다. 어째서 그러한가? 원願이 있으면서도 행行이 없는 것은 마치 사람을 저쪽 강가에 건네주기를 바라면서도 배를 준비하지 않으려는 것과 같다. 그러면 늘 이쪽 강가에만 있고 끝내 건너가지 못할 것이다. …… 또 이렇게 생각한다. 나는 지금 어떤 법문에 머물러 보살도를 닦아야 이 사홍서원을 속히 행할 수 있을 것인가? 그러면 곧 깊은 선정에 머물러야 능히 네 가지 서원을 행할 수 있음을 알 수 있다. …… 번뇌를 끊으려면 선禪이 아니면 안 된다. 선으로부터 지혜가 생겨야 자신을 결박하는 번뇌를 끊을 수 있기 때문이다. 선정이 없이 생기는 지혜는 바람 앞의 등불과 같

---

33) 종색, 「선원청규」.

다.[34]

지자선사는 일체의 법문과 공덕과 지혜는 모두 선禪을 닦음으로써 이루어지는 결과라고 주장하고 있다. 이는 보리심을 발한 행자가 마땅히 선수행을 통해 보살행과 보리도菩提道를 성취할 것을 권고하고 있는 것이다.『대지도론』에서도 "모든 부처님들도 도를 이루고 법을 널리 펴고 반열반般涅槃에 드는 것과, 갖추고 있는 갖가지 공덕은 모두 선禪 가운데 있다."라고 설하고 있음을 볼 수 있듯이 선을 수행하여 위없는 깨달음을 얻고서 일체 중생을 법으로 섬길 때 보리심은 완성되는 것이다.

---

34) 지자,『석선바라밀차제법문』.

제3절 출가出家

출가란 발심한 바를 구체적인 행동으로 옮기는 일이다. 『오성론』에 설하기를 "생사를 벗어나는 것이 출가이다."라고 하였다. 궁극적으로 생사대사의 본분사를 깨닫는 것이 출가란 의미이다. 다시 말하면 출가는 욕심으로부터 벗어남이요, 집착으로부터 떠남이며, 증애憎愛로부터 탈출하여 구경에 생사를 여의는 것이다. 출가의 본래적 어의는 "나아간다."는 것이니, 즉 "집에서 집이 없는 삶으로 나아간다."는 것이다. 집이란 집착이요 욕망이다. 집이 없는 삶이란 집착과 욕망을 여읜 삶을 말한다.

석존의 출가를 일반적으로 "유성출가踰城出家"라고 부른다. 유성이란 성을 넘었다는 의미인데, 부처님의 출가가 주위의 반대를 무릅쓰고 단행된 위대한 출가였음을 상징적으로 보여주는 말이다. 부처님은 성문을 나서면서 "내가 생사의 문제를 해결하기 전에는 다시 이 문으로 들어오지 않으리라."고 다짐하고 있다.

부처님의 출가는 엄청난 반대가 있었음에도 "나는 반드시 출가한다."라는 결연한 의지에 의해 결행되었으며, 아울러 싯다르타 개인의 출가가 아니고 중생을 위한, 세상을 위한 위대한 버림의 출가였기에 또한 "나는 반드시 돌아온다."라고 선언을 했던 것이다. 세상을 도피하고 개인의 해탈을 목적으로 한 출가가 아니기 때문에 중생의 안락을 위해 세상의 평화를 위해 다시 돌아오는 출가였던 것이다. 즉 부처님은 떠난 바 없이 출가하여 고행을 하였으며, 돌아온 바 없이 중생의 땅으로 돌아와 세간과 하나가 되었다(和光同塵). 그래서 "도솔천 내원궁을 한 발짝도 움직이지 않고 모든 중생을 제도하셨다."라고 말하는 것이다.

이와 같이 대비 원력에 의한 출가의 정신은 훗날 대승 보살의 머묾이 없는 행(無住行)으로 발전하게 된다. 지혜로써 생사에 머물지 않는 무주생사無住生死는 위대한 떠남이요, 자비로써 열반에도 머물지 않고 중생의 고통과 함께하는 무주열반無住涅槃은 위대한 돌아옴이다.

출가에는 삼종의 함의가 있으니, 육친출가肉親出家, 오온출가五蘊出家, 법계출가法界出家가 그것이다. 애욕으로 맺어진 혈연과의 세속적 인연을 끊는 것을 육친출가라 하고, 일체의 육체적 욕망으로부터의 떠남을 오온출가라 하며, 번뇌와 업인 무명으로부터의 해탈을 법계출가라 한다. 삼세제불과 역대조사는 모두 출가한 장부였다. 생사윤회로부터 벗어나 해탈열반을 구하고자 욕망의 집을 나와 무위의 경계에 들었다. 출가는 깨달음에 이르는 지름길이다. 『사십이장경』에서는 출가사문에 대해 다음과 같이 정의하고 있다.

> 부모를 여의고 출가하여 마음을 알고 근본을 요달하여 함이 없는 법(無爲法)을 깨닫는 것을 사문이라 말할 수 있다.[35]

---

35) 『사십이장경』.

이른바 "마음을 알고 근본을 요달함"이란 마음이 인식주관(육근)에도 있지 않고, 객관대상(육경)에도 있지 않으며, 인식주관과 객관대상이 합쳐지는 곳(육식)에도 있지 않으며, 그렇다고 육근, 육경, 육식을 떠나서 있는 것도 아님을 안다는 것을 말한다. 마음이란 일어나도 일어난 바가 없고(無生) 사라져도 사라진 바가 없는(無滅) 중도정심中道淨心임을 말한다. 즉 마음은 세계의 마음이요, 세계는 마음의 세계이기에, 마음과 세계 그 어디에도 실체가 없는 중도의 청정(淸淨: 쇼)한 마음임을 깨닫는 것이 출가사문인 것이다.

마음을 알고 근본을 요달한 출가수행자의 탈속의 경계를 범천언기선사는 이렇게 노래하고 있다. "출가한 수행자가 '마음을 알고 근본을 요달하여' 삼계三界에 노닐고, 사생四生을 벗어나 세속의 일에 얽매이지 않고 소요자재逍遙自在하여, 고요히 앉아 안거하는 것이다. 그러므로 설두선사가 말하기를 '출가자가 그렇게도 존귀할까. 그렇게도 고상할까. 만승천자의 지위가 높아도 허리를 굽히지 않고, 다섯 제후의 문이 고준하여도 달려가지 않는다. 눈으로 천〒산을 대하여도 마음은 한 경계에 한가롭다. 겹겹의 바위와 나무는 수보리의 문에 그늘을 드리우고, 첩첩한 시내의 구름은 유마의 집에 채색을 펼쳤다. 이곳에서 서로 보니 쾌활하지 않은가.'36)라고 하였다." 이러한 경계가 무위의 경계이다. "무위법"이란 행하되 행함이 없는 행을 말함이니 그 어디에도 머묾 없는 실천행을 말한다. 부처님은 무위의 법에 대해 아래와 같이 구체적으로 설명하고 있다.

---

36) 제월통광 역주, 「중도가언기주」, (불광출판사, 2008), p 116~117.

나의 법은 생각하되 생각함이 없이 생각하며(念無念念), 행하되 행함이 없이 행하며(行無行行), 말하되 말함이 없이 말하며(言無言言), 닦되 닦음이 없이 닦는 것(修無修修)이다.[37]

이러한 무위의 도리를 아는 자는 진정한 사문으로서 깨달음에 가까워지지만 모르는 자는 더욱 멀어져 명자사문 名字沙門에 불과하게 될 것이다. 이는 출가사문이란 외적인 의미로 집을 떠나 삭발염의하는 그 모습에 있지 않고 중도의 법을 깨달아 애착과 욕심을 여의고 머묾 없는 실천행을 하는 자임을 증명해 주고 있다. 그래서 경에서는 사문을 정의하여 근식 勤息이라 하였으니, 부지런히 수행하여 번뇌를 쉬는 자라는 뜻이다. 그러므로 경에서는 출가자들에게 애착과 욕심의 어리석음을 떠나 부지런히 정근할 것을 주문하고 있다.

수염과 머리를 깎고 사문이 되어 진리의 가르침을 받는 자는 세상의 재물을 버리고 밥을 빌어 만족하며 하루에 한 끼만 먹고 한 나무 밑에서는 하루만 잘 뿐 다시 자지 말라. 사람을 어리석음으로 가리는 것은 애착과 욕심이다.[38]

부처님이 가르치는 진정한 출가란 일체 외적인 형식에 얽매이지 않고, 진리의 가르침을 받은 자로서 세상의 욕망과 재물의 그물을 벗어나서, 밥을

---

37) 『사십이장경』.
38) 위의 책.

빌어 육신을 지키고 법을 빌어 정신을 장양하며, 같은 도량에는 두 번 다시 머물지 않는 멈춤 없는 정진의 삶을 살아가는 수행자의 모습임을 밝히고 있다. 『선문염송』은 이렇게 설하고 있다.

> 제다가 존자가 처음으로 우바국다에게 가서 출가하기를 바라니, 우바국다가 물었다. 그대는 몸이 출가하느냐, 마음이 출가하느냐? 저는 그저 출가했을 뿐 몸과 마음을 위해서 이익을 구하는 것이 아닙니다. 몸과 마음을 위한 것이 아니라면 누가 출가를 하는가? 출가라는 것은 나와 내 것이 없습니다. 그러므로 마음이 생멸하지 않고 마음이 생멸하지 않는 것이 곧 항상한 도이기 때문에 부처님도 항상합니다. 마음은 형상이 없고 그 몸도 그러합니다.[39]

몸도 마음도 아니라면 누가 출가를 하는가. 생멸이 없는 항상한 도는 출가의 상을 여의었다. 따라서 출가는 위대한 보리심을 발하는 것일 뿐 몸과 마음을 위해서 이익을 구하는 것이 아니다. 위없는 보리도는 몸과 마음의 형상(相)에서 형상 없음을 보기 때문에 불생不生이요, 불멸不滅이다. 주굉선사는 『죽창수필』에서 출가에는 사료간이 있다고 하였다.

> 첫째는 출가의 출가요(出家出家), 둘째는 재가의 출가요(在家出家), 셋째는 출가의 재가요(出家在家), 넷째는 재가의 재가다(在家在家).[40]

---

39) 혜심·각운 지음, 김월운 옮김, 『선문염송·염송설화』, (동국역경원, 2005), p 409.
40) 운서주굉, 『죽창수필』.

첫째 출가의 출가(出家出家)란 오욕의 집착으로부터 벗어나 출가사문이 되어 생사대사生死大事를 해탈하고 일체 중생을 제도하는 것을 말한다. 둘째 재가의 출가(在家出家)는 비록 세속에 머물러 있지만 욕망과 집착으로부터 벗어나 보리심에 머물러 생사와 해탈이 둘이 아님을 체득하는 것이다. 셋째 출가의 재가(出家在家)는 비록 몸은 출가하였으나 세속을 그리워하고 탐진치 삼독에서 벗어나지 못하여 유위의 업을 쌓아가는 것을 말한다. 넷째 재가의 재가(在家在家)는 불법승 삼보를 알지 못하고 영원히 생사 가운데 머물러 생사해탈의 무위법을 구하지 않는 것이다.

다시 말하면, 진정한 출가자는 출가의 출가자로서 일체 감각적 욕망을 떠나 삭발염의하고 생사해탈과 중생제도의 위없는 보리심을 내어 한 생각도 물러남이 없이 실천하는 자를 말한다. 그리고 참된 재가의 출가자란 몸은 비록 부모 및 처자와 더불어 세간에 머물러 있지만 마음을 항상 도에 두고 번뇌와 보리, 생사와 해탈이 둘이 아님(不二)을 알아 물들지 않는 수행을 하는 자이다. 따라서 혜능스님도 『단경』에서 수행은 절이나 집 어디에서나 가능하다고 주장하고 있다.

> 만약 수행을 하고자 한다면, 절에 있지 않고 집에 있더라도 또한 도를 얻을 수 있다. 절에 있더라도 수행하지 않으면 마치 서방정토에 있으면서 마음이 악한 사람과 같다. 집에 있으면서 만약 수행을 한다면, 마치 예토의 사람이 수행을 잘 하는 것과 같다. 자기가 있는 그 자리에서 수행하여 청정하게 되면 바로 이곳이 서방정토이다.[41]

---

41) 돈황본 『단경』.

참된 수행은 출가나 재가에 상관이 없다. 연꽃이 진흙 속에서 피어나지만 더러움에 물들지 않고 아름다운 빛깔과 향기로움으로 스스로를 단장하듯이 바른 수행은 시끄럽고 복잡한 경계 속에서도 한 생각 일어남이 없이 적멸하고, 적정한 가운데서도 적정에 떨어짐 없이 언제나 활발발한 삶으로 창조적 생산에 기여한다. 그러므로 경에서는 "탐욕 가운데서 선禪을 수행함은 불꽃 속에서 연꽃이 피는 것과 같다."라고 하였다.[42] 이러한 의미에서 쌍림의 부대사는 출가 수행하여 다시 대승의 집에 들어가는 것을 입가入家라고 주장하고 있다.

이미 출가하였으니 다시 입가入家가 있어야 되지 않겠는가. 이제 입가에 대해 간략히 말하자면 상락아정常樂我淨의 집에 들어가고, 으뜸가는 진리(第一義眞諦)의 집에 들어가고, 현재의 색신이 바로 법신인 집에 들어가고, 생사와 열반에 머묾이 없는 집에 들어가는 것이다. 만약 이와 같이 한다면 곧 대승이다.[43]

출가와 재가가 이미 둘이 아님에 입각해서 생사를 위해 출가出家하고 열반을 위해 다시 입가入家할 뿐이다. 그런데 문제가 되는 것은 위에서 언급한 출가의 재가자요, 재가의 재가자이다. 즉 출가의 재가란 몸은 출가하여 도량에 머물지만 마음은 항상 명리를 탐닉하여 속인과 다름없는 삶을 사는 명자名字사문을 말한다. 이러한 출가는 아예 불법을 모르는 범부보

---
42) 『유마경』, "在欲行禪, 火裏生蓮."
43) 『부대사전록』 제1권.

다 더 못한 경우가 된다. 『사십이장경』은 명리를 구하는 사람들에 대해 이렇게 일깨워 주고 있다.

> 사람이 욕망을 따라 이름을 구하지만 이름이 드러나면 몸은 벌써 늙어 버리는 것이다. 세상의 이름만을 탐하고 도를 배우지 않으면 헛되이 몸만 피로하게 될 것이니, 마치 향을 살라 향냄새를 맡지만 향이 다 탄 뒤에는 몸을 태울 수 있는 불이 그 뒤에 남아 있는 것과 같다.[44]

그리고 재가의 재가란 영겁의 세월 동안 윤회 속에 갇혀서 오욕락에 빠져 해탈을 구하지 않는 것을 말한다. 설사 부처님 계신 때에 태어났다 하더라도 불법에 뜻이 없으면 말법의 시대이며, 말세에 태어났다 하더라도 불법을 믿고 실천하게 되면 신심이 견고한 시대가 된다. 혜능선사도 원적에 들 때에 제자들에게 부촉함에 중도의 참성품을 깨닫도록 일러주고 "내가 멸도한 뒤에 여기에 의지해 수행하면 내가 있는 때와 같지만, 만약 내 가르침을 어긴다면 비록 내가 세상에 있더라도 아무런 이익이 없을 것이다."라고 경책하고 있다.

진정한 출가란 인위적으로 사물을 다스리면서 억지로 수행하는 것이 아니다. 마음이 집착으로부터 벗어나 있으면 수행에 방해되는 모든 반연은 저절로 소멸되게 된다. 마치 아침 해가 떠오르면 모든 어두움이 사라지는 것과 같다.

---

44) 『사십이장경』.

구마라집은 『주유마경』에서 말하기를 진정한 출가란 "재가로 있되 탐욕이 없고, 출가하되 출가상(相)이 없다. 지금 출가자의 입장에 있으나 마음에 번뇌의 집착이 있으면 아직 출가자라 할 수 없다. 일체의 경계에 집착함이 없는 것이 진정한 출가이다."라고 하였다. 이러한 까닭에 "비록 백의를 입은 재가자라 하더라도 능히 무상보리심을 발하면 바로 출가이며 계행戒行을 구족하게 된다."라고 하여 백의출가白衣出家를 설하고 있다. 『혈맥론』에 또한 이렇게 설하고 있다.

> 만약 자기의 마음이 부처임을 본다면 머리와 수염을 깎지 않더라도 세속사람(白衣)도 또한 부처이며, 만약 성품을 보지 못하면 수염과 머리를 깎았더라도 또한 외도外道이다.[45]

쌍림의 부대사 역시 출가란 정각을 성취하기 위해 신구의身口意 삼업을 닦는 사람이라 정의하고 두 종류의 출가에 대해 언급하고 있다.

> 출가의 법에는 두 가지가 있으니, 하나는 형(形: 몸)출가이고 둘은 심(心: 마음)출가이다. 형출가라는 것은 이른바 삭발염의하여 법신을 구족하는 것이요, 심출가라는 것은 일체 반연하는 번뇌의 얽매임으로부터 벗어나는 것이다. 만일 세속의 논리로 말하자면 형출가가 더욱 수승하다. 왜냐하면 가정과 사회로부터 얽매이지 않고 홀로 번거로움에서 벗어나 번

---
45) 『혈맥론』.

뇌가 없고 수연자재하기 때문이다. 그러나 본질적인 이치에서 말하자면 형출가와 심출가가 둘이 아니다.[46]

이는 몸의 출가(身出家)와 마음의 출가(心出家)를 이야기하고 있는 것이다. 여기서 부대사는 형식적인 신출가에 비해 심출가의 중요성을 강조하고 있음을 볼 수 있다. 위에서 이미 밝혔듯이 대승보살의 출가란 무위법을 깨달아 번뇌의 집착으로부터 벗어났기에 생사와 열반에 출입이 자재해야 한다. 진정한 출가자는 항상 삼보에 귀의하고 계정혜戒定慧 삼학을 닦아 탐진치貪瞋癡 삼독으로부터 자유로워 마음에 평화가 온전히 드러나야 한다. 이러한 바탕 위에 부대사는 다시 사출가事出家와 이출가理出家를 나누어 설명하고 있다.

사출가事出家란 인색의 집, 탐욕의 집, 성냄의 집, 살해의 집으로부터 벗어나는 것이며, 계율을 지키고 있다는 아만심의 집으로부터, 선정에 들어간다는 자만으로부터, 스승으로 남을 가르친다는 교만으로부터, 출가하여 도를 구한다는 증상만으로부터, 부귀한 사람이라는 아상으로부터, 교양이 있다는 교만으로부터, 장부라는 상으로부터, 세력이 있다는 권위의식으로부터, 기능이 뛰어나다는 자만으로부터, 일체 함이 있는 모든 번뇌로부터 벗어난 것을 말한다.

이출가理出家란 팔정도의 집에서, 시방사무소외十方四無所畏[47]의 집에서,

---

46) 『부대사전록』 제1권.

십팔불공법+八不共法48)의 집에서, 오안五眼49)의 집에서, 육신통의 집에서, 삼명三明50)의 집에서, 타심통의 집에서, 숙명지宿命智의 집에서, 대자대비의 집에서, 평등의 집에서, 깨달아서 걸림이 없는 지혜의 집에서, 불법승 삼보의 집에서 벗어나는 것이다.51)

---

47) 사무소외(四無所畏: 네 가지 두려움이 없음)란 부처님께서 교법을 설하실 때, 그 누구도 두려워하지 않고 거리낌 없이 깨달으신 바를 그대로 설하시는 것을 말한다. 첫째 일체지무소외(一切智無所畏)로서 부처님께서는 일체의 모든 것을 다 알고 계시므로, 일체 중생을 제도하고자 생각하시는 바를 그대로 다 설하시고 어떤 것도 두려워하지 않으므로 일체지무소외라고 한다. 둘째 누진무소외(漏盡無所畏)란 부처님께서는 견사의 미혹이 조금도 없으므로 일체 중생을 구제하기 위해 모든 중생을 대하기 때문에 아무 것도 두려워할 것이 없다. 미혹이 없으면 아무 것도 두렵지 않고 거리낄 것이 없는 것이다. 셋째 설장도무소외(說障道無所畏)란 도(道)의 장애가 되는 것을 설하되 조금도 주저하지 않는다는 것이다. 주저하지 않고 자유자재로 사실대로 교를 설해서 도의 장애가 되는 것을 모조리 제거해 주는 것이 곧 설장도무소외이다. 넷째 설진고도무소외(說盡苦道無所畏)란 참으로 인간의 괴로움을 제거하여 몸의 번뇌·마음의 번뇌를 제거하는 길을 조금도 거리낌없이 말하는 것이다. 부처님께서는 이러한 사무소외, 곧 네 가지 무소외의 힘을 갖추고 모든 중생을 구제한다.

48) 십팔불공법이란 부처님의 몸과 입과 생각으로 짓는 모든 행과 지혜가 다른 모든 존재들과는 같지 않음을 설명하는 것이다. 1. 신무실(身無失). 몸으로 짓는 모든 행위가 지혜의 행을 따르기 때문에 '몸에 부족함이 없다'고 함. 2. 구무실(口無失). '입에도 부족함이 없다'는 것임. 3. 염무실(念無失). 생각으로 짓는 모든 업이 지혜의 행을 따르므로 '생각에 모자람이 없다'고 함. 4. 무이상(無異想). 마음에 분별이 없음을 '차별된 생각이 없음'이라고 함. 5. 무부정심(無不定心). 부처님의 마음은 온갖 미세한 어지러움도 다 떠나 항상 선정에 있으므로 안정되지 않은 마음이 없음을 말함. 6. 무부지이사(無不知已捨). 한 법도 마음로 알고서 버리지 않은 것이 없으므로 '알고 나서 버리지 않음이 없음'이라고 함. 7. 욕무감(欲無減). 마음에 싫증내거나 만족함이 없으므로 '의욕이 줄어듦이 없다'고 함. 8 정진무감(精進無減). 부처님은 몸과 마음의 두 가지 정진을 만족하여 항상 일체를 제도함에 일찍이 쉼이 없으므로 '정진에 줄어듦이 없다'고 함. 9. 염무감(念無減). 부처님은 삼세의 모든 불법에 대해서 온갖 지혜가 상응하므로 만족하여 줄어듦이 없으므로 '생각에 줄어듦이 없다'고 함. 10. 혜무감(慧無減). 부처님은 모든 지혜와 신력·사무소외 등의 지혜를 얻어 원만하고 지극함을 성취하였으므로 '지혜에 줄어듦이 없다'고 함. 11. 해탈무감(解脫無減). 부처님은 유루(有漏)와 무루(無漏)의 두 가지 해탈을 모두 갖추었으므로 '해탈에 덜함이 없다'고 함. 12. 해탈지견무감(解脫知見無減). 모든 해탈 가운데 명료하고 분명하게 보아 알기 때문에 '해탈지견에 모자람이 없다'고 함. 나머지 여섯 가지는 모두 부처님의 지혜와 관련된 것임. 13. 일체신업수지혜행(一切身業隨智慧行). 14. 일체구업수지혜행(一切口業隨智慧行). 15 일체의업수지혜행(一切意業隨智慧行). 부처님은 몸·입·생각으로 행위를 할 때 먼저 아신 뒤 그 아는 바에 따라 일체의 행위를 일으키므로 나투는 곳마다 부처의 일 아님이 없어서 모두를 이룸에 충족해진다. 그러므로 '몸·입·생각으로 짓는 모든 행위가 지혜의 행을 따른다'고 함. 16. 지혜지과거세무애(智慧知過去世無碍). 17. 지혜지미래세무애(智慧知未來世無碍). 18. 지혜지현재세무애(智慧知現在世無碍). 부처님의 지혜는 과거·미래·현재의 세상을 비추어 삼세(三世)의 모든 일을 다 알아서 중생법이나 중생법이 아닌 것이나 모두 두루 알아 걸림이 없음을 말함.

49) 오안(五眼)이란 육안(肉眼), 천안(天眼), 혜안(慧眼), 법안(法眼), 불안(佛眼)을 말한다.

50) 삼명(三明)이란 천안명(天眼明), 숙명명(宿命明), 누진명(漏盡明)을 말한다. 천안명은 말 그대로 하늘의 눈으로 일체 세간의 모든 것을 다 볼 수 있는 지혜의 눈이다. 숙명명은 과거 전생의 모든 인연을 관찰하여 잘 아는 지혜이다. 누진명은 금생에서 모든 종류의 고통을 밝게 알아서 인간의 모든 번뇌를 끊는 지혜를 말한다.

51) 『부대사전록』제1권.

다시 말하면 사출가事出家란 밖으로 드러나는 현상적인 측면에서 벗어남을 말하고 있고, 이출가理出家란 안으로 이치적인 입장에서 법에도 얽매이지 않는 법공法空을 체득함이 구경의 출가임을 밝히고 있는 것이다. 부대사가 말한 네 종류의 출가는 궁극적으로 대승보살의 출가를 강조하고 있는 것이다. 몸과 마음, 이理와 사事가 둘이 아닌 입장에서 서로 조화를 이루는 불이중도不二中道의 출가가 진정한 출가임을 보여주고 있다. 즉, 출가出家와 입가入家가 둘이 아닌 불이가不二家에 머물 것을 청하고 있는 것이다. 그런데 스승 구마라집의 백의출가를 계승한 승조법사는 『유마경』의 불이법문不二法門에 의거하여 승속의 차별성이 없음을 강조하고 나아가 무위출가無爲出家를 주장하고 있다.

출가의 의미는 무위無爲에 있다. 이러한 무위의 도가 어찌 공덕과 이익이 있다 없다를 논할 수 있겠는가. [52]

승조가 『유마경』에서 설한 "보리심을 발하면 이것이 출가이다."라고 한 것은 장자의 아들들이 비록 출가해서 도를 이루고 싶은 마음은 간절하지만 출가할 수 없음을 알고 유마거사가 그들의 출가의 모양에 대한 집착을 놓아버릴 수 있도록 하기 위해 "발보리심이 곧 출가이니 출가의 겉모습에 집착하지 말라."고 방편을 사용한 것으로 설명하고 있다. 출가의 근본은 외형에 있는 것이 아니라 그 마음에 있다. 따라서 승조는 출재가를 막론하

---

52) 『주유마경』 제8권.

고 무위의 인因이 있으면 무위의 과果가 이루어진다는 것을 강조하고 있다.

무위의 출가는 어질고 지혜로운 이가 듣게 되면 그 이치를 알아 무위 출가의 수행을 따르게 되며, 모든 성인은 이러한 무위출가의 모습으로 세상과 소통하게 되니, 이것을 진정한 출가라고 하는 것이다.[53]

이어서 승조는 무위출가無爲出家의 정신에 입각해서 진정한 출가와 거짓된 출가에 대해 역설하고 있다. "거짓된 출가라는 것은 차안此岸의 생사를 싫어하고 피안彼岸의 열반을 좋아한다. 그러므로 생사와 열반 그리고 그 중간의 셋이 다르게 된다. 진정한 출가는 번뇌를 떠나고 생사와 열반이라는 분별이 없는데 어찌 생사, 열반, 그 중간의 차별이 있겠는가."[54] 출가하되 출가함이 없는 무위無爲의 출가에는 출가와 재가, 생사와 열반의 두 가지 상이 없다. 언제 어디에 있더라도 항상 무위의 경계에 처해 있다면 지금 여기가 바로 생사와 열반이 함께 공空한 함이 없는 출가의 삶을 살아갈 수 있을 것이다.

부처님께서 일곱 살의 어린 사미 수다야에게 "그대의 집은 어디인가?"라고 물으니, "삼계가 모두 공하거늘 세존께서는 어찌하여 우리 집의 위치를 물으십니까."라고 대답하였다. 주굉선사는 말하기를 "머리를 깎고 염의를 입는 것으로 출가라고 말하지 말라. 이것은 두 조각 대문의 집에서 나온

---

53) 『주유마경』 제8권.
54) 위의 책.

데 불과하다. 삼계화택의 집에서 나온 후에야 대장부라고 말할 수 있다. 그러나 이것도 오히려 미흡하다. 삼계의 중생과 함께 삼계를 벗어나야만 비로소 대장부라고 할 수 있다."55)라고 하였다. 즉 지혜로써 생사의 집에서 벗어남이 출가요, 자비로써 일체 중생과 더불어 삼계를 벗어남이 대장부의 진정한 출가라는 것이다. 그리고 출가 이후에 거듭 출가해야 함을 이렇게 말하고 있다.

반드시 거듭 번뇌의 집에서 벗어나, 재차 진로塵勞의 그물을 뚫고 나와야만 이것이 출가 이후의 출가다.56)

출가란 세속을 떠남을 그 본질로 하고 있다고 하더라도 본래 집(집착, 욕심)이 없는 무위의 집(無爲家)의 입장에서 보면 집을 떠남(出家)도 없고, 집에 머물러 있음(在家)도 없다. 출가라 하더라도 떠난 바 없는 떠남이요, 재가라 하더라도 머문 바 없는 머묾이다. 즉 출가에 있어서 몸이 출가했느냐(身出家) 마음이 출가했느냐(心出家)의 차이가 있지만, 몸과 마음이 텅 비어 공한 입장(五蘊皆空)에서 보면 출가의 모습(出家相)도 재가의 모습(在家相)도 찾아볼 수 없다. 다만 중생의 입장에서 출가란 범부의 집(凡夫家)에서 여래의 집(如來家)으로 나아감이니, 즉 업생業生을 청산하고 원생願生57)으로 거듭 태어나는

---

55) 『죽창수필』.
56) 위의 책.
57) 업생(業生)이란 중생이 업력으로 태어나고 그 업력으로 살아가는 것을 말하고, 원생(願生)이란 불보살은 중생을 제도할 원력으로 태어나며 그 원력으로 중생을 이롭게 하며 살아가는 것을 말한다.

것이 된다. 즉 범부의 생각에서 성현의 생각으로 바뀌는 것이 출가이니, 생각에서 생각을 여의고 모습에서 모습을 떠나서 구함도 없고 머묾도 없음이 진정한 출가이다. 지공誌公스님은 「십이시송十二時頌」에서 구함 없는 출가의 상을 이렇게 노래하고 있다.

　　도를 배우려면 먼저 가난함을 싫어하지 마라. 형상 있음이란 본래 거짓 쌓은 모음이니, 형상 없음인들 어찌 참되다고 할 수 있겠는가. 정결케 하려는 것이 오히려 정신을 괴롭히니, 어리석음을 잘못 알아 가까이 하지 말라. 말 아래 구함이 없어 머물 곳 없어지면, 잠깐 사이에 출가한 사람이라 부르리라.[58]

　머리 깎고 집을 나와 가사를 걸친 자가 출가인이 아니라, 말에서 말을 여의고 모습에서 모습 떠나 머무는 바 없이 머무는 이가 진정한 출가인이다. 이와 같이 무위의 정법을 터득하여 유有와 무無, 염染과 정淨, 상相과 성性의 두 가지 법에 통달하여 바른 견해(正見)를 갖춘 자가 진정한 출가자임을 임제스님은 다음과 같이 설하고 있다.

　　출가란 것은 평상시에 진정한 견해(眞正見解)를 체득하여 부처와 마구니, 진실과 거짓, 범부와 성인을 잘 판별해야 한다. 만약 이와 같이 판별할 수 있어야 진정한 출가라고 할 수 있다. 만일 부처와 마구니를 판별

---

58) 「전등록」 제29권.

하지 못한다면 이것은 이 집에서 나와 저 집으로 들어가는 것과 같다. 이것은 업을 짓는 중생이라 불릴 뿐 진정한 출가자라고 할 수 없다. ……
마치 눈 밝은 수행자라면 부처와 마구니를 함께 버린다. 그대가 만약 성인을 좋아하고 범부를 싫어하는 분별심을 낸다면 생사의 바다에서 윤회하게 될 것이다.[59]

임제는 말한다. 분별 망념은 마구니요, 만법이 무생無生임을 깨달아 한 티끌의 번뇌도 일어남이 없고, 하나의 법도 일어남이 없어 청정한 것이 부처이다. 번뇌의 성품이 공한 줄 알면 번뇌 그대로가 보리이니, 부처의 성품도 없고 마구니의 성품도 없다. 그러므로 눈 밝은 출가자는 부처와 마구니라는 두 가지 경계(二境)에 끄달리지 않는 안목을 갖춘 자이다. 이러한 진정견해眞正見解를 갖추지 못한 자라면 이는 제대로 된 출가자가 아니라 꽉 막힌 속인일 뿐이다.

경전을 보면 출가하였지만 수행과 교화에는 관심이 없고 단지 생존수단으로 출가한 자를 일러 "적주비구賊住比丘"라고 하였다. 『잡아함경』「정구경淨口經」에 설하기를, "적주비구란 진실한 수행에는 마음이 없고 이득이나 생활 방편으로 또는 부처님 가르침을 도둑질하기 위해 불교교단에 출가한 자를 말한다."라고 정의하고 있다. 또한 겉모습만 출가했을 뿐 행동은 속인과 다를 바 없는 엉터리 출가자를 "속승俗僧"이라 불렀다.

---

[59] 『임제록』.

누구든 가사를 입고서
세속적인 탐욕을 제거하지 못하면
아직 가사를 입을 자격이 없다.

누구든 모든 더러움을 버리고
착함이 잘 정립되어 있으면
가사를 입을 만하다.

출가하여 아직 나(我)가 있고 나의 것(我所)이 남아 있다면 가사를 입을 자격이 없다. 가사란 무소유無所有의 상징이다. 부처님은 자신이 열반에 든 이후 천년이 지난 뒤의 승가의 타락에 대해 이렇게 예견하고 있다. "미래 세상의 비구들은 수염과 머리를 깎았으면서 살림을 즐겨해 왼쪽에는 아들을 안고 오른쪽에는 딸을 안을 것이다. 또 젓대나 퉁소를 들고 거리를 나다니면서 구걸을 할 것이다." 이러한 적주비구나 속승들에 대해서는 "마치 쌀겨를 키질하여 바람에 날려 버리듯이 그들을 날려 버려야 한다."라고 경고하고 있다.

재가자를 경전에서는 우바새, 우바이라고 부른다. 의역하면 우바새는 근사近事, 근사남近事男, 근선남近善男, 청신사淸信士라고 하고, 우바이는 근사녀近事女, 근선녀近善女, 청신녀淸信女라고 한다. "가까이 하는 자", "가까이 함께 하는 자", "가까이 함께 섬기는 것을 갖는 자"라는 의미이다. 즉 불법승 삼보를 늘 가까이에서 함께 하고, 늘 가까이에서 섬기는 사람들을 가리킨다. 경에서는 말한다. "우바새(우바이)란 집에 머물며 청정한 삶을 살며 '목숨이 다하는 날까지 삼보에 귀의하여 우바새(우바이)가 되겠습니다. 이에 저를 증명하고 알아주십시오.'라고 맹서한 사람이다."

초기 경전에서는 출가자와 재가자는 서로 의존하여 참된 법과 최상의 안온함에 이르기 위해 상호간에 마땅히 행해야 할 의무를 규정하고 있다. 서로 보시를 행하되 재가자는 출가자를 위해 재시財施를 행해야 하며 출가자는 재가자를 위해 법시法施를 행해야 한다고 하였다.

먼저 삼보를 가까이에서 섬겨야 하는 재가자가 출가자를 위함에 다섯 가지 방법으로 섬겨야 한다고 하였다. 첫째 몸으로 친근함을 행하고, 둘째 말로 친근함을 행하고, 셋째 뜻으로 친근함을 행하고, 넷째 언제나(출가자가) 집에 들를 수 있도록 하고, 다섯째 출가자가 수행에 필요로 하는 것들을 제공한다.

다음으로 출가자가 재가자들에게 여섯 가지 법으로 자비를 베풀어야 함을 규정하고 있다. 첫째 나쁜 것으로부터 보호하고, 둘째 선善에 머물도록 권장하고, 셋째 친절한 마음으로 자비롭게 대하며, 넷째 아직 듣지 못한 법을 설해 주고, 다섯째 이미 배운 바를 다시 바르게 점검해 주어 청정하게 하고, 여섯째 즐겁고 행복한 세계에 나는 법을 일러 주어야 한다.

이와 같이 재가자와 출가자는 서로 아끼고 의존하며 함께 법의 수레바퀴를 굴려야 할 부처님 제자로서의 사부대중四部大衆이다. 따라서 출가자나 재가자를 막론하고 수행의 목적은 같을 수밖에 없다. 경전은 이렇게 일러 주고 있다.

집에 있거나 혹은 출가하여 도를 배우는 나의 제자들이 널리 듣고 외워 익히는 까닭은 스스로 마음을 제어하기 위함이요, 스스로 열반을 구하기 위해서다. 범지여! 집에 있거나 출가하여 도를 배우는 나의 제자들은 이런 이유로 널리 듣고 외워 익히느니라. 마치 모든 강들이 있지만 결국 큰 바다로 기울어 나아가듯이 불교에도 출가와 재가가 있지만 이 또한 모두 궁극적으로 열반의 성취로 나아간다.

출가나 재가를 막론하고 도를 수행하는 불제자는 법문을 널리 듣고 경전의 말씀을 외워 염송하고 참선을 부지런히 익혀서 마음을 깨달아 열반을 성취해야 한다. 재가의 출가자가 되었든 출가의 출가자가 되었든 누구를 막론하고 이미 출가하여 수행공동체의 맑고 깨끗한 대중과 더불어 살고 있다면 항상 부드러운 마음으로 대중들의 뜻을 잘 수순하여 화합할 뿐 결코 자신을 내세워서는 안 된다. 아울러 항상 보리심으로 일념정진하며 부지런히 육바라밀을 실천해야 한다.

그러나 그 본질을 놓고 보면 출가와 재가의 차별이 없다고 하지만 현상에 나아가 보면 엄연히 출가를 권청勸請해야 함이 옳은 도리이다. 아해兒孩로서 출가하여 도를 구하고자 하는 이가 만에 하나도 되지 않은 요즘, 자못 불법이 쇠멸衰滅될까 염려하지 않을 수 없다. 선남선녀들의 출가를 권장하여 불법문중이 흥성케 하여 정법이 오래 머물기를 발원해야 한다.

『출가공덕경』에 설하기를, "만일 어떤 사람이든 신심을 발해 출가하도록 도와주고 권장하면 그 공덕이 한량이 없으리라." 하였다. 『본연경』에서는 "다만 하루 동안만이라도 출가를 행하면 이십 겁 동안을 삼악도에 떨어지지 아니하리라." 하였다. 술에 취한 채 머리를 깎고 장난삼아 옷을 벗어 메어도 마땅히 도과_道果_를 기약한다고 수기하였는데, 하물며 자(慈: 육친의 정)를 끊고 애(愛: 처자의 정)를 버리는 출가이겠는가. 출가의 정인_正因_을 갖추어 무상대도를 이루면 구족이 승천하는 과보를 받는다고 하였다. 한 자녀를 기필코 출가시켜 무루_無漏_의 복락을 수용하여 해탈의 도업을 성취하도록 하자.

제 2 장

습인
習忍

습인
習忍

습인習忍이란 닦아서 익힌다는 뜻이다. 지금까지 중생의 업業으로 살아왔다면 이제 부처님 법을 만나 불보살님의 원력을 받아들여 서원誓願으로 살겠다고 다짐한다. 업으로 사는 중생의 삶을 업생業生이라 하고, 불보살님의 원력을 나의 원력으로 받아들여 보리심으로 살아가는 삶을 원생願生이라고 한다.

업생에서 원생으로 전환하는 것이 보리심을 발하는 것이고, 처음 보리심을 내었다 하더라도 아직은 업생의 습기習氣가 남아 있어 수행과 교화에 힘쓰려 해도 마음먹은 대로 잘 되지 않는다. 시작이 없는 억천 겁의 시간 이전으로부터 금생의 오늘까지 쌓아온 업력이 하루아침에 금방 눈 녹듯이 사라지지 않는다. 그래서 위없는 보리심을 내고 거기에 길들여 가는 공부가 바로 습인이다. 그래서 대혜선사도 선禪이 무엇이냐는 물음에 "익은 것은 설게 하고, 선 것은 익게 하는 것이다."라고 대답하였다. 익은 것은 범부의 습기요, 중생의 번뇌이며, 선 것은 부처의 마음(佛心)이요, 제불의 원력이다. 따라서 익은 것을 설게 하는 것은 번뇌망념을 제거하는 것이요, 선 것을 익게 하는 것은 진여본성을 드러내는 것이다. 중생의 습기, 즉 번뇌를 소멸시키고 불성인 진여본성을 깨닫기 위해 업력의 삶을 버리고 원력의 인생으로 점점 익숙해지는 수행 길들이기가 필요하다.

금타선사는 『금강심론』에서 수행해서 해탈해 가는 과정을 열여섯 단계로 설명하고 있는데 그것을 "해탈십육지解脫十六地"라고 하였다. 그 16지 가운데서 세 번째가 습인지習忍地이다. 거기에 보면 습인도 또한 여러 교설로 나누어 설명하고 있지만, 대체로 깨달음(證悟)의 단계인 금강지金剛地에 이르기 위해 용맹정진해 나가는 가행지加行地 이전에, 선택한 수행법을 닦아서 익히는 단계를 습인지라고 이름 붙인 것이다.⁶⁰⁾ 청화스님은 습인지에 대한 해설 가운데서 복인伏忍에 대한 설명을 다음과 같이 하고 있다.

> 복인은 번뇌를 다 끊는 것이 아니라 번뇌를 눌러 억제하는 경지입니다. 따라서 범부지에서는 강인하게 번뇌를 억제해야 합니다. 요사이 개방주의를 좋아하는 사람은 아무렇게나 보는 대로 자유롭게 하려고 합니다만 그래 버리면 수행도 못하고 불교가 안 되어 버립니다. 마땅히 부당한 것은 버리고 눌러야 합니다.
> 복인에 있어 상上을 도종인道種忍, 중中을 성인性忍, 하下를 습인習忍이라 칭하는 바, 복인을 이렇게 셋으로 나누는 것입니다. 상품은 도종인道種忍으로서 이미 도道의 종자가 심어져 범하려고 해도 안 되는 것입니다. 중품은 성인性忍이라, 성품에 종자가 깊어 가는 것이고, 하품은 습인習忍이라, 습인은 강한 의지로 공부를 익혀 가는 것입니다.⁶¹⁾

넓게 말하면 습인이란 굳건한 신심과 원력을 바탕으로 수행을 하나하나 익혀서 나의 성품에 도道의 종자가 심어져 물러나려고 해도 물러나지 않는 공부의 경지를 얻는 것이라고 할 수 있다. 최상근기로서 생이지지生而知之⁶²⁾가 되어 버린 사람은 여기에 해당이 안 되겠지만, 그러나 보통 근기의 사람

---

60) 청화, 『원통불법의 요체』, (광륜출판사, 2008), p 562.
61) 위의 책, p 570.
62) 생이지지(生而知之)란 태어날 때부터 모든 것을 다 아는 성인의 경지를 말한다.

들은 범부의 지위를 벗어나서 성인의 경지에 들어가기 위해 마땅히 습인의 과정을 익혀야 하는 것이다.

절집에 처음 출가하면 "중물 들인다."라는 말을 많이 듣는다. 속물을 벗겨내고 수행자로서의 정신과 자세, 위의와 습의를 익히는 것을 한마디로 "중물 들인다."라고 하며, 또 다른 말로 "장판 때 묻힌다."라고 표현하기도 한다. 수행자로서의 자질과 습의를 익히는 것은 출가 수행자뿐만 아니라 재가 수행자들도 마땅히 갖추어야 할 습인의 과정인 것이다.

그래서 삼보에 귀의하고 신심과 원력으로 발심하여 출가(재가 출가자 포함)한 수행자는 참회를 행하고, 좌선을 익히며, 선과 교를 함께 공부하고, 계정혜 삼학을 고르게 수행하여서 깨달음의 길로 나아가야 할 것이다.

제1절 참회懺悔

모름지기 삼계를 벗어나 해탈을 구하고 일체 중생을 제도하고자 보리심을 발하여 불문에 들어온 수행자는 불법승 삼보전에 나아가 지극한 마음으로 참회해야 한다. 시작이 없는 그 옛날로부터 금일에 이르기까지 알고 지은 죄와 모르고 지은 죄가 한량없는 업의 장애가 되어 수행을 방해하기 때문에 반드시 참회를 통해 업장을 소멸해야 한다.

『최승왕경』에 설하기를 "일체지一切智, 청정지淸淨智, 부사의지不思議智, 부동지不動智, 삼먁삼보리정변지三藐三菩提正遍智 등을 두루 구하여 이루려 하는 이는 반드시 먼저 참회를 행하여 업장을 소멸해야 한다. 왜냐하면 일체의 모든 법이 마땅한 인연으로 좇아 나기 때문이다." 하였고 또한 "앞마음이 죄를 일으킴은 마치 구름이 허공을 덮은 것과 같으나 뒷마음이 죄를 멸함은 마치 횃불로 암혹을 파하는 것과 같으니, 모름지기 횃불이 멸하면 암혹이 되는 줄 알아서 반드시 항상 참회의 횃불을 밝혀야 한다."라고 하였다.

미륵보살이 주야 육시六時로 몸을 단정히 하여 무릎을 꿇어 시방을 향해 설하기를 "내가 일체 허물을 참회하는 것은 온갖 도덕을 도와 일으키기 위함이라. 모든 부처님께 지성으로 귀명歸命하오니 일체 중생이 위없는 지혜를 이루게 하소서."라고 하였고, 『대집경』에 설하기를 "백 년을 묵은 때 묻은 옷도 하루아침에 세탁하여 깨끗하게 할 수 있는 것과 같이 백겁 동안

쌓인 모든 나쁜 업도 불법佛法의 힘으로 잘 사유하고 수순(隨順: 순리에 따름)하면 한날한시에 모두 능히 소멸할 수가 있는 것이다."라고 하였다. [63]

만일 성품이 공한 줄 알아 스스로 악을 짓지 않는 사람이라면 참회할 죄의 성품(罪性)도 없겠지만, 수행자가 혹 중간에 나쁜 인연을 만나 파계를 했다면 그것이 가볍건 무겁건 지계가 청정하지 못한 것은 분명하므로 참회를 통해 바른 선정이 일어나도록 해야 한다. 참회를 하게 되면 계품戒品이 청정해지기 때문에 삼매에 나아갈 수 있다. 마치 때 묻은 옷도 깨끗하게 빨면 염색이 되는 것과 같다. 수행자도 만일 계가 청정하지 못하면 반드시 참회하겠다고 생각해야 한다. 그러므로『불명경』에 이르기를 "불법 가운데 두 종류의 건아健兒가 있으니 하나는 성품이 악을 짓지 않는 건아이고, 다른 하나는 악을 짓고 나서 참회할 줄 아는 건아이다."라고 하였다. 허물이 있더라도 참회할 줄 알면 건아인 것이다. [64]

천태스님 역시『지관좌선법』에서 똑같이 위의『불명경』을 인용하면서 다음과 같이 설하고 있다.

만일 어떤 사람이 계를 받고 나서도 마음을 굳게 지킬 수가 없어서 가볍거나 무거운 여러 가지 계를 범하는 일이 많은데, 만약 소승불교의 종문에 의거하면 네 가지 무거운 죄[65]를 범하면 참회하는 법이 없다. 그러

---

63) 日藏 譯註, 延壽,『만선동귀집』. p 99.
64) 崔箕杓 譯註, 天台智者 說,『차제선문』, (불광출판사, 2010), p 93.
65) 네 가지 바라이(波羅夷)죄를 말한다.『마하승기율(摩訶僧祇律)』을 보면 바라이는 극악(極惡)·단두(斷頭)·불공주(不供住) 등으로 번역되는데, 계율에서 가장 엄격하게 금하는 중죄이다. 이 죄를 범하면 승려 자격을 잃고 승단에서 쫓겨난다. 첫째는 음행, 둘째 도둑질, 셋째 살인, 넷째 거짓말이다.

나 대승불교의 종문에 의거하면 오히려 소멸할 수 있는 법이 있다. 따라서 경에 말씀하시기를, 불법 가운데에 두 종류의 건아가 있는데, 하나는 성품이 본래 여러 가지 악을 짓지 않는 것이고, 둘은 짓고 나서도 훌륭히 참회하는 것이다. …… 이러한 사람은 마땅히 조용한 빈 곳에 머물면서 마음을 가다듬고 항상 좌선하며, 그리고 대승경전을 독송하면 모든 무거운 죄는 다 남김없이 소멸되고, 모든 선정삼매의 경지가 자연히 앞에 나타난다.[66]

참회懺悔에서 참懺이란 잘못됨을 뉘우치는 것이요, 회悔란 뉘우침으로 말미암아 다시는 짓지 않겠다고 다짐하는 것이다. 그래서 지자선사는 "참懺이란 삼보와 일체 중생에게 뉘우치며 사죄하는 것이고, 회悔란 부끄러워하는 것"이라고 말하였다. 또한 "참이란 밖으로 감추지 않는 것이고, 회란 안으로 자책하는 것"을 말한다. 그리고 "참이란 죄가 악인 것을 아는 것이고, 회란 그 과보를 두려워하는 것이다."[67]라고 하였다.

혜능스님 또한 이르기를 "참懺이란 앞에 지은 허물을 뉘우침이니, 앞에 지은 악업인 어리석음, 미혹, 교만, 거짓, 질투 등의 죄를 모두 다 뉘우쳐서 다시는 영원히 일어나지 않게 하는 것을 참懺이라 한다. 회悔란 뒤에 일어날 허물을 뉘우침이니, 지금부터 이후로 일어날 악업인 어리석음, 미혹, 교만, 거짓, 질투 등의 죄를 지금 이미 깨쳐서 모두 다 영원히 끊고 다시는 짓지

---

66) 천태지자, 「지관좌선법」.
67) 「차제선문」, p 93~94.

않는 것을 회悔라 한다. 그러므로 참회라 한다."[68]라고 하였다.

천태스님께서는 참회하는 방법은 여러 종파에 따라 다양하지만 그 핵심만 간추리면 세 종류에 불과하다고 정리해 주고 있다.

첫 번째는 작법作法참회로 정해진 계율절차에 의거하여 참회하는 것이다. 두 번째는 관상觀相참회로 선정에 의거하여 참회하는 것이다. 세 번째는 관무생觀無生참회이니 지혜에 의거하여 참회하는 것이다. 이 세 가지는 소승과 대승에 공통된 방법이지만 많이 사용되는 것에 의거하여 나눈다면 작법참회는 소승 참회법에 많고 뒤의 두 가지는 대승 참회법으로 많이 사용된다.[69]

다시 말하면 작법참회는 선한 일을 행하여 악한 일을 대치對治하는 방법으로서 율장에서는 오로지 이 방법으로 죄를 멸한다. 관상참회(혹은 취상取相참회)는 여러 경전에 설해진 참회법에 의거하여 마음을 온전히 집중하여 고요해진 가운데 온갖 상서로운 형상을 보게 되면 멸죄한 것으로 간주한다. 이때에 마음으로 형상이 나타나기를 바라고 집착해서는 안 된다. 다만 진실된 마음으로 참회하려고 노력할 때 그 공이 쌓여 서상瑞相이 나타나면 이것을 가지고 멸죄를 판단하는 것이다. 이때에 주로 『범망경』의 가르침을 많이 따른다.

---

68) 종보본, 육조대사, 『법보단경』 「참회품」.
69) 『차제선문』, p 94.

관무생참회(줄여서 무생참회)는 무릇 수행자가 진정으로 참회하고자 한다면 마땅히 큰 자비심을 일으켜 일체 중생을 가엾게 여기고 죄의 근원에 대해 깊이 통달해야 한다. 일체의 법은 본래 공한 것이어서 복도 없는 것이거늘 하물며 죄가 있겠는가. 일체의 죄는 모두 마음을 알지 못하는 일념으로부터 생기는 것임을 알아야 한다. 죄를 없애고자 한다면 다만 죄짓는 이 마음이 어디서부터 일어났는가를 돌이켜 관해야 한다. 이 마음이란 과거에 있는 것도 아니요, 현재에 있는 것도 아니요, 미래에 있는 것도 아니다. 이렇듯 마음이 과거, 현재, 미래에도 없고 안과 밖과 중간에도 없다면 정해진 처소가 없는 것이다. 이와 같이 죄짓는 마음을 관찰해 보면 그 모양을 볼 수 없고 처소도 없어서 그 성품이 공한 줄 알게 된다. 그러므로 『보현관경』은 다음과 같이 게송으로 설하고 있다.

> 일체 업장의 바다는 모두 망상에서 생기나니
> 참회하고자 한다면 정좌하여 실상實相에 집중하라.
> 죄는 서리나 이슬과 같은 것, 지혜의 태양이 능히 소멸시키네.
> 그러므로 지성으로 육근을 참회할지라. [70]

일체의 법은 모두 마음에 속하는 것인데 마음의 자성이 공하니 법도 또한 공한 것이다. 법이 없다면 죄업이 없으며, 죄가 없다면 죄 아닌 것도 없다. 이렇듯 죄는 생기는 것이 아님을 관하면 일체의 죄를 파하게 되니, 이는

---

70) 『관보현보살행법경』.

일체의 죄가 근본 성품이 공하여 항상 청정한 것이기 때문이다.[71] 『유마경』에서 계율을 어긴 두 비구가 지계제일 우바리 존자를 찾아와 죄업을 소멸하려 할 때 "윤회의 인과응보는 법칙에 따르는 것이어서 그대들이 지은 업의 대가는 반드시 받아야 한다."라고 말했을 때 유마거사는 이렇게 꾸짖어 설하고 있다.

우바리 존자여! 지은 죄의 업으로부터 벗어나려는 그들에게 빨리 안심법문安心法門으로 그들을 편안하게 해 줘서 수행에 몰입하여 불도를 성취하게 길을 열어 주어야 합니다. 그런데 그대는 지금 그들에게 무슨 말을 하고 있습니까. 죄의 무게를 더 키워서 그들을 압박하고 있지 않습니까. 부처님의 가르침은 고통 받고 있는 지금 이 땅의 중생들을 구제하여 그들에게 감로수를 맛보게 하여 빨리 불도를 이루게 하는 데 목적이 있습니다. 지금 그대 앞에 있는 중생을 구제해야지 죽은 뒤의 그 사람의 고락(과보)에 대해 신경쓸 게 아닙니다. 다음 생에는 아미타불도 계시고 동방여래불도 계시지 않습니까. 우바리 존자여, 당신은 지금 세상 사람들을 이롭게 하고 계시는 부처님을 도와 중생을 이롭게 하는 것이지, 죽은 뒤 그 중생의 세계에 대해 집착하고 있으면 되겠습니까.[72]

잘못을 저지르고 그 과보에 갇혀 두려움에 떨고 있는 사람에게는 죄의

---

71) 『차제선문』, p 96~98.
72) 『유마경』 「제자품」.

성품이 본래 공함을 설하여 참회를 통하여 안심의 법을 일러주고, 죄를 짓고도 죄의 성품이 공하다고 하면서 과보를 두려워하지 않고 계속 저지르는 사람에게는 죄의 과보가 무거움을 들어서 반드시 참회를 통해 죄업을 소멸하는 법을 설해야 한다. 부처님은 사정근四正勤을 설하고 있다. 아직 일어나지 않은 악은 일어나지 못하게 하고, 이미 일어난 악은 빨리 소멸시키고, 아직 일어나지 않은 선법善法은 일어나도록 하고, 이미 일어난 선법은 사라지지 않게 하고 증장시키기 위해서 정진하고 힘써야 한다.

위에서 설하고 있는 세 종류의 참회는 결국 사참(事懺: 행동으로 참회하는 것)과 이참(理懺: 이치로 참회하는 것)으로 귀결되는 것이다. 작법참회는 신구의 삼업을 통해 바깥으로 드러내 참회를 행하는 사참에 해당된다. 죄의 자성이 본래 공함을 체달하여 죄가 생김이 없음을 관하는 무생참회는 이참에 해당되는 것이다. 그리고 사참과 이참의 요소가 함께 병행되는 것은 관상참회라 할 수 있다.

보조는 『계초심학인문』에서 설하기를 "모름지기 자신의 죄업장이 마치 산과 바다와 같은 줄 알아서 마땅히 이참과 사참으로 소제消除할 수 있다."라고 하여, 참회에는 사참과 이참의 두 가지 방법이 있음을 밝히고 있다.

이른바 사참이란 지극한 마음으로 불보살 전에 나아가 자기가 지은 죄업을 뉘우치고 악업을 돌이켜 선업으로 바꾸는 것을 말한다. 즉 예배나 송경을 통해 스스로 지은 죄업을 발로(發露: 고백)하고 참회하는 것을 말한다. 다시 말하면 허물을 겉으로 드러내서 일념으로 절을 한다거나 송주를 염송한다거나 하여 직접 행동으로 불보살님께 참회하는 것이 사참이다. 아울러 이참이란 본래 죄의 성품이 텅 빈 자리(空)를 깨쳐 모든 번뇌망상을 제거하는 것이다. 즉 청정한 자성에는 본래 물드는 마음이 없으나 경계 따라 모든 죄업이 일어나므로 그 마음이 청정(空)한 줄 깨달으면 죄의 그림자도 또한 사라지게 되는 것이다.

불자들이 조석으로 독송하는 『천수경』 내용 가운데에 참회의 행례가 나오는데 그 내용을 살펴보면 먼저 사참이 행해지고 다음으로 이참이 행해지고 있음을 익히 알 수 있다. 사참의 내용은 다음과 같다.

옛날부터 지어 나온 모든 악업은,	我昔所造諸惡業
비롯함이 없는 탐진치가 원인 되어서,	皆由無始貪嗔癡
몸과 입과 뜻으로 지었사오니,	從身口意之所生
제가 이제 모든 죄를 참회합니다.	一切我今盡懺悔

살생한 무거운 죄 이제 참회합니다.	殺生重罪今日懺悔
도둑질한 무거운 죄 이제 참회합니다.	偸盜重罪今日懺悔
삿된 음행한 무거운 죄 이제 참회합니다.	邪淫重罪今日懺悔
거짓말한 무거운 죄 이제 참회합니다.	妄語重罪今日懺悔
꾸밈말한 무거운 죄 이제 참회합니다.	綺語重罪今日懺悔
이간질한 무거운 죄 이제 참회합니다.	兩舌重罪今日懺悔
악한 말한 무거운 죄 이제 참회합니다.	惡口重罪今日懺悔
탐욕 부린 무거운 죄 이제 참회합니다.	貪愛重罪今日懺悔

성질 부린 무거운 죄 이제 참회합니다.	嗔恚重罪今日懺悔
어리석은 무거운 죄 이제 참회합니다.	癡暗重罪今日懺悔

　여기서는 몸으로 짓는 살생, 투도, 사음과 입으로 짓는 망어, 기어, 양설, 악구와 뜻으로 짓는 탐애, 진에, 치암의 십악중죄를 참회하고 있다. 이러한 내용으로 볼 때, 신구의 삼업으로 짓고 신구의 삼업으로 작법을 행하여 참회를 하는 것이기 때문에 이것은 사참법事懺法에 해당되는 것이다. 또한 사참법에는 세 종류의 참회가 있으니, 첫째 상품참회上品懺悔는 온몸의 털구멍과 눈으로 피를 흘리는 참회를 말하며, 중품참회中品懺悔는 온몸에서 땀이 나고 눈에서는 피가 흐르는 참회를 말하며, 하품참회下品懺悔는 온몸에서 열이 나고 눈으로는 눈물을 흘리는 참회를 말한다.

백겁 동안 쌓아온 온갖 죄업도,	百劫積集罪
한 생각에 단박 녹아 없어지나니,	一念頓蕩盡
마른 풀이 불에 타서 없어지듯이,	如火焚枯草
남음 없이 사라져서 자취 없으리.	滅盡無有餘

죄는 본래 자성 없어 마음 따라 일어나니,	罪無自性從心起
마음 만약 없어지면 죄도 또한 사라지네.	心若滅時罪亦亡
죄와 마음 사라져서 두 가지가 공적하면,	罪亡心滅兩俱空
이것을 참다운 참회라고 이름하리.	是卽名爲眞懺悔

죄의 성품이 본래 공하여 마음을 따라 일어나는데, 그 마음이 일어난 바 없이 일어나는 그림자와 같아 공하기 때문에 죄업 또한 절로 소멸된다. 아무리 오랫동안 지어온 죄업이라 하더라도 일념에 단박에 녹아 없어지니 이것이 진실된 참회요, 이치로 참회하는 이참이다. 천겁 동안 어두웠던 무명의 방도 참회의 횃불을 밝히면 일시에 밝아지는 이치와 같다.

그러면 수행자가 발심하여 참회의 법을 행하려고 한다면 사참을 먼저 행해야 하는가, 이참을 먼저 행해야 하는가, 이참과 사참을 함께 행해야 하는가. 이참의 중요성을 강조하는 사람이 의심하기를 '대승경전에서는 죄의 성품이 안에도 밖에도 중간에도 있지 않다고 하였는데 어찌 죄업을 드러내 참회를 하라고 하는가'라고 한다면 이는 잘못된 생각이다. 이에 대해 연수스님은 『만선동귀집』에서 다음과 같이 대답해 주고 있다.

부처님의 말씀은 참으로 진실한 것이다. 이理와 사事가 분명하여 능히 깊은 의심의 뿌리를 뽑고 두터운 미혹을 여시니, 이와 같이 깊이 믿는 이는 하나를 들어 천을 깨달아 설하신 대로 잘 수행하리라. 이에 앞에 지은 허물을 뉘우쳐 깨끗이 밝히고 이 뒤로 다시는 잘못을 짓지 않도록 힘써 걸음걸음마다 비추고 관찰하고 생각생각에 어김이 없으면 이에 곧 전생의 습기가 가벼워지고 선근은 더욱 깊고 두터워질 것이다. 승계乘戒를 함께 힘쓰므로 이理와 행行이 아울러 따를 것인즉 이것이 곧 교의 문에 도달하여 굳게 부처님의 말씀을 가지는 것이기 때문에 다시 사참을 애써 구할 필요가 있겠는가. 저절로 허물이 나지 않을 것이다.

그러나 만일 업으로 물든 더러운 때(染垢)는 무겁고 깊으며 지혜도 거칠어 덕은 얕으면서도 다만 "죄의 성품이 안, 밖, 중간에도 있지 않노라."고 헛되이 생각만 한다면, 그 삼업三業의 현행現行을 관찰해 보니 온전히 근진(根塵: 육근, 육진)의 법에 빠져 있는지라 흡사 맛있는 음식을 입으로만 말하나 마침내 배고픔을 해결하지 못하는 것과 같으며 또한 약방문을 생각만 하는 것으로 어찌 능히 병이 치유되겠는가. 다만 그 말만 구하는 것으로 죄가 소멸되게 한다면 곧 일체의 업에 매인 사람도 짐짓 쉽게 해탈할 수 있을 것이거늘 어찌하여 이에 오랜 세월의 생사가 돌고 도는 불의 바퀴와도 같은가.[73]

사실 이치(理)와 현상(事), 근본(本)과 지말(末), 본체(體)와 작용(用)은 둘일 수 없다. 이사원융理事圓融하고, 본말상응本末相應하고, 체용일여體用一如한 불이법문에서 볼 때에 이치와 현상을 함께 운용하고, 근본과 지말이 서로 상응하고, 본체와 작용이 하나로 겸수兼修되어 일심의 법을 체득하여 방편의 청정을 힘써 행하면 이참과 사참이 서로 도와 보호하게 될 것이다. 이와 같이 연수선사는 이참과 사참을 함께 운용할 것을 강조하면서 이치로 죄의 성품을 관하고 드러난 방편의 실행으로 도와 보호하면 순풍에 돛을 단 것처럼 빠르게 피안에 이르게 될 것이라고 일러 주고 있다.

천태스님 역시 좌선으로 일체가 공함을 관하는 것이 최상의 참회라고 설하면서도 수행에 장애가 거듭되면 반드시 사참을 행할 것을 강조하고 있

---

[73] 연수, 『만선동귀집』.

다. "다만 곧은 마음으로 좌선을 행하면 이것이 바로 제일의 참회인 것이다. 그러나 만일 좌선 중에 장애가 생겨 점차 늘어나서 용심할 수 없을 정도라면 반드시 참회를 행해야 한다."[74]

혜사선사는 사참과 이참에 대해 이렇게 말하고 있다. "육근六根을 참회하는 수행을 유상안락행有相安樂行이라 하고, 법이 본래 공한 것(法空)을 바로 관찰함을 무상안락행無相安樂行이라 한다."라고 설하고 난 후에 거듭 말하기를 "그러나 미묘함을 증득할 때에는 이 두 가지 행을 동시에 다 함께 버리는 것이다."라고 하였다. 이 말의 뜻은 육근을 통해 참회하는 사참은 모양을 가지고 행하는 안락(행복)한 참회법이고, 제법의 공한 성품(空性)을 관찰하여 죄의 성품이 본래 남이 없음을 깨닫는 이참은 모양이 없이 행하는 안락한 참회법이라는 것이다. 그렇지만 유상의 사참이든 무상의 이참이든 깨달음을 증득하게 되면 유무有無, 이사理事가 원융하여 걸림이 없음을 강조하고 있다.

원효대사는 대승의 여러 참회법을 요약하여 『대승육정참회大乘六情懺悔』를 저술하였다. 아래에 첨부하여 보리심을 발하여 대승을 수행하고 진실된 참회를 행하려고 하는 수행자들로 하여금 방양(榜樣: 모범)으로 삼게 하고자 한다.

대승육정참회

만약 법계에 의지하여 노닐려는 수행자는 네 가지 위의威儀를 조금도

---

74) 『차제선문』, p 101.

흐트러지게 해서는 안 된다. 모든 부처님의 부사의한 덕德을 생각하고, 항상 실상을 생각하며 업장業障을 녹여야 한다. 널리 육도六道의 가없는 중생을 위하여 시방의 무량한 모든 부처님께 귀명歸命해야 할 것이다.

모든 부처님은 다르지도 않고, 또한 하나도 아니다. 하나가 곧 전체이며 전체가 곧 하나이다. 비록 머무는 바가 없으나 머무르지 않은 바도 없고, 비록 하는 바도 없고 하지 않는 바도 없다. 하나하나의 상호相好와 하나하나의 모공(毛孔: 털구멍)이 가없는 세계와 다함 없는 미래세에 두루하며, 거리낌도 없고 걸림도 없으며 차별도 없어서 중생을 교화함에 휴식이 없다.

왜냐하면 시방 삼세의 한 티끌과 한 생각과 생사와 열반이 둘이 아니며 차별됨도 없고, 대자대비의 반야는 취할 것도 없고 버릴 것도 없어 불공법不共法과 상응하기 때문이다.

이제 이곳 연화장蓮華藏세계에서 노사나부처님이 연화대에 앉아 무량한 광명을 비추니 한없는 중생이 모여, 굴리되 굴리는 바 없는 대승의 수레를 굴리며, 보살대중들은 허공에 가득히 모여 받되 받은 바 없는 대승의 법락法樂을 받는다. 그러함에 이제 우리들은 이 한결같이 실다운 삼보의 허물없는 도량에 같이 있어도 보지도 못하고 듣지도 못하는 귀머거리 같고 장님 같아 불성佛性이 없는 것 같으니 어째서 이와 같은가. 무명無明의 뒤바뀜으로 망령스럽게 바깥 경계를 일으키고, 나와 나의 것이라 집착하여 가지가지의 업을 지어 스스로 덮고 가려 보지도 듣지도 못하니, 마치 아귀가 물을 불이라고 여기는 것과 같다.

그러므로 이제 부처님 앞에 나아가 깊이 부끄러운 마음을 내며 보리심을 발하여 성심을 다하여 참회하여야 한다. 나와 모든 중생이 오랜 옛날부터 무명에 취하여 지은 죄가 한량이 없으니 오역五逆과 십악十惡도 짓지 않음이 없으며 스스로 지었을 뿐만 아니라 다른 이도 짓도록 가르쳐 주었으며, 또 짓는 것을 보고 따라서 기뻐하였다. 이와 같이 죄가 가히 그 수를 헤아리기 어려울 정도로 많으니 모든 부처님과 성현이 아시는 바이다. 이미 지은 죄는 깊이 참회하고 짓지 않은 죄는 다시 감히 짓지 않아야 한다.

그러나 이와 같은 모든 죄는 실제로 있는 것이 아니며, 여러 가지 인연이 화합하여 거짓 이름으로 업이라고 한다. 연緣에 업이 없으며, 연을 떠나도 또한 업은 없는 것이다. 안에도 없고 바깥에도 없으며, 또한 중간에도 있지 않다. 과거는 이미 없어졌으며, 미래는 아직 오지 않았고, 현재는 머무름이 없다. 그러므로 죄 지은 바가 머무름이 없고, 머무름이 없으므로 생함도 없다. 먼저 생하지 않았으니, 누가 생했다고 하는 것도 없다.

굳이 말하자면 본래 없다는 것과, 이제 있다고 함이 서로 더불어 이 두 가지 뜻이 합하여 생한다고 하나 본래 없을 때는 이제 있는 것이 아니고, 지금 있는 것은 본래 없는 것이 아니다. 앞과 뒤가 미치지 않으니, 있고 없는 것이 합쳐지지 않으며, 두 뜻이 합쳐지지 않으니 어느 곳에 생함(生)이 있겠는가. 합쳐진다는 뜻은 이미 무너져 흩어짐도 또한 성립되지 않는다는 것이다. 합쳐지지도 않고 흩어지지도 않으니 있는 것도 아니요,

없는 것도 아니다. 없는 때에도 있는 것이 없으니 무엇을 대하여 없다고 할 것이며, 있는 때에도 없는 것이 있으니 누구를 기다려 있다고 할 것인가. 앞과 뒤, 있음과 없음, 이 모두가 성립되지 않으니, 마땅히 알라. 업의 성품은 본래 나는 것이 아니다.

본래부터 남(生)이 있지 않으니, 마땅히 어느 곳에 나지 않음(無生)이 있겠는가. 남(生)과 나지 않음(無生)이 다함께 얻을 수 없으나 말로 어찌할 수 없어서 또한 얻을 수 없다고 하는 것이다. 업의 성품은 모든 부처님도 또한 이와 같다. 경전에서 설한 말씀과 같이 중생이 지은 바 모든 업은 선업과 악업으로서 안에도 없고 밖에도 없다. 업의 성품이 있는 것도 아니고 없는 것도 아닌 것 또한 이와 같다.

본래 없다가 이제 있으니, 원인 없이 생긴 것도 아니며, 지음도 없고 받음도 없으나 때(時節)가 되면 과보果報를 받는다. 수행하는 사람이 만약 능히 자주자주 이와 같은 실상實相을 사유하여 참회하면 네 가지 무거운 죄와 오역도 능히 어떻게 하지 못할 것이다. 마치 허공이 불에 타지 않는 것과 같다.

만약 방일하여 뉘우치지도 부끄러워하지도 않고, 능히 업의 실상을 생각하지도 않는다면 비록 죄의 성품은 없다고 하지만 장차 지옥에 들어갈 것이다. 마치 환으로 된 호랑이(幻虎)가 도리어 환술사(幻師)를 삼키는 것과 같다.

그러므로 마땅히 시방의 부처님 전에 깊이 부끄러운 마음을 내어 참회할 것이며, 참회할 때에는 참회한다는 생각을 하지 말고, 마땅히 참회의 실상을 사유思惟하면 참회한 죄는 이미 없어질 것이다. 어떻게 능히 참회함을 얻을 것인가. 능히 참회함(能懺)과 참회하는 바(所懺)를 둘 다 얻을 수 없을 것이다.

마땅히 어느 곳에서 참회법을 얻을 것인가. 모든 업장에서 참회할 뿐이다. 또 육정六情의 방일을 참회하고 나와 중생이 시작이 없는 옛날부터 모든 법이 본래 남(生)이 없는 것인 줄 알지 못하고, 망상으로 뒤바뀌어 나와 나의 것이라고 계교하며, 안으로는 육정을 세워 알음알이(識)를 내고, 밖으로는 육진六塵을 지어 실유(實有: 실제로 있음)라고 집착하니, 이것이 모두 자기 마음이 지은 환과 같고(如幻) 꿈과 같고(如夢) 영원히 존재하지 않는 것임을 알지 못한다.

이런 가운데 남자와 여자의 상을 구별하고 모든 번뇌를 일으켜 스스로 얽혀 길이 고해苦海에서 벗어날 길을 구하지 않는다. 고요히 생각해 보면 심히 괴상하기 짝이 없다. 마치 잠잘 때에 잠이 마음을 덮어 망녕되이 자기 몸이 큰물에 떠내려가는 것을 본다. 다만 이 꿈속의 마음이 짓는 것임을 알지 못하고 실제로 물에 빠진 줄 알고 큰 두려움을 내다가 아직 꿈은 깨지 않고 다시 다른 꿈을 꾸기를, 내가 물에 빠진 것은 꿈이요, 현실이 아니라고 한다. 마음의 성품이 총명하기 때문에 꿈속에서 꿈인 줄 알고 곧 물에 빠진 것에 대하여 두려워하지 않는다.

그러나 아직 자기 몸이 침대 위에 누워 있는 줄 알지 못하고 머리를 움직이고 손을 흔들어 잠을 깨려고 힘쓰다가 마침내 잠을 깬다. 꿈을 깬 후 앞의 꿈을 추구하여 보면 물과 떠내려가는 몸이 모두 있는 것이 아니다. 오직 본래대로 침대 위에 누워 있음을 보게 되니 인생의 긴 꿈도 또한 이와 같다.

무명이 본래의 마음을 덮어 망녕되어 육도六道를 지어, 여덟 가지 고통(八苦)75)의 바다에 돌아다니다가 안으로 모든 부처님의 부사의한 힘을 원인하고, 밖으로는 모든 부처님의 대비원력大悲願力을 의지하여 믿음과 이해가 가까워질 것이다.

나와 중생이 오직 침대 위의 긴 꿈을 망녕되이 사실이라고 계교하여 육진六塵 경계와 남男과 여女 두 가지 상(二相)에 거역하기도 하고 수순하기도 하니, 이것은 나의 꿈이지 실다운 일은 아니다. 그러니 무엇을 근심하고, 무엇을 기뻐하며, 무엇을 탐내고, 무엇을 성내리오. 자주자주 이와 같은 꿈이라고 하는 관(夢觀)을 생각하고 차차 여몽삼매(如夢三昧: 꿈과 같은 삼매)를 닦으면, 이 삼매로 말미암아 무생법인無生法忍을 얻을 것이며 긴 꿈으로부터 활연히 깨어나 본래부터 길이 유전流轉함이 없으며 다만 이 일심一心이 일여상一如床에 누웠음을 알 것이다. 만약 능히 이와 같음을 여의고 자주자주 생각하라. 비록 육진을 반연함이 실다운 것이 아니지만, 번뇌를 부끄러워하고 스스로 게으르지 말아라. 이것을 대승육정참회라고 한다.76)

---

75) 팔고(八苦)는 생(生), 노(老), 병(病), 사(死)의 사고(四苦)에다가 애별리고(愛別離苦: 사랑하는 사람과 헤어지는 고통), 원증회고(怨憎會苦: 미운 사람과 만나는 고통), 구부득고(求不得苦: 구하지만 구해지지 않는 고통), 오음성고(五陰盛苦: 물질과 정신이 쌓여서 된 오온의 작용이 무성한 고통)를 보탠 것을 말한다.
76) 『한국불교전서』 제1책, (동국대학교출판부, 2002), p 842.

제2절 좌선 坐禪

수행자가 생사를 해탈하여 일체 생명을 이익되게 하기 위해서는 마땅히 지혜를 닦아 스스로의 성품을 깨달아야 하며 자비를 닦아 일체 중생을 부처로 섬겨야 한다. 지혜의 보도寶刀로 무명번뇌를 영단하고, 자비의 향운香雲으로 일체 생명을 장양해야 하는 것이 대승 수행자의 본분이다.

『대반야경』에 설하기를, "깊은 반야바라밀을 닦는 자는 생사의 고통을 싫어해 떠나지도 않고, 열반의 공덕을 좋아해 즐거워하지도 않는다. 어찌 된 까닭인가? 이 법을 닦는 자는 생사를 보지 않는데 어찌 싫어해 떠날 것이며, 열반을 보지 않는데 어찌 좋아해 즐거워하겠는가."[77]라고 하였다.

생사가 본래 공空하기에 싫어할 것도 없고, 열반 또한 공하기에 좋아할 것도 없다. 생사가 공하므로 생사 그대로 열반이요, 열반이 공하므로 열반 그대로가 생사이다. 따라서 의상대사는 「법성게」에서 "생사와 열반 경계 그 바탕이 한 몸이다(生死涅槃常共和)."라고 읊고 있는 것이다.

일대사를 궁구하는 대승보살은 반야바라밀을 수행해야 한다. 즉 지혜로 피안에 이르고자 하는 자는 마땅히 생사와 열반이 본래 공空한 도리를 알아 생사와 열반 그 어디에도 안주함이 없는 무주묘행無住妙行을 행해야 하는 것이다. 이것은 열반과 세간, 세간과 열반이 차별이 없기 때문이다.

---

77) 『대반야바라밀경』 卷第五七四, 『大正藏』 第七卷, p 965 上.

생사를 싫어하지도 않고 열반을 좋아하지도 않기 때문에 생사에도 머묾이 없고(無住生死), 열반에도 머물지 않는(無住涅槃) 것이다. 즉 보살은 지혜로써 생사에 머물지 않고, 자비로써 열반에도 머물지 않기 때문에 지혜와 자비를 함께 닦는 것(悲智雙運)으로 수증문을 삼는 것이다.

　자비와 지혜를 함께 닦는 것(悲智雙修)으로 최고의 깨달음에 나아가는(最上乘) 수행자는 마땅히 먼저 두 가지 마음을 내어야 할진대, 그 첫째가 신심이요 그 둘째가 발심이다. 신심이란, 일체개공一切皆空과 본래부처(本來成佛)를 믿는 것이다. 일체 모든 것이 인연으로 생긴(生) 것이기에 그 실다운 모습이 없음을 공空이라 한다.『심경』에서 설하기를, "관자재보살이 깊은 반야바라밀을 수행할 때 오온이 다 공함(五蘊皆空)을 비춰 보고 일체의 고통과 액난을 건졌다."라고 하였듯이, 오온이 공하다는 말은 인식주체(六根: 안이비설신의)와 객관대상(六塵: 색성향미촉법)에 실다운 모습이 없어 공空하기 때문에 주객의 접촉으로 이루어진 인식활동(六識: 안식 내지 의식) 또한 실다운 모습이 없어 공空하다는 말이다. 즉 오온五蘊[78], 십이처十二處, 십팔계十八界[79]가 공하므로 그 어디에도 자아自我라고 할 것이 없으며, 자아가 없기에(人無我) 인식 주체가 공이며, 경계 또한 실체가 없어(法無我) 공하기에 객관 대상을 취해 집착할 것이 없는 것이다. 일체가 공한 그 자리를 자성청정自性淸淨 · 본

---

78) 오온이란 색(色), 수(受), 상(想), 행(行), 식(識)을 말한다. 이 오온이 다 인연으로 일어난 것이기 때문에 공하다(五蘊皆空)고 말한다.
79) 안이비설신의(眼耳鼻舌身意)를 육근(六根)이라 하고 색성향미촉법(色聲香味觸法)을 육진(六塵) 혹은 육경(六境)이라 한다. 육근과 육진이 접촉하여 안식(眼識) 내지 의식(意識)의 육식(六識)을 만드는데, 육근과 육진이 접촉하는 것을 십이처(十二處)라고 말하며, 안식으로부터 의식에 이르는 인식활동(작용)을 열여덟 경계의 인식세계란 뜻으로 십팔계(十八界)라고 한다. 오온, 십이처, 십팔계는 실재하는 내가 없음(無我)을 밝히고자 설해진 교설이다.

래부처(本來是佛)라고 말하며, 진여본성眞如本性·본래면목本來面目이라고 말하는 것이다. 따라서 신심의 문이 세워졌다는 것은 일체개공·본래부처의 자리를 확신하여 다시는 흔들림이 없음을 가리키는 말임을 알아야 한다. 즉 나 자신(중생)이 확고부동하게 일체가 공하다(一切皆空)는 중도관을 확립해서 본래부처 자리에 굳건히 서야 한다. 이것이 진정한 신심이다.

신심이 견고하게 세워졌으면 마땅히 발심發心해야 한다. 이미 밝혔듯이 발심이란 명심견성明心見性[80]하여 생사를 해탈하여 뭇 생명을 제도하겠다는 마음을 굳건히 세우는 것이다. 세월은 사람을 기다려 주지 않는다. 나고 죽음의 일이 가장 크고 시급한 문제이기에 고덕이 말하기를 "무상이 신속하고(無常迅速), 생사의 일이 크다(生死事大)."라고 하였다. 와도 온 곳을 모르니 태어남의 일이 크고(生大), 가도 갈 곳을 모르니 죽음의 일이 크므로(死大) 나고 죽음의 일이 크다(生死事大). 따라서 수행자는 마땅히 스스로 생사를 밝힘과 동시에 일체 중생의 생사 또한 함께 밝혀 주어야 하기 때문에 일대사一大事가 되는 것이다.[81]

위없는 보리를 이루겠다는 발심이 전제되어야 원만한 수행과 깨달음이 성취될 수 있기 때문이다. 수증(修證: 수행과 깨달음)의 성패는 발심에 달려 있다. 발심을 깊고 크게 한 수행자는 물러남이 없는 용맹심으로 순경順境과 역경逆境을 방편 삼아 깨달음으로 나아갈 수 있다. 만약에 발심이 부실한 자는 중도에 폐기하여 진퇴에 어려움을 겪게 마련이니 반드시 발심하고 또

---

80) 명심견성(明心見性)이란 마음을 밝히고 성품을 보는 것을 말한다. 즉 마음이 부처임을 밝히고 성품이 본래 공함을 깨닫는 것이다.
81) 이 말은 대혜선사의 말인데 모든 선사들이 공히 이 말을 강조하고 있기에 거듭 밝히는 바이다.

발심하여야 한다. 그러므로 처음 보리심을 낸 그 자리가 바로 정각을 이루는 곳(初發心是便正覺)이라고 하는 것을 거듭 밝힌다.

　신심지信心地와 발심지發心地를 성취한 초심자는 중도정관中道正觀을 세워 불도에 대한 올바른 안목을 확립해야 한다. 불법에 대한 바른 견해를 정견正見이라고 한다. 정견의 확립 없이 수행을 하게 되면 자칫 외도와 사도에 떨어져 유위有爲의 공덕을 짓는 것으로 일생을 허비할 뿐만 아니라, 불법을 훼멸시키는 마군의 권속으로 전락하게 될 수 있다. 혹 불법의 영역에 들어왔다 하더라도 평생 소승에 나아가 문자와 자리(自利: 자신의 이익만 구함)에 빠져 대승과 더불어 최상승법(바로 부처를 깨닫는 최고의 수행법)을 닦지 못하니 어느 세월에 마음자리(心地)를 밝혀 세간의 장명등長明燈이 될 수 있겠는가.

　그러므로 불심종(佛心宗: 달마선종)에서는 다음과 같이 경책하고 있다. 도를 닦는 데 올바른 법을 알지 못하며, 올바른 법을 알지 못하는 까닭에 혹은 소승과 이승의 법에 떨어지며, 혹은 구십오종九十五種의 외도법外道法에 떨어지고, 혹은 귀신선鬼神禪[82]에 떨어져서 모든 사물을 투시하거나 다른 이의 길흉을 예견하는 일을 하고 있다. 괴롭도다. 크나큰 재앙이로다. 거짓으로 말하길 자신은 좌선으로 관행觀行을 닦는다고 말하나 범부들은 눈이 멀고 미혹하여 알지 못해 성스러운 도(聖道)에 오른 이라고 말한다.[83]

　오늘날 수행자들의 병폐를 자세히 살펴보면, 단지 경론의 교설에만 천착하여 건혜지(乾慧智: 얕은 지혜)로 자산을 삼아 자성을 반조返照하는 참구를 소

---

82) 귀신을 볼 줄 알고 그것으로 능력을 삼아 이것저것 아는 소리 하는 것으로 선을 삼는 것을 말한다.
83) 「능가사자기」 「구나발타라장」.

홀히 하는 문자법사文字法師에 매달리는가 하면, 한편으로 선방의 좌복 위에서 적지 않은 참구의 공력(힘)을 허비하였으나 불조의 경전과 어록에 대한 이해의 체계가 빈약하여 정견正見을 세우지 못하고, 참구의 핵심요결을 몰라 산란散亂과 무기無記로 암중모색暗中摸索하고 있는 암증선사暗證禪師들이 부지기수에 달한다. 달마조사의 "자교오종藉敎悟宗"[84]의 설법에 의거하면, 수증修證의 입장에서 먼저 중도정관의 이론체계를 구축하여 정견을 확립한 연후에야 올바른 참구로 안심입명安心立命[85]에 이를 수 있는 것이다. 그래서 거듭 정견(중도정관)의 확립을 강조하는 것이다.

선가의 종지는 불립문자不立文字에 있다. 본래면목本來面目의 진여불성眞如佛性은 사량분별과 언어문자를 떠나 있다. 생각을 일으키고 입을 열면 어긋나 버린다. 굳이 말하자면, 한 생각 이전 자리를 참마음 자리라고 하여 분별 이전 자리를 강조하기 위해 불립문자라고 말하는 것이다. 한 생각 이전 자리라고 하는 것은 한 생각도 일으킴이 없는 단멸斷滅의 허무공虛無空을 이르는 말이 아니라, 생각하되 생각함이 없는 중도를 말하는 것이다. 그래서 혜능선사는 무념無念을 해설할 때 "생각하되 생각하지 않는 것(念而不念)"이라고 정의하고 있는 것이다.

그러나 일찍이 분양선사는 "깨달음의 경지는 언어문자로 나타낼 수 없지만, 언어문자를 여의고 깨달음에 나아갈 수 없다."라고 설하여 부즉불

---

[84] 부처님의 말씀을 교(敎)라 하고, 부처님의 마음을 선(禪)이라 한다. 교에 의거하여 종(宗: 선)을 깨닫는다는 것을 자교오종이라 한다.
[85] 안심입명이란 직역하면 도를 깨달아 해탈의 경지에 들어 마음의 평화를 얻는 것으로 생명을 삼는 것이다. 생사를 해탈하여 열반을 성취함. 요즘 말로는 구경의 안락, 완전한 행복이라고 하면 어떨지.

리不卽不離[86]의 중도적 문자관을 제시한 바 있다.

따라서 종문의 전통에 의거하면 중도정관의 정견을 확립하는 것은 실참실구實參實究[87]의 바탕이 될 뿐만 아니라 본지풍광本地風光[88]을 드러내는 구경법이 되는 것이다. 이미 거듭 밝혔지만, 정견이란 제법개공諸法皆空·진공묘유眞空妙有·본래부처(本來是佛)·진여불성眞如佛性의 중도를 철저히 깨닫는 것(徹見)을 말한다. 따라서 중도정관中道正觀을 정견이라고 말하는 것이다. 중도정관이란 다름 아닌 연기緣起, 무아無我, 공空, 불성佛性, 진여眞如, 본래면목本來面目, 중도실상中道實相 등을 직관直觀하고 통찰通察하는 것을 말한다. 그러므로 중도정관을 깨닫는 것이 진정한 좌선이 되는 것이다.

종색스님은 『좌선의』에서 이르기를, "좌선하고자 할 때는 한가하고 고요한 곳에 좌복을 깔고 위의를 가지런히 한 후에 결가부좌를 하여 그 모양이 부도浮屠와 같아야 한다."[89]라고 하였다.

그러나 행주좌와行住坐臥 모두가 선禪 아님이 없는 생활선의 입장에서 볼 때 움직임도 선이요(行亦禪) 앉음도 선이 되는 것(坐亦禪)이다. 움직임과 고요함이 한결같은 중도의 선관(中道禪觀)에서 말하면, 움직이는 경계에 집착함을 깨뜨리기 위해 좌선坐禪의 방편을 가르치는 것이며, 고요함의 적멸에 집착함을 깨뜨리기 위해 행선行禪의 방편을 설하는 것이다. 행주좌와를 버리지 않되 행주좌와의 상(형식)에 떨어지지 않으면서 화두일념을 현전하여 본

---

86) 부즉불리란 속하지도 않고 떠나지도 않음을 가리킨다. 중도를 나타내는 말이다.
87) 실제적으로 참되게 참구함.
88) 본지풍광은 본래부처, 본래면목과 같은 말이다.
89) 종색, 「좌선의」.

래부처로 깨어 있고 열려 있는 것이 진정한 선이다.

혜가스님은 일찍이 말하기를, "시방의 모든 부처님 가운데 만약 한 분이라도 좌선에 의하지 않고 성불한 분이 있다는 것은 도저히 있을 수 없는 일이다."라고 하였다. 왜냐하면 "좌선을 해야 공功이 있는 것이니 몸 가운데서 스스로 증득(自證)하는 까닭"이라고 하였다. 몸 가운데서 스스로 증득한다는 것은 중생이 본래성불本來成佛이므로 번뇌 망념의 중생심 가운데 진여불성을 드러내기 때문이다.

『십지경』은 설한다. "중생의 몸 가운데 금강불성金剛佛性이 있음이 마치 태양과 같으니, 그 체體는 밝고 원만하며 광대하고 무변하다. 단지 오음五陰의 두꺼운 구름에 가려져 있어 중생이 보지 못할 뿐이다. 만약 지혜의 바람이 불어와 쓸어내 버리면 오음의 두꺼운 구름이 멸진滅盡되어 불성이 원만히 비추어 환하게 빛나 밝고 맑을 것이다."90) 따라서 몸 가운데 있는 금강불성을 스스로 깨닫는(自證) 것이 좌선의 요결이 되는 것이다.

천태의 지관좌선止觀坐禪의 행법에 초심자를 위한 "다섯 가지 일을 조화롭게 하는(調五事) 가르침"이 있다. 첫째 너무 배고프게도 않고 너무 배부르게도 않는 조식調食, 둘째 너무 적게 자지도 않고 함부로 많이 자지도 않는 조면調眠, 셋째 몸을 너무 풀어놓거나 급하게 다그치지 않는 조신調身, 넷째 숨의 들고 남이 끊어지지 않고, 고요하고 가늘어, 있는 듯 없는 듯하여서 정신을 도와 편안히 선정에 들게 하는 조식調息, 다섯째 정진 중 산란과 혼침에 대처하여 생각을 조화롭게 하는 조심調心이다.

---

90) 『능가사자기』, 「혜가장」.

혜능스님은 일찍이 설하기를, "밖으로 일체 경계 위에 생각이 일어나지 않는 것이 좌(坐: 앉음)이며, 안으로 본래 성품을 보아 어지럽지 않음이 선禪"이라고 하고, "밖으로 모습을 떠남이 선禪이고, 안으로 어지럽지 않음이 정定"이라고 하였다. 또한 "일체의 시간 가운데 행주좌와行住坐臥에 항상 직심(直心: 하나의 마음)을 행하는 것이 일행삼매一行三昧"라고 하였다. 즉 일념수행一念修行이 일행삼매가 되는 것이다. 다시 말하면 일행삼매를 수행하는 자는 일체 경계를 대하여 분별심分別心을 내지 않고 항상 순일무잡純一無雜한 직심直心을 행해야 하는 것이다. 따라서 승조스님은 직심이란 "안으로 마음이 진실하고 곧으며, 밖으로 허망하고 거짓됨이 없는 것"이라고 말하는 것이다.

전통의 좌선으로서의 일행삼매는 주요主要하게, 앉아서 움직이지 않고 생각이 일어나지 않는 것을 소중히 여긴다. 그러므로 경에 이르기를, 법계는 한 모양이므로 법계에 일치하는 것[91]이 일행삼매라고 정의하고 있는 것이다. 법계는 공(空: 중도)한 중도실상中道實相이기에 하나의 상이다. 이 하나의 상인 법계를 체득하여 계합하는 것이 일행삼매가 되는 것이다. 그러나 혜능의 일행삼매란 일상생활에서 항상 직심을 행하는 평상선平常禪이 되어 전 생활 영역이 모두 삼매가 되는 것이다. 언제 어디서든 행주좌와 그대로가 하나의 삼매로 통일되는 것이 조사선의 일행삼매이다. 우주 법계가 그대로 하나의 삼매이니 법계삼매法界三昧요, 일상생활 그대로가 공하여 한 모양이니 일상삼매一相三昧가 된다. 따라서 일행삼매에 머물되 동정(動靜: 움

---

91) 『문수설반야경』, "法界一相, 繫緣法界."

직임과 고요함)을 초월한 선정禪定이며, 일상삼매에 머물되 오매(寤寐: 잠듦과 깨어 있음)를 초월한 지혜智慧가 되어 정혜등지定慧等持[92]가 이루어진다.

이로 미루어 보아 좌선이란 몸이 앉는 것도 아니요, 마음이 앉는 것도 아니요, 수행(화두)이 앉는 것도 아니다. 다만 앉되 앉는 바 없이 앉는 중도를 자리 삼아 앉는 것이 좌선인 것이다. 혜능스님은 『단경』에서 "마음을 머물러 깨끗함을 살피고(住心觀淨), 오래 앉아 눕지 말라(長坐不臥)."고 하여 앉음과 차제로 선을 가르치는 북종선을 향해 "마음을 머물러 깨끗함을 살피는 것은 병이지 선이 아니다. 항상 앉아 몸을 구속하는 것이 중도의 이치에 어떤 이익이 있겠는가. 나의 게송을 들어라. '살아서는 앉아서 눕지 못하고(生來坐不臥), 죽어서는 누워서 앉지 못한다(死去臥不坐). 한 덩어리 냄새나는 뼈다귀로(一具臭骨頭), 어찌 깨달음의 공을 세울 수 있겠는가(何爲立功課)."[93]라고 비판하였다. 혜능을 이은 신회 역시 북종선의 좌선을 통한 입도방편入道方便에 대해 이와 같이 지적하고 있다.

원법사가 묻기를, "무엇이 좌선입니까?" 화상(신회)이 답하길, "만약 사람들에게 좌선을 가르치기를 '마음을 모아 정에 들고(凝心入定), 마음을 머물러 깨끗함을 보며(住心看淨), 마음을 일으켜 밖을 비추고(起心外照), 마음을 거두어 안으로 깨닫는다(攝心內證)'라고 한다면 이것은 보리를 장애하는 것이다. 앉음(坐)이라 하는 것은 생각을 일으키지 않음이 앉음이며,

---
92) 정혜등지(定慧等持)는 정혜쌍수(定慧雙修)란 말과 같다. 선정과 지혜를 평등하게 닦는 것을 말한다.
93) 육조대사, 『법보단경』.

선禪이라 하는 것은 본래성품을 보는 것이 선禪이다. 그러므로 사람들에게 몸으로 앉아 마음을 머물러 선정에 들라고 가르치지 않는다. 만약 저 가르침의 문이 옳다고 가리키면 유마힐이 사리불의 연좌(좌선)를 마땅히 꾸짖지 않았을 것이다."[94]

마음을 거두어 고요히 가라앉히는 것을 선정으로 삼는 것을 비판하여, 생각하되 생각하지 않는(念而不念) 무념無念으로 앉음(坐)을 삼으며, 일체의 법이 본래 공한 존재의 실상實相을 통달하는 견성見性으로 선禪을 삼아야 함을 주장하고 있다. 이러한 좌선은 형식적인 앉음(坐)의 모양을 떠나 중도를 자리 삼아 앉는 선을 말한다. 『유마경』에서 유마거사는 좌선을 이렇게 정의하고 있다.

유마힐이 와서 제게 말하기를, 사리불이여, 다만 그렇게 앉아 있는 것이 좌선(宴坐)이 아닙니다. 모름지기 좌선이란 삼계에 몸과 뜻을 나타내지 않는 것이 바로 좌선이며, 멸진정滅盡定[95]을 일으키지 않고 모든 위의 (威儀: 행동)를 나타냄이 곧 좌선이며, 도법道法을 버리지 않고 범부의 일을 나타냄이 바로 좌선이며, 마음이 안에 머물러 있지 않고 또한 밖에 머물

---

94) 신회, 『남종정시비론』.
95) 초기불교에서는 선정(禪定)을 수행함에 구차제정(九次第定)을 설하고 있다. 즉 사선(四禪)과 사공정(四空定), 멸진정(滅盡定)을 합하여 구차제정이라 한다. 사선(四禪)은 초선(初禪), 이선(二禪), 삼선(三禪), 사선(四禪)을 말하며, 사공정(四空定)은 공무변처정(空無邊處定), 식무변처정(識無邊處定), 무소유처정(無所有處定), 비상비비상처정(非想非非想處定)을 말하며, 멸진정(滅盡定)은 성자(聖者)가 모든 심상(心想)을 다 없애고 적정(寂靜)하기를 바라고 닦는 선정을 말한다.

러 있지도 않는 것이 곧 좌선이며, 여러 견해에 움직이지 않고 삼십칠도
품(道品)[96]을 수행함이 바로 좌선이며, 번뇌를 끊지 않고 열반에 들어가
는 것이 곧 좌선입니다. 이와 같이 앉을 수 있는 사람이라면 부처님께서
인가할 것입니다.[97]

위의 내용은 사리불이 고요한 경지를 추구함으로써 좌선을 삼는 것에 대
한 유마거사의 경책의 내용이다. 좌선이란 적정에 안주하는 것이 아니라
고요함과 움직임에 치우치지 않고, 고요함 가운데 움직임을 보고 움직임
가운데 고요함을 보는 중도의 수행이기에 "번뇌를 끊지 않고 열반에 들어
가는 것이 바로 좌선"이라고 주장하고 있는 것이다. 마조스님이 형산의 전
법원에서 좌선을 익히고 있을 때 회양화상이 물었다.

대덕은 좌선하여 무엇을 하려고 하시오? 도일이 말했다. 부처가 되려
고 합니다. 회양은 이에 벽돌 한 개를 가져와 그 옆에서 갈기 시작했다.
이것을 보고 도일이 물었다. 벽돌을 갈아서 무엇을 하려고 하십니까? 갈
아서 거울을 만들려고 한다. 벽돌을 간다고 어찌 거울이 되겠습니까? 벽
돌을 갈아서 거울이 되지 못한다면, 좌선을 하여 어떻게 부처가 되겠는
가? 이에 도일이 물었다. 그러면 어떻게 해야 합니까? 소수레가 가지 않
는다면 수레를 때려야 하는가, 소를 때려야 하겠는가? 도일이 대답이 없

---

96) 깨달음에 이르는 여러 가지 수행법을 말하는데, 특히 깨달음을 얻는 데 도움을 주는 37가지 조도품(助道品)이 있
다. 4념처(念處), 4의단, 4신족, 5근, 5력, 칠각지, 팔정도를 말한다.
97) 「유마경」「제자품」.

자, 회양이 다시 말했다. 그대는 좌선을 배우고자 하는가, 좌불坐佛을 배우고자 하는가? 만약 좌선을 배우고자 한다면 선禪은 앉거나 눕는 것이 아니며, 좌불을 배우고자 한다면 부처는 정해진 모습이 아니다. 머묾없는 법에서는 취하거나 버리지 말아야 한다. 그대가 좌불을 따른다면 곧 부처를 죽이는 것이다. 만약 앉는 모습에 집착하면 그 이치를 통달하지 못한다.[98]

만약 앉는 모습을 취해 좌선을 수행하면 불성을 깨달을 수 없다. 경에 이르기를 "만약 앉는다거나 온다거나 간다거나 눕는다고 말하면 여래를 볼 수 없다."고 하였다. 앉아도 앉는 상이 없고 움직여도 움직이는 상이 없어 그 어디에도 상이 없음을 보면 바로 부처를 볼 것이다.

천태지자는 일찍이 "상좌삼매常坐三昧, 상행삼매常行三昧, 반좌반행삼매半坐半行三昧, 비행비좌삼매非行非坐三昧"의 사종삼매[99]를 설한 바 있다. 전통의 일행삼매를 좌선 위주의 상좌삼매라 한다면, 행주좌와에 걸림 없이 항상 삼매를 현전하는 혜능의 일행삼매는 상좌삼매를 떠나지 않는 비행비좌의 삼매가 되는 것이다. 몸이 앉아 움직이지 않는 것으로 일행삼매를 삼는다면 "움직이는 가운데 움직이지 않는(動而不動) 삼매"로서의 일행삼매가 될 수가 없다. 만약 움직이지 않는 행(不動行)을 닦는다면 무정의 움직이지 않음

---

98) 『마조어록』.
99) 사종삼매는 첫째 상좌(常坐)삼매로서 좌선에 의거하며, 또한 일행(一行)삼매라고도 한다. 둘째 상행(常行)삼매로서 앉지 않고 서서 행하는 삼매를 말한다. 셋째 반좌반행(半坐半行)삼매로서 말 그대로 앉거나 걸어 다니면서 행하는 삼매를 말한다. 넷째 비행비좌(非行非坐)삼매인데 수자의(隨自意)삼매라고도 한다. 행(行)・주(住)・좌(坐)・와(臥)에 항상 자신의 생각에 따라 늘 삼매에 드는 선정을 말한다.

과 같게 된다. 진정한 움직이지 않음을 보려면 움직이는 가운데 움직이지 않음이 있는 것이다.

불심종佛心宗에서 제시한 "생각이 일어남이 없다(念不起)"는 것을 오해하여 일체 바깥 경계를 대하여 한 생각도 내지 않는 것이 무념수행이라 착각하여 그것으로 수행을 삼는 자들을 향해 "만약 움직이지 않는 행(不動行)을 닦는다면 무정(無情: 생명이 없는 것)의 움직이지 않음과 같다."[100]라고 하여 고목선枯木禪[101]을 비판하고 있는 것이다.

진정한 염불기(念不起: 생각을 일으키지 않음)란 일체 경계를 대하여 생각이 일어나되 물들어 집착하지 않는 마음이다. 즉 일체 법에 취함도 없고 버림도 없어(不取不捨) 일어나되 일어나지 않고(起而不起), 일어나지 않되 일어나지 않음도 없는(不起而起) 무생선無生禪을 말하는 것이다. 그러므로 혜능은 "만약 참으로 움직이지 않음(眞不動)을 보려면 움직이는 가운데 움직이지 않음이 있다."라고 말하는 것이다. 이것이 진정한 "염불기念不起"를 내용으로 하는 좌선법의 일행삼매一行三昧이다.

다시 말하면, 좌선이란 일체 법이 공空한 자리에 앉는 것이며, 일체 법이 불이중도不二中道인 자리에 앉는 것이며, 일체 중생이 본래부처인 자리에 앉는 것이며, 번뇌가 공하여 보리인 자리에 앉는 것이며, 안의 마음과 밖의 경계가 둘이 아닌 자리에 앉는 것을 말한다.

달마조사는 일찍이 "밖으로 모든 인연을 쉬고, 안으로 헐떡임이 없어서,

---

100) 돈황본 『단경』.
101) 고목나무가 생명이 없이 움직이지 않음에 비유하여 아무 생각 없이 고목처럼 앉아 있는 것으로 선을 삼는 것을 빗대어 붙인 이름.

마음이 장벽과 같아야, 도에 들어갈 수 있다."¹⁰²⁾라고 설했다. 밖으로 모든 인연을 쉬고, 안으로 헐떡임이 없어 마음이 장벽과 같다는 것은 온갖 인연을 다 놓아버리고(萬緣放下) 한 생각도 일어나지 않는(一念不生) 순일무잡純一無雜의 경계가 갖추어짐을 말한다. 그러므로 밖으로 경계를 취하지 않고(不取外相), 스스로의 마음을 돌이켜 비추는 것(自心返照)이 선수행의 요체가 되는 것이다.

일체 알음알이의 경계가 다 소멸된 그 자리, 즉 일체의 옳고(是) 그름(非), 이익(利)과 손해(害), 나(自)와 남(他)의 분별이 다 떨어져 나간 텅 빈 자리에 앉아야 좌선하는 것이 된다. 지식과 이해로 아는 사량분별로써는 절대로 좌선에 나아갈 수 없다. 그래서 만 가지 경계를 놓아버리고, 한 생각도 일어나지 않는 순일무잡의 경지가 도에 들어가는 문이라고 말하는 것이다.

이 순일무잡純一無雜한 경계가 이루어져야 일심광명一心光明이 항하사의 무량한 공덕장엄으로 작용하게 된다. 일심의 당체를 생사로 미혹해서 중생이 된 자는 일심의 진여본성을 밝히기 위해서 역시 반본환원(返本還原: 근원으로 돌아감)하여 일심을 돌이켜 일심의 근원에 나아갈 수밖에 없다. 그래서 "땅에 쓰러진 자 땅을 짚고 일어나라."고 말하고, "마음으로 마음을 깨닫는다."라고 말한다.

보조스님은 말하였다. "만일 마음 밖에 따로 부처가 있고 성품 밖에 법이 있다고 하여 이런 생각을 굳게 고집하고 불도佛道를 이루고자 한다면, 비록 티끌 수와 같이 많은 무량겁無量劫을 지나도록 몸을 태우고 팔을 불사

---

102) "外息諸緣, 內心無喘, 心如牆壁, 可以入道."

르며, 뼈를 두드리고 골수를 내며, 피를 뽑아 경經을 베끼며, 오래 앉고 눕지 않으며, 하루 한 끼만 먹으며, 그리고 대장경을 독송하며 가지가지 고행을 닦는다 하더라도 모래를 쪄서 밥을 짓는 것과 같아서 스스로의 수고만 더할 뿐이다."[103]

임제스님 또한 설하기를, "사대(四大: 지수화풍)는 법을 설할 줄도 들을 줄도 모르고, 허공도 법을 설할 줄도 들을 줄도 모르는 것이다. 다만 너의 눈앞에 분명히 홀로 밝고, 모양 없는 놈이 있어서 비로소 법을 설할 줄도 들을 줄도 안다."[104]라고 하였다.

임제선사가 밝힌 이른바 "목전에 분명하고 홀로 밝으며 모양 없는 놈", 이것이 모든 부처님의 무생법인無生法忍이며, 불생불멸不生不滅의 진여불성眞如佛性이요, 부모미생전父母未生前의 본래면목本來面目이다. 옛조사가 말하기를, 소를 타고 소를 찾는다 하시고, 아기를 업고 아기를 찾는다 하시니, 중생의 업식이 어두워 불성이 바로 목전에 항상 함께 하거늘 밖으로만 찾아 헤매는 것이다. 『전등록』에 이렇게 설하고 있다.

> 옛적에 이견왕이 바라제 존자에게 묻기를, 어떤 것이 부처입니까?
> 존자가 답하기를, 성품을 보면(見性) 부처입니다.
> 왕, 스님께서는 성품을 보셨습니까?
> 존자, 나는 불성을 보았습니다.

---

103) 『수심결』.
104) 『임제록』.

왕, 성품이 어느 곳에 있습니까?

존자, 성품이 작용하는 데에 있습니다(性在作用).

왕, 이것이 어떻게 작용하길래 나는 지금 보지 못합니까?

존자, 지금 분명히 작용하였건만 왕이 스스로 보지 못합니다.

왕, 나에게도 있습니까?

존자, 왕께서 만일 작용하신다면 이것이 아님이 없고, 만일 작용하시지 않으면 체體도 또한 보기 어렵습니다.

왕, 만일 작용을 할 때는 몇 군데에 나타납니까?

존자, 만일 나타날 때는 마땅히 여덟 군데가 있습니다.

왕, 그 여덟 군데로 나타나는 것을 마땅히 나를 위해서 말씀하소서.

존자, 태에 있으면 몸이라 하고, 세상에 처하면 사람이라고 하고, 눈에 있으면 본다 하고, 귀에 있으면 듣는다 하고, 코에 있으면 향내를 맡고, 혀에 있으면 말을 하고, 손에 있으면 잡고, 다리에 있으면 운반하여 달리니, 두루 나타나면 모래 수와 같이 많은 세계를 모두 싸고, 거두어 들이면 한 작은 티끌 속에 있으니, 아는 이는 이것이 불성인 줄 알고, 모르는 이는 정혼이라고 합니다.

왕이 듣고 마음이 곧 열리어 깨달았다. [105]

이른바 "성품이 작용하는 데 있다(性在作用)."는 말을 잘 깨달아야 한다. 이 말은 성상융회性相融會의 입장에서 성품(性)은 작용하는 모양(相)을 떠나

---

105) 『전등록』.

있지 않고, 모양(相) 또한 성품(性)을 여의지 않았으므로 모양 가운데서 성품을 보고, 성품 가운데서 모양을 보는 것이 견성이 된다는 것이다. 성품(性)이란 모양(相) 너머에 존재하는 고유한 실체가 아니라, 모양(相)이 공空한 실상實相에 붙인 거짓 이름에 불과한 것임을 알아야 한다. 따라서 바깥 대상을 취하지 않고, 스스로의 마음을 돌이켜 비춰 보게 하는 것이다(廻光返照). 중생은 대상을 취함에 있어서 대상 그 자체를 있는 그대로 취하는 것이 아니라, 스스로의 업식, 즉 아리야식이 투사한 영상인 허상을 취하게 되므로 언제나 착각 속에 인식작용을 하고 있는 것이다. 그러므로 "일체 유위의 모습이(一切有爲法) 꿈과 같고, 환과 같고, 물거품과 같고, 그림자와 같아 실다운 모습이 없으니(如夢幻泡影), 만약 모습을 모습 아님으로 보면(若見諸相非相), 바로 여래를 본다(卽見如來)."라고 설하는 것이다. 마조선사 역시 "모양에서 모양을 보면 중생이요(見相卽衆生), 모양에서 성품을 보면 부처를 이룸이다(見性卽成佛)."라고 하였다.

어떤 스님이 귀종화상에게 물었다.

어떤 것이 부처입니까?

내가 지금 너에게 말해 주고자 하나 네가 믿지 않을까 걱정이다.

화상의 정성스러운 말씀을 어찌 감히 믿지 않겠습니까?

바로 너니라.

어떻게 보존해야 합니까?

한 티끌이라도 눈에 있으면 공화(空華: 허공 꽃)가 어지러이 떨어지느니라.

그 스님이 이 말에 깨달았다.

위에 든 바 옛 성인의 도에 드신 인연이 명백하고도 간단하고 쉬워서 힘을 더는 데 방해롭지 않으니, 이 공안을 인하여 만일 믿어지는 곳이 있으면 곧 옛 성인과 더불어 손을 잡고 같이 행하게 되리라.[106]

지금 여기에서 실존하고 있는 나 자체로서 그대로 부처이다. 보고 듣고 아는 이 자리가 그대로 부처의 항사묘용(恒沙妙用)이다. 황벽선사는 말한다. "보고 듣고 느끼고 아는(見聞覺知) 곳에서 본래 마음을 인식할지라도, 다만 본래 마음은 보고 듣고 느끼고 아는 데에도 속하지 않으며, 그렇다고 해서 그것을 떠나 있지도 않느니라. 그러므로 보고 듣고 느끼고 아는 가운데 견해를 일으키거나 생각을 움직이지 말아야 하며, 그렇다고 해서 보고 듣고 느끼고 아는 것을 떠나 마음이나 법을 찾아서도 안 되며, 보고 듣고 느끼고 아는 것을 버리고 법을 취해서도 안 된다. 그리하여 즉(卽)하지도 않고 여의지도(離) 않으며, 머물지도 집착하지도 않아서, 종횡으로 자재하여 어느 곳이든지 도량(道場) 아님이 없다."[107]

진여본성의 본체에서는 보고 듣고 느끼고 아는 것을 여의어 한 법도 세울 수 없다. 그러나 항사작용의 입장에서 설하면, 부딪히는 모든 것이 진실이요(觸事而眞), 견문각지(見聞覺知)가 그대로 제불의 묘용이다. 즉 지금 현재

---

106) 보조, 「수심결」.
107) 황벽, 「전심법요」.

목전에서 견문각지見聞覺知, 희로애락喜怒哀樂할 줄 아는 그 놈이 바로 본래면목이요, 본래부처이기에 귀종화상은 "바로 너"라고 지시하였고, 임제선사는 목전에 보고 듣는 주인공이 무위진인無位眞人이라 가리키는 것이다. 따라서 성품이 곧 부처요(性卽是佛), 마음이 곧 부처요(心卽是佛), 사람이 바로 부처(人卽是佛)가 되는 것이다.

다시 말하면 견문각지를 떠나서 공적空寂한 본체가 실로 있는 것으로 집착하는 사람을 위해 견문각지가 그대로 부처라고 말하고, 영지靈知의 작용인 견문각지에 물든 마음으로 집착하는 사람을 위해 견문각지가 그대로 부처가 아니라고 말하는 것이다. 이것은 다 방편의 가르침인 것이다.

성품(性)이 부처이기에 성품을 보면 부처를 이룸이요(見性成佛), 마음(心)이 부처이기에 마음 밖에 부처가 없다(心外無佛)고 말한다. 또한 사람(人)이 부처이기에 천상천하에 홀로 높다(天上天下唯我獨尊)고 사자후하신 것이다. 이와 같이 보고 듣고 느끼고 아는 이 영지자성靈知自性이 유무有無에 초월하여 항상 여여如如하니, 보조스님은 『수심결』에 이렇게 말하고 있다.

> 망념이 본래 고요하고, 진경(塵境: 육진과 육경)이 본래 공空한 것이라. 이 모든 현상이 다 공한 곳에 영지靈知가 어둡지 않으니, 곧 이 비고 고요하고 신령스럽게 아는(空寂靈知) 마음이 바로 너의 본래의 면목(本來面目)이며, 또한 삼세의 모든 부처님과 역대의 조사가 친밀히 서로 전해 오신 법인法印인 것이다."[108]

---

108) 보조, 『수심결』.

공적한 가운데 신령스럽게 아는(空寂靈知) 스스로의 성품을 바로 깨닫는 이것이 견성見性이요, 각심覺心이요, 성불成佛이다. 어떤 것이 공적영지의 마음인가? 공적영지空寂靈知란 신령한 앎이 연기된 것이라 한 법도 얻을 것이 없는 데서 공적空寂을 보고, 공적도 또한 공적한 곳(空亦空)에서 반야의 신령한 지혜(靈知)가 없되 없지 않음을 보는 불이중도不二中道를 나타낸 말이다. 즉 마음이 인연 따라 일어났으므로 그 실체가 없어 공하므로 공적空寂이라 말하고, 공 역시 텅 빈 무기공이 아니기에 무한한 지혜의 작용이 있음을 영지靈知라고 한 것이다. 영지도 공하여 자취가 없고, 공적 또한 공하여 실체가 없어 공하면서 있음이요, 있으면서 공하니 즉공즉가(卽空卽假)109)라고 한다. 따라서 공적의 영지요, 영지의 공적이다. 본래 무일물無一物이라 한 법도 얻을 것이 없다.

아침부터 저녁에 이르기까지 열두 시간 가운데에 혹은 보고 혹은 듣기도 하며, 혹은 웃고 혹은 말하기도 하며, 혹은 성내고 혹은 기뻐하기도 하며, 혹은 옳고 혹은 그르다고 하는 가지가지 행을 실천하는 것이 무엇인가 말해 보라. 필경에 누가 이렇게 실천하여 작용하는가. 능히 보고 듣고 동작하는 것은 반드시 너의 본심이요, 너의 색신色身이 아니로다. 하물며 이 색신이 사대四大의 바탕이 공空한 것이 거울 속의 형상과 같으

---

109) 공(空)한 가운데 인연으로 모습이 있기에 가(假: 有, 色)이며, 실체가 없이 인연으로 된 허상이기에 또한 공(空)이다. 따라서 공(空) 그대로 가이며, 가(假) 그대로 공인 것이다. 이것을 즉공즉가(卽空卽假)라고 표현한다. 이 말은 가(색)를 다 없애고 난 뒤에 공이 있고, 공을 다 채우고 난 뒤에 가가 있다는 뜻이 아니라, 가이면서 그대로 공이고, 공이면서 그대로 가인 것이다. 즉 색즉시공(色卽是空)이요, 공즉시색(空卽是色)의 도리로서 즉색즉공(卽色卽空)이라고도 말하는 것이다.

며 또한 물에 비친 달그림자와 같으니, 어찌 능히 두렷하게 항상 알고 밝고 밝아 어둡지 아니하며, 감응함에 한량없는 묘용妙用을 통할 수 있으리오."110)

삼만육천 일 반복하는 이 주인공이 도대체 무엇인가. 일체가 공하여 텅 비어 고요한데 그 가운데 견문각지하여 신령스럽게 앎이 있으니, 이 능히 아는 성품이 무엇인가. 신령스럽게 아는 스스로의 성품(靈知自性)이 공하고 공한 그 가운데 항사의 작용이 있을 뿐이다. 성품 그대로가 바로 작용(모양)이요, 작용 그대로가 성품이다. 이것을 그대로 알아차리면 된다. 그것뿐이다. 이것이 조사선이다. 눈앞의 자신 스스로가 자성불의 출현이다. 이것을 깨달으면 된다. 부처님과 역대조사가 하고 싶은 말이 바로 이것이다. 있는 그대로 깨달아라. 마음을 쓰면서도 마음을 찾지 못한다면 어쩔 수 없이 마음 깨닫는 공부를 지어 가야 한다. 깨닫기 위해서는 스스로 반조返照하여 참구參究해야 한다. 영지자성을 돌이켜 비추어 보면 반조선返照禪, 즉 묵조선默照禪 수행이 된다. 그러나 영지자성의 한 물건에 대해 의정疑情을 들어 참구하는, 즉 이 "한 물건(一物)이 무엇인가?"라고 존재의 실상(본래면목)에 대한 실존적 물음을 묻는 것이 화두선話頭禪, 즉 간화선看話禪 수행이 된다.

회양선사가 숭산에서 조계로 가서 육조대사를 참배하였다.
육조가 물었다.

---
110) 보조, 『수심결』.

어디서 왔는가?

회양이 대답하였다.

숭산에서 왔습니다.

어떤 물건이 이렇게 왔는가?

(회양이 존재의 실상에 대한 이 물음에 막혀 8년을 참구한 연후에 대답하기를,)

설사 한 물건이라 말해도 맞지 않습니다.

닦아서 증득할 수 있는가?

닦아 증득함은 없지 않지만, 더러움에 물들게 되지는 않습니다.

바로 이 더러움에 물들지 않는 것이 모든 부처님들이 호념(護念: 보호하는 마음)하는 바이다. 그대도 이미 그러하고 나도 또한 그러하다.[111]

한 물건이라고 이름 붙일 수 없는 이것이 무엇인가? 혜능선사는 거듭 말한다. "나에게 한 물건이 있다. 위로 하늘을 받치고 아래로 땅을 괴었으며, 밝기는 해와 달과 같고 검기는 칠통과 같아서, 항상 나의 동정動靜하는 가운데 있으니 이것이 무슨 물건인가?" 이뭣고?

이와 같이 간화선에서의 수행은 본래 한 물건도 없는데 보고 듣고 아는 이것이 무엇인가라고 하는 실존적 물음에 답하는 구조로 이루어져 있다. 이와 같은 근원적 의심을 참구하는 것이 화두이다. 화두라는 조사관祖師關을 통과하기 위해 일념으로 참구하게 하는 것이다. 그런데 참구의 방법 또한 일념의 공적영지에 있다고 하겠다. 즉 화두일념話頭一念이란 망념이 공적

---

111) 『전등록』, 「회양장」.

空寂하니 적적(寂寂: 고요하고 고요함)이요, 화두가 또렷하니(靈知) 성성(惺惺: 또렷하고 또렷함)하여 성성적적惺惺寂寂, 적적성성寂寂惺惺이 되어 정혜쌍수定慧雙修가 되는 것이다.

　마음을 써서 화두를 들지 않아도 저절로 화두가 현전할 때에 이르면, 경계와 몸과 마음이 다 한결같아, 화두의심이 면밀하게 이어져 의심이 독로(獨露: 홀로 드러남)하게 되니 성성(惺惺: 또렷하여 분명함)의 경계요, 망념이 일어나지 않으니 적적(寂寂: 고요하여 텅 빔)의 바탕이다. 성성하며 적적이요, 적적하며 성성이니, 의심하고 또 의심하여 의심마저 끊어져(疑念道斷) 종국에 분지일발(噴志一發: 크게 한 번 분출하여)하면 조사의 관문(祖師關)을 투과해 본래면목을 깨닫게 된다.

제3절 선교겸수 禪敎兼修

　청허스님은 이르기를 "선(禪)은 부처님의 마음이고, 교(敎)는 부처님의 말씀이다. 교는 말이 있는 경계에서 말이 없는 경계에 이르는 것이요, 선은 말이 없는 경계에서 말이 없는 경계에 이르는 것이다. 말이 없는 경계에서 말이 없는 경계에 이르기 때문에 사람들은 그 경계를 무엇이라 이름할 수 없어서 억지로 마음이라고 부른다."[112]라고 하였다.
　선이 부처님의 마음이고 교가 부처님의 말씀이라고 한다면 부처님의 마음과 말이 어찌 다를 수 있겠는가. 따라서 선과 교는 하나로 일치하는 것이다. 이 주장은 일찍이 종밀스님에 의해 제기된 바 있다. 그는 교와 선에 대해 "교란 것은 제불보살이 남긴 바의 경론이며, 선이란 모든 선지식(조사)이 말한 바의 어록이다."라고 정의하고 아래와 같이 주장하였다.

　　모든 종파의 시조는 석가세존이다. 경은 부처님의 말씀이요, 선은 부처님의 뜻이다. 모든 부처님의 마음과 말은 반드시 서로 위배되지 않는다. 모든 조사가 서로 전한 근본은 부처님이 친히 부촉한 것이다.[113]

---

112) 「선교결」, 『韓國佛敎全書』 제7권.
113) 종밀, 「선원제전집도서」.

부처님이 친히 부촉하시고 역대조사가 서로 전한 것은 다름 아닌 정법 안장正法眼藏[114]이다. 정법안장이란 불조의 깨달음의 자리이며, 불교 수증의 요체이다. 굳이 말하면 불법의 근원인 본각진성本覺眞性이요, 무상실상無相實相[115]이다. 종밀은 당시 선종과 교종이 서로 대립하여 비방하며 종지宗旨를 다투는 것은 불법의 근원인 일심의 본각진성本覺眞性을 미혹했기 때문이라 진단하고 "다만 일심으로 돌아가면 자연히 다툼이 없을 것이다."라고 하였다. 그가 보았을 때 "선사는 거의 교의를 모르기 때문에 마음만이 선이라고 주장하며, 강사는 거의 선법을 알지 못하기 때문에 무늬만 교의를 설한다. 서로 명상名相에 따라 집착을 하니 회통하기 어렵다."라고 토로하고 있다.

이러한 경향은 비단 종밀시대만의 일이 아니라 어느 때를 막론하고 있어 온 병폐인 것이다. 현재 한국불교의 문제점 역시 마찬가지이다. 선자禪者들은 오로지 좌선만이 최고의 가치이며 경론과 선학 이론에 밝지 못해 정견을 바로 세우지 않아 여실한 실참실구實參實究에 나아가지 못하고, 교학자들은 이론의 연구에 치우쳐 수행을 등한시하고 심지어 일각에서는 수선안거修禪安居마저 잘못된 행태라고 비판하고 있다.

이러한 양쪽의 입장을 정리해 보면, 선자들은 선은 오로지 참선을 통해

---

114) 정(正)은 정사(正邪)나 선악을 초월한 불편부당한 부처님의 마음이고, 법(法)은 이 부처님의 마음에 갖춰진 근원적인 진리이고, 안(眼)은 이 부처님의 마음으로 보는 것을 뜻한다. 장(藏)은 부처님의 마음에는 모든 선한 불법(佛法)이 포함되어 있다는 뜻이다.

115) 본각진성(本覺眞性)이란 중생이 본래 깨달아 있는 참성품, 즉 마음자리를 말하며, 무상실상(無相實相)이란 나와 세계는 본래 실체가 없어 인연으로 이루어진 모습(相)이기에 상이 있지만 가상(假相)이다. 그러므로 무상(無相)이라 말하고, 무상(無相)인 상(相)이 존재의 실상(實相)이므로 무상실상이라 말하는 것이다.

깨쳐야만이 일대사一大事를 요달하는 것이라는 깨달음절대주의(見性絶對主義)에 빠져 있다. 이러한 관점에서 경전을 말하고 법을 설하고 행주좌와가 선禪 아님이 없다고 일깨우면 구두선口頭禪, 문자선文字禪에 떨어진 지해종사知解宗師의 일이라고 치부해 버린다. 그렇기 때문에 이것은 교가敎家나 학자가 하는 짓으로 폄하되어 버린다. 물론 대혜가 "깨달음을 법칙으로 삼아(以悟爲則)" 간화선을 제창하였고, 깨달음이 전제되지 않는 선은 선이라고 말할 수 없다. 그러나 선수행과 실천행이 이원화되어 수행 그 자체가 바라밀로 승화되지 못하고 좌복에 앉는 것 외의 실천행은 무가치한 것으로 치부해 버리는 안일한 수행 행태는 분명 문제가 있다.

그리고 교학자들은 참선대중을 향해 교학이론에 무지하며, 일신의 해탈에 매몰되어 세상을 향한 구세대비救世大悲의 교화가 결여되어 있다고 비판하고 있다. 이러한 시각은 일정 부분 수용되어야 하겠지만, 한편으로 또한 올곧은 수행은 선과 행이 반야바라밀로 승화되어 수행과 교화가 일치된다는 사실을 외면한 주장이기도 하다. 수행자에겐 어떤 이유에서건 수행이 가장 기본이 되어야 함은 원칙이다. 그러나 수행이 깨달음의 원인임과 동시에 깨달음의 자기 현전임을 알아 수행과 깨달음이 늘 바라밀행으로 실천되어 해행상응解行相應의 자세를 견지할 때만이 참된 수행자임을 알아야 한다.

이것은 마치 옛날 천태지자가 언어문자에 집착하여 이론만 천착하고 그 공능에 매몰되어 선을 실참하지 않는 학자들을 향해 "문자법사文字法師"라 칭하고, 언어문자를 배척하고 실천의 지혜가 없이 오로지 앉아 있음만으로 선을 삼는 선자들을 향해 "암중선사暗證禪師"라고 비판하면서 교관일치(敎觀一致: 선교일치), 지관구행(止觀俱行: 정혜쌍수)을 강조한 것과 궤를 같이 하고 있다. 보조스님 또한 한쪽으로 치우친 수행자들의 잘못된 수행 행태를 바로잡기 위해 지혜 없는 어리석은 선정(痴禪)과 선정 없는 미친 지혜(狂慧)를 비판하며, 선교겸수를 토대로 한 정혜쌍수(定慧雙修: 선정과 지혜를 함께 닦음)를 주장하였다.

선과 교의 근원이 부처님이라면 부처님의 마음과 말은 일치하지 않을 수 없으며, 또한 선과 교의 근원이 마음이라면 교가 설명하려는 것도 마음이며, 선이 깨닫고자 하는 것도 마음이므로 선과 교 모두가 마음을 수행하고 깨닫는 수증의 방편이라고 말할 수 있다. 따라서 교와 선은 서로 보완적으로 수행해야 할 필요충분의 조건이므로 종밀은 "교로써 마음(禪)을 비추고(以敎照心), 마음(禪)으로써 교를 이해해야 하는 것(以心解敎)"이라고 강조하였다. 이른바 "교로써 마음(禪)을 비추고 마음으로써 교敎를 해석한다."는 것은 실질적으로 선교겸수禪敎兼修의 기본원칙이다.

"경은 먹줄과 같아서 정正과 사邪의 모범을 정한다. 먹줄은 기교가 없으나, 기교가 없음으로써 반드시 먹줄에 의거한다. 경론은 선이 아니지만 선을 전하는 자는 반드시 경론으로 준거를 삼는다."[116] 그리고 부처님은 만대의 표준이므로 활등과 같이 설하고, 조사는 눈앞의 사람에게 맞는 방편을 구사해야 함으로 활줄과 같이 설해야 한다고 하였다. 즉 부처님은 만대의 스승이 되므로 자세히 말씀하시고, 조사는 상대자로 하여금 바로 그

---

116) 종밀, 「도서」.

자리에서 깨닫게 하기 위해 방편에 치중하게 된다. 따라서 부처는 활등처럼 원만하게 설명과 비유를 들어 설하고, 조사는 활의 줄처럼 곧바로 설하여 근기 따라 방편을 시설하여 실상에 바로 계합하게 하는 것이다. 그러므로 선禪만을 집착하여 교를 떠나지 말 것이요, 선을 등지고 교敎만을 좇아서도 안 된다.

　허응당 보우스님은 선과 교가 일치함을 이렇게 말하였다. "교는 선을 온전하게 다 포용하는 돈교요, 선은 원래 돈교의 한 선이다. 선과 교가 원융하여 말(敎)과 침묵(禪)이 자재하다."117) 교는 선의 교요, 선은 교의 선임을 밝혀 선교가 교철(交徹: 서로 겹침)함을 밝히고 있다. 청허의 제자 편양스님 역시 "교를 빌려 종(禪)을 밝힌다(借敎明宗)."118)라고 말하여 자교오종의 태도를 취하고 있음을 볼 수 있다.

　달마스님은 『이입사행론』에서 일찍이 "자교오종藉敎悟宗"의 선교관을 주장하고 있다. 즉 "교에 의거해서 선을 깨닫는 것"이 달마선사가 제시한 선교겸수의 종지라고 할 수 있다. 이러한 선교겸수의 가풍은 혜능, 마조, 연수, 대혜, 보조, 청허로 이어지는 조사선의 전통이다. 즉 교에 의해서 선이 이해되고, 선행禪行을 통해 교의敎義가 실천될 때 진정한 의미의 "선교겸수禪敎兼修"의 가풍이 정립될 수 있다. 자교오종의 사상은 뒷날 선종에서 의교오선依敎悟禪, 선교일치禪敎一致, 사교입선捨敎入禪 등으로 발전하게 된다. 경론經論의 가르침에 의거해서 마음(禪)을 깨닫는 의교오선依敎悟禪이 되었든, 경교

---

117) 『허응당집』, 『한국불교전서』 제7책.
118) 『편양당집』, 「선교원류심검설」, 『한국불교전서』 제7책.

의 가르침과 선의 깨달음을 일치시키는 선교일치禪敎一致가 되었든, 경교의 가르침에 의해 지견을 세우고 그 지견마저 버리고 일심의 깨달음으로 찾아드는 사교입선捨敎入禪이 되었든 간에 선과 교를 함께 공부하고 함께 닦아가는 선교겸수禪敎兼修의 입장인 것은 분명하다. 선종사에 나타난 선과 교에 대한 여러 관점, 즉 자교오종, 선교일치, 사교입선, 주선종교(主禪從敎: 선이 主가 되고 교는 從이 됨) 등이 모두 일정 부분 선과 교에 대한 기본적인 수습修習이 요구되기 때문에 넓은 의미로 선교겸수라는 한 용어 안에 포섭되는 것이다.

사실 선종은 "불립문자不立文字, 교외별전敎外別傳, 직지인심直指人心, 견성성불見性成佛"을 그 종지로 내세우고 있다. 즉 "문자를 세우지 않고(不立文字) 교 밖에서 따로 전한다(敎外別傳)."는 것은 언어문자의 방편을 빌리지 않으며, 교의 가르침에 의거하지 않고 마음으로 마음을 전한다(以心傳心)는 말이다. 직지인심, 견성성불, 즉 "사람의 마음을 바로 가리켜(直指人心) 마음의 성품을 깨달아 부처를 이룬다(見性成佛)."는 것은 교에서 설하고 있는 수행방편을 거치지 않고 곧바로 마음이 부처임을 깨닫는다는 것이다.

여기서 말하고 있는 "문자를 세우지 않는다."는 뜻의 "불립문자不立文字"의 진정한 의미는 무엇인가. 선의 깨달음의 경지는 언어문자, 혹은 생각으로써 나타낼 수 없다는 뜻이다. 그러므로 선문에서는 예로부터 깨달음의 경지를 흔히 "언어의 길이 끊어지고(言語道斷), 생각의 길마저 소멸해 버린(心行處滅)" 경계라고 주장해 왔다. 그러나 언어문자로 표현할 수는 없지만 또한 언어문자를 통하지 않고서는 깨달음에 나아갈 수 없기 때문에 문자를 사용하지 말라(不用文字)고 하지 않고, 문자에 집착하지 말라(不着文字)고 가르치고 있는 것이다. 사실 선종의 종지로 표방된 불립문자不立文字는 한편으로 언어문자를 신비화하고 교조화하여 문자상文字相에 집착하고 또한 언어의 개념(言語相)에 매몰되는 교가敎家의 오류를 깨기 위한 방편으로 세워진 말이기도 하다.

원오스님은 "도는 본래 말이 없으나, 말을 통하지 않고서는 도가 드러나지 않는다."라고 말했고, 혜홍스님은 "마음의 미묘함은 언어로써 전할 수는 없지만 언어로써 나타내 보일 수는 있다."라고 하였고, 거듭 "부처님이 말한 심종心宗과 법문의 취지는 큰 지혜로 정진하여 얻은 영묘한 깨달음의 힘으로 도달할 수 있다. 이곳은 언어로써 접근할 수 없지만 결국에는 언어를 사용해 가지 않을 수 없다."라고 하였다. 이러한 가풍은 "언어문자를 떠나지도 않고 언어문자에 집착하지도 않는(不卽不離)" 선종의 중도中道문자관을 보여주는 것이다. 계현선사는 문자와 배움의 중도적 입장을 이렇게 말하고 있다.

> 대도는 언어에 있지 않으나 언어가 아니면 도를 밝힐 수 없고, 불법은 배우는 데 있지 않으나 배우지 않으면 법을 밝히지 못한다.[119]

이와 같이 선종에서는 마음의 성품이 공하여 드러낼 수 없으므로 언어문자를 세워 집착하지도 않지만(不着文字), 공한 그 마음 역시 공하여(空亦空) 무

---

[119] 계현, 『선문단련설』.

량한 작용으로 나타나므로 그 작용으로부터 계합해 들어가기 위해 언어문자를 버리지도 않고(不離文字) 오히려 문자반야文字般若로 돌려 쓴다. 이와 같이 문자를 세우지도 않지만 또한 문자를 파하지도 않는 것이 진정한 불립문자不立文字의 종지이다. 사실 선禪에서 언어문자를 세움도 방편이요, 언어문자를 파함도 역시 방편이다. 방편에 의거해 근본(깨달음)에 있어서는 파해야 할 것이며, 작용(수행)에 있어서는 세워야 한다. 혜능스님은 『단경』에서 이렇게 말하고 있다.

    공空을 집착하는 사람은 경을 비방하면서 바로 문자를 쓰지 않는다고 말하나, 이미 문자를 쓰지 않는다고 말한다면 사람들은 또한 말하지도 않아야 한다. 다만 이 말하는 것도 바로 문자의 모습이기 때문이다. 또한 문자를 세우지 않는다(不立文字)고 말하지만, 곧 이 세우지 않는다(不立)라는 두 글자도 역시 문자인 것이다. 남이 말하는 것을 보고 곧 그를 비방하여 말하기를 '문자에 집착한다.'라고 한다. 너희들은 반드시 알아라. 스스로 미혹한 것은 오히려 그럴 수 있겠지만 또 부처님 경전까지 비방할 것인가. 경전을 비방하지 말아야 할지니 그 죄장이 헤아릴 수 없다.[120]

어느 한쪽에 치우친 양극단의 행위는 중도의 가르침에 크게 장애가 된다. 언어문자를 세우지 않되(不立文字) 언어문자를 잘 사용해야 하며(善用文

---

120) 종보본, 육조대사, 「법보단경」.

字), 잘 익히고 사용하되(習用文字) 또한 집착하지 말아야 한다(不着文字). 그러므로 언어문자를 여의지도 않고(不離) 집착하지도 않아서(不卽), 세우고(立) 파破함에 수연자재隨緣自在하여, 방편을 당해서는 세울 것이요, 지견知見에 이르러서는 파할 뿐이다. 선교겸수에 입각하여 수행하는 행자는 선종의 가르침인 "부즉불리不卽不離"의 중도적 언어문자관을 가진 자가 진정한 수행자임을 분명히 알아야 한다.

선종사에서 살펴보면 선지禪旨와 더불어 교학에 능통하지 않은 역대 선사나 조사가 거의 없으며, 경학과 함께 선을 실수實修하지 않은 강주나 종장이 한 분도 없다. 분명한 것은 양비론兩非論에 입각하여 선가와 교가 모두가 비판의 목소리를 겸허히 수용해야만 한다는 것이다. 조선시대를 살다간 벽송지엄의 제자 경성스님은 이렇게 경책하고 있다.

> 대저 공부하는 사람 가운데 활구를 참구하지 않고 다만 똑똑함과 영리함을 믿고 구이의 학문(口耳之學: 지식을 쌓는 학문)을 닦아 세상에 뽐내며 자랑하는 부류들이 있다. 그들은 실속 있는 공부를 접하지 못해서 말과 행동이 엇갈리고 이곳저곳 산수를 찾아다니며 헛되이 밥만 축낼 뿐 아니라 경론을 배운답시고 일생을 졸면서 보내기가 예사다.
>
> 그리하여 마침내 지옥 찌꺼기로 전락하여 세상 사람들을 제도하는 배가 되지 못한다. 또 어떤 사람들은 한가롭게 노는 버릇이 성품으로 굳어져 바른 스승을 찾지 않고 여우굴 속에 들어앉아 졸면서 입으로만 화두를 중얼거리니 참으로 불쌍한 노릇이다.[121]

---
121) 김륜세 역, 「동사열전」, 「敬聖一禪」, (광제원), p 124.

진정으로 생사를 요달하고자 하는 수행자가 명상名相을 버리고 자신을 다그치며 온 힘을 다해 실참實參을 하지 않고 의리義理만을 연구하는 것은 근본根本을 버리고 지말枝末을 추구하는 격이다. 이것은 총명聰明으로 업식業識을 대적할 수 없고, 박학博學으로 고륜(苦輪: 고통의 윤회)을 면할 수 없음을 모르는 어리석은 행이다. 그러니 학문의 기초가 없이 어찌 향상일로向上一路의 일착자一着子가 있음을 알 것이며, 혜맥慧脈의 종지宗旨를 선양할 수 있겠는가. 종문의 안목이 되고 인천의 스승이 되려 한다면 학문 또한 소홀히 할 수 없는 과목이다. 그래서 계현스님은 참구와 학문을 겸수하라고 지시하고 있다.

참학參學이라는 말은 조사들께서 세우신 것으로서 여기에는 순서가 있다. 비록 학문만을 중히 여기고 참구를 저버려서도 안 될 것이지만, 참구하기만 하고 학문을 폐해서도 안 된다.[122]

물론 계현은 정통 선지식의 단련에 의거하여 화두를 타파하고 근본이 분명해진 이후 애써서 학문을 연마하라고 지시하고 있지만, 본분종사本分宗師를 만나지 못한 시절에는 어쩔 수 없이 참구와 학문의 선후차제先後次第를 따질 수가 없게 된다. 선교병수禪敎並修에 입각하여 참구와 학문을 지혜롭게 균등히 할 필요가 있다. 그래서 고덕은 "대개 도는 말과 문자에 있지 않더라도, 실로 말과 문자를 떠나서는 도를 드러낼 수가 없다."라고 말하였다. 말과 문자야말로 마음의 빛을 드러내어 오묘한 도를 그려내는 것이니,

---

122) 계현, 「선문단련설」.

이것이 어찌 처음부터 도를 장애하는 것이 될 수 있겠는가.

사교입선捨敎入禪의 "사교捨敎"란 결코 경교經敎의 가르침을 버려서 폐기하라는 의미가 아니라, 교를 배우고 교를 의지하여 선을 깨닫되(依敎悟禪), 언어문자의 공능을 과신하거나 개념에 집착하여 교조화하지 말라는 경구로 이해되어야 할 것이다. 설사 "사捨"를 버린다는 의미로 해석한다 하더라도, 만약에 경전을 배우지 않고 조사어록을 열람하여 그 가운데 얻은 지견이 없다면 아무것도 버릴 것이 없는데 또한 무엇을 버린단 말인가? 공안의 도리로 "버릴 것 없는 그것"을 버린단 말은 아닐 것이다.

적어도 경론과 전등어록에 정통한 연후에 그 가운데서 깨달아 얻은 지해知解마저 버리고 바로 깨달아 계합하는 향상일구向上一句를 통과하라는 뜻으로 받아들여야 할 것이다. 요즈음 조사선의 종지를 잘못 이해하여 경론을 익히지 않고 교학을 요해하지 않으려는 태도가 만연하여 자칫 선이 무지선無知禪으로 전락할 위험에 처해 있다.

마조스님이 선수행에만 몰두하는 상수제자 서당지장을 향해 선과 더불어 교를 익혀 훗날 교화의 방편에 차질이 없도록 할 것을 주문하고 있음은 주목할 만한 대목이다. 그리고 송대 본숭本嵩의 "두순의 화엄종지를 깊이 깨달으면(深明杜順旨), 조주 선차禪茶의 일미를 터득함이다(好喫趙州茶)."라는 일구는 선교일치禪敎一致적 겸수의 정신이 후대 조사선의 가풍으로 전승되고 있음을 보여주고 있다. 청허선사 역시 아래와 같이 선교관을 피력하고 있다.

교문敎門에는 오직 일심법一心法만을 전하고, 선문禪門에는 오직 견성법見性法만을 전하였다. 그러나 제불諸佛께서 설하신 경전은 먼저 제법諸法을 가리시고, 뒤에 필경 공호한 이치를 말씀하셨지만, 조사가 보인 글귀는 자취가 생각에서 끊어지고, 이치가 마음의 근원에서 드러난다. 부처님은 활등같이 말씀하시고, 조사들은 활줄같이 말씀하셨다. 부처님께서 말씀하신 걸림 없는 법法이란 바로 한 맛(一味)에 돌아가거니와, 이 한 맛(一味)의 자취마저 떨쳐 버려야 비로소 조사가 보인 일심一心을 드러내게 된다. 그러므로 "정전백수자庭前栢樹子"의 화두話頭는 용궁의 장경(화엄경)에도 없다. 그러므로 배우는 이는 먼저 부처님의 참다운 가르침으로서 변하지 않는 것과 인연을 따르는 두 가지 뜻이 곧 내 마음의 본바탕과 형상이고, 단박 깨치고 점차 닦는 두 가지 문이다. 이것은 공부의 시작과 끝을 몸소 행한 연후에 교의敎義를 놓아 버리고 다만 자기의 마음을 가지고 한 생각을 드러내어 자세히 선지禪旨를 참구參究한다면 반드시 얻는 것이 있을 것이다. 이것이야말로 출신활로出身活路이다. [123]

이른바 "걸림 없는 일미의 법을 떨쳐 버리고 일심으로 드러나게" 한다는 내용으로 미루어 보아 청허는 분명 "사교입선捨敎入禪"적인 태도를 보여주고 있다. 그러나 『선가귀감』의 전체적 맥락에서 보면 선교원융적인 입장을 동시에 나타내고 있음을 볼 수 있다. "말에서 잃어버리면 염화미소拈花微笑도 모두 교적敎迹이 되고, 마음에서 얻으면 세간의 시중잡담도 모두 교외별전

---

[123] 청허, 『선가귀감』.

敎外別傳의 선지禪旨가 된다."[124]라고 주장하고 있는 데서 그 뜻을 알 수 있다. 또한 설하기를 "마음은 거울의 체(體: 본체)와 같고, 성품은 거울의 빛(光: 작용)과 같다. 성품(性)은 스스로 청정하여 즉시에 활연히 깨달으면 다시 본심(心)을 얻는다."[125]라고 하였다. 이것은 교와 선을 본체와 작용으로 파악하여 체용일여體用一如로 설명하고 있는 것이다. 만약 선수행자가 교학을 폄하하고 깨달은 바도 없으면서 맹목적으로 선의 우월성에 빠져 스스로 오만에 갇혀 있다면 청허선사의 경책을 겸허히 받아들여야 한다.

참선하는 이가 교문에도 마음을 닦고 번뇌를 끊어가는 수행의 바른 길이 있음을 믿지 않는다. 비록 물든 마음과 오래된 버릇이 일어나도 부끄러워할 줄 모른다. 깨달은 바는 없으면서 참선법에 기대어 아만만 높아 말하는 품이 오만하기 짝이 없다. 그러므로 제대로 마음을 닦는 수행자는 스스로 비굴하지도 높이지도 않는다.[126]

오늘날 선문에 선수행을 조금 했다는 재가자들조차 선상禪相에 빠져 아만이 공고한 것을 보면 이러한 부류들이 과연 어느 스승에게 배웠으며 어떻게 단련시켰는지 알 만도 하다. 사상(四相: 아상, 인상, 중생상, 수자상)에다 참선상參禪相까지 보태 오상五相의 무명이 진성眞性을 더욱 어둡게 하니 어느 세월에 밝게 깨달을 수 있겠는가. 선수행은 상相을 없애는 것으로부터 시작

---
124) 『선가귀감』.
125) 위의 책.
126) 위의 책.

된다는 기본마저 제대로 서지 못한 것이다.

　조선 말 대선장 경허선사도 청허의 관점을 계승하여 말하기를 "그 뜻을 얻었다면 거리의 한담도 법의 수레를 굴림이요, 말에서 잃어버리면 용궁보장(龍宮寶藏: 화엄경)도 한마디 잠꼬대일 뿐이다."[127]라고 하여 선교를 원융하게 섭수하되, 선교 어디에도 얽매임이 없는 모습을 보여주고 있다. 우리와 동시대를 살다간 청화선사도 항상 선교일치의 가르침을 보여주었다.

'경은 필요가 없다. 불립문자不立文字 교외별전敎外別傳이라.' 하여 문자와 분별을 여의고 실참실구實參實究로 정진할 때도 먼저 공부에 대한 이론적인 체계가 획립되어야 바른 신심이 생기는 것입니다. …… 부처님 경전 가운데에는 일체종지一切種智라 하여 모두를 다 분명히 밝히고 있습니다. 『화엄경』에도 보십시오. 일진법계一眞法界 현상을 그렇게 소상히 말씀했습니다. 따라서 그러한 부처님 말씀이 다 필요하기 때문에 나온 것이고 또는 역대 조사스님들이 모두가 다 필요하기 때문에 많은 논장論藏을 지어 고구정녕으로 체계를 세우게 된 것입니다.[128]

　여러 경론의 교학을 탐구하여 공부에 대한 이론적인 체계를 세우고 실참실구로 참선수행을 할 것을 당부하고 있다. 아울러 선과 교는 하나라고 규정하며, 선교원융의 자세를 견지하고 있음을 알 수 있다. 교는 선의 교

---

127) 『경허법어』, p 634~635.
128) 청화, 「원통불법의 요체」.

요, 선은 교의 선이다. 즉 교敎는 우주와 인생에 대한 중도실상을 문자화한 것이기 때문에 교의 자취(敎相)를 떨쳐낸 교이며, 선禪 역시 인간과 세계의 중도실상 그 자체이자 실상이 마음으로 체현된 것이기 때문에 선의 흔적(禪相)마저 극복된 선이다. 교와 선 그 어디에도 부여잡고 집착할 만한 고착된 상相은 존재하지 않으므로 취할 것도 없고 버릴 것도 없다. 따라서 선도 놓아 버리고 교도 놓아 버리되(雙遮禪敎), 선도 살려내고 교도 살려내는(雙照禪敎) 선교원융의 태도를 취하는 것이 선과 교에 대한 바른 견해이다. 교를 바로 알면 반드시 선으로 돌아가게 되어 있다. 선과 교를 함께 요달하면 실상과 방편에 걸림이 없다. 통달한 자는 사물을 돌이켜 마음을 밝히고 미혹한 자는 문자상文字相과 참구상參究相에 빠져 선과 교에 모두 막히리니 어찌 수연자재한 수선자라 하겠는가. 교의敎義에 의거하여 선지禪旨를 해명하고, 방편과 실상에 두루 통달하여 사부대중에게 선교겸수禪敎兼修의 종지를 널리 선양하여 치우침 없는 중도의 삶을 살아가게 해야 할 것이다.

제4절 삼학등지 三學等持

『선가귀감』에 이르기를, "앙산이 다시 행리처(行履處: 행실)를 물었다. 위산이 대답하기를 '다만 그대의 안목이 바른 것을 귀하게 여길 뿐이다' 운운(云云)."이라는 가르침이 있다. 이 말씀을 따라 안목을 밝히는 일은 중요하지만 행실은 아무렇게 해도 되는 것이라는 인식이 은연중에 수행자의 의식 저변에 깔려 있음을 보게 된다. 만일 이러한 생각으로 안목을 밝히는 수행을 하고 있다면 대단히 위험한 수행자가 될 것이다. 위에 인용된 말은 위산어록에 나오는 문구로 스승 위산이 제자 앙산을 인가하면서 나눈 대화의 일부이다.

위산이 앙산에게 물었다. "『열반경』 40권에서 어느 정도가 부처님 말씀이며 어느 정도가 마군의 말인가?" "모두가 마군의 말입니다." "앞으로 그대를 어찌해 볼 사람이 없을 것이다." 앙산(혜적)이 물었다. "혜적의 지난 한때의 처신(行履)은 어찌 됩니까?" "그대의 안목이 바른 것(眼正)을 귀하게 여길 뿐 그때 그 일은 말하지 않겠다."[129]

여기서 언급하고 있는 앙산의 처신(그때 그 일)은 회창법난 會昌法難이 일어나

---

[129] 『위산록』.

강제 환속 당해서 흰옷(속복)을 입고 몰래 숨어서 지냈던 일을 가리킨다. 법난이 마무리되고 난 뒤에 다시 산문으로 돌아와 위산이 앙산의 법을 인가할 때에 지난 사건이 마음에 켕겨서 고백함에 스승이 제자를 위로하는 차원에서 일러준 말에 불과하다. 즉 이 말은 회창법난을 당해 그 당시 거의 모든 스님들이 환속할 수밖에 없었던 시절인연에 대한 참회의 의미가 깃들어 있는 말인 것이다. 그럼에도 불구하고 이 말을 좇아 안목만 소중하고 행실은 아무렇게나 해도 문제가 되지 않는다는 식으로 자가당착에 빠진다면 참선은 있을지언정 계율은 문란하게 될 것이다.

청허스님은 『선가귀감』에 이르기를 "계정혜는 하나를 들어 셋을 갖춤이므로 하나하나 따로 이해해서는 안 된다."라고 하였으며, 그리고 또한 "계의 그릇이 온전하고 견고해야 선정의 물이 맑게 고이고 거기에 지혜의 달이 나타난다."[130]라고 하였다. 이 가르침은 수행자가 수행을 함에 있어서 마땅히 계정혜 삼학을 균등하게 닦을 것(等持)을 강조하는 말이다.

삼학을 등지하는 것은 전 불교의 영역에서 공통으로 가르치고 있는 교설이다. 즉 근본불교에서 선불교에 이르기까지 공히 계정혜 삼학을 근수하는 것으로써 그 수증문을 삼고 있음을 볼 수 있는데, 즉 지계청정持戒淸淨의 바탕 위에 선정삼매에 들 수 있고, 선정삼매를 얻음으로써 반야지혜가 발현될 수 있다고 설하고 있다. 한편에서는 삼학근수三學勤修를 계戒에서 정定, 정定에서 혜慧, 이렇게 차제로 닦아가는 것처럼 이해하고 있으나, 사실 삼학은 등지等持하는 것이기 때문에 하나를 닦으면 그 가운데 셋이 함께 닦

---

130) 청허, 『선가귀감』.

아지므로 "하나를 들면 셋을 갖추는 것"이라고 말하는 것이다. 영가현각은『선종영가집』에서 삼학을 고르게 수행할 것을 주장하면서, 아울러 계정혜에 각각 세 가지를 갖추고 있다고 설명하고 있다.

계율에는 세 가지를 갖추어야 한다. 첫째는 섭율의계(攝律儀戒: 율의를 섭수하는 계)이니, 말하자면 일체 악을 끊는 것이요, 둘째는 섭선법계(攝善法戒: 선법을 섭수하는 계)이니, 일체 선행을 닦는 것이다. 셋째는 요익중생계(饒益衆生戒: 중생을 요익되게 하는 계)이니, 즉 일체 중생을 맹세코 제도하려는 것이다.

선정은 세 가지로 분별해야 한다. 첫째는 편안히 머무는 선정(安住定)이니, 묘한 성품이 자연히 갖추어져(天然) 본래부터 움직이지 않는 것을 이르는 것이다. 둘째는 이끌어 세우는 선정(引起定)이니, 마음을 맑히고 고요하게 하여 지혜를 발하여 더욱 밝힘을 말하는 것이다. 셋째는 사물을 판별하는 선정(辦事定)이니, 선정의 물이 맑게 고여 만상을 비추는 것을 가리키는 것이다.

지혜는 세 가지로 분별해야 한다. 첫째 내가 공한 지혜(人空慧)이니, 오온은 아我가 아니므로 오온 가운데 내가 없는 것이 마치 거북의 털이나 토끼의 뿔과 같은 것이다. 둘째 법이 공한 지혜(法空慧)이니, 오온 등의 온갖 법의 인연 자체가 허망하여 실다움이 없는 것이 마치 거울의 그림자나 물속의 달과 같은 줄 아는 것이요, 셋째 공함도 공한 지혜(空空慧)이니, 경계와 지혜가 함께 공하고 이 공한 것까지도 공한 줄 아는 것이

다.¹³¹⁾

삼학을 등지하는 것은 제불이 공통으로 설하는 가르침(諸佛通誡)이다. 위음왕불로부터 누지불에 이르기까지 모든 부처님은 이 말씀을 하기 위해 출세하시는 것이다. 하택선사는 『단어』에서 "경에 '모든 악을 짓지 말고, 모든 선을 받들어 행하며, 스스로 그 뜻을 깨끗이 하라. 이것이 모든 부처님의 가르침이다.'라고 설하셨다. 과거의 일체 모든 부처님이 다 이와 같이 말씀하시었다. '모든 악을 짓지 않는 것은 계戒이고, 모든 선을 받들어 행하는 것은 혜慧이며, 스스로 그 뜻을 깨끗이 하는 것은 정定이다.'"¹³²⁾라고 말했다. 이어서 삼학등지에 대해 언급하고 있다.

선지식이여! 삼학을 반드시 갖추어야 불교이다. 어떤 것이 삼학을 균등히 닦는다(三學等持) 하는가? 망심이 일어나지 않는 것이 계이며, 망심이 없는 것을 정이라 하고, 마음에 망령됨이 없는 줄 아는 것을 혜라고 한다. 이것을 삼학을 고르게 닦는 것이라 한다.¹³³⁾

『단경』에서도 북종문하에서 수학하다 온 지성智誠에 의해 소개된 신수의 계정혜가 바로 제불통계諸佛通誡라고 설하고 있다. 즉 "신수대사는 말씀하시기를, '모든 악을 짓지 말라(諸惡莫作)'는 것을 계戒라 하고, '모든 선을 받

---

131) 영가, 『선종영가집』.
132) 신회, 『단어』.
133) 위의 책.

들어 행하라(衆善奉行)'는 것을 혜慧라 하고, '스스로 그 뜻을 깨끗이 하라(自淨其意)'는 것을 정定이라 하였습니다."[134] 이에 대해 혜능이 "너의 스승(신수대사)이 설한 바의 계정혜는 불가사의하지만 내가 보는 바의 계정혜는 또 다르다."라고 하면서 제시한 자성계정혜自性戒定慧는 다음과 같다.

마음 땅에 그릇됨이 없으면 자성의 계이고　心地無非自性戒,
마음 땅에 어리석음 없으면 자성의 혜이며　心地無癡自性慧,
마음 땅에 어지러움 없으면 자성의 정이다　心地無亂自性定.[135]

　혜능대사는 신수선사가 설한 계정혜는 작은 근기의 사람을 위한 삼학이고, 자신이 설한 계정혜는 큰 근기의 사람을 위한 삼학이라고 주장하고 있다. 어떻든 두 가지 계정혜 모두 삼학을 고르게 닦을 것을 강조하는 것은 마찬가지임에 틀림없다. 이와 같이 선종에서는 정혜등지定慧等持를 주장하고, 더 나아가서 계정혜의 일체一體인 삼학등지三學等持를 해탈의 수증문으로 삼고 있다. 즉 계정혜 삼학 중 어느 한 문이라도 결핍되면 완전한 해탈을 얻을 수 없다고 주장하고 있다.
　하택신회는 삼학을 등지等持할 것을 당부하면서 아래와 같이 유작有作의 계정혜와 무작無作의 계정혜를 설하고 있음을 볼 수 있다.

---

134) 종보본, 육조대사, 「법보단경」.
135) 위의 책.

반드시 몸과 말과 생각(身口意)을 청정히 하고 행동을 신중히 하도록 하여라. 만약 몸과 말과 마음을 청정히 하지 않으면 일체의 선법은 영원히 생겨나지 않는다. 위없는 깨달음을 구하려면 반드시 먼저 몸과 말과 마음을 청정히 하여야 얻을 수 있다. 만일 신구의 삼업을 청정하게 하지 않는다면 여우의 몸도 오히려 받을 수 없거늘 어찌 여래의 공덕법신을 얻을 수 있겠는가. 여러분, 위없는 깨달음의 불법을 배웠으나 삼업을 청정하게 하지도 않고, 몸과 마음을 경계하지도 않으면서 그것을 얻는다고 말하는 것은 옳지 않다. 반드시 유작의 계(有作戒)와 유작의 혜(有作慧)를 의지하여 무작의 계(無作戒)와 무작의 혜(無作慧)를 드러낸다고 하지만 절대 그렇지 않다. 만약 유작의 정(有作定)을 닦는다면 곧 인천人天에 태어나는 과보는 될지언정 위없는 깨달음과 상응하지는 않는다.[136]

유작계有作戒란 수계할 때 몸과 입으로 행하는 의식의 행위를 말한다. 무작계無作戒란 수계의식을 통해 한 번 생긴 계체戒體를 상속하여 계의 작용을 보호해 이어가는 것을 말한다. 즉 오계, 십계 등을 수계할 때 신구의 삼업을 통해 표현할 수 있는 계상戒相을 유작계라 하고, 수계할 때 몸과 마음에 형성된 계체戒體는 몸과 말로 표현할 수 없기 때문에 무작계라 하는 것이다. 유작계에 의지해서(藉有作戒), 무작계를 드러내는 것(顯無作戒)은 아니지만, 또한 유작계를 떠나서 무작계가 성취되는 것은 아니다. 무작은 인위나 조작을 통해 만들어지는 것이 아니라 자연적인 무위(無爲: 함이 없음)로 인연의

---

136) 신회「단어」.

작의作意가 없이 이루어지는 것을 말한다. 삼학에 대한 위의 내용에 의거해 종밀선사는 하택에게 삼종삼학三種三學이 있다고 주장하게 된다. 삼종의 삼학이란 유작삼학有作三學, 무작삼학無作三學, 자성삼학自性三學을 이르는 말이다. 여기서 유작삼학이라는 것은 "모든 악을 짓지 말고, 여러 가지 선한 일을 받들어 행하라. 자기의 마음을 청정히 유지하고, 그것을 열반의 지혜로 삼는 것"을 가리킨다. 무작삼학은 하택 고유의 삼학으로 "망령된 마음이 일어나지 않는 것이 계이며, 망령된 마음이 없는 것이 정이며, 마음에 망령된 마음이 본래 없는 줄 아는 것을 혜라 하는 것"을 말한다. 자성삼학이란 마음이 본래 공인 것이 계이고, 마음이 본래 적정한 것이 정이며, 적정한 마음이 자유롭게 사물을 비추는 작용이 혜이다. 이것은 마음을 공(호: 공함)·적(寂: 고요함)·조(照: 비춤)의 세 방면으로 이해한 것이다. 하택선사의 선사상을 계승한 혜해 또한 『돈오입도요문론』에서 다음과 같이 삼학등용三學等用을 설하고 있다.

청정하여 물들지 않는 것이 계戒이며, 마음이 움직이지 않음을 알고 경계를 대하더라도 고요한 것이 정定이다. 마음이 움직이지 않는 줄 알 때에 움직이지 않는다는 생각도 내지 않으며, 마음이 청정한 줄 알 때 청정하다는 생각도 내지 않으며, 아울러 선과 악을 모두 분별하되 그 가운데 물듦이 없어서 자재自在를 얻으면 이것을 혜慧라고 한다. 만약 계정혜의 고정된 바탕(體)을 함께 얻을 수 없는 것임을 알 때 곧 얻을 수 없다는 분별도 없으면 계정혜는 하나의 몸이 되는데 이것을 삼학을 고르게 씀(三

學等用)이라 한다.[137]

마음의 체상용體相用[138]으로써 계정혜戒定慧를 설명하는 것을 자성삼학自性三學이라 한다. 하택과 혜해는 자성으로 계정혜를 통합하여 삼학등지를 설명하고 있는 것이다. 선종에서는 삼학등지의 구체적인 내용으로 정혜쌍수定慧雙修와 더불어 계선일치戒禪一致를 설하고 있다. 먼저 『단경』에서 설하고 있는 정혜일체定慧一體에 대해 살펴보도록 하자.

선지식들이여, 나의 이 법문은 정定과 혜慧로써 근본을 삼나니, 첫째 미혹하여 혜와 정이 다르다고 말하지 말라. 정과 혜는 바탕(體)이 하나여서 둘이 아니다. 정은 바로 혜의 본체요 혜는 바로 정의 작용이니, 혜가 나타날 때 정이 있고, 또한 정이 나타날 때 혜가 있다. …… 정과 혜는 무엇과 같은가. 등불과 그 빛과 같으니라. 등불이 있으면 곧 빛이 있고 등불이 없으면 빛이 없으므로 등불은 빛의 본체요 빛은 등불의 작용이니, 이름은 비록 둘이나 바탕은 둘이 아니니, 정과 혜의 법도 또한 이와 같으니라.[139]

혜능은 선정과 지혜를 본체와 작용으로 설명하여 체용일여體用一如의 입

---

137) 혜해, 『돈오입도요문론』.
138) 체(體)는 본체로서 근원적인 것을 말하며, 상(相)은 형상으로서 눈으로 볼 수 있는 나타난 모양이며, 용(用)은 작용으로서 체가 모양을 통하여 작용하는 것을 말한다.
139) 돈황본, 『단경』.

장에서 정혜등지를 설명하고 있다. 즉 등불과 빛의 관계를 비유하여 "등불은 빛의 본체요, 빛은 등불의 작용"이라고 하여 체용일여에 입각하여 정혜쌍수를 설명하고 있다. 그리고 선종에서 강조하고 있는 계는 대승계로서 주로 보살계를 설하고 있는 『범망경』에 의거하여 계선일치를 주장하고 있다. 왜냐하면 『범망경』은 대승계율인 보살계를 설하고 있을 뿐만 아니라, 대승선禪의 자성청정自性清淨의 심지법문心地法門을 동시에 연설하고 있어 계율과 선을 아우르는 계선일치를 그 중요 내용으로 설하고 있기 때문이다. 즉, 선의 정법안장이 심지계체心地戒體가 되어 계선일치戒禪一致, 선율겸수禪律兼修의 전거가 되는 경전이 바로 『범망경』인 것이다.

『범망경』은 "중생이 불계佛戒를 받으면 곧 부처(諸佛)의 지위에 들어간다."고 설하고 있는 것에서 알 수 있듯이, 이 경에서 설하고 있는 계율은 자기의 불성을 개발하는 것을 목적으로 하는 불성계佛性戒이기 때문에 재가자나 출가자를 가리지 않고 설해지는 특성을 가지고 있다.

연수스님은 「수보살계법서受菩薩戒法序」에서 "보살계라는 것은 문수보살이나 보현보살과 같은 분들에게나 해당되는 것으로 아는데 번뇌의 속박에 얽힌 범부가 어떻게 그것을 받을 수 있겠는가?"라는 물음에 대해 아래와 같이 대답하고 있다.

> 만약 자신을 범부라고 집착하여 문수보살이나 보현보살이 아니라고 하는 사람은 곧 일불승一佛乘의 종자를 말살하는 일이다. 그렇다면 옛 성인이 결코 "많고 많은 번뇌와 업과 미혹들이 모두 다 보현보살의 참다

운 진리의 세계이다."라고 말하지 않았을 것이다. 만약 중생을 집착하여 부처가 아니라고 하는 사람은 곧 시방의 부처님을 비방하는 것이다. 그렇다면 결코 『화엄경』에서 "부처와 마음과 중생, 이 셋이 차별이 없다."라고 말하지 않았을 것이다.

그러므로 『범망경』에 말씀하시기를 "마음이 있는 모든 사람들은 다 부처님의 계에 포섭이 된다."라고 하시니라. 그리고 또 세상에 사람된 자가 어느 누군들 마음이 있지 않겠는가. 무릇 성불한다는 것은 모두가 마음으로부터 표현되는 것이다. 그래서 석가모니 부처님은 세상에 오시어 중생들의 마음 안에 있는 부처의 지혜를 열어 보여 주시고, 달마대사는 인도에서 중국에 오시어 사람들의 마음을 바로 가리켜서(直指人心) 성품을 보고 부처를 이루게 하였다(見性成佛).

조사가 말씀하시기를 "마음이 부처며 부처가 마음이니 마음을 떠나서 부처가 없고 부처를 떠나서 마음이 없다."라고 하였다. 그러므로 모든 사물인 마음과 생각인 마음들이 다 불성계佛性戒 안에 들어간다.

중생들의 불성의 마음은 불심계佛心戒를 갖추고 있다. 하물며 보살계란 오직 사람들의 마음을 열어주고 제도하는 것으로써 근본을 삼는다. 형식에만 국한하여 집착하는 소승들의 계율과는 같을 수 없다. 그래서 보살이 유정들을 요익되게 하는(饒益有情) 계는 다만 중생들을 제도하고 사람들을 이익되게 할 뿐이다.[140]

---

140) 무비스님 『보살계를 받는 길』, (연명연수 지음, 여천무비 풀어씀 『受菩薩戒法序』), (염화실, 2008), p 39~50.

마음이 부처요(心卽是佛), 사람이 부처(人卽是佛)라고 설하는 『범망경』의 이러한 사상과 내용이 바로 최상승을 표방하는 선종의 종지와 일맥상통하고 있기 때문에 혜능의 『단경』 이래 많은 선문조사들의 핵심법문으로 인용되었던 것이다. 특히 『범망경』에서 강조하고 있는 "견성성불見性成佛, 요익중생饒益衆生"의 사상은 선종의 핵심 종지이므로 천태 계통을 이어 영명연수, 운서주굉, 우익지욱, 용성진종 등의 선사들에 의해 계선일치戒禪一致의 전통으로 계승되어 왔던 것이다. 용성선사 또한 『범망경』 「자서自敍」에 다음과 같이 설하고 있다.

대저 성품의 근본이 깨달음이니 깨달으면 망령됨이 없다. 마음의 근본은 공하여 깨달으면 곧 깨끗하다. 비유하면 마치 깨끗한 해가 허공에 있어 빛이 만상을 머금되 물듦과 깨끗함, 취하고 버림이 없는 것과 같다.
그러나 한 번 미혹하여 망령되면 업식이 출렁거려 길이 미혹하여 돌이키지 못하므로 부처님이 세상에 나오시어 타고난 그대로의 본래 갖춘 미묘한 성품(天眞本具之妙性)을 가리켜 일상생활(日用平常) 가운데 스스로의 성품을 오염시키지 않게 하신 것이다. 그러므로 삼취정계三聚淨戒와 항사의 계품(恒沙戒品)이 세간에 전해진 것이다.
그러나 이 경의 마흔 가지 마음(四十心)은 모든 성인의 마음을 닦아 도를 깨닫는 바른 길(修心悟道之正路)이요, 십중 대계大戒와 사십팔 경계輕戒는 오염되지 않는 묘법을 수행하는 것이다. 그러므로 이 경은 참성인의 연원을 가르쳐 주는 것이요, 미묘한 수행의 시작과 끝을 확실히 보여주는 것이다. 종횡의 법문을 같이 열되 『화엄』, 『법화』의 깊은 뜻을 겸하고, 관행觀行을 밝게 보임은 오시팔교(五時八敎: 일대시교)의 대강大綱이니, 실천의 수레와 범행의 계법을 같이 서두르고 돈오와 점수를 같이 거둔다.

　부처님이 최후에 부촉하시되 '너희들은 계율로써 스승을 삼아라.' 하셨으니, 우리 불교는 계를 전하는 사람으로 스승을 삼아 도의 아버지와 도의 아들이 실을 잇듯 계승하여 전함이 무궁하게 하여라.[141]

　용성스님의 이와 같은 계선일치의 사상은 선종의 전통적인 삼학등지三學等持의 종지임과 동시에 한국선불교의 정체성이기도 하다. 계율의 바탕이 없이는 선의 깨달음이 현전될 수 없다는 것이 선수행의 정로이다. 그런데 불성계로서의 보살계에 대한 지계와 파계에 대해 북종의 『대승무생방편문』의 '보살계를 주는 의식'에서 자세하게 설하고 있다. "너희들이 참회를 마치면 삼업이 깨끗해짐이 마치 밝은 유리와 같아서 안과 밖이 밝게 사무쳐 청정한 계를 받을 수 있다. 보살계는 곧 마음의 계를 지니는 것이니 불성으로 계를 삼는다. 마음이 조금만 일어나도 불성에 어긋나는 것이니, 이것이 바로 보살계를 깨뜨리는 것이다. 마음이 일어나지 않도록 잘 보살펴 지니면 불성에 따르는 것이니, 이것이 바로 불성계를 지니는 것이다." 다시 말하면, 보살계는 불성계이므로 마음이 일어나 경계에 물들면 파계요, 마음이 일어나지 않게 하되 일어나지 않음도 없으면 지계가 된다. 즉 일념이 경계에 집착하여 어지러우면 계를 파하는 것이고, 일념이 일체 경계를 대하여

---

141) 『용성대종사전집』 제3집.

오염됨이 없어 평안하면 계를 잘 지키는 것이 되는 것이다. 한 생각이 일어나되 일어난 바가 없고, 한 생각이 일어나지 않되 일어나지 않음에도 머물지 않는 것이 진정한 지계이다. 따라서 불성계의 호지는 일념수행과 일념해탈의 관건이 되는 것이다.

연수스님은 『수보살계법서』에서 "만약 보리심과 사홍서원이 끊어지지 아니하면 곧 범했더라도 범했다고 하지 않는다. 만약 영원히 보리심을 버리고 사홍서원을 어기면 그것이 곧 계를 범하는 것이다."[142]라고 설하고 있다. 대승보살계의 입장에서 볼 때, 최상승의 보리심과 원력이 끊어지지 않는 수행자는 범해도 범함이 없기에 일찍이 한 법도 파한 일이 없다고 역설하고 있는 것이다. 선종의 계율관에 대해 중봉中峰스님은 이렇게 설하고 있다.

달마스님이 계율을 말씀하지 않은 것은 두 가지 이유가 있기 때문이다. 첫째는 근본 종지만을 투철하게 관찰하게 하려고 그런 것이고, 둘째는 제자들을 믿었기 때문이다. 근본 종지만을 투철하게 관찰하게 했다는 뜻은 오로지 부처님의 심인心印을 전하는 것으로써 근본을 삼았다는 말이다. 제자들을 믿었다는 것은 달마문하에는 모두 상근기의 인재들만 모여서 숙세에 반야의 종지를 익히고 최상승의 근성을 갖추지 않은 사람은 하나도 없어, 이런 사람들은 이미 계정혜 삼학을 닦았기 때문에 또다시 계율의 수지를 말할 필요가 없었다.

---

142) 무비스님, 『보살계를 받는 길』, p 128.

달마스님 당시에는 계율을 지키라고 말하지 않아도 잘 지켰던 것이다. 군이 계율을 지키라고 강조하지 않았지만, 어느 제자도 고의적으로 계율을 어기는 자가 없었다. 달마스님 이후로 대승의 근기와 성품을 갖춘 선사들이 천지 사방에서 구름처럼 일어났고 바닷물이 용솟음치듯 하였다. 달마스님 때부터 계속해서 계율을 말하지 않았던 것은, 종지로 볼 때에 너무나 당연한 것이다. 애초에 계율을 지키지 않고 부처님의 심종心宗을 전수했다는 소리는 내 아직 들어 본 적이 없다.[143]

사실 선종사에서 볼 때 백장선사가 선원청규를 제정하여 독립적인 선종의 살림을 꾸리기 전에는 전부 율종사원의 별원에서 함께 공주共住하면서 수행했던 것이다. 그러므로 계율을 수지하는 것은 너무나 당연한 일이었다. 그래서 계율에 대해 특별히 강조하지 않았을 뿐이지 부처님의 심종心宗을 전수하는 본분납자로서 계정혜 삼학을 닦지 않은 종사는 단 한 사람도 없었던 것이다.

중국 법안종의 조사 영명연수는 계율을 등한시하고 함부로 무애행(無碍行: 걸림 없는 행동)을 흉내 내는 어설픈 수행자들을 향해 이와 같이 경책을 내리고 있다.

만일 심장과 간을 베어 내어도 목석木石과 같을 수 있는 도력道力이 있다면 고기를 먹어도 되고, 술을 마시되 오줌을 마시듯 해야 술을 먹을

---

143) 「산방야화」.

자격이 있을 것이고, 단정한 남녀를 보되 죽은 시체와 같이 보인다면 음행을 해도 되고, 자기 재물이나 남의 보물을 보되 흙이나 돌과 같이 볼 수 있다면 도둑질 하라. 비록 이러한 경지에 이르렀다 해도 섣불리 그런 행동에 마음을 내어서는 안 되며 단지 한량없는 성인의 몸을 증득한 뒤에 비로소 세상의 좋고 나쁨에 걸림 없는 무애행을 행하라.

만약 음행을 버리지 않으면 청정한 종자가 끊어지고, 음주를 끊지 않으면 지혜 종자가 끊어지고, 도둑질을 버리지 않으면 일체의 자비 종자가 끊어진다.

이처럼 삼세의 부처님들이 한결같이 말씀하시고 천하의 선종이 한 목소리로 말했으니, 어찌 후학들이 예사로 듣고 따르지 않겠으며, 스스로 바른 행동을 허물고 마귀의 말을 행할 수 있겠는가? 오래 익힌 업의 종자로 태어났으니 올바른 스승을 만나지 못하면 악의 뿌리는 빼기 어렵고 오히려 선력善力마저 쉬이 녹아 버릴 것이다.

연수는 삼세의 모든 부처님과 선종의 역대조사가 한결같이 가르치기를, "도가 익지 못한 범부로서 청정행을 버리고 무애無碍의 어지러운 행을 하는 것은 마귀의 도를 행하는 것"이라고 하셨다면서, 섣부른 행동을 함부로 따라하지 말고 위없는 부처의 경지를 이루고 난 뒤에야 걸림 없는 행을 하라고 엄중히 비판하고 있다. 무애행이란 걸림이 없는 행동, 즉 생각대로 행한다는 말인데 이 세상에서 부처님을 제외하고 그 누가 생각대로 행해서 허물이 없을 수 있겠는가. 경론에 이르기를 오직 부처님 한 분만이 완벽한 계를 수지할 수 있다고 말하였다. 신구의 삼업이 청정하지 못하고 산란심을 제어할 수 없고, 몸과 마음이 어지러운 가운데 지혜의 종자가 제대로 드러날 수 없음은 자명한 일이다.

계정혜를 평등하게 닦음(三學等持)이 수행자의 근본 바탕이다. 특히 지계의 중요성은 아무리 강조하여도 모자람이 없다. 그리고 『유교경』에서 부처님께서 최후의 유훈으로 설한 내용도 마찬가지로 "계로써 스승을 삼아라(以戒爲師)."는 말씀이다.

불교의 바탕은 지계에 있다. 선수행 역시 지계가 근본이며, 청정범행은 선자禪者의 입문조건이다. 간화선의 종장 덕이선사가 스승 정응선사를 처음 참문했을 때에 사제지간의 문답은 이렇게 시작되고 있다. "정응선사가 물었다. '너는 믿을 수 있느냐.' 몽산이 말했다. '만약 믿지 않았다면 이곳에 오지 않았습니다.' 선사가 말했다. '충분히 믿는다면 다시 계를 지켜야 한다. 계를 지키면 쉽게 영험을 얻을 수 있으며, 만약 계행이 없으면 허공 가운데 누각을 짓는 것과 같다. 마땅히 계를 지키느냐.' 몽산이 말했다. '오계를 굳게 지키고 있습니다.'라고 하였다."[144] 믿음과 함께 중요하게 지계를 다짐하는 것은 계에 의거하여 선정이 생기고 지혜를 얻을 수 있을 뿐만 아니라, 화두일념의 타성일편打成一片을 이룰 수 있기 때문이다.

한국선불교의 중흥조 경허스님은 "중생과 더불어 함께하는 것"이 대승계율이라고 설파하였다. 이 시대를 살아가는 수행자는 중생의 삶을 위하고, 중생의 행복을 위해 중생과 더불어 함께하는 동체대비의 심정으로 계를

---

144) 덕이, 『몽산법어』.

잘 지키고(持), 범하고(犯), 열고(開), 막아(遮) 자재한 대승보살이 되어야 할 것이다. 대승보살은 언제 어디서나 항상 계정혜 삼학을 등지하는 수행자로서의 자세를 지녀야 한다.

그런데 우리나라 선종에서는 계선일치의 전통에 입각하여 무생계無生戒가 설해져 왔다. 무생계는 고려 말에 서천의 지공화상이 전해 왔다고 한다. 『무생계경』에서 설한 '회사증리回事證理'라는 말에서 알 수 있듯이 '현상(事)을 돌이켜 이치(理)를 깨닫게 하는 것'이 무생계의 목적이다. 즉 『무생계경』에 설하기를, "무생계라고 하는 것은 제불세존 일체 여래의 무생법인無生法忍이다."라고 하는 데서 알 수 있듯이 무생계는 불생불멸不生不滅의 무생법인無生法忍을 체득하게 하기 위해 설해진 것이다.

무생계를 설하고 있는 「무생계첩」의 내용 또한 "무생계는 천성千聖을 세우는 땅이요, 만선이 생겨나는 터전이니, 땅과 터전을 다스리지 않으면 성聖과 선善이 어찌 바로 설 수 있겠는가."라고 하였으며, "일체 중생이 이 계법을 받지 않고서는 불도를 이룰 수 없다."라고 설하고 있다.

다행히 근래 해인사 비로자나불 복장에서 「무생계첩」이 발견되었다. 무생계의 사상을 이해하고 그 수지受持를 통해 삼학등지의 종지를 선양하여 불법이 홍성하기를 발원해야 한다. 아래에 한국선불교의 독자적 수계의식인 해인사본 「무생계첩」의 전문을 실어 선수행자들의 지남으로 삼고자 한다.

문수최상승무생계법 文殊最上乘無生戒法

무릇 무생계는 천성千聖을 세우는 땅이요, 만선萬善이 생겨나는 터전이니, 땅과 터전을 다스리지 않으면 성聖과 선善이 어찌 바로 설 수 있으랴. 이는 마치 모래를 쪄서 밥을 지으려는 것과 같으니 어찌 이루어질 날이 있을 것이며, 또 오물덩어리를 깎아 향을 구하는 것과 같으니 끝내 얻을 수 없으리라.

고해를 건너려면 반드시 자비의 배를 빌려야 하고, 어두운 거리를 밝히려면 반드시 지혜의 횃불을 밝혀야 하느니, 그러므로 일체 중생이 이 계법을 받지 않고서 불도를 이룰 수는 없으리라. 이 계법은 온갖 형상 있는 존재이거나 형상 없는 존재이거나를 막론하고 모두 받아 지녀야 하나니, 이러한 까닭으로 비로자나부처님께서 직접 말씀하시고 문수보살께서 몸소 전해 주신 것이니라.

모든 부처님께서도 이로 말미암아 깨달음을 이루셨고, 모든 보살들 또한 이 계를 의지하여 인행因行을 완성하셨나니, 번뇌를 없애는 청량함이며, 법신을 장엄하는 보배라 할 것이니라. 이 계 안에서는 유정有情 무정無情 가릴 것 없이 모두 능히 번뇌 없는 법신을 성취할 수 있음이라.

만약에 선남선녀가 이 계를 받고자 한다면 자신에 대해서 애착하거나 그렇다고 하여 자신을 버리거나 또는 유심有心 무심無心으로써 받아도 안 되느니라. 자신에 대해서 애착하면 사마邪魔에 떨어지고, 자신을 버리면 외도外道라 불리게 되느니라. 유심으로 받으면 생사를 계속하게 되고, 무심으로 받으면 단멸斷滅에 빠지게 되며, 성품(性)과 형상(相)으로 함께 받아도 성취할 수 없느니라.

  이 계법은 본래 한 물건도 없고, 범부도 없으며, 성인도 없고, 선도 없고 악도 없다. 저 비구, 비구니, 우바새, 우바이가 이를 의지하여 수행함에 모두 받아 지닐지니라.

1. 네 가지 귀의계歸依戒를 받아 깨끗이 믿어야 한다.

   모양 없는(無形) 부처님께 귀의합니다.

   남이 없는(無生) 법에 귀의합니다.

   다툼 없는(無諍) 스님들께 귀의합니다.

   최상最上의 무생계無生戒에 귀의합니다.

2. 세 가지 업의 모든 죄를 참회하여 없애야 한다.

   도는 본래 청정하건만 미혹 때문에 아는 바가 없어서

   한량없는 죄를 짓고 이 번뇌의 몸을 받게 되었으니,

   내가 이제 간절히 참회하여 하루 빨리 부처님의 보리를 증득하리라.

3. 여섯 가지 큰 서원을 세워야 한다.

   첫째, 일체 중생이 모두 성불하지 않으면 나 또한 정각에 오르지 않겠습니다.

   둘째, 일체 중생의 모든 번뇌를 내가 모두 대신하겠습니다.

   셋째, 일체 중생의 모든 어리석음을 지혜로 밝혀 주겠습니다.

   넷째, 일체 중생의 모든 재난을 안온하게 하겠습니다.

   다섯째, 일체 중생의 모든 탐진치를 계정혜로 바꾸겠습니다.

여섯째, 일체 중생이 모두 나와 함께 정등각正等覺에 오르게 하겠습니다.

4. 최상승最上乘의 무생계

모든 선을 짓지도 말고, 모든 악을 짓지 말아야 한다.¹⁴⁵⁾

위에서 설명한 모든 조문을 여법하게 잘 지닐 것이니라. 한번 귀에 스치기만 하여도 모두 보리를 증득할 것이며, 사유하고 닦아 익힌다면 영원한 배를 만들어 함께 미혹의 나루를 벗어나 깨달음의 언덕에 오르리니, 이와 같이 수승한 이로움은 넓고 커서 다함이 없으리라.

태정泰定 3년(서기 1326년 8월)
받아 지니는 제자 각경覺慶
여래如來 유교遺敎 제자이며 일승 계법을 전수하는
서천선사 지공指호

---

145) 유상계(有相戒)에서는 악을 짓지 말고 선을 행하라고 가르치지만, 무상계(無相戒)에서는 악은 선의 상대적인 악이며 선 또한 악에 대한 상대적인 선이기 때문에, 악도 짓지 말고 선도 짓지 말라고 가르쳐 절대선의 경지로 나아가게 하는 것이다.

제 3 장

정견
正見

정견
正見

제1절 중도정관 中道正觀

견성성불하여 널리 중생을 제도할 것을 발원하여 일심으로 수행하고자 하는 행자는 먼저 정견正見의 안목을 갖추어야 한다. 정견이란 정법에 대한 바른 견해, 즉 진정견해眞正見解를 말한다. 임제스님은 일찍이 참선수행자들에게 진정견해를 갖출 것을 주장하고 있다.

도를 배우는 사람들이여! 제방의 조실스님에게 인가를 받아 가지고 "나는 선을 알고, 도를 안다."라고 말하지 말라. 그의 언변이 폭포처럼 유창하다 하더라도 이는 모두 지옥의 업을 짓는 것이다. 만일 진정한 구도자라면 세간의 허물을 구하지 않고 바른 견해(眞正見解)를 구하는 것이 절박하다. 바른 견해를 통달하여 두렷이 밝으면 비로소 일대사를 마치게 된다…….
부처님께서는 이 세상에 출현하시어 큰 진리의 수레바퀴를 굴리시고 열반에 들었지만 가고 오는 모습을 보지 못하니, 거기서는 생사를 찾아볼 수가 없다. 바로 남이 없는(無生) 법계에 들어가 온갖 나라 곳곳마다 노닐면서 화장세계에 들어가 모든 법이 공한 모양으로써 실다운 법이 없음을 분명히 본다. 오직 법을 듣고 있는 의지함이 없는 도인(無依道人)이 있으니 이것이 모든 부처님의 어머니이다. 그러므로 부처는 의지함이 없는 것으로부터 생겨나므로 만약 의지할 것 없음을 깨달으면 부처 또한 얻을 수 없다. 이와 같이 보게 되면 이것이 참으로 바른 견해(眞正見解)이다.[146]

임제가 말하는 진정견해眞正見解, 즉 정견正見이란 "모든 법이 공한 체성을 깨달아 실다운 법이 없음을 분명히 아는 것"이다. 즉 모든 법이 생함도 없고 멸함도 없어 불생불멸不生不滅임을 여실히 아는 것이 정견이다. 마음 또한 마찬가지로 있는 것도 아니고 없는 것도 아닌 유무중도有無中道임을 바르게 깨닫는 것이 진정견해임을 밝히고 있다. 모든 법이 공함을 깨닫는 것이 바로 중도中道에 대한 바른 안목임을 가르치고 있는 것이다. 이른바 중도에 대한 바른 안목이 바로 중도정관中道正觀인데, 천태스님은 『선문요략』에서 중도정관에 대해 이렇게 설하고 있다.

그러면 곧 마땅히 '일어난 바 마음이 어디서 생겼는가. 과거에서 생겼는가 현재인가 미래인가'를 돌이켜 살펴라. 만약 과거에서 생겼다면 과거는 이미 사라졌으니 어떻게 낼 수 있겠는가. 만약 현재에서 생겼다면 현재는 생각 생각 머물지 않으니 어떻게 낼 수 있겠는가. 만약 미래에서 생겼다면 미래는 아직 이르지 않았는데 어떻게 낼 수 있겠는가.
삼세에서 생겨남을 구해도 끝내 얻을 수 없으니 이 마음이 다만 이름자만 있는 줄 마땅히 알아야 한다. 이름자의 법은 본래 스스로 남이 없

---

146) 『임제어록』.

고, 남이 없으므로 사라짐이 없다. 그러므로 나고 사라짐이 없음이 곧 중도제일의제를 살핌(中道第一義諦觀)인 것이다.

또 이 마음이 있는가 없는가를 살핌이니, 만약 없는 것이라면 어떻게 생각이 있는가. 마음이 만약 있는 것이라면 마땅히 스스로 있는데 어찌 반드시 경계가 일어나야 비로소 마음이 나는가. 그러므로 이 마음이 있음도 아니고 없음도 아님을 알아야 하니, 이것이 곧 중도의 바른 살핌(中道正觀)이다.[147]

『금강경』에 설하기를 "과거의 마음도 얻을 수 없고(過去心不可得), 현재의 마음도 얻을 수 없으며(現在心不可得), 미래의 마음도 얻을 수 없다(未來心不可得)."라고 한 바와 같이 "이 마음이 있음도 아니고 없음도 아님"을 알 때에 중도의 정관이 확립된다. 천태에 있어서도 마찬가지로 중도정관이란 나고 사라짐이 없는 불생불멸不生不滅의 중도와 있음도 아니고 없음도 아닌 유무중도有無中道가 제일의제第一義諦임을 바르게 살피는 것이다.

이와 같이 수행자는 마땅히 중도에 대한 바른 관觀을 확립해야 한다. 초기불교에서는 일체 법이 연기緣起이므로 무상無常, 무아無我, 고苦라고 설하여 중도를 표현하고 있다. 초기불교에서 설하고 있는 정견과 중도에 대해 자세히 살펴보기로 하자.

초기불교에서 정견正見이란 팔정도八正道의 맨 앞에 설해진 내용인데 그 의미는 "바르게 본다."는 것으로 즉 "바르게 봄", "올바른 관찰"을 가리킨

---

147) 천태, 『선문요략』.

다.『중아함경』「분별성제경」에서는 정견에 대해, 사성제를 수행할 때에 "법法을 잘 결택決擇하여 관찰하는 것"이라고 설하고 있다. 팔정도의 정견에 대하여 부처님은 다음과 같이 설명하였다.

> 무엇이 바른 견해(正見)인가? 괴로움(苦)에 대하여 알고, 괴로움의 근원(集)을 알고, 괴로움의 소멸(滅)을 알고, 괴로움의 소멸에 이르는 길(道)에 대하여 아는 것이다.[148]

이와 같이 부처님은 정견에 대한 설명에서 분명하게 사성제四聖諦를 아는 것이라고 하였다. 이 말은 불교의 수행은 사성제를 이해하는 것으로부터 시작된다는 것이다.『대념처경大念處經』에서도 동일한 내용을 설하고 있음을 볼 수 있다. "비구들이여, 정견이란 무엇인가? 비구들이여, 괴로움(苦)에 대해서 바르게 보는 것, 괴로움의 원인(集)에 대해서 바르게 보는 것, 괴로움의 소멸(滅)에 대해서 바르게 보는 것, 괴로움의 소멸에 이르는 길(道)에 대해서 바르게 보는 것, 이것을 정견이라 한다." 한결같이 사성제에 대해 바르게 이해하고 수행하는 것이 정견이라는 것이다.

팔정도八正道[149]에서 가장 먼저 제시하고 있는 것이 정견正見이다.『아함경』에 설하기를 "여덟 가지 바른 길(八正道)을 걷는 수행자는 마치 등불을 들

---

148)『상윳따 니까야』 45막가 상윳따8, 일아스님,「한권으로 읽는 빠알리경전」.
149) 팔정도란 정견(正見: 바르게 본다), 정사유(正思惟: 바르게 사유한다). 정어(正語: 바르게 말한다), 정업(正業: 바르게 일한다), 정명(正命: 바르게 산다), 정정진(正精進: 바르게 정진한다), 정념(正念: 바르게 알아차린다), 정정(正定: 바르게 안정한다)을 말한다.

고 어둠 속에서 들어가는 것과 같아서 어둠은 곧 없어지고 밝은 광명이 가득 차고 만다. 지혜의 등불은 어리석음의 어둠을 없애기 때문이다."라고 하였다. 그런데 그 어둠을 밝히는 지혜의 등불은 정견正見으로부터 시작되고 있다. 정견을 확립하고 바르게 보고 실천할 때 정사유正思惟, 정어正語, 정업正業, 정명正命, 정정진正精進, 정념正念, 정정正定의 수행을 통해 무명을 떨치고 생사를 해탈할 수 있기 때문이다. 『대지도론』에 이르기를 "길을 가기 위해서는 보는 것이 우선이다(行道故以見爲先)."라고 하였다. 이 말은 수행자가 우주와 인생에 대한 정확한 인식, 즉 올바른 견해(正見)를 가지고 수행에 임할 때에 깨달음의 세계로 나아갈 수 있다는 말이다. 이는 어떠한 수행이든 그 수행에 대한 정확한 이해가 선행되어야 제대로 된 수행을 하게 되어 해탈의 길로 나아갈 수 있기 때문에 정견을 맨 앞에 두고 있는 것이다. 『잡아함』 28권에 "해 뜨기 전에 먼동이 밝아오듯이 괴로움의 사라짐에는 먼저 정견이 나타나고, 이 정견이 정사유正思惟 내지 정정正定을 일으키며, 정정이 일어남으로써 마음이 해탈하게 된다."라고 설하고 있듯이 무명의 새벽을 밝히기 위해서는 정견의 확립이 우선되어야 함을 알 수 있다.

그러나 정견으로부터 정정에 이르는 팔정도의 수행은 한 단계 한 단계 차제次第로 닦아 나가는 것이 아니라, 맨 처음 정견의 수행 안에 나머지 일곱 가지 수행이 입체적·종합적으로 함께 어우러지는 원돈圓頓의 수행이 되는 것이다. 여덟 가지의 수행 가운데 어느 것을 들어 먼저 수행하든지 마찬가지이다.

초기불교의 다른 한편에서는 정견의 또 다른 의미를 제행무상諸行無常, 제법무아諸法無我, 일체개고一切皆苦의 삼법인三法印[150]을 바르게 관찰하는 것이라고 설하고 있다. 즉 일체는 항상함이 없어 무상無常하며, 일체는 독립적 자아가 없으며(無我), 일체는 고통(苦)이라는 세 가지 진리(三法印)를 바르게 보고 이해하여 아공我空을 깨닫는 것이 정견이라는 것이다. 이것은 무상無常, 무아無我, 고苦의 교설을 올바로 이해함으로써 내가 있다는 유아론有我論적 집착을 벗어나서 해탈할 수 있기 때문이다.

사성제와 삼법인에 대한 바른 견해는 사상적 측면에서 설명하고 있는 정견이다. 반면에 초기불교에서는 실천적 측면에서 또한 정견을 설하고 있음을 볼 수 있다. 『중부경』「정견경正見經」에 의거하면 정견이란 "선하지 못함(不善)과 선하지 못함의 뿌리에 대해서 알고, 선함(善)과 선함의 뿌리에 대해서 아는 것이다."라고 설하고 있다. 여기서 설하고 있는 "선하지 못함"은 십악업十惡業을 가리키고, "선함"은 십선업十善業[151]을 가리킨다. 이러한 내용은 정견이 단지 바른 견해를 확립한다는 의미를 벗어나 십악업을 돌이켜 십선업으로 나아가게 하는 생활수행으로 승화되어야 함을 말한다. 따라서 정견은 단순히 이론적이며 교리적인 체계를 넘어서 실천 수행의 장으로 확장되는 것이다.

이러한 사성제, 삼법인, 십선업 등의 이해와 수행에서 이루어지는 정견의

---

[150] 삼법인은 직역하면 '세 가지 진리의 인장'이란 말이다. 제행무상(모든 것은 영원함이 없다), 제법무아(모든 법에는 '나'가 없다), 일체개고(일체의 것은 고통이다).
[151] 십악업은 살생(殺生: 생명을 죽이는 것), 투도(偸盜: 도둑질하는 것), 사음(邪淫: 삿된 음행을 하는 것), 망어(妄語: 거짓말하는 것), 기어(綺語: 꾸미는 말 하는 것), 양설(兩舌: 한 입으로 두말하는 것), 악구(惡口: 폭언하는 것), 탐(貪: 탐내는 것), 진(嗔: 화내는 것), 치(癡: 어리석음)를 말하며, 십선업은 십악업을 짓지 않고 적극적으로 선업을 닦는 것을 말한다. 십악업을 행하지 않고 그 반대의 열 가지 선한 행을 닦으면 십선업이 된다.

확립은 당연히 연기중도緣起中道의 교설 위에 그 체계가 세워지고 있다. 따라서 다음은 초기불교의 중도사상에 대해 살펴보도록 하겠다. 『잡아함경』 제12경에서는 다음과 같이 설하고 있다.

제자들아, 그대들은 양 극단(兩邊)으로 달려가서는 안 되나니, 그 둘이란 무엇인가? 온갖 욕망에 깊이 집착함은 어리석고 추하다. 범부의 소행이어서 성스럽지 못하며 또 이로움이 없느니라. 또한 스스로 고행을 일삼으면 오직 괴로울 뿐이며, 역시 성스럽지 못하고 이로움이 없느니라. 나는 이 두 가지 극단을 버리고 중도中道를 깨달았으니, 그것은 눈을 뜨게 하고 지혜를 생기게 하며, 적정(寂靜: 고요함)과 중지(證智: 깨달은 지혜)와 등각(等覺: 보살 십지 위의 깨달음)과 열반(涅槃: 완전한 해탈)을 돕느니라.

중도의 가장 기본적인 형태는 고苦와 낙樂, 있음(有)과 없음(無), 생生과 멸滅 등 상대적인 어떤 두 극단에 집착하지 않는 것을 말한다. 부처님이 도를 이루고 난 뒤에 다섯 비구들에게 최초로 설법한 것을 초전법륜初轉法輪이라고 한다. 초전법륜에서는 중요하게 사성제와 중도의 교설이 설해졌다. 그 가운데 중도설은 양 극단에 대한 집착을 버리고 중도의 실천을 제시하고 있다.

"연기는 곧 중도다(緣起卽中道)."라고 말했듯이 부처님께서 깨달으신 내용이 바로 연기요 중도인 것이다. 연기[152]란 모든 존재는 인연에 따라 변화하며(無常), 자신의 고유한 실체성을 지닐 수 없는 것(空)을 말한다. 중도란 모든 법이 무상하고 공하므로 상호 인연되는 연기적 관계성 위에 이루어지는 양 극단을 떠난 조화의 관계성을 말한다. 연기를 통해 아我와 법法의 연기성이 드러나 양 변에 집착하지 않는 중도의 행이 이루어지는 것이다. 그러므로 철저히 연기법을 깨달아야 중도를 보게 되는 것이다.

『아함경』에서는 고락중도苦樂中道[153], 자작타작중도自作他作中道[154], 단상중도斷常中道[155], 일이중도一異中道[156], 유무중도有無中道[157] 등이 설해지고 있

---

[152] 연기론은 이 세상의 모든 존재의 원인과 조건, 결과의 관계성을 말한다. 부처님은 연기의 진리를 깨달아 부처가 되었다. 연기의 법칙은 "이것이 있으므로 저것이 있고, 이것이 생하므로 저것이 생한다. 이것이 없으므로 저것이 없으며, 이것이 멸하므로 저것이 멸한다."라고 하는 형식으로 표현된다. 이것은 일원론적인 세계관이나 운명론적인 해석을 거부하고, 모든 것은 원인(因)과 조건(緣)에 의해 이루어지고 소멸된다는 것을 말한다. 그러므로 모든 존재는 인연에 따라 변화하며(無常), 자신의 고유한 실체성을 지닐 수 없다(空). 이 법칙은 객관적인 사실이며, 어떠한 예외도 없고 불변하는 것이다. 이러한 기본 틀이 구체적으로 적용되어 나타난 것이 12연기(十二緣起)설이다. 연기론은 시대와 학파에 따라 매우 다양하게 해석되었다. 부파불교(部派佛敎)에서는 업감연기설(業感緣起說)로 나타났다. 대승불교의 중관학파(中觀學派)에서는 연기의 관계성에 의해 공의 사상을 주장한다. 즉 모든 존재는 연기적으로 이루어져 있으며, 이것은 어떠한 존재도 타자와의 관계를 떠나서는 존재하지 못한다는 것을 의미한다. 그러므로 모든 존재는 자성(自性)을 결여한 공한 존재이다. 유식학파(唯識學派)에서는 아뢰야식연기(阿賴耶識緣起)를 주장했으며, 여래장사상가들은 여래장연기(如來藏緣起)를 주장했다. 중국의 화엄종에서는 유식과 여래장사상을 결합하여 법계연기설(法界緣起說)을 주장했다.
[153] 고락중도란 쾌락과 고행의 양 극단을 버리고 조화로운 삶을 사는 것을 말한다. 범부들이 행하는 쾌락을 추구하지도 않고, 성인의 행이 아닌 고행도 추구하지 않아서, 고락의 양 변을 떠나면, 안목과 지혜를 이루고 자재하게 선정에 들어, 지혜와 깨달음과 열반으로 나아가는 중도가 있으니, 그것은 정견에서 정정에 이르는 팔정도이다.
[154] 자작타작중도란 우리가 받고 있는 생사의 괴로움은 자기가 지어서 자기가 받는다, 남이 지은 것을 자기가 받는다, 자기도 짓고 남도 짓는다, 자기가 짓는 것도 아니고 남이 짓는 것도 아니며 아무 원인이 없이 우연히 생긴다에 관한 것이다. 이와 같은 네 가지의 주장 가운데 어떤 것이 진실인가를 묻는 물음에 대하여 부처님은 이것을 무기(無記)라고 말한다. 분명히 내가 짓고 내가 받는 것이지만(自作自受) 부처님은 무아설에 입각해서 이를 부정하고 있다. 업은 있으나 업을 짓는 주체는 없다는 것이다.
[155] 단상중도란 이 세상은 영원한 것인가 아니면 영원하지 않은 것인가에 대한 부처님의 중도설을 말한다. 즉 육체가 죽으면 우리의 생명은 끝이라는 단견(斷見)과 영혼은 죽지 않고 영원하여 내세에 가서 태어난다는 상견(常見)에 대해 부처님은 12연기설을 설하여 무명으로부터 해탈하는 단상중도를 주장하였다.
[156] 일이중도란 영혼과 육체는 동일한 것인가 다른 것인가 하는 문제에 대한 중도의 가르침이다. 영혼이 곧 육체라고 하는 주장도 있고, 영혼과 육체는 서로 다르다고 하는 주장도 있지만 이들 두 주장의 결론은 한 가지인데 서로 다르게 주장될 뿐이다. 만약 영혼이 곧 육신이라고 주장한다면 거기에는 해탈을 위한 수행이 필요없게 된다. 그러므로 양 변을 벗어나서 마음을 바르게 하여 일이중도를 실천해야 한다.
[157] 유무중도란 실천 중도인 고락중도 외에 이론적 중도인 일이중도, 자작타작중도, 단상중도의 결론처럼 모두를 아우르고 있는 중도이다. 유(有) 또는 유견(有見)이란 이 세상은 실재가 있으며, 그것은 영원(常)하다고 하는 것이며, 무(無) 또는 무견(無見)이란 실재가 있지만 그것은 생멸하여 무상(無常)하다는 것이다. 이에 대해 부처님은 12연기를 통해 유무중도를 설하고 있다. 즉 12연기법의 유전문을 통찰하여 없다(無)는 견해를 물리치고, 환멸문을 통찰하여 있다(有)는 견해를 물리치라고 가르치고 있는 것이다.

다. 중도를 바로 깨닫는 것이 정견이요, 중도정관이다.

대승불교에서는 중도中道를 반야般若, 불성佛性, 진여眞如, 법계法界, 여래장如來藏, 진공묘유眞空妙有, 필경공畢竟空 등으로 기술하고 있다. 대승불교에서 설해지고 있는 중도에 대한 교설은 『중론』에서 극명하게 나타나고 있다. 이른바 팔부중도八不中道라고 부르는 중론의 게송을 길장의 『삼론현의』를 통해 그 내용을 살펴보기로 하자.

『중론』게송에서 말하였다. 생生도 아니요 멸滅도 아니며, 상常도 아니요 단斷도 아니다. 하나(一)도 아니요 다름(異)도 아니며, 옴(來)도 아니요 감(去)도 아니다. 이런 팔불八不 인연들을 설하셨기에 이 세상의 온갖 희론戱論을 없애 버리신 성스런 부처님께 머리 숙여 예배하오니, 온갖 설법 가운데 최상의 설법이나이다. 중도中道는 삼세의 시방에 계신 모든 부처님과 보살들이 행하는 도를 말한다. 이 도로 말미암아 모든 부처님과 보살들이 정관正觀을 발생하느니라. 158)

이 세상에 존재하는 모든 것은 연기되어진 것이기에 실재하는 것도 아니고, 실체적 자아가 있는 것도 아니다. 그러므로 공空이요, 무아無我요, 무자성無自性이다. 공, 무아, 무자성이기 때문에 "생겨남도 없고 사라짐도 없으며(不生不滅), 항상함도 없고 단멸함도 없으며(不常不斷), 하나도 아니요 다름도 아니며(不二不異), 오는 것도 없고 가는 것도 없다(不來不去)."라고 설하는

---

158) 길장, 『삼논현의』.

것이다. 따라서 "중도는 삼세와 시방의 모든 부처님과 보살이 행하는 도를 말한다. 이 도로 말미암아 모든 부처님과 보살들이 정관正觀을 발생한다."라고 말하는 것이다. 지자선사는 『천태소지관』에서 중도정관에 대해 이렇게 설하고 있다.

> 무엇을 바른 관(正觀)을 닦는다고 하는가. 만약 마음의 성품은 참도 아니고 거짓도 아니라는 것을 체달하여 알게 되면, 능히 참과 거짓을 반연하는 마음이 쉬게 되니 이것을 정관이라고 한다. 마음의 성품은 공空한 것도 아니고 거짓(假)도 아니지만, 또한 공空과 가假의 법을 무너뜨리지도 않는다. 만약 이와 같이 밝게 비추면, 바로 마음의 성품에서 중도를 통달하여 원만하게 이제二諦를 비춘다. 만약 스스로 마음속에 능히 중도의 이제를 본다면 곧 일체 모든 법에서 중도이제中道二諦를 보고, 또한 중도이제도 취하지 않을 것이니, 결정된 성품을 얻을 수 없기 때문이다. 이것을 중도의 바른 관(中道正觀)이라 한다.[159]

위에서 말하는 이제二諦란 공관空觀과 가관假觀을 말한다. 『중론』의 게송에 설하기를 "인연으로 생겨난 법(因緣所生法), 나는 이것을 공空이라 한다(我說卽是空). 또한 거짓 이름이라고 하며(亦名爲假名), 또한 중도의 뜻이라고 한다(亦名中道義)."라고 하였다. 이것에 의해 가관假觀, 공관空觀, 중도관中道觀의 삼관을 시설하였는데 가관假觀, 즉 가假의 공空을 관觀한 것은 생사가 공하

---
159) 지자, 『천태소지관』.

다는 도리이며, 공관空觀, 즉 공空의 공空을 관觀한 것은 열반이 공하다는 이치이다. 이 두 변(兩邊)을 부정하여 생사가 곧 열반인 중도관中道觀를 깨닫게 함이다. 이것을 중도정관이라 한다.

이것을 유식唯識의 가르침으로 표현하면 "삼계유심三界唯心, 만법유식萬法唯識"이라 말한다. 즉 세계는 오직 마음이 지은 것이요, 대상은 오직 아뢰야식의 나타남인 것이다. 구체적으로 말하면 아뢰야식의 변현變現에 의해 견분見分과 상분相分이 나타나는데, 중생은 이러한 사실을 모르고 그 식識이 변한 바를 마치 바깥 대상(경계)처럼 느껴서 실재하는 법(實法)으로 착각하게 된다. 즉 말나식과 의식의 분별망념으로 인해 아뢰야식의 견분을 실아實我로 간주하여 아집我執을 일으키고, 상분을 실법으로 간주하여 법집法執을 일으키는 것이다.

그런데 근본불교에서 가르치는 연기緣起의 가르침에 의거하면, 모든 존재와 대상(세계)은 실체로 존재하는 것이 아니라, 다른 것을 연(緣: 매개)하여 생겨나는 인연 화합의 결과물에 불과한 것이다. 인연의 화합으로 생겨난 대상 세계는 스스로 실체가 없으므로 무자성無自性의 허구인 가假의 현상일 뿐이다. 다시 말하면 유식은 우리가 일상에서 자아와 세계라고 느끼고 있는 것은 아뢰야식의 견분과 상분으로 나타난 영상이라고 가르치고 있다. 인연의 화합으로 생겨나므로『성유식론』에서는 "연을 따라 생겨나므로 의타기依他起라 한다."고 하여 의타기성依他起性을 설하고 있다. 중생이 인연 화합으로 이루어진 모든 존재가 바로 의타기성임을 모르고 망령되게 분별하고 집착하는 것을 변계소집성遍計所執性이라 한다. 즉 변계소집성은 자아와 세계가 아뢰야식의 견분과 상분에 의해 나타난 비실유非實有라는 것을 모르고 실아와 실법으로 실체화·이원화하여 허망한 분별을 일으켜 착각하고 고통스러워하는 것을 말한다. 나와 세계가 아뢰야식의 변현인 의타기성이라는 것을 자각하지 못하는 것은 마치 꿈을 꾸면서 꿈속의 나와 대상이 허망한 것인 줄 모르고 집착하는 것과 같다. 유식에서 의타기성을 설하는 것은 꿈을 꿈인 줄 알고 꿈에서 깨어나게 하기 위해서이다. 꿈을 꿈인 줄 아는 것은 의타기성을 의타기성으로 바르게 아는 것을 말하는데 이것을 원성실성圓成實性이라 말한다. 즉 연기의 공성空性을 깨달아 자아와 세계가 인연 화합에 의해 생겨난 의타기성임을 알게 되면 아공我空과 법공法空을 깨달아 망분별, 망집착에 의한 변계소집성에서 벗어나 중도실상인 원성실성을 회복하게 되는 것이다.

또한 대승불교에서는 불이중도不二中道를 강조하고 있다. 특히 『유마경』 「입불이법문품」에서는 불이법문不二法門을 설하고 있는데, 그 내용을 살펴보면 생멸불이生滅不二[160], 염정불이染淨不二[161], 보살심과 성문심의 불이[162], 생사와 열반의 불이[163], 낙열반樂涅槃과 불락세간不樂世間의 불이[164], 정도正

---

160) 생멸불이(生滅不二). 본래 남이 없는(無生) 도리를 깨달으면 멸 또한 없는 것(無滅)이기에 무생무멸(無生無滅)의 불이중도가 되는 것이다.
161) 염정불이(染淨不二). 불성이란 깨끗하지도 않고 더럽지도 않다. 그렇다고 깨끗하고 더러움을 떠나 있는 것도 아니다. 그러니 불성을 깨치려는 사람은 마땅히 더러움과 깨끗함의 분별을 벗어나야 한다. 더러운 가운데 깨끗함을 보고, 깨끗함 가운데 더러움을 보아 더럽고 깨끗함 그 어디에도 물들지 않는 것이다.
162) 성문이니 보살이니 하는 마음의 상(相)이 모두 공(空)이라는 것을 체득하면 이러한 분별심이 모두 허상이라는 것을 알게 된다. 이미 보살이다 성문이다 하는 분별이 없으면 자연히 불이법문에 들어가게 된다.
163) 생사와 열반은 서로 상반되는 개념이지만 불변하는 자아(실체)가 존재하지 않는다면 무엇이 태어나고 죽는 것인가. 생사가 본래 없다면 열반 또한 이름뿐이라 실체가 없다. 생사와 열반 그 어디에도 얽매이지 않으니 불이법문에 들어가게 된다.

道와 사도邪道의 불이[165] 등이 차례로 설해진 연후에 문수보살은 불이법문의 경지는 언어나 문자로 표현할 수 없으므로 스스로 체득하는 것이라고 말하고 있다. 마지막으로 그 유명한 유마거사의 말없는 묵연默然이야말로 진정한 불이법문이라고 찬탄하고 있음을 볼 수 있다. 구마라집은 『유마경』의 「관중생품」을 주석하면서, 유有와 공空의 불이중도를 이렇게 설명하고 있다.

> 불법에는 두 종류가 있다. 하나는 유有이고 다른 하나는 공空이다. 만약 항상 유에 집착해 있으면 곧 번뇌에 묶이어 괴롭게 되고, 항상 공을 관조하게 되면 선본(善本: 작용)을 잃어버리게 된다. 공과 유를 함께 운용하게 되면 곧 두 가지의 허물을 범하지 않게 된다. 마치 해와 달이 교대로 작용하여 만물을 성장시키는 것과 같다.[166]

이와 같이 공유불이空有不二를 통해 제법의 실상을 드러내어 현상(有)과 본질(空) 그 어디에도 얽매임이 없이 역동적인 중도의 삶을 살아가게 하고 있다. 한편 천태는 공가중空假中의 삼관에 의거해서 중도정관을 설명하고 있다.

---

164) 수행자가 만약에 열반을 좋아하지도 않고, 세간을 싫어하지도 않는다면 이미 이 둘은 존재하지 않는 것이다. 생사에 묶인 바가 없다면 굳이 묶임을 풀어 열반을 구할 필요조차 없는 것이다. 생사의 세간을 싫어하지도 않고 열반의 즐거움을 좋아하지도 않는다면 이는 불이법문에 들어간 것이다.
165) 정(正)은 사(邪)에 의해 생기고 사는 정에 의해 생긴다. 이것은 정도, 저것은 사도라고 하는 분별이 없으면 바로 불이법문에 들어간 것이다.
166) 『주유마경』.

중도제일의관中道第一義觀이라는 것은 먼저 가관假觀을 사용하여 생사가 공함을 말하며, 후에 공관空觀을 사용하여 열반마저 공함을 말한 것이다. 즉 생사와 열반의 양 변을 함께 부정한 것이므로 두 가지 공관(二空觀)이라 한다. 이러한 두 가지 공관의 방편을 세우는 것은 중도中觀를 깨닫기 위함이다. 그러므로 마음 마음이 적멸하여 반야의 바다에 들어간다고 말한다. 또한 처음에 공관을 사용하고 나중에 가관을 사용함은 함께 방편을 살린 것이니, 중도에 들어갔을 때 능히 공空·가假의 이제二諦를 함께 비출 수 있는 것이다. 따라서 경에 설하기를 "마음이 선정에 있으면 능히 세간의 생멸법의 상相을 알 수가 있다."라고 하였다.[167]

천태의 중도정관은 가관假觀으로써 있음(有: 생사)이 공함을 밝히고, 공관空觀으로써 없음(無: 열반)마저 공함을 밝혀서 생사와 열반 그 어디에도 머묾이 없는 중도제일의를 드러내는 것이다. 즉 공관, 가관의 어느 것에도 얽매임 없이, 그것들이 상즉불이相卽不二임을 알아 둘을 다 자유자재로 쓰는 쌍차쌍조(雙遮雙照: 함께 거두고 함께 드러냄)의 입장이 중도정관이라는 것이다.

대승불교의 정신을 계승한 선종에서는 대승의 중도사상을 토대로 하여 선의 실천적 중도행을 주장하게 된다. 선종에서는 중도를 자성청정自性淸淨, 본래면목本來面目, 주인공主人公, 일착자一着子, 진아眞我 등으로 표기하고 있다.

선종에서 말하는 진아, 본래면목, 주인공 등의 선적 언어표현은 자칫 오

---

167) 지자, 「마하지관」.

해를 불러일으킬 소지가 있다. 마치 번뇌망념 너머 소소영영昭昭靈靈한 실체적 자아(아트만)를 찾는 것을 참선이라고 착각할 수 있음을 유의해야 한다. 그러나 진아眞我란 유아도 아니요 무아도 아닌 중도의 아我에 갖다 붙인 거짓이름으로 참나라고 한 것뿐이다. 본래면목이나 주인공이라는 말 또한 존재의 실상을 나타내는 이름에 불과한 것으로서 중도에 다름 아니다. 선종에서는 주로 마음과 법(경계)의 문제를 가지고 정견을 말하고 나아가 중도를 체현할 것을 주문하고 있다.

마음으로 법을 배우는 것은 곧 마음과 법을 함께 미혹한 것이요, 마음에 의하지 않고 법을 배우는 것은 곧 마음과 법을 함께 깨닫는 것이다. 대개 미혹이란 깨달음에 미혹한 것이요, 깨달음이란 미혹을 깨닫는 것이다. 바른 견해(正見)를 가진 사람은 마음이 공하여 실체가 없는 줄 알아서 곧 깨달음과 미혹을 초월하여 미혹과 깨달음이 없으니, 이것을 일러 바른 앎(正解)이라 하고 바른 견해(正見)라 한다. ······.
참되게 본다(眞見)는 것은 보지 않는 바가 없고 또한 보는 바가 없어서, 보는 것이 시방에 가득하여 일찍이 보는 것이 있지 않다. 어찌하여 그러한가? 보는 바가 없기 때문이며, 보되 보는 것이 없기 때문이며, 보되 보는 것이 아니기 때문에 범부가 보는 바는 모두 망상이라 한다. 만약 적멸하여 보는 것이 없으면 비로소 참되게 본다(眞見)라고 한다. 마음과 경계가 상대하여 그 가운데에 보는 것이 생기니, 만약 안으로 마음을 일으키지 않으면 곧 밖으로 경계가 생기지 않기 때문에 마음과 경계가 함께

청정(至)하면 참다운 견해(眞見)요, 이렇게 알게 될 때에 바른 견해(正見)라고 한다.[168]

경계(色)는 스스로 경계가 아니라 마음(心)으로 말미암아 경계이며, 마음은 스스로 마음이 아니라 경계로 말미암아 마음이니, 마음과 경계의 두 가지 모습(相)에 모두 실체가 없어 공하기에 생生해도 생함이 없고 멸滅해도 멸함이 없다. 실로 보되 봄이 없고 보지 않되 보지 않음도 없다. 따라서 봄이 없이 보는 것(無見而見)이 참되게 보는 것이다. 아울러 있음(有)은 없음(無)에 대한 있음이요, 없음(無)은 있음(有)에 대한 없음이므로 있되 인연으로 있기에 없는 것이요, 없되 있음으로 작용하기에 있음이다. 이렇게 보는 것을 참되게 보는 것(眞見)이라 하고 바르게 보는 것(正見)이라 하는 것이다. 선禪에서는 보는 것 없이 보는 것이 참되게 보는 것이라고 말한다.

혜해스님은 『돈오입도요문론』에서 "볼 수 없되 밝고 밝게 볼 수 있어 아는 것도 없고 알지 못하는 것도 없다."라는 『열반경』을 인용한 물음에 대해 이렇게 해석하고 있다.

볼 수 없다는 것은 자성의 본바탕은 모양이 없어서 얻을 수 없는 까닭에 볼 수 없다고 하느니라. 그러나 보는 것을 얻을 수 없다는 것은 자성의 본체가 고요하고 맑아 오고 감이 없지만 세상의 흐름을 여의지 않으니 세상의 흐름이 흐르지 않게 하면 막힘없이 자재하게 되니 이것이 곧

---

168) 『오성론』. 仁海 역주, 『달마대사의 소실육문』, (민족사, 2008), p 151.

밝고 밝게 보는 것이다.

　아는 것이 없다는 것은 자성의 본바탕은 모양이 없어서 본래(대상에 대한) 분별이 없음을 아는 것이 없다고 말한다. 알지 못할 것도 없다는 것은 분별이 없는 본바탕 가운데 항하의 모래와 같은 작용이 갖추어져 능히 일체를 분별하여 알지 못하는 일이 없으니 이것을 알지 못함이 없다고 하는 것이다. 『반야경』의 게송에 말하기를 "반야는 앎이 없지만 알지 못하는 일이 없으며, 반야는 봄이 없으나 보지 못하는 일도 없다."라고 하였다.[169]

인식주체(육근)와 인식대상(육경)이 모두 공空하여 분별이 없기에 봄도 없고 앎도 없다. 그러나 그 가운데 항사(恒沙: 갠지스 강의 모래)의 묘용이 갖추어져 봄이 없이 보고 앎이 없이 안다. 그러므로 "반야는 앎이 없지만 알지 못하는 일이 없으며, 반야는 봄이 없으나 보지 못하는 일도 없다."라고 설하는 것이다. 중도정견을 확립한 수행자는 일체 경계를 대하되 어지러움 없이 늘 고요하다. 고요하되 일체 경계를 능동적으로 주체화하여 항상 불이중도행 不二中道行으로 창조적 역사를 만들어 가는 자이다.

　『오성론』에서는 유무중도有無中道에 대해 이렇게 말하고 있다. "무엇을 일체 법의 있는 것도 아니요 없는 것도 아니다(非有非無)라고 하는가. 마음은 색이 아니기 때문에 있는 것도 아니다(非有)라고 하고, 항상 작용하면서 그치지 않기 때문에 없는 것도 아니다(非無)라고 한다. 또 움직이지만 늘 공적

---

169) 혜해, 『돈오입도요문론』.

하기 때문에 있는 것도 아니요(非有), 공적하지만 항상 움직이기 때문에 없는 것도 아니다(非無)."170) 대혜스님도 『서장書狀』에서 사구백비四句百非를 떠난 중도적 사고의 토대 위에서 화두를 참구할 것을 강조하고 있다.

> 있음(有)에 집착하지 않으면 없음(無)에 집착하고, 양쪽 모두에 집착하지 않으면 있음과 없음 사이에서 헤아려 분별한다. 비록 이 병폐를 알았다 하더라도 이내 있음도 아니고 없음도 아닌 곳에 집착하고 만다. …… 사구四句를 벗어나고 백비百非를 끊어라. 바로 한 칼에 두 동강을 내서 다시는 앞뒤를 생각지 말고 그대로 일천 성인의 정수리를 끊어 버리라 한 것이다.171)

즉 "모든 법이 실로 있다(實有)"거나, "모든 법이 실로 없다(實無)"거나, "모든 법이 있기도 하고 없기도 하다(亦有亦無)"거나, "모든 법이 있는 것도 아니요, 없는 것도 아니다(非有非無)"라고 하는 사구四句의 함정에 빠진 외도의 장애를 받지 않고 중도정관中道正觀을 확립해야 올바른 수행을 할 수 있다는 것이다. 다시 말하면 없는 것이 곧 없는 것이 아니며, 있는 것이 곧 있는 것이 아니다. 있되 있음이 공하여 없음을 보고, 없되 없음마저 공하여 있음을 보니, 일체의 행동에도 마음은 움직임이 없다. 언제 어느 때라도 공하여 얻을 것이 없다(空無所得). 일체 법에 얻을 것이 없음을 바르게 살피는 것을 무

---

170) 『오성론』.
171) 『대혜어록』 卷27.
172) 무득정관(無得正觀)은 본래 길장의 삼론종의 종지이다. 도선은 『속고승전』에서 달마의 선종을 허종(虛宗: 空宗)이라 칭하고 그 종지를 무득정관이라고 기술하고 있다.

득정관無得正觀[172]이라고 한다.

　무득정관을 비유로 설명하면, 마치 소설 『노인과 바다』에서 주인공이 자기 배보다 더 큰 물고기를 잡고 돌아오는 길에 상어떼로부터 물고기를 보호하기 위해 이틀간의 사투를 벌이지만 결국 남은 것은 앙상한 물고기의 뼈뿐이다. 그러나 노인에게 후회란 없다. 오직 내일을 위해 잠을 잘 뿐이다. 단지 인생이 무의미하고 허무한 것이 아니라 자연에 순응하면서 최선을 다하는 것이 인간 본연의 삶이다. 이와 같이 지금 여기에서 최선을 다해 수행하되 그 결과에 초연함이 바로 수행자의 중도적 삶이다. 이것이 수행을 통해 깨달음의 경지를 얻고자 노력한 수행자가 구경에 얻을 바 없음을 깨닫는 무득無得의 중도中道이다. 물고기는 있음의 집착이요, 앙상한 뼈는 없음의 허무이다. 있음과 없음이 본래 공함을 깨달아 있음과 없음을 함께 초월함이 바로 중도정관이다.

　다시 말하면 있음(有)은 없음(無)의 상대적 있음(有)이요, 없음(無)은 있음(有)의 상대적 없음(無)이다. 있음에 근거한 없음은 고정된 모습의 없음이 아니요, 없음에 근거한 있음은 고정된 실체로서의 있음이 아니다. 따라서 있음은 있음이 아닌 있음이요, 없음 또한 없음이 아닌 없음이다. 이렇게 있음과 없음(有無)은 있음도 아니요 없음도 아니어서(非有非無), 한 법도 얻을 수가 없다. 이것이 진공眞空이면서 묘유妙有인 중도정관이요, 무득정관이다.

　진공묘유의 진공은 있음이 아니므로(非有) 본체이고 묘유는 없음이 아니므로(非無) 작용을 말한다. 즉 진공은 일체의 망념을 떠나 일체의 분별이 끊어진 공적한 본체이며(空寂), 묘유는 공적한 본체(無)에서 작용하는 신령스러운 지혜이다(靈知).

지자선사는 『인왕호국반야경소』에서 "진공眞空과 묘유妙有란 무엇입니까?"라는 물음에 이렇게 답하고 있다.

> 움직임(動)이 곧 고요함(寂)인 것은 진공이며, 고요함이 곧 움직임인 것은 묘유이다. 진공이기 때문에 항상하지 않고 묘유이기 때문에 끊어짐이 없다. 진공은 생사에 머무르지 않고, 묘유는 열반에 머무르지 않는다. 진공이기 때문에 대자大慈를 일으키고, 묘유이기 때문에 대비大悲를 일으킨다.

그러므로 진공묘유의 중도실상을 깨달으면 생사와 열반이 서로 쌍즉쌍입雙卽雙入하여 생사를 해탈하여 열반을 성취하고, 열반을 얻었으되 열반에도 머물지 않고 천백억화신으로 중생을 이롭게 한다. 본체와 작용으로서의 진공묘유를 북종의 『대승무생방편문』에서는 이렇게 설명하고 있다. "본체와 작용이 분명하다. 망념을 여읜 것을 본체라 하고, 견문각지見聞覺知하는 것은 작용이다. 적정하지만 항상 작용하고, 작용하지만 항상 적정하여 작용이 곧 적정이다. 모양을 떠난 것이 적정이기 때문에 적정하면서 비추고(寂照) 비추면서 적정한 것(照寂)이다. 적정하면서 비춘다는 것은 성품(性)으로 인하여 모양(相)을 일으키고, 비추면서 적정하다는 것은 모양을 거두어들여 성품으로 돌아가는 것이다." 그러므로 모양에서 성품을 보고 성품에서 모양을 보는 것이 중도정관이다. 즉 체용일여의 경지에서 보면, 색이 그대로 공이요(色卽是空), 공이 그대로 색이 되는 것이다(空卽是色). 명경에 비유하면 명경의 밝은 체성體性은 마주한 대상對象을 있는 그대로 비춘다. 밉상이 오면 밉상 그대로 비추고 곱상이 오면 곱상 그대로 비출 뿐이다. 밉고 고움은 중생의 번뇌일 뿐 거울 자체의 성품에는 애증愛憎이 본래 없다. 성상性相이 융회融會하여 성으로부터 상이 나타나고 상으로부터 성이 드러난다. 이것은 마치 밝은 거울이 만약 형상을 대하지 않으면 끝내 형상을 볼 수 없는 것과 같다. 그래서 만약 한 물건도 없음을 보면 이것이 곧 정견이라 말하는 것이다. 성철스님의 『백일법문』에서 마조스님의 법문을 소개하면서 진공묘유의 중도법문을 다음과 같이 설명하고 있다.

자성이 공했기 때문에 삼계가 유심이다. 삼계유심三界唯心[173]이란 자성청정심을 말하는 것인데 일체 만법이 다 공하여 쌍차쌍조雙遮雙照하며 진공眞空이 묘유妙有한 것인데 이것을 마음이라 하고 중도라 한다. 앞에서 선善도 취하지 않고 깨끗하고 더러움의 양 변을 버린 것을 마음이라 했다. 이것은 삼라만상이 모두 쌍차쌍조雙遮雙照해서 차조가 동시(遮照同時)라는 말이다. 그래서 삼라만상이 일법지소인一法之所印[174]으로 중도와 자성청정을 내 놓고는 하나도 성립될 수 없는 것이다.[175]

---

[173] 유식에서 삼계유심(三界唯心), 만법유식(萬法唯識)을 설하고 있다. 우주 법계는 오직 마음이 지은 바이며, 세상의 일체 법은 오직 아뢰야식의 변화라는 의미이다.
[174] 일법지소인(一法之所印)이란 직역하면 "한 법의 인장"이니 진리 그 자체를 말한다. 일진법계(一眞法界)란 말과 같다.
[175] 『백일법문』 下, (藏經閣, 불기2536), p 210.

이와 같이 선종에서 설해지고 있는 거의 모든 법문 또한 모두가 중도의 이론체계 속에서 진행되고 있음을 알 수 있다. 현사玄沙스님은 말한다. "바깥의 티끌 경계를 마주해서는 죽은 나무나 꺼진 재처럼 되었다가, 마음을 써야 할 때에 가서는 중도中道를 잃지 말아야 한다. 거울이 모든 물체를 비추지만 스스로 빛을 잃지 않고, 새가 공중을 날면서도 하늘 바탕을 더럽히지 않는 것과 같이하라."[176] 여기서 "거울이 물체를 비추되 빛을 잃지 않는 것"과 "새가 공중을 날되 하늘 바탕을 더럽히지 않는 것"은 비추되 공하고 공하되 비춤이 있는 중도의 자성청정심(中道淨心)을 표현한 말이다. 정견이란 모든 언어문자의 개념적인 틀을 벗어나 반야般若에 의한 직관直觀과 통찰通察로 중도정관을 수립하여 자아와 세계에 대한 진정견해眞正見解를 획득하는 것이다. 그러므로 정견의 확립은 모든 수행인이 반드시 갖추어야 할 필수 전제인 것이다.

---

176) 무이, 『참선경어』.

제2절 선지식의 지도

깨달음의 빛은 본래 시방의 모든 부처님과 둘이 아니고 다름이 없건만, 중생들이 무량겁으로부터 일찍이 선지식(스승)을 친견하여 선정과 지혜를 닦아 견성見性하지 못했기 때문에 윤회의 고통 속에 헤매고 있다. 마치 먼지와 흙으로 덮인 거울이 오랫동안 가려져 스스로 빛을 잃어 대상을 비출 수 없는 것과 같다. 시절인연이 도래하여 참선으로 마음을 닦아 견성하고 무명을 바꾸어 지혜로 드러나게 하여 자성 광명이 온 세계를 비추게 하기 위해서는 반드시 선지식을 참문參問해야 한다. 진여자성은 눈을 뜨나 눈을 감으나 늘 밝지만 스승이 일러 깨우쳐 주지 않으면 먼지 낀 거울의 빛과 같다. 불법을 증득하여 생사를 면하기 위해서는 반드시 선지식을 찾아 도를 묻고 업식을 돌이켜 깨달음으로 나아가야 한다. 그러므로 『혈맥론』에서는 이렇게 말하고 있다.

비록 한 물건도 얻을 수 없으나 만약 찾으려 한다면 반드시 선지식을 참문하여 간절히 힘을 써 구하여 마음을 깨치게 해야 한다. 나고 죽는 일이 중대하니 헛되이 보내지 말고, 스스로 속이면 이익이 없다. 가령 진귀한 보배가 산같이 있고, 권속이 항하의 모래같이 많더라도 눈을 뜬즉 보이겠지만, 눈을 감으면 도리어 볼 수 있겠는가. 그러므로 유위有爲의 법은 꿈과 허깨비 등과 같다는 것을 알아야 한다. 만약 급히 스승을 찾지 않는다면 헛되이 일생을 보내리라. 불성은 스스로에게 있다고 하나 만약 스승을 말미암지 않는다면 끝내 밝히지 못하게 된다. 스승을 말미암지 않고 깨달은 자는 만에 하나도 드물다. 만약 자기 스스로가 인연에 회합하여 성인의 뜻을 얻었다면 곧 선지식을 참문할 필요가 없을 것이다. 이런 경우는 태어나면서 아는(生而知之) 뛰어난 학인이다. 만약 아직 깨닫지 못했다면 모름지기 부지런히 애써 배움에 참여해야 한다. 왜냐하면 가르침을 인해야만 비로소 깨닫기 때문이다.[177]

선지식이란 안목과 덕행을 갖추고 정법正法을 깨닫게 해 주는 스승을 말한다. 즉 정법에 대한 바른 안목(智慧)과 중생에 대한 한량없는 사랑(慈悲)과 역사와 사회를 향한 끊임없는 회향(願力)을 실천해 가는 대승보살이 참다운 선지식이다. 스스로 견성하여 지견을 갖추지 못했다면 선지식이라 할 수 없다. "선지식善知識이라는 말에서 지식知識은 참됨을 알고 망령됨을 아는 것이다. 마치 병이 들었을 때 약을 아는 것과 같다. 수행하려는 자는 마땅히 바른 지견을 아는 이를 구해야 하니, 법이 공하여 모습 없고 지음 없으며 남이 없고 사라짐이 없음을 깊이 알아 모든 법이 본래부터 구경에 평등하여 성품과 모습이 한결같음을 사무쳐 통달하여 진리에 머무는 이를 참된 선지식이라 한다."[178] 『원각경』은 바른 지견을 가진 선지식을 구할 것을

---

177) 『혈맥론』.
178) 『원각경요해』.

이렇게 설하고 있다.

　　선남자여, 말세 중생이 장차 큰마음을 내어 선지식을 구해서 수행하고자 하는 이는 마땅히 온갖 바른 지견을 가진 사람(正知見人)을 구해야 한다. 선지식이란 마음이 모습에 머무르지 않고, 성문이나 연각의 경계에 집착하지 않으며, 비록 번뇌를 나타내지만 마음이 항상 청정하며, 여러 가지 허물이 있음을 보이지만 범행을 찬탄하며, 중생으로 하여금 잘못된 몸가짐에 들지 않게 하니, 이와 같은 사람을 친견하게 되면 곧 무상보리를 성취하게 될 것이다.[179]

　　중도정관中道正觀을 깨달아 바른 지견을 가진 사람이 선지식이다. 모습(相) 속에 있되 모습을 떠나 있으며, 번뇌를 나타내지만 마음이 항상 청정하며, 허물을 보이지만 늘 범행을 닦는 불이중도不二中道를 실천하는 이가 선지식인 것이다.

　　오늘날 선지식이 없다고 말하지만 자기 스스로 신심과 원력이 없고 진정한 발심을 하지 않고 또한 도道를 사모하는 마음이 간절하지 못한데 선지식이 눈앞에 있은들 어찌 알아보겠는가. 밝은 눈으로 보면 목전에 부딪치는 모든 것이 선지식 아님이 없고, 스승 아닌 것이 없다. 그러하니 만약 자기 자신이 누구인지 분명히 깨닫지 못했다면 반드시 선지식을 친근親近하여 생사의 근본을 깨치도록 해야 한다. 무명의 바다를 건너 열반의 언덕

---

179) 『원각경』 「보각보살장」.

에 이르기 위해서는 필히 선지식의 지도를 받아야 한다. 선지식의 역할은 뗏목으로 저 언덕(피안)에 이르게 하기 때문이다. 부처님으로부터 역대조사 그리고 눈앞의 선과 악이 모두 선지식 아님이 없다는 사실을 알아야 한다. 그런데 부딪치는 두두물물頭頭物物이 모두 선지식 아닌 것이 없다지만 그 가운데 눈 밝은 스승을 만나기란 결코 쉬운 일이 아니다. 『종경록촬요』에 이르기를 "좋은 벗이자 스승이기도 한 선지식을 만나기란 어렵기만 하다. 이를 비유하자면 범천이라는 하늘에서 겨자씨 한 개를 던져 이 지상세계의 바늘 끝에 안치하는 것과 같다. 이 일은 그래도 오히려 쉬운 편이다. 눈 밝은 스승과 도를 지닌 벗(道伴)을 만나서 올바른 법을 듣는다는 것은 이보다 훨씬 어렵기만 하다."[180]라고 하였다.

설사 어떤 수행자가 선문에 나아가 나름대로 열심히 정진하여 높은 경지를 얻었다 하더라도 반드시 안목 있는 스승을 찾아 점검을 받아야 하며 그 이상을 얻었다 하더라도 꼭 인가를 받아야 외도의 길로 빠지지 않게 된다.

깨달은 바를 스승에게 인가를 받아야 비로소 깨달아 증득했다고 할 수 있다. 위음왕불 이전에는(인가를 받지 않아도) 괜찮았지만, 위음왕불 이후에는 스승 없이 스스로 깨달은 것은 모두 천연외도天然外道에 속한다. 그러므로 25보살들은 증득한 원통을 부처님께 인증을 받았고, 선재동자는 53위의 선지식을 친견하여 선지식에게 인증 받았으며 인도와 중국의

---

180) 『종경록촬요』,

여러 조사들은 서로서로 인증하기에 이르렀으니, 이른바 부처와 부처가
서로 주고받았고 조사와 조사가 서로 전수한 것이다.[181]

이른바 "부처와 부처가 서로 주고 받았고 조사와 조사가 서로 전수하는 것"은 종문의 철칙이자 전통이다. 깨닫기 전이나 깨달은 이후에도 반드시 스승의 가르침이 필요하다. 『열반경』에서도 설하기를 네 가지 인연을 갖추어야 열반의 도를 증득할 수 있다고 하였다. 그 첫째는 착한 벗을 가까이 하는 인연이며, 둘째는 기쁜 마음으로 정법을 듣는 인연이며, 셋째는 진여의 이치를 사유하는 인연이며, 넷째는 부처님 설법대로 수행하는 인연이다. 이 가운데 가장 중요한 것이 첫 번째 착한 벗(善友)으로 표현된 스승과 도반으로서의 선지식을 가까이 하는 것이다.

『법구경』에 이르기를 "대저 모든 물건은 본래가 청정하건만 다 인연으로 말미암아 죄나 복을 일으키는 것이니, 지혜로운 이를 가까이한즉 도의 뜻이 융성해지고 어리석은 이를 벗한즉 재앙이 쌓이는 것이, 비유하면 종이나 노끈이 향을 가까이 하면 향내가 배고, 고기를 묶으면 비린내가 나서 점점 물들고 익혀지니 각각 스스로는 깨닫지 못하는 것과 같다."라고 하였다.

천태는 『마하지관』에서 "세 종류의 선지식"을 말하고 있다. 첫째 외호선지식外護善知識이니, 밖에서 수행 대중을 보호하여 안온하게 수도하게 하는 외호대중을 말하며, 둘째 동행선지식同行善知識이니, 대중과 더불어 행동하며 서로 격려하고 경책해 주는 선우(도반)를 가리키며, 셋째 교수선지식敎授

---

181) 『증도가 언기주』.

善知識으로 선교善巧방편으로 설법해 깨달음으로 인도해 주는 스승을 가리키는 말이다.

만공스님도 말하기를 "참선은 절대로 혼자서는 하지 못하는 것이니, 반드시 선지식을 여의지 말아야 하나니, 선지식은 인생 문제를 비롯하여 일체 문제에 걸림 없이 바르게 가르쳐 주는 사람"이라고 말하고, 도량道場, 도사道師, 도반道伴의 삼대요건을 갖추어 공부하라고 지시하고 있다.[182] 여기서의 도량은 외호선지식에 해당되며, 도반은 동행선지식이요, 도사는 다름 아닌 교수선지식이 되는 것이다. 그런데 오늘의 시절인연을 살펴보면, 시주단월과 외호대중이 전적으로 옹호해 주니 외호선지식이 갖추어짐이요, 청정한 믿음으로 진성眞性을 밝히고자 함께한 도반道伴이 있으니 동행선지식이 갖추어짐이요, 종문의 정안종사들이 진력을 다해 법석을 펼치니 교수선지식이 갖추어진 것이다. 이와 같이 삼종 선지식이 두루 갖추어진 오늘의 수행풍토에서 가행정진에 매진하지 못한다면 어느 시절에 삼계를 벗어날 수 있겠는가.

만일 큰 선지식을 만나 지도를 받고 좌선하여 무심無心을 깨달으면 모든 업장이 다 녹아 없어져 생사生死가 끊어지니 마치 어두운 곳에 햇빛이 한번 비치면 어둠이 다 가시는 것과 같다.[183]

선지식은 크나큰 인연이니 반드시 부처님을 뵙게 하고 위없는 보리심을

---

182) 『만공법어』.
183) 『무심론』, 『대정장』 제85권.

발하게 해 준다. 사람으로 태어나 불법을 만나 수행자가 되었다 하더라도 바르게 인도해 줄 스승을 만나지 못하면 무거운 돌이 강을 건넘에 배를 만나지 못하는 것과 같아서 끝내 피안彼岸에 이르지 못한다. 또한 중병이 들었을 때 좋은 의사를 만나지 못하면 그 병을 치료받을 수 없는 것처럼 선지식은 자비의 배요, 훌륭한 의사이다.

선지식은 훌륭한 의사와 같아서 중병을 능히 고칠 수 있고, 큰 시주와 같아서 능히 마음먹은 대로 베풀 수 있다. 수행자가 자기 공부에 만족하는 생각을 내어서 선지식을 만나보지 않으려 해서는 안 된다. 선지식을 친견하려 하지 않고 자기의 견해에만 집착해 있다면, 선공부에 이보다 더한 큰 병이 없음을 마땅히 알아야 한다. [184]

선지식은 도를 배우려는 사람에게 때로는 순경順境의 섭수로, 때로는 역경逆境의 배척으로 근기와 상황(機緣)에 따라 자비와 무자비를 베풀어 도에 들게 한다. 임제선사는 학인을 지도함에 있어서 "어떤 때는 사람만 빼앗고 경계는 빼앗지 않으며(奪人不奪境), 어떤 때는 경계만 빼앗고 사람은 빼앗지 않으며(奪境不奪人), 어떤 때는 사람과 경계를 함께 빼앗기도 하고 빼앗지 않기도 하면서(人境俱奪俱不奪)"[185] 형식과 종지를 초월하여 완전한 경지를 이루게 하였다. 그러므로 원오선사는 "도를 배우는 사람은 부지런히 생사 문제

---
184) 무이,『참선경어』.
185) 임제의현선사의 사료간(四料揀). 근기에 따라 시설하는 방편의 규범.

를 가슴에 품고 밤낮으로 고생을 꺼리지 않을 수 있어야 한다. 선지식을 섬겨 한 마디 반 마디 말에서 깨달음의 약을 찾아야 한다. 꾸짖고 배척하는 갖가지 나쁜 경계를 만나더라도 힘써 전진해야 한다. 숙세의 훈습으로 이루어진 자연종지(自然種智: 타고난 지혜)가 아니면, 반드시 주저하거나 혹은 물러나 후회하리라."186)고 경책하고 있다. 이와 같이 선지식은 순행順行과 역행逆行의 교화, 자비와 무자비의 방편으로 중생들을 잘 인도하되 평등하여 다툼이 없도록 한다.

　예로부터 종문에서는 명안종사의 안목을 획득하지 못한 장로長老는 감히 선지식으로서 방장方丈이나 조실祖室의 지위에 나아가지 않았다. 선지식으로서 대중을 지도하는 지위가 바로 총림의 방장(조실)이다. 조사선 전통에 비추어 볼 때, 총림의 방장은 수선납자修禪衲子의 표상이자 사표師表로서 위로 불조의 혜명을 잇고 아래로 사부대중四部大衆의 귀의처가 되어 참선대중(禪衆)의 공부를 점검, 지도하여 후학들에게 깨달음의 안목眼目을 열어주는 분이다. 아울러 수행의 바른 길(修行正路)을 제시해 주고, 종문의 법통法統을 여법하게 세우는 막중한 책무를 지닌 최고의 상징이며, 권위이다.

　방장方丈의 어원은 유마거사의 선실禪室이 사방일장四方一丈이었음에 연원하고 있으며, 중국에서는 주지의 거처를 가리키는 말로 바뀌었다. 선종이 점차 발전함에 따라 백장선사에 의해 고청규古淸規가 제정되어 총림의 주지 임무를 맡은 장로를 방장方丈이라 칭하게 된 것이다. 『선림보훈禪林寶訓』에 이르기를 "장로선지식(방장, 조실)의 요건으로, 첫째 도덕道德이 종문의 사표

---

186) 『원오심요』 下.

가 되어야 하며, 둘째 언행言行이 일치하여야 하며(解行相應), 셋째 인의仁義가 충실하여야 하며, 넷째 예법禮法을 존중하여야 한다."라고 하였다.

그리고 종색스님의 『선원청규』에 의거하면, 장로선지식의 책무로 상당(上堂: 법당에 나아가 설법함)하여 대중을 위해 법을 설하는 것으로부터 소참(小參: 수시로 설법함), 만참(晚參: 저녁에 설법함)에 이르기까지 총 열다섯 조목을 열거하고 있다. 그 가운데 가장 중요한 대목은 전법하여 정법안장이 끊어지지 않게 해야 하며, 그 다음으로 후학을 지도함에 매일 대중으로 하여금 입실케 하여 문신問訊에 응대해야 하며, 직접 선방에 나아가 선중禪衆을 지도하고 단련시켜야 했다. 실로 불보살의 안목과 덕행으로 인천의 사표로서의 의무를 담당해야 함을 강조하고 있다.

그리고 회산계현은 『선문단련설』에서 선지식(장로)의 역할에 대해 자세하게 설명하고 있다. 총 열세 가지 단련의 조목을 열거하고 있음을 볼 수 있다.[187]

1. 서원을 굳게 세우고 고통을 감내해야 한다.
2. 근기를 살펴 화두를 간택해 주어야 한다.
3. 입실入室하여 다스려라.
4. 직접 선방에 나아가 일깨워 주어야 한다.
5. 실제 단련법을 제시한다.
6. 교묘하게 책발策發하라.

---
187) 회산계현 지음, 연관 역주, 「선문단련설」.

7. 교묘하게 전환轉換하라.

8. 관문(關門: 祖師關)을 부수고 안목을 열어 주어야 한다.

9. 강종(綱宗: 선학의 이론적 체계)을 연구하라.

10. 행실을 엄정히 해야 한다.

11. 학업을 연마시켜야 한다.

12. 재능이 있는 자를 선발하여 단련하라.

13. 신중히 법을 전하라.

이와 같이 총림의 장로선지식이 가르치고 단련시켜야 할 덕목을 자세히 설명하고 있다. 그 중에서도 법을 전하는 것을 가장 중요하게 거론하고 있다. 법을 전함에 있어서 신중하게 하여 "그림자를 보고 메아리를 들은 자가 한번 전하고 다시 전함으로 불법이 점차 붕괴되어 혼란에 빠지게" 하는 일이 없도록 해야 한다고 주의를 환기시키고 있다. 이것은 어느 시대를 막론하고 있을 수 있는 일이다. 참선을 조금 해서 어떤 경계를 보고서는 깨달았다고 오도송을 짓고, 본분종사가 된 양 납자들을 모아 몇 철 지내게 하고는 법호를 내리고 전법게를 전하여 파당을 만드는 일이 그 당시에만 한정된 일은 아닌 것 같다. 어느 시대에나 깨달음과 실천행이 상응하지 못하고, 대중을 이끌 인격과 덕행을 갖추지 못한 종사가 선지식 행세를 하면서 대중을 우롱하여 안목을 흐리게 하는 경우가 있다면 염라노자의 눈을 비켜갈 수 없을 것이다. 이들은 안목 없는 의사도인擬似道人을 맹신케 하는 풍조를 조장하여 정법의 당간을 부러뜨리는 마왕 파순의 권속이다.

정안종사의 위대한 점은 시대와 역사를 관통하는 안목과 덕행을 모범으로 삼아 인재를 선발하여 재목을 잘 단련하는 데 있다. 그래서 계현선사는 "우수한 재능이 있는 이거나 소질이 있는 이를 선발하여 단련하지 않는다면 어찌 능히 소임을 감당하고 법문을 빛낼 수 있겠는가."라고 말하였다. 수행의 문을 단련하여 깨달음의 집에 들게 하여 빼어난 인재를 배출하는 것이 선지식의 주요 역할이다.

선지식의 역할에 대해 살펴보았지만 더욱 중요한 사실은 비록 선지식이 있다 하더라도 선지식을 필요로 하지 않는 요즘의 세태가 더 큰 문제이다. 지금과 같은 불신의 시대에는 만일 석가, 문수, 보현, 달마, 혜능이 온다 한들 선지식으로 받들기는커녕 거들떠보기나 하겠는가. 문수와 보현은 촌로와 아낙으로 나투고, 달마와 혜능은 부목과 공양주로 함께하고 있다는 사실을 아는지 모르는지. 눈을 뜨고 보면 부딪치는 모든 것이 선지식 아님이 없다. 그런데 우리 시대가 이미 스승의 도가 무너지고 후학의 예가 바로 서지 않아 선지식이 필요 없는 말세를 살아가고 있지나 않는지 깊이 성찰해 보아야 할 것 같다. 발심한 수행자는 반드시 수행과 증득의 모든 것을 믿고 맡기어 선지식의 지도를 받아야 한다.

굳이 『보현행원품』의 행원을 빌려 발원하면 "발심한 수행자여, 모든 선지식께 참문하여 가르침을 받는다는 것은 진법계 허공계 시방삼세 일체 모든 나라의 선지식을 내가 보현행원의 원력으로 눈앞에 대하듯 깊은 믿음을 내어서 청정한 몸과 말과 뜻을 다하여 항상 예배하고 공경하며 가르침 받들기를 허공계가 다하고 중생계가 다하고 중생의 업이 다하는 그날까지 끝없이 행할 것입니다."라고 해야 할 것 같다.

수행자의 발심이 직접적인 원인(因)이 되고 선지식의 가르침이 간접적인 조건(緣)이 되어 서로 어우러져 깨달음의 길로 나아가지만, 선지식의 가르침 없이 깨달음을 성취한 사람은 아무도 없다. 선지식에 대한 확고한 믿음과 지도가 위없는 보리를 깨닫는 지름길이 되는 것이다. 혜능은 『단경』에서 바깥의 선지식과 안의 선지식을 동시에 설하고 있음에 주의해야 할 것이다.

만약 스스로 깨닫지 못하면 반드시 최상승법을 아는 큰 선지식이 바른 길로 바로 보여줌을 찾으라. 이 선지식은 큰 인연이 있음이니 곧 중생을 교화하여 이끌어 성품을 보게 함(見性)이니, 일체 선법이 선지식으로 인해서 일어날 수 있기 때문이다. 삼세의 모든 부처님의 십이부경전이 모두 사람의 성품(人性) 가운데 본래 스스로 갖추어져 있지만 스스로 깨닫지 못하므로 반드시 선지식의 가르침을 구해야 비로소 보게 된다.

만약 스스로 깨닫는 자는 밖으로(선지식을) 구할 것이 없다. 반드시 다른 선지식을 의지해야 해탈을 얻을 수 있다고 한결같이 집착하여 말하면 이것은 옳지 않다. 왜 그런가? 자신의 마음속에 선지식이 있어 스스로 깨닫는 것이다. 만약 삿되고 어리석은 생각을 일으켜 망령된 생각으로 인해 뒤바뀌게 되면 비록 밖의 선지식이 가르쳐 준다 해도 구할 수 없다.

만약 바르고 참된 반야를 일으켜 관조觀照하면 한 찰나 사이에 망령된

생각이 모두 사라지니, 스스로의 성품을 알아 한 번 깨달으면 곧 부처의 땅에 이르게 된다.[188]

자신의 성품 속에 갖추어진 바르고 참된 반야를 일으킴이 안의 선지식이요, 스스로 깨닫지 못하므로 최상의 깨달음으로 큰 인연의 좋은 법으로 지도해 줌이 바깥의 선지식이다. 『화엄경』에 설하기를 "비유하면 어둠 속에 보물이 있으나 등불이 없다면 볼 수 없는 것과 같이 불법을 설하는 이(선지식)가 없다면 비록 지혜가 있더라도 능히 깨달을 수 없으리라."고 하였다.

선지식은 밖에 있되 실로 밖에 있는 것도 아니요, 선지식은 안에 있되 실로 안에 있는 것도 아니다. 안의 선지식에 의해 진여본성을 스스로 깨닫는 자는 바깥 선지식의 가르침을 구할 필요가 없으나, 본래 스스로 갖추어져 있지만 깨닫지 못하고 전도된 자를 위해 반드시 밖의 선지식의 지도가 필요하다. 『화엄경』은 설하기를 "비록 진리가 다른 이로 해서 깨달을 것이 아닌 줄 알지만 언제나 모든 선지식을 존경하노라."고 하였다.

마음속의 선지식과 바깥의 선지식이 함께 어우러져야 단박에 보리를 깨달을 수 있다. 그러므로 『기신론』에서는 이렇게 말하고 있다. "부처님의 법이 인因도 있고 연緣도 있어서 이와 같이 인연因緣이 갖추어져야만 이룰 수 있는 것이다. 그러나 나무 속에 갖추어져 있는 불의 성질이 곧 불의 정인正因이지만 만일 사람이 이를 몰라 방편을 빌리지 않는다면 나무 스스로가 타는 일은 없는 것처럼, 중생도 비록 본래 정인正因의 훈습력薰習力을 갖추고

---

188) 종보본, 육조대사, 『법보단경』.

는 있으나 만일 제불보살 선지식 등의 뛰어난 인연을 만나지 못하고서는 능히 스스로 번뇌를 끊고 열반에 이를 수가 없는 것이다." 하택선사 역시 주장하기를, 위없는 "보리심을 내는 것이 정인正因이며, 모든 불보살과 진정한 선지식이 위없는 깨달음의 법으로써 마음에 투합하여 구경에 해탈할 수 있게 하는 것이 정연正緣"[189]이라고 하였다. 이와 같이 바른 인연이 구비되어야 해탈할 수 있는 것이다.

오랫동안 생사고해에 윤회하면서 항하사의 오랜 세월(大劫)을 지나도록 해탈할 수 없었던 것은 일찍이 위없는 깨달음의 마음(보리심)을 일으키지 않고 여러 불보살과 진정한 선지식을 만나지 못했기 때문이다. 비록 여러 불보살과 진정한 선지식을 만났다 하더라도 또한 위없는 깨달음의 마음을 일으키지 않았다. 생사고해에 윤회하면서 무량한 항하사의 대겁을 지나도록 해탈할 수 없었던 것은 모두 이러한 이유 때문이다.[190]

오랜 세월 동안 생사윤회하며 해탈하지 못한 연유는 참된 선지식을 만나지 못했기 때문이고, 비록 참된 선지식을 만났을지라도 위없는 깨달음의 마음을 일으키지 않았기 때문이다. 먼저 안으로 위없는 보리심을 발하고 밖으로 진정한 선지식의 가르침에 의지하여야 진여본성을 밝혀 해탈에 이를 수 있는 것이다. 그래서 연수선사는 이렇게 말한다. 처음 보리심을 내어

---
189) 신회, 「단어」.
190) 위의 책.

수행하는 이는 마땅히 선지식을 가까이하여 힘껏 정正과 사邪를 판단하여야 비로소 참된 수행에 계합할 수 있음을 알 것이다. 혹 방편에만 집착한다면 아무리 오랜 세월을 보내도 허송세월을 보내고 말거니와 치우침 없이 지혜롭게 잘 수행하여 원만한 종지宗旨를 얻는다면 노력을 헛되이 하지 않고 바로 도량에 이르러서 길이 의심이 없어질 것이다. 그리고 스스로 깨달을 때에 이르러서는 오직 스승 없는 자연의 지혜(無師智, 自然智)를 증득하되 결정코 사람을 좇아 얻지 아니할 것이다.[191]

실로 법을 사모하는 마음으로 선지식을 공경하여 모시되 그 공경과 모심이 법과 깨달음에 나아가기 위한 지혜의 스승으로 모셔야 한다. 지금처럼 한 문파의 수장으로서의 선지식, 추종자에 의해 인위적으로 모셔지는 도인으로서의 선지식을 극복하여 법과 지혜에 의지하는 수행풍토를 만들어 나갈 때 진정한 선지식불교가 이루어지는 것이다.

---

191) 연수, 『만선동귀집』.

제 4 장

수증
修證

수증
修證

제1절 선오후수 先悟後修

어떻게 수행(修)하고 어떻게 깨달을 것(證)인가를 밝히는 것을 수증론修證論이라 한다. 그리고 점차漸次로 단계를 두고 수행해서 깨달을 것인가, 아니면 단박에 깨달음에 나아갈 것인가에 대한 관점을 밝히는 것을 돈점수증론頓漸修證論이라고 한다. 유구한 불교 역사 속에서 여러 가지 수증론이 제기되었으며, 돈점에 대한 서로 다른 견해로 인해 이른바 돈점논쟁頓漸論爭 또한 끊임없이 전개되어 왔다. 그 가운데서 한국불교에서는 주로 돈오점수(頓悟漸修: 단박 깨치고 점차 닦음)와 돈오돈수(頓悟頓修: 단박 깨치고 단박 닦음)의 논쟁이 제기되어 지금까지도 잠재적으로 진행 중이라고 할 수 있다. 역사적으로 돈점논쟁은 주로 근기론根機論[192]과 경지론境地論[193]의 입장에서 전개되어진 측면이 농후하다고 할 수 있다.

돈점논쟁은 종밀과 연수 등에 의해 이미 회통會通적 관점에서 원융하게 회통되어진 바 있으며, 오늘날에 와서도 여러 학자나 수행자들에 의해 이미 근기론과 경지론을 융회하여 성수불이(性修不二: 깨달음과 닦음이 둘이 아님), 돈점쌍즉(頓漸雙卽: 돈점이 서로 하나 됨)의 입장에서 회통적 이론과 실천의 지평을 정

---

192) 근기론(根機論)이란 사람의 근기(상근기, 중근기, 하근기)에 따라 수증의 방법이 다르게 적용되는 것을 말한다. 예를 들어 최상근기는 돈오돈수로 수증문을 삼으며, 중하근기는 점수돈오, 돈오점수로 수증문을 삼는다고 주장하는 것을 말한다.
193) 경지론(境地論)이란 돈오돈수는 깨달음의 경지가 높다고 생각하여 완전한 깨달음이라고 주장하고, 돈오점수는 깨달음이 하열하여 불완전한 깨달음이라고 주장하는 것을 말한다.

립하고 있다.[194]

　돈점회통의 입장에서 돈오점수를 중심으로 한 선오후수先悟後修의 수증론에 대해 밝혀보고자 한다. 종밀은 여러 가지 돈점수증론을 제시하고 결국 회통의 입장에서 먼저 돈오하고 그 깨달음에 의해 점차 닦는 돈오점수를 가장 선호하면서 천성千聖의 궤철(軌轍: 법칙, 모범)이라고 주장한 바 있다. 아울러 종밀은 깨달음에 의해 닦는 돈오점수를 달마문하에 전해 내려오고 있는 최고의 으뜸가는 선(最上乘禪)이라고 규정하고 있다.

> 　만약 자심이 본래 청정하여 원래 번뇌가 없고 무루의 지성이 스스로 구족함을 단박에 깨달으면 이 마음이 곧 부처여서 필경에 다름이 없다. 이것(단박 깨달음)에 의거해 닦는 것은 최상승선이며 또한 여래청정선이라 부르며 또한 일행삼매이며 또한 진여삼매이며 이것은 일체삼매의 근본이다. 만약 능히 생각 생각에 수습하면 자연히 점차 백천삼매를 얻게 된다. 달마문하에 서로 전해 내려온 것이 바로 이 선이다.[195]

　종밀의 이러한 돈점관은 신회의 돈점頓漸에 대한 사상을 그대로 계승하고 있다. "수행자는 반드시 단박에 불성을 깨달아 인연을 점차 닦아 이생

---

194) 돈점, 오수에 대한 이론과 실천의 지평을 개연한 많은 학자와 수행자 가운데 학담(鶴潭)스님의 돈점수증론에 대한 평석이 가장 뛰어난 학문적 안목과 수행적 정안(正眼)을 갖춘 것이라 평가할 수 있다. 학담스님은 여러 저서를 통해 수증의 정로를 밝히고 있는데, 그 가운데 특히 『간화선입문』, (도서출판 큰수레, 2009) 「부록」편에 수록한 "보조선사의 선 수행관과 「간화결의론」"에서 명쾌한 선지와 논지로 돈점(頓漸), 오수(悟修)에 대한 정견을 밝혀 주고 있다.
195) 『도서』 卷上之一.

을 떠나지 않고 해탈을 얻는다. 마치 어머니가 애기를 낳으면 완전한 사람이지만 점차로 커서 어른이 되는 것과 같다."[196] 즉 불성의 이치를 단박에 깨닫고 나서 점차적인 수행을 하라는 것은 먼저 깨닫고 난 후 그 깨달음에 의거해서 닦아나가는 "선오후수先悟後修"를 말하는 것이다. 그러면 종문의 정안이라는 영명연수의 돈오점수에 대한 관점은 어떠한가.

> 생각하건대 이 돈오점수는 이미 불승佛乘과 합하여 원만한 뜻에 어긋나지 않는다. 마치 돈오돈수 같은 것도 또한 여러 생에 걸쳐 점차로 닦아 금생에 단박 익은 것이니, 이것은 당사자에 있어 시절인연이 맞아 스스로 증험한 것이다."[197]

내용으로 보아 연수 자신이 돈오점수를 하나의 수증론으로 높이 평가하고 있음을 알 수 있다. 즉 돈오점수가 일체 중생이 모두 가지고 있는 불성을 깨달아 성불할 수 있다는 일불승一佛乘의 교리를 인증하여 제불의 원만한 교설의 뜻에 계합하여 어긋나지 않는다고 말하고 있다. 다시 말하면, 연수에 있어서의 돈오점수는 "상근인에 해당하는" 수증론이라고 말하고 있는 것이다. 돈오돈수 역시 종밀의 돈점관을 계승하여 "다생의 일로 보면 점차 닦아 깨달음에 의해 금생에 돈오한 것이기 때문에 결국 돈오점수로 이해해야 한다."는 것이다.

---

196) 신회, 『신회어록』.
197) 연수, 『만선동귀집』.

아울러 연수는 돈오점수를 논할 때에 『능엄경』에서 설하고 있는 "이돈사점理頓事漸"설[198]을 예로 들어 설명하고 있는데, 이것은 돈점수증론을 이해하는데 매우 중요한 단서를 제공해 주고 있다고 하겠다.

이제 돈오점수를 취하니 깊이 교리에 합한다. 『수능엄경』에 이르기를, '이치(理: 진리)는 비록 단박에 깨달아서(理即頓悟) 깨달음에 의해 아울러 소멸되지만(乘悟倂消), 현상(事: 현실법)은 단박에 제거되지 않아(事非頓除) 차제에 의거해 없어진다(因次第盡). 마치 큰 바다의 맹풍이 단박에 쉬어지나 파도는 점차로 멈추는 것과 같으며, 마치 아이가 태어나자마자 육근이 단박에 다 갖추어졌지만 역량은 점차 구비하는 것과 같고, 햇빛이 단박에 떠오르지만 서리와 이슬은 점차 소멸되는 것과 같다.[199]

『능엄경』에서 설하고 있는 이른바 "이치(진리)는 곧 단박에 깨달아서 그 깨달음에 의거해서 아울러 소멸되지만, 현상(현실법)은 단박에 제거할 수 없어서 차제에 의해 다한다."라는 말을 바꾸어 말하면, 불성의 이치는 단박에 깨달을 수 있지만, 습기(망념)의 현상은 점차로 소멸된다는 것으로 이해할 수 있다. 즉 부파불교 이래의 전통인 이치는 돈오(理頓)요, 현상은 점수(事漸)라는 차원에서의 돈오점수를 말하는 것이다.

이 말의 뜻은 일반적으로 번뇌가 공한 이치는 단박에 깨달아지지만 다

---

198) 이돈사점(理頓事漸)설이란 이치(진리)는 단박에 깨달을 수 있으나, 현상(현실법)은 점차로 소멸시킬 수 있다는 가르침을 말한다. 거의 모든 대승경론에 이돈사점을 설하고 있다.
199) 연수, 『종경록』.

생에 걸쳐 습관적으로 지속된 습기(習氣: 업장)는 그 깨달음에 의해 점차적으로 소멸된다는 것이다. 이러한 경전의 의미는 단박 깨치는 이치의 영역과 점차 없애가는 현실법의 영역을 개인의 해탈과 사회적 실천(보현행)으로 이해해야 한다. 이치(理)는 현상(事)의 이치(理)이며, 현상(事)은 이치(理)의 현상(事)이라는 이사불이理事不二의 입장에서 보면 현실의 사법(事)은 항상 연기된 것이기 때문에 공이다. 공한 줄 단박 깨달으면 현상의 실체성과 닦음과 깨달음의 인과적 필연성마저 깨달음에 의해 단박 사라지므로 인간의 행위는 모습과 닫혀진 개념의 틀을 벗어나 머묾 없는 실천행 즉 보현행으로 전환된다.[200] 이러한 의미로 이理와 사事, 돈頓과 점漸을 이해하게 되면 이理 가운데 사事가 있고 사 가운데 이가 있는 이사원융理事圓融이 되며, 돈頓 가운데 점漸이 있고 점 가운데 돈이 있어 돈과 점을 함께 닦아 들어가는 돈점쌍입頓漸雙入이 되는 것이다. 이렇게 되면 단박 깨침을 떠나 점차 닦음이 따로 있는 것도 아니고, 점차 닦음을 여의고 단박 깨침이 있는 것도 아니어서 말 그대로 원증원수(圓證圓修: 원만한 깨침과 원만한 닦음)가 되어 단박 깨쳐 단박 닦음(頓悟頓修)이라 해도 중도실천에 어긋나지 않고, 단박 깨쳐 점차 닦음(頓悟漸修)이라 해도 중도관행(觀行)에 어긋나지 않는다.

다시 말해 닦음과 깨달음이 둘이 아닌 수오일여修悟一如의 입장에서 보면, 돈점을 함께 닦되(頓漸雙入) 돈점을 함께 버리며(頓漸雙忘), 돈과 점을 세우지 않되(無頓無漸) 돈과 점을 원만하게 닦아서(圓頓圓漸), 닦음 없이 닦고 깨침 없이 깨치니(無修無證) 모든 수행과 모든 깨달음이 그대로 구경원만(圓證圓修)이

---

200) 학담, 『간화선 입문』, p 337~338.

된다. 이것이 진정한 의미에서의 돈점회통의 법문이다. 이러한 의미에서 연수 또한 이理와 사事의 어느 한쪽에 치우치지 않는 "이사원융理事圓融"한 입장에서 돈오원수頓悟圓修를 주장하고 있다.

    다만 일심의 무애하고 자재한 근본을 깨달으면 자연히 이사가 융통(理事融通)하고 진속이 교철(眞俗交徹: 세간과 출세간이 다르지 않음)하게 된다. 만약 사事에 집착하여 이理에 미혹하면 영겁으로 윤회하고, 혹 이를 깨닫고 사를 버리면 이것은 원만한 깨달음(圓證)이 아니다. 어찌된 것이냐. 이사理事는 자심을 떠나지 않았으며, 성상性相이 어찌 한 뜻을 어기겠는가. 만약 종경宗鏡에 들어와서 진심을 돈오하면 아직 이도 아니요 사도 아니라는(非理非事) 글도 없는데 어찌 이니 사니 하는(若理若事) 집착이 있겠는가. 다만 근본(頓悟)을 얻은 후에 또한 원만한 닦음(圓修)을 폐기하지 않는다. 예를 들어 어떤 학인이 본정화상에게 묻기를, "스님께서는 아직 수행하십니까?" 대답하기를, "나의 수행과 너의 수행은 다르다. 너는 먼저 닦고 후에 깨닫지만, 나는 먼저 깨닫고 뒤에 닦는다. 만약 먼저 닦고 뒤에 깨달으면 이것은 공이 있는 공(有功之功)이라서 그 공이 생멸에 돌아가지만, 먼저 깨닫고 뒤에 닦음은 공이 없는 공(無功之功)이라서 그 공은 헛되게 버려지지 않는다."[201]

연수는 이치를 돈오한 후에 현상을 점수하는 것이 돈오원수頓悟圓修라고

---

201) 연수, 『종경록』 卷第十五.

주장하고 있다. 근본(頓悟)을 얻은 후에 또한 원만한 닦음(圓修)을 폐기하지 않는, 즉 먼저 깨닫고 후에 닦는 선오후수先悟後修가 돈오원수라고 주장하고 있다. 아울러 혜능의 제자 본정선사가 말한 먼저 깨닫고 뒤에 닦는 것(先悟後修)이 노력(功)이 없는 노력, 즉 닦음이 없는 닦음(無修之修)으로써 진정한 수증원칙이라고 강조하고 있다.

돈점회통의 관점을 토대로 하여 다시 종문의 여러 조사들의 돈오와 점수에 대한 견해는 어떠한지 살펴보도록 하자. 먼저 위앙종의 개조 위산영우는 "단박 깨달은(頓悟) 사람도 더 닦을 것이 있습니까?"라는 물음에 대해, "만약 참으로 근본을 깨달은 이라면 닦느니 닦지 않느니 하는 두 가지 말을 스스로 안다. 마치 처음 발심하여 비록 인연 따라 한 생각에 자리(自理: 佛性)를 돈오했더라도 무시이래의 습기習氣는 단박에 제거(頓除)하기 어렵기 때문에, 반드시 현재 업을 짓고 있는 의식(妄念)을 없애는 데 힘쓰는 것이 닦는 것이다."202)라고 하여 돈오에 의한 점차적인 닦음을 강조하고 있다. 먼저 깨닫고 그 깨달음에 의해 점차 습기를 제거해야 한다고 주장하고 있다. 마조의 제자 장경회휘章敬懷暉의 사법인 대천복사 홍변선사 역시 돈오와 점수에 대한 물음에 이렇게 대답하고 있다.

자기의 성품이 부처와 같음을 단박에 밝혔으나(頓明) 시작 없는 옛날부터 오염된 습기가 있으므로 점차의 닦음(漸修)을 빌어 대치하여 성품에 따라 작용을 일으킨다. 마치 사람이 밥을 먹음에 첫술에 배가 부를 수 없

---

202) 『위산록』.

는 것과 같다.203)

자성의 이치를 단박에 깨달았다 하더라도 다생의 습기는 하루아침에 바로 소멸되지 않기 때문에 점수를 의지해 닦아야 한다는 것이다. 그리고 법안종의 개조開祖 법안문익도 『종문십규론宗門十規論』「자서自敍」에서 말하기를, "비록 이치(理)는 단박에 밝힐 수 있지만, 현상(事)은 반드시 점차 증득해야 한다."204)라고 주장하고 있음을 볼 수 있다. 그리고 간화선의 개창자 대혜종고 역시 『서장書狀』에서 이참정李參政에게 보내는 답서에 『능엄경』을 인용하여 이렇게 말하고 있다.

전날에 말하기를, '이치는 곧 단박에 깨달아서(理則頓悟) 그 깨달음으로 의거해서 아울러 녹아지지만(乘悟併銷), 현상은 곧 점차로 제거해야 하니(事則漸除) 차제로 인해 없어진다(因次第盡).'라고 하였으니, 행주좌와에 절대로 잊어서는 안 된다. 그 외 고인의 가지가지 서로 다른 말들도 모두 진실로 여겨서는 안 된다. 그렇다고 또한 허망한 것으로 생각해도 안 된다. 공부가 오래오래 익다 보면 자연스레 묵묵히 자기의 본심에 계합할 것이다. 달리 수승하고 기특한 것을 구할 필요가 없다.205)

간화선의 창시자인 대혜종고 또한 영명연수가 돈오점수를 설명할 때 인

---
203) 『전등록』.
204) 『법안록』.
205) 대혜, 『서장』.

용한 『능엄경』의 내용을 그대로 인용하여 이참정李參政 등 거사들에게 보내는 서간에서 똑같이 화두공부에 대해 격려를 하고 있음은 대단히 주목할 만하다. 이와 같이 종문의 종사들은 원융하고 포용적인 자세로 돈점을 수용하고 있음을 볼 수 있다.

원대의 간화선의 큰 스승인 몽산덕이 역시 화두참구로 심의식心意識을 제거하는 돈오로서의 증오를 말하고 돈오 후에 점수를 할 것을 제시하고 있음을 볼 수 있다.

> 도道로써 심의식心意識을 제거하고, 참구하여 성인과 범부의 길과 배움과 구경의 경지를 끊어 버려라. 끊어 던져 버리는 것은 배워서 이해하는 무리들과는 전혀 다르다. 그러나 진리(理)는 단박에 깨치지만(頓悟) 현실법(事)은 점차 닦는다(漸修). 여러 생의 습기를 어찌 단박에 다할 수가 있겠는가. 깨달은 이후에 비범한 숙세의 습기는 자연히 차제로 소멸된다. 이로써 이 도인은 옛날의 그 사람이지만 옛날의 행동은 바뀌어져 버린다. 혹시 옛날의 행동을 없애지 못하면 깨달아 밝힌 사람이 아니다. 206)

그리고 명말明末 사대가四大家에 속하는 감산덕청도 돈오점수의 가풍을 선양하고 있음을 볼 수 있다. 『감산대사전집』 1권에서 "소위 돈오점수는 먼저 깨달음이 관철되었더라도 다만 습기가 아직 갑자기 깨끗해질 수 없기 때문에, 일체의 경계상에 나아가 깨달은 그 이치(理)로써 관조하는 힘을

---
206) 덕이, 「몽산법어」.

일으켜 경계를 거치며 마음을 점검하여, 일분一分의 경계를 얻고 일분의 법신을 증득하며, 일분의 망상을 없애고 일분의 본지本智를 드러내는 것이다. 이것은 모두 면밀한 공부에 있다."라고 설하여 먼저 깨닫고 후에 닦는 것을 강조하고 있다.

보조스님 또한 이르기를 "도에 들어가는 데는 많은 문이 있으나 요점을 말하면 돈오와 점수의 양문을 떠나지 않는다."[207]라고 하였고, 나아가 종밀과 똑같이 "이 돈점 양문이 천성千聖의 궤철(軌轍: 법칙, 모범)이다"[208]라고 주장하고 있다. 서산대사 청허당도 이렇게 말하고 있다.

만약 수행을 하려면 먼저 반드시 돈오해야 한다. 바라건대 모든 도 닦는 자는 자기의 마음을 깊이 믿어 스스로 굽히지도 않고 높이지도 말아야 한다. 이 마음이 평등하여 본래 범부와 성인이 따로 없다. 그러나 사람에 의거하면 미오(迷悟: 미혹과 깨달음)와 범성(凡聖: 범부와 성인)이 있다. 스승의 격발에 의지하여 홀연히 참나를 깨달으면 부처와 다름이 없게 되는 것을 돈頓이라 한다. 이것은 스스로 굽히지 않는 것이니, 마치 '본래 한 물건도 없다.'라고 한 것이 그것이다. 깨달음에 의해 습기를 끊어서 범부를 굴려 성인을 이루는 것을 점漸이라 한다. 그러므로 스스로 높이지 말 것이니 저 '항상 부지런히 털고 닦으라.'고 한 것이 그것이다.[209]

---

207) 보조, 『수심결』.
208) 위의 책.
209) 청허, 『선가귀감』.

청허스님은 "본래 한 물건도 없다."는 남종의 돈오와 "항상 부지런히 털고 닦으라."는 북종의 점수를 인용하여 돈오와 점수를 정의하고 있다. 일체가 공한 진여본성을 깨닫지 못하고 불조복不調伏의 중생상(相)에 떨어져 있는 자를 위해 번뇌는 연기되어 "본래 한 물건도 없는" 공空임을 깨달아야 한다고 일러주고, 번뇌가 공하여 닦을 것도 없다는 조복상調伏相에 갇혀 닦음의 보현행을 실천하지 않는 자를 위해 닦지 않을 것도 없다는 의미로 "항상 부지런히 털고 닦으라."고 일러주는 것이다. 그리고 참나를 단박 깨닫는 견성을 돈오頓悟에 배대配對하고, 그 깨달음에 의해 보현행을 실천하여 성불成佛하는 것을 점수漸修에 배대하고 있다. 이러한 관점에 의거해 청허는 그의 저술 도처에 기본적으로 돈오점수를 말하고 있다. 그 예로『선가귀감』에서『능엄경』을 인용해서 "이치는 비록 단박 깨달으나 현상은 단박에 제거할 수 없다."[210]라고 한 것과 "깨달음이 만약 철저하지 못하면 닦음이 어찌 진짜이겠는가."[211]라고 한 것도 궤를 같이 하는 말이라고 할 수 있다. 청허의 재전제자인 운봉대지 역시『심성론心性論』에서 자연스레 돈오점수론을 밝혀 선오후수를 옹호하고 있다.

도에 들어가는 데는 여러 문이 있으나 요긴하게 말하면 돈오와 점수의 양문을 떠나지 않는다. 비록 돈오돈수를 말하나 이것은 최상근기가 들어가는 것이다. 만약 과거를 미루어 보면 이미 다생의 깨달음에 의해 닦

---

210) 청허, 『선가귀감』.
211) 위의 책.

아서 점차 훈습하여 와서 금생에 이르러 한 번 듣고 바로 깨달아 일시에 단박 마친 것이니, 실제로 논하면 이 또한 먼저 깨닫고 나중에 깨달은 근기이다. 즉 돈점 양문은 모든 부처님이 가르친 법칙이다.

예로부터 모든 성인은 먼저 깨닫고 후에 닦으며(先悟後修), 닦음에 의해 증득하는 것이라고 하였다. 말한 바 신통변화는 깨달음에 의해 닦아서 점차로 훈습하여 나타나는 것이지, 깨달을 때 바로 나타난다고 말하지 말라. 그러므로 이치는 단박에 깨달으나 (현상은) 차제에 의해 다하는 것이다.[212]

모든 성인은 먼저 깨닫고 후에 닦는 선오후수先悟後修를 법칙으로 세운다는 종래의 견해를 답습하고 있다. 깨달음에 의거하지 않는 수행은 온전한 수행이 될 수 없다는 것이다. "닦음이 깨닫기 이전에 있다면 비록 공력을 쓰는 것을 잊지 않고 생각 생각마다 익히고 닦지만 생각이 붙는 것마다 의심이 생겨서 걸림이 없을 수 없다. 마치 어떤 물건이 가슴 속에 걸려 있어서 불안한 모습이 항상 앞에 나타나 있는 것처럼, 날이 오래되고 달이 깊어 상대해 다스리는 공력이 익으면 몸과 마음의 객진 번뇌가 가볍고 편안한 듯하다. 비록 가볍고 편안하지만 의심의 뿌리가 아직 끊어지지 않는 것이 마치 돌로 풀을 누른 것과 같아서, 오히려 나고 죽음의 세계에 자재할 수 없는 것과 같다. 그러므로 '깨닫기 이전의 닦음은 참된 닦음이 아니다.'라고 말하는 것이다."[213] 이것은 반드시 먼저 깨닫고 그 깨달음에 의지해 닦아

---

212) 운봉, 「심성론」.
213) 보조, 「수심결」.

나가라고 말하는 것이다. 경허스님 또한 화엄사의 대강백이었던 진응震應 화상에게 답하는 게송에서 돈오점수적인 내용을 담고 있으니, 이 역시 선오후수先悟後修의 당위성을 증명하고 있는 것이다.

> 돈오하여 이치를 깨달음은 부처님과 동일하나(頓悟雖同佛), 다생으로 익혀 온 습기는 오히려 생생하네(多生習氣生). 바람은 잠잠하나 아직 파도는 솟구치듯(風靜波尙湧), 이치는 분명해도 망념은 여전히 침범하네(理顯念猶侵).[214]

이와 같이 종문의 많은 선지식들이 한결같이 먼저 돈오한 연후에 그 깨달음에 의거해서 점차 닦아 나아가는 선오후수先悟後修를 모든 부처님과 조사가 제시한 모범의 수증 방법이라고 설하고 있음을 알 수 있다. 그런데 이와 같은 선오후수의 논리에서 보면, 돈오점수가 가장 합당한 수증론이 되는 것이다. 아울러 돈오돈수에 대해서도 역시 많은 조사들이 한결같이 금생에서 보면 돈오돈수이지만 여러 생에 걸쳐 깨달음에 의해 점차로 닦아 금생에 단박에 익숙해진 것이기 때문에, 다생의 입장에서 보면 돈오점수의 한 형태에 불과하다고 주장하고 있다. 따라서 오직 돈오점수 한 문만이 불승佛乘에 합한다고 논증하고 있는 것이다.

이상의 내용을 종합해 보면 결국 먼저 깨닫고 그 깨달음에 의거해 닦는 선오후수先悟後修가 수증의 대의임을 알 수 있다. 그리고 전통의 해오와 증

---

214) 「경허법어」.

오에 대해서도 깨달음의 깊고 얕음에 의한 구분이 아니라, 먼저 깨닫고 나중 닦으면 해오이며, 먼저 닦고 나중 깨달으면 증오가 되는 것이다.

그런데 이와 같은 해오와 증오에 대한 이해가 현대에 와서는 전통적인 입장과는 완전히 다르게 이해되고 있는 것 또한 사실이다. 즉 해오解悟는 지해知解로서 알음알이의 깨달음을 가리키는 말이 되었으며, 증오는 지혜智慧로서 진여불성의 이치를 깨닫는 견성見性의 의미로 이해되고 있다. 다시 말하면 해오解悟는 유루지有漏智로서 의식을 전환하여 여실지견如實知見을 얻는 범부각凡夫覺으로 정의되고 있으며, 증오證悟는 종래의 의미와 같이 견성오도見性悟道함으로써 진여자성을 깨달아 성인의 지위에 나아가는 성인각聖人覺으로 정의되고 있다.

이와 같은 해오와 증오에 대한 인식을 바탕으로 하여, 해오는 범부의 깨달음임을 인정하고, 증오는 구경각이 아니라 성인위에 들어가는 깨달음이라고 정의하여 해오와 증오를 통한 선오후수를 강조하고자 한다.

이러한 의지意志를 가장 두드러지게 밝힌 분이 현대를 살다 간 선지식 청화선사라고 생각된다. 청화스님은 돈오를 범부각凡夫覺으로서의 돈오와 성인각聖人覺으로서의 돈오로 구분하여 중생과 성인의 깨달음 모두에 돈오가 있음을 밝히고, 아울러 범부의 돈오를 해오解悟라 하고, 성인의 돈오를 증오證悟라고 정의하면서 범부는 해오에 의해, 성인은 증오에 의해 선오후수先悟後修해야 한다고 주장하고 있다. 『원통불법의 요체』에서 다음과 같이 주장하고 있다.

해오解悟는 사선근위四善根位에서 여실지해如實知解를 돈오頓悟함이라는 말입니다. 여기에서의 지해知解는 반야지혜(智慧)가 아니고 그냥 범부지 견凡夫知見이라는 말인 셈입니다. 범부의 지견으로 해서 돈오함이라, 돈오라는 말을 여기에도 씁니다. 돈오의 말에도 깊고 옅은 차이가 있습니다. 여기에서는 사오(似悟: 닮은 깨달음)입니다. 즉 참다운 깨달음은 못되는 상사각相似覺이라, 각에 닮은 각인 것이지 본래 본각本覺자리를 여실히 본 것은 아닙니다. 그러니까 아직은 범부위凡夫位입니다. 215)

사선근四善根이란 근본불교에서 설하고 있는 네 가지 가행(四加行)으로서 난煖·정頂·인忍·세제일법世第一法을216) 말한다. 즉 수행자가 성인위聖人位에 이르기 전에 중생의 마지막 단계인 가행위加行位에 이르러 선근을 낳게 하기 위해 수행하는 네 가지 계위階位를 말한다. 이 사선근위에 올라 여실한 지견으로 돈오하는 것을 해오解悟라고 정의하고 있다. 이 해오는 견성으로서의 확철대오는 못되지만 불변수연不變隨緣217)의 이치, 성상체용性相體

---

215) 청화, 『원통불법의 요체』, (광륜출판사, 2008), p 58~59.
216) 사선근(四善根)이란 난(煖)·정(頂)·인(忍)·세제일법(世第一法)을 말하며, 성위(聖位)에 이르는 준비의 수행을 하는 단계이다. 난위(煖位)는 사선근의 첫째 단계이며, 말 그대로 따스한 기운이 불에 접근한 징조이듯이 견도(見道)의 무루혜(無漏慧)에 접근하여 유루(有漏)의 선근을 낳는 위계이다. 즉 사제(四諦)를 관해서 십육행상(十六行相)을 닦는 단계를 말한다. 정위(頂位)는 사선근의 둘째 위계로서 유루의 선근 중에서 최고의 단계이므로 이렇게 부른다. 사제(四諦)의 십육행상을 닦는데 아직 유루의 단계이므로 인위(忍位)로 나아갈 가능성과 아울러 난위(煖位)로 퇴전할 가능성이 함께 있는 위계이다. 인위(忍位)란 사제의 도리를 인정해서 받아들이는 단계이다. 사제에 대한 이해가 확정적인 것이 된 위계를 말한다. 유루지로서 도달할 수 있는 최고의 단계를 세제일법(世第一法)이라 한다. 이 단계에 이어서 무루지(無漏智)가 생겨 견도(見道)에 들어가게 된다. 범부로 이를 수 있는 최고의 위계이다.
217) 불변(不變)은 변하지 않는다는 뜻인데, 진리의 본체적인 공적(空寂)을 말하고, 수연(隨緣)은 진리의 작용인 영지(靈知)를 말한다. 불변이며 수연이고, 수연이며 불변인 것이 체용일여(體用一如)이다.

用[218]의 이치에 대해 막힘이 없는 자리를 말하고 있다. 그런데 이 해오도 그냥 이론만 가지고 되는 것이 아니고, 경론을 통해 이론적으로 체계를 세우고 참선을 통해 선정을 체득해야 도달할 수 있는 자리라고 보고 있다.

다시 말하면 경전이나 법문을 통해 중도정관(中道正觀: 正見)을 확립하고, 그 바탕 위에 참선수행을 통해 선정禪定의 힘을 얻어 어느 순간 정수리가 한 번 시원해지는 상응相應이 있어 불이중도不二中道의 법에 막힘이 없어야 되는 것이다. 즉 어떤 사물이나 경전을 보더라도 '아! 그렇구나.' 하고 짐작되어 교상敎相에 걸림이 없는 자리가 해오라고 말하고 있는 것이다. 해오를 하게 되면 법희선열法喜禪悅을 느끼고 참선을 통해 경안輕安을 느끼게 된다. 경안이란 "경신안심輕身安心"으로 바깥 경계에 흔들림이 없어 몸이 가벼워지고 마음이 편안한 상태가 되는 경지를 말한다. 중생이되 이미 중생의 가장 윗자리인 세간에서 제일의 법(世第一法)을 체득한 경안지輕安地를 얻음이 해오인 것이다.

보조는 이렇게 설하고 있다. "비록 먼저 단박 깨달았지만(頓悟) 번뇌가 두텁고 습기가 굳고 무거워 경계를 대하면 생각 생각마다 망정을 일으키고 연緣을 만나면 마음 마음마다 대상을 만들어서 저 혼침과 산란의 부림을 입어 공적한 가운데 신령한 앎이 항상 그러함을 모르는 사람이라면, 곧 수상문隨相門의 정혜定慧를 빌려 상대해 다스림을 잊지 않고 혼침과 산란을 고

---

218) 일체 법에 모양이 있음을 상(相)이라 하고, 그 상이 공한 성품을 일러 성(性)이라 한다. 성품(性)을 바탕(體)이라 하고, 성품에는 팔만 사천의 작용(用)이 있어서 체용일여(體用一如)라고 말한다. 아울러 성품은 변함이 없는 바탕이므로 불변(不變)이라 표현하며, 그 작용인 상(相)은 인연에 따르므로 수연(隨緣)이라 표현한다. 모두 다 불이중도(不二中道)의 이치를 드러내는 말이다.

르게 조화시켜 함이 없음(無爲)에 들어가는 것이 마땅하다. 비록 상대해 다스리는 공부를 빌려 잠시 습기를 조화시키기는 하지만, 먼저 마음의 성품이 본래 청정하고 번뇌가 본래 공함을 단박 깨달았기 때문에 점문의 하열한 근기의 번뇌에 물든 닦음에는 떨어지지 않는다." 여기서 설하고 있는 돈오가 해오에 해당된다고 가정하면 수상문의 정혜를 의거해 증오의 돈오로 나아가야 하는 것이다.

> 증오證悟는 체험적으로 진여불성 자리를 현관現觀해서 깨닫는 자리입니다. 이것은 견도見道할 때, 선종식으로 말하면 갓 견성할 때에, 초견성이라고도 합니다. 초견성이란 말도 선가禪家에서 내려왔습니다. 그 자리가 견도의 자리입니다. …… 그래서 견도는 바로 견성이고, 보살 십지十地로 말하면 보살 초환희지初歡喜地입니다.[219]

증오는 견도見道를 말하는데 선禪에서는 초견성初見性이라 말한다. 근본불교에서 말하는 견도見道를 대승불교나 선불교에서 말하는 견성見性과 일치시키고 있다. 즉 욕계의 번뇌를 떠나고 스스로의 성품을 깨달아 오직 일미평등一味平等한 진여의 자리를 얻는 보살 초지인 환희지歡喜地에 나아가는 것을 증오證悟라고 정의하고 있다. 이 증오로부터 범부의 지위를 벗어나 성위聖位에 나아가는 것이다. 이러한 관점의 토대 위에 청화는 수증론의 입장에서 선오후수先悟後修를 강조하고 있다. 선오후수의 증거로 보조의 돈오점

---

219) 청화, 『원통불법의 요체』, p 59~60.

수를 들고 있음을 볼 수 있다. "보조스님은 약 800년 전에 계셨던 분입니다. 한국불교가 선교일치禪敎一致의 회통불교會通佛敎의 분위기 때문인지는 몰라도 아직까지 돈오점수에 대하여 이의異議를 제기한 분은 없다고 생각됩니다." 이와 같이 보조의 돈오점수 사상을 자세히 인용하면서 선오후수를 논증하고 있으며 『수심결』의 내용을 인용하여 돈오와 점수에 대한 견해를 다음과 같이 피력하고 있다.

'범부가 미혹할 때는 지地·수水·화火·풍風 사대四大를 몸으로 하고 망상을 마음으로 한다. 차별을 떠나서 신령스럽게 깨달은 자기 마음이 바로 참다운 부처임을 미처 모르다가 밖으로 향하는 대상적인 생각을 돌이켜서 자기 본성을 볼 때에, 견성한 자리에서 볼 때는 원래 번뇌가 없고, 번뇌에 때묻지 않은 지성智性이 본래 스스로 원만히 갖추어져 있다. 그리고 이 자리는 바로 부처와 더불어 눈꼽만큼도 차이가 없다.'는 말입니다.[220]

문득 자기 본성을 깨달으면 부처와 더불어서 조금도 차이가 없지만, 과거 숙세 무시無始이래로 우리가 익혀 내려온 번뇌의 습기가 있어 문득 제거하기가 쉽지 않다. 그러므로 깨달음에 의지해서 닦는다는 말입니다. 깨달음에 의지해서 닦으면 점차로 훈수熏修해서 공덕이 성취된다. 성자의 태를 오랫동안 길러 두고두고 일구월심日久月深으로 닦아 나가서 비

---

[220] 청화, 『원통불법의 요체』, p 39.

로소 참다운 구경지究竟地인 성인聖人의 지위가 된다. 그러므로 점차로 닦는다(漸修)고 하는 보조국사의 말씀입니다. [221]

이와 같이 보조국사의 돈오와 점수에 대한 관점을 소개하고 근기론의 입장에서 육조스님의 돈점頓漸에 대한 견해를 인용하여 "원래 법에는 돈법頓法과 점법漸法이 없으나, 사람의 근기에는 날카로움(利)과 둔함(鈍)이 있다. 고로 돈과 점이라는 말을 할 수 있다."라고 말했다. 그리고는 연수선사 등 여러 조사가 그랬듯이 『능엄경』의 돈점관인 "이치는 문득 깨닫는 것이나(理卽頓悟), 현상은 문득 제거할 수 없다(事非頓除). 깨달음에 편승해서 닦아나가면(乘悟倂消), 차제에 따라서 다 끊어진다(因次而盡)."라는 구절을 인용하여 돈오점수에 대한 경전의 근거를 대고 있다. 그리고 돈점회통의 중도적 입장에서 "점수에 치우쳐 자꾸만 계급(지위)을 따지고 고하高下, 심천深淺을 가리는 사람들에게는 돈오돈수로써 마땅히 분별을 쳐부수어야 하겠지요. 그러나 '본래 부처인데 닦을 것이 무엇인가.' 하는 분들한테는 점차로 닦아 나가는 점수를 역설하는 것입니다."[222]

이와 같이 종밀, 연수와 마찬가지로 돈오와 점수를 중도의 입장에서 설명하고 있다. 즉 진여본성이 그대로 갖추어진 본각本覺, 즉 본래부처를 강조하는 입장에서 닦을 것이 없다고 주장하면서 번뇌의 공성空性 그대로가 부처라고 하여 수행을 폐기하는 이들을 위해서 점차적인 닦음이 있음을 보

---
221) 청화, 『원통불법의 요체』, p 40~44.
222) 위의 책, p 46~47.

여 주고, 번뇌가 본래 공한 줄 모르고 닦아서 멸해야 할 번뇌가 실로 있다고 집착하는 이들을 위해 번뇌가 공함을 단박 깨닫게 하여 그 공한 상相마저 여의게 하기 위해 돈오돈수를 보여 주고 있다는 것이다. 이것은 돈오와 점수를 실천 수행적 중도로 해석하여 돈오점수라는 수증론을 도출해 내고 있는 것이다. 결국 돈오점수를 강조하는 것은 다름이 아니라, 먼저 깨닫고 그 깨달음에 의지해서 닦는 것(先悟後修)이 올바른 수증의 방법임을 나타내 보이기 위함이다.

보조 또한 이렇게 설하고 있다. "만약 번뇌가 엷고 몸과 마음이 가볍고 편안하여 선善에서 선을 떠나고 악惡에서 악을 여의어 팔풍八風223)에 움직이지 않고 삼수三受224)에 고요한 사람이라면, 자성정혜自性定慧를 의지하여 자유로이 정혜를 함께 닦는다. 천진하여 지음이 없으며 움직이고 고요함이 항상 선禪이어서 자연의 이치를 성취하니, 어찌 수상문隨相門의 상대해 다스리는 뜻을 빌리겠는가. 병이 없으면 약을 구하지 않는다." 이 법문이 증오로서의 돈오 이후에 닦음이 없이 닦는 무염수無染修라고 한다면 마땅히 자성정혜를 의거해 구경의 부처를 이루어 나가야 할 것이다. 이른바 무염수無染修란 오염이 없는 수행을 말하는 것이다. 즉 이미 돈오하여 견성을 했기 때문에 이후에 닦는 점수는 이미 닦음 없이 닦는 무수지수無修之修가 되는 것이다. 그래서 증오 이후의 점수는 오염이 없이 닦는 수행이 되는 것이다.

이와 같이 돈오를 범부각凡夫覺인 해오解悟와 성인각聖人覺인 증오證悟로

---

223) 팔풍은 사람의 마음을 동요시키는 여덟 가지의 기쁨과 괴로움의 상태를 말한다. 즉 이익(利), 손해(衰), 상처(毁), 명예(譽), 칭찬(稱), 욕함(譏), 괴로움(苦), 즐거움(樂) 등을 가리킨다.
224) 삼수(三受)란 괴로움(苦), 즐거움(樂), 괴롭지도 즐겁지도 않음(不苦不樂)의 세 종류의 느낌을 말한다.

구분하고, 해오에 의한 돈오점수와 증오에 의한 돈오점수를 나누어 깨달음과 수행을 실천하게 하는 선오후수先悟後修의 수증론을 제시한 것은 획기적인 수증방편이라 평가할 수 있다. 이와 같이 범부와 성인, 해오와 증오를 구분하여 선오후수의 수증론을 세운 것은 여러 경론에서 설하고 있는 전통의 수증론을 계승하되 중생의 현실적 고통의 입장에 서서 속히 번뇌를 여의고 해탈을 증득하게 하고자 하는 대승보살의 비원이 담겨 있는 충정이라고 보여진다. 철저히 고통받고 있는 중생의 입장에 서서 일상생활 그 가운데서 바로 번뇌와 생사로부터 놓여나는 돈오해탈의 실천이 중요 관건이지 종교 실천이 없는 희론은 아무런 가치가 없는 것이다. 인간에 대한 현실적 인식이 결여된 수증론은 의의가 없다. 이런 의미에서 종밀은 일찍이 "탐진치 삼독이 그대로 공하다면 일체의 마음 또한 없을 텐데 어찌하여 대치하는 수행이 필요합니까?"라는 물음에 이렇게 대답한 적이 있다.

    만약 네가 지금 중병에 걸려 고통을 받고 있다면, 고통이 바로 공하여 병 역시 실체가 없을 텐데 어찌 약으로 치료할 필요가 있겠는가. 탐진치가 본래 공하지만 능히 업을 일으키고, 업 또한 공하지만 고통을 수반하게 되고, 고통 역시 공하지만 참기가 어렵다. 업이 공하지만 공 또한 업을 짓게 되니, 마치 지옥의 불에 삶기는 아픔이 공하지만 그러한 공 역시 고통으로 나타나지 않느냐. 지금 어떤 사람이 불로 지지고 칼로 베이는 고통을 받고 있다면 어떻게 감당할 수 있겠는가. 요즘 수행하는 사람들을 보면 귀에 거슬리는 말 한마디도 감당하기 어려운데 불에 데이고 칼로 베임의 고통이야 더 말할 나위가 있겠는가.

종밀스님이 이러한 현실 인식에서 출발하여 여러 수증론을 시설하고 그 가운데 돈오점수를 강조하였듯이, 청화스님 역시 이러한 고통에 힘겨워하는 중생의 현실을 감안하여 거기에 맞는 수증론을 제시하고 있는 것이다. 즉 기존의 돈점논쟁에서 제기된 돈頓과 점漸, 오悟와 수修의 문제를 계승하되, 진일보하여 수증론의 현실적 적용에 따른 여러 가지 문제에 착안하여 그것을 발전적으로 해소시키고 있는 것이다. 다시 말하면 방편에 의해 제시된 돈오돈수頓悟頓修, 등각견성等覺見性, 구경성불究竟成佛[225] 등의 수증론이 경지론적 절대이론으로 받아들여져, 천 년에 한 번 나올까 말까한 도인道人을 위한 것으로 이해된다면, 절대 다수의 많은 사람들은 스스로 도저히 그 경지에 이를 수 없다는 중생상衆生相에 빠져 퇴굴심退屈心만 내게 되어 수행과 깨달음과는 전혀 무관한 삶을 살게 될 것이다. 그래서 애민哀愍중생하는 보살심으로 불법에 연緣이 수승하지 못한 하근인들을 위해 해오와 증오에 의한 두 종류의 선오후수를 정립하여 수증에 대한 신심과 발심을 고취시키고 있는 것이다. 『원통불법의 요체』에서 구체적으로 해오와 증오, 범부위와 성인위로 구분한 돈오점수(선오후수)의 수증론을 다음과 같은 도표[226]로 보여 주고 있다.

---

[225] 보살 52위 가운데 맨 윗자리인 등각(等覺)에 견성한다는 것이 등각견성이며, 등각에 견성하여 구경(究竟)의 불지(佛地)에 이르러 성불한다는 것이 구경성불이다.
[226] 『원통불법의 요체』, p 57.

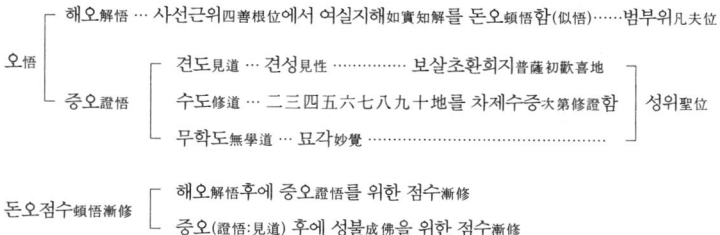

 이 도표에 의해 다시 설명하면, 먼저 깨달음(悟)을 범부위의 해오解悟와 성인위의 증오證悟로 구분하고 있다. 즉 해오를 중생의 깨달음으로 인정하며 근본불교에서 설하고 있는 사선근위에서 여실지해如實知解를 돈오頓悟하는 상사각(相似覺: 닮은 깨달음)으로 설정하고 있다. 그 다음 증오를 세 단계로 구분하여 첫째 단계는 근본불교의 견도見道와 선종의 견성見性을 하나로 보고 보살의 초지인 환희지를 얻는 것으로 설명하고 있다. 둘째 단계는 수도修道로서 보살의 2지二地로부터 10지十地를 차제로 수증하는 것으로 되어 있다. 셋째 단계는 무학도無學道로서 보살 십지 후의 묘각妙覺을 말하는 것이다. 이 세 단계 모두 증오證悟로서 성위聖位에 배대하고 있다. 그래서 돈오점수의 돈오頓悟를 범부위에서 해오와 성인위에서의 증오로 구분하여 이해하며, 점수(解悟)를 해오한 연후에 증오를 위한 점수와 증오(견도)한 연후에 성불을 위한 점수로 나누어 설명하고 있다.

 여기서 특이한 점은 돈오를 중생의 해오와 성인의 증오로 나누어서 종전의 돈점논쟁에서 쟁점이 되었던 여러 가지 요소들을 포용하고 있으며, 아울러 점수를 해오에 의한 점수와 돈오에 의한 점수로 나누어 돈오점수에 통일시키고 있다는 점이다. 즉 중생의 해오나 성인의 증오 모두 완전한 구경각으로 인정하지 않음으로써 설사 깨달았다(해오와 증오) 하더라도 부단한 정진을 통해 구경원만으로 나아가는 보현행普賢行으로서의 점수가 요청된다는 것이다.

중생으로서 해오를 성취하고 난 다음 당연히 증오를 위한 점수가 필요하며, 또한 보살 초지에서 증오(견성)했다 하더라도 그것이 구경각究竟覺이 아니기에 성불을 위한 점수가 필요한 것이다. 물론 한 단계 한 단계 차제로 닦는 점수도 있으며, 차제적 단계를 뛰어넘는 간초間超 혹은 돈초頓超가 있을 수도 있음을 인정하고 있다. 경전에 이르기를 "불佛이란 각覺이며, 각覺이란 자각自覺, 각타覺他, 각만覺滿이다."라고 하였다. 스스로 깨달음이 자각自覺이며, 다른 이를 깨닫게 함이 각타覺他이며, 자각과 각타가 원만히 성취되어 부처를 이룸이 각만覺滿이다. 구경각을 이루어 성불한다는 것은 자각·각타·각만이 원만하게 이루어지는 것을 말한다. 그러므로 구경각의 성불에 이르기 위해서는 끊임없는 점수적 보현행이 수반되어야 하는 것이다. 이러한 관점은 종밀이 자각自覺, 각타覺他, 각만覺滿으로 돈오점수를 설명하고 있는 것과 궤를 같이 하고 있다.

적멸하여 둘이 없음이 자각이요, 세계 및 중생이 각타요, 성불 두 글자 및 생사열반이 꿈과 같아 각만을 성취하는 것이니 원만한 뜻인 까닭이다. 움직임(動)과 고요함(寂)이 둘 다 멸하여야 모름지기 원만한 까닭이다.227)

---

227) 종밀, 「원각경대소」.

중생의 본성은 적멸(공적)하여 두 가지 모양이 없다. 이것이 진정한 보살도의 자각自覺의 뜻이다. 세계와 중생은 이 본성에 의거하여 깨달음을 실현하니 이것이 진정한 보살도의 각타覺他의 뜻이다. 아울러 본래성불(本來成佛: 本覺)을 깨달아 생사열반이 마치 꿈꾸는 것과 같음을 알아야 진정으로 원만한 깨달음(覺滿)이다.

중생이 구체적인 깨달음의 과정에 도달하는 것은 보살도의 실천과정이다. 이러한 관점에 의거하면, 어떤 의미에서 자각이 가리키는 것은 돈오頓悟요, 각타가 가리키는 것은 점수漸修요, 각만은 자각, 각타의 원만한 상태인 돈오점수頓悟漸修라고 말할 수 있다. 그것이 해오가 되었든 증오가 되었든 돈오한 후에 끊임없는 보현행원의 실천인 점수를 통해, 즉 선오후수先悟後修를 통해 온 누리에 깨달음이 충만한(覺滿) 세계를 이루어 나가야 하는 것이다.

법에는 본래 돈점頓漸이 없고 근기의 이둔(利鈍: 날카롭고 둔함)으로 돈점이 생기는 것이며 또한 수증修證에도 심천(深淺: 깊고 얕음)이 있는 것이니 돈오점수라 하여 오류일 수 없고, 무염오(無染汚: 오염이 없음) 수행을 역설하는 의미에서의 돈수이니 돈오돈수가 그릇됨이 아니며, 다만 선오후수先悟後修의 수기설법(隨機說法: 근기에 따라 설법함)일 뿐이다.[228]

먼저 깨닫고 뒤에 닦는 선오후수는 불조佛祖의 통설(通說: 공통으로 설함)임을 역설하고 있다. 세간사에서도 먼저 이론적인 체계를 세우고 난 후에 합리

---

228) 『원통불법의 요체』, p 71.

적인 행동을 취할 수 있는 것과 같이 마음공부도 마찬가지로 올바른 지견이 먼저 서서 수증의 원리를 철저히 이해해야 진정한 의미의 수행이 이루어질 수 있다. 거듭 밝히지만 선오후수란 상사각相似覺으로 깨닫는 해오를 먼저 하고서 닦아야 다른 길로 가지 않고 제대로 수행해 갈 수가 있는 것이며, 견성오도(중오)를 하고서 다시 구경원만한 성불을 위해 오염이 없는 수행(無汚染修), 즉 닦음이 없는 닦음(無修之修)을 행해 나가야 하는 것이다. 선오후수는 삼세제불의 정설이요, 역대 조사의 정견이다.

이와 같이 수증의 단계를 세우는 것은 단계마다 실체적 수행이 있어서 그런 것도 아니며, 깨달음에 역시 두 가지 상(해오와 중오)이 있어서 그런 것도 아니다. 다만 집착에 얽매여 살아가는 중생의 현실에 입각하여 점수의 방편을 시설할 뿐이다. 실상에는 한 법도 얻을 바 없지만, 방편에서는 만법을 건립하는 것이다.

간화선을 집대성한 대혜 역시 마찬가지로 이참정에게 보내는 편지에서 그의 깨달음을 인가하면서 깨달은 뒤의 수행에 대해 간절하게 당부하고 있음을 볼 수 있다.

편지를 받아 본 후에 존경하는 마음이 더욱 깊어집니다. 요즈음 인연을 따라서 놓아버림에 뜻대로 자재하신지 알 수 없습니다. 행주좌와의 일상 가운데에 번뇌가 더 왕성한 것은 아닙니까. 잠잘 때나 깨어 있을 때나 한결같습니까. 옛 경계에서 무엇을 만들지는 않습니까. 나고 사라지는 마음이 계속되지는 않습니까. 다만 범부의 정을 다하는 데 있지, 따로 성인이란 견해는 없습니다. 공께서 한 번 웃어 바른 눈을 활짝 열고서 범부의 경계를 단박에 잊었습니다. 힘을 얻음과 얻지 못함은 마치 물을 마셔 보면 차고 더운지를 스스로 아는 것과 같습니다.

그러나 일상에서 마땅히 부처님께서 하신 말씀에 의지해, 번뇌의 성품을 바로 끊고 그 돕는 원인을 제거하며 현재의 행위를 고쳐야 합니다. 이것이 일 마친 사람의 방편 없는 가운데 참된 방편이요, 닦음과 증득이 없는 가운데 참된 닦음과 증득이며, 취함과 버림이 없는 가운데 참된 취함과 버림이 있는 것입니다. 고덕이 말씀하시길 "껍질이 벗겨지면 오직 진실만이 남는다."라고 했으며, 또 "전단나무 무성한 나뭇가지가 다 떨어지면 오직 참된 전단만 남는다."라고 했습니다. 이것이 현재의 행위를 바꾸고 번뇌의 성품과 돕는 원인을 끊는 극치입니다. 공께서는 잘 생각해 보십시오. 이와 같은 이야기도 일 마친 사람의 분상에서는 겨울의 부채와 같겠지만, 남쪽 땅은 추위와 더위가 한결같지 않음을 걱정하기에 버리지 못합니다.[229]

대혜는 먼저 깨닫고 그 깨달음에 의거해 점차적인 수행을 해야 하는 것에 대해 『능엄경』에서 설하고 있는 세 가지 점차(三漸次)를 인용해 그 당위성을 설명하고 있다. 깨달음을 얻어 일 마친 사람이라 하더라도 다시 수행을 통해 구경의 깨달음을 성취해야 한다고 하는 선오후수先悟後修를 논증하고 있는 것이다. 달마대사가 이르기를 "부처의 마음 바탕(佛心宗)을 깨치는 데

---

229) 대혜, 「서장」.

는 평등하여 차별이 없으나, 깨달음과 실천행이 일치해야 조사라고 말할 수 있다."라고 하였다.

　이와 같이 종문의 정안 조사들은 한결같이 먼저 돈오하고 나중에 점수해야 함을 강조하고 있다. 여기에 의거하여 먼저 깨달은 연후에 그 깨달음을 의지해 닦아 가는 선오후수先悟後修가 종문의 바른 수증론임을 세우고 있다.

제2절 견성성불 見性成佛

깨달음은 생사가 본래 없음(本空)을 보아 생사의 두려움으로부터 벗어나는 것이다. 이것이 생사해탈이요, 견성성불이다. 한 생각이 일어남이 생生이요, 한 생각이 사라짐(滅)이 사死이다. 선禪은 생각을 만족시키기 위한 수행이 아니다. 생각은 분별이요, 망념이다. 분별은 경계요, 망념은 번뇌다. 경계와 번뇌는 괴로움이다. 괴로움을 여의기 위해서는 모든 생각(망념)을 내려놓고 생각 이전으로 돌아가야 한다. 생각을 돌이켜 생각 이전 자리를 비추어 보아야 한다. 이것을 회광반조廻光返照라고 한다. 모든 번뇌 망념의 고통은 생각으로부터 시작된다. 즉 생각으로부터 너와 나, 옳고 그름, 좋고 싫음의 분별이 일어난다. 생각 이전 자리는 분별이 없는 무분별심無分別心이다. 분별 이전 무분별의 지혜로 항상 깨어 있어야 한다. 깨어 있다는 것은 꿈을 꾸는 이가 꿈 속에서 깨어 있으란 말이 아니라 꿈을 완전히 깨라는 의미이다. 즉 생각 이전의 무념으로 깨어 있는 것이다. 그렇다고 생각 이전의 자리가 아무 생각이 없는 무기無記는 아니다. 생각하되 생각이 공空한 그 자리가 생각 이전 자리이다. 그러므로 혜능은 "생각하되 생각하지 않는 것(於念不念)"이 무념無念이라고 말하는 것이다.

일체 생각을 내려놓은 그 자리는 텅 비어 고요하며 항상 밝게 비추고 있다. 굳이 말하면 텅 빈 충만이다. 고요하므로 공적空寂이라 말하고, 밝게 비추므로 영지靈知라고 말한다. 따라서 생각 이전 참나의 실상實相을 공적영지空寂靈知라고 표현한다. 일체 법이 있되 고요하여 공적하므로 그대로 선정禪定이요, 공적하여 없되 늘 신령스럽게 앎으로 지혜智慧이다. 선정과 지혜는 둘이 아니므로 정혜불이定慧不二이며, 정혜쌍수定慧雙修이다. 고요하되 늘 비추고(寂而常照) 비추되 늘 고요한(照而常寂) 상적상조常寂常照의 세계가 본래 부처의 자리이다. 다시 말하면, 공적空寂하되 영지靈知하고 영지靈知하되 공적空寂한 중도의 자리가 본래 참마음 자리이며, 이를 자성自性, 진여眞如, 불성佛性이라고 한다. 그러므로 상적상조常寂常照230)하고 공적영지空寂靈知한 불성을 보기 위해서는 한 생각을 돌이켜 비추어 보아야 한다. 이것을 회광반조廻光返照, 일념반조一念返照라고 한다. 모든 선수행은 이러한 반조로부터 시작된다. 경계를 향해 있는 생각을 돌이켜 진여자성眞如自性을 보게 하는 것이 견성見性이다.

모든 존재가 꿈과 같다고 모든 부처님이 한결같이 설했다. 그러므로 망령된 생각이 본래 고요하고 바깥 경계가 본래 공하지만 텅 비고 고요한 마음 가운데 신령스런 앎은 어둡지 않다. 바로 이 공적한 앎이 그대의 참된 성품이다. 미혹하거나 깨달음에도 마음은 본래 스스로 알아서 인연에 의해 생기지도 않고 경계를 따라 일어나지도 않는다.231)

---

230) 상적상조(常寂常照)란 늘 고요하며 늘 비추고, 늘 비추며 늘 고요함을 말한다.
231) 종밀, 「도서」.

공적한 가운데 신령스런 앎이 있음이 참된 성품이다. 이 공적영지空寂靈知의 성품을 깨닫는 것이 견성이다. 선종에서 가장 핵심적인 용어가 바로 견성성불見性成佛이라 해도 과언이 아니다. 성품을 보아(見性) 부처를 이룬다(成佛)는 것은 선불교에서 말하고 있는 수행과 깨달음의 핵심 종지이다. 선불교에서는 그만큼 수행과 깨달음을 중요시한다는 반증이기도 하다. 그러면 과연 성품을 본다(見性)는 것과 부처를 이룬다(成佛)는 것은 구체적으로 무엇을 의미하며 이 둘의 관계는 어떻게 조합을 이루는 것인가. 이것이 견성성불에 내포된 수증의 주요 내용이라고 말할 수 있다.

견성見性의 성性이란 성품性品 혹은 성질性質, 본질本質을 말하니, 부처의 성품(佛性)을 의미하는 말이요, 성불成佛에서 불佛이란 깨달음, 즉 각覺을 의미하는 말이다. 성품을 본다(見性)고 했을 때 본다(見)는 것에는 드러낸다(顯), 깨닫는다(悟), 비춘다(照)는 내용이 포함되어 있으며, 부처를 이룬다(成佛)고 했을 때 이룬다(成)는 것은, 이미 본래 이루어진 부처(本覺)를 견성見性을 통해 다시 깨닫는다(始覺)는 의미가 내포되어 있다. 본래 이루어진 부처(본래성불)를 다시 깨닫기 위해서는 견성하는 것이 선결 과제가 되는 것이다. 즉 원래 없는 부처를 만들어 간다는 의미의 성불이 아니라, 이미 마음에 갖추어져 있는 부처를 다시 드러내는 의미의 성불을 말하는 것이다. 다시 말하면 불성은 본래 갖추어져 있으나 객진번뇌에 의해 가려져 있어 드러나지 않으므로 불성을 새로 만들어 성불하는 것이 아니라, 다만 참구를 통해 성품을 드러내 보이는 것(見性)이 성불成佛이 되는 것이다. 이와 같이 견성성불에서의 관건은 성품을 보는 것(見性)이 되기 때문에 "성품을 보면(見性) 곧 그대로 부처를 이룬다(成佛)."고 말하는 것이다. 보조는 보고 듣고 느끼고 아는(見聞覺知) 것, 즉 신령스럽게 아는 성품이 불성이라고 말하고 있다.

　하루 이십사 시간 가운데 배고픈 줄 알고 목마른 줄 알며, 추운 줄 알고 더운 줄 알며, 혹 성내고 기뻐하니 마침내 이것이 어떤 물건인가. 또 몸은 지수화풍地水火風의 네 가지 인연이 모인 것으로 그 바탕은 무디고 생각이 없는데 어찌 보고 듣고 느끼고 알 수 있겠는가. 보고 듣고 느끼고 알 수 있는 것은 반드시 그대의 불성이다. 그러므로 임제선사가 말하기를 "사대四大는 법을 설하고 법을 들을 줄 모르고, 허공도 법을 설하고 법을 들을 줄 모른다. 단지 그대의 눈앞에 두렷이 홀로 밝아 형용할 수 없는 것이 비로소 법을 설하고 법을 들을 줄 안다."라고 하였다. 이 '형용할 수 없는 것'이 모든 부처님의 법인法印이며 또한 너의 본래 마음이다.[232]

　임제 또한 분명하게 알되 무엇이라 형용할 수 없는 그 성품이 불성이라고 말하고 있다. 그러면 구체적으로 성품(性)이란 무엇인가. 성품이란 불성佛性이요, 진여眞如요, 여래장如來藏이요, 본래면목本來面目이다. 여기서 불성이니 본래면목이니 하는 것은 일체 법의 참모습, 즉 "모든 존재의 실상實相"을 나타내는 말이다. 다시 말하면 불성이란 중생의 번뇌 망념 너머 실재하는 절대적인 성품이 아니라, 아我와 법法이 모두 공하되 공함마저 또한 공

---

[232] 보조, 「수심결」.

한 중도실상中道實相을 의미한다. 그러므로 성품을 본다(見性)는 것은 "제법의 실상(諸法實相)을 보는 것"이며, "존재의 참모습을 깨닫는 것"이 된다. 즉 모든 법이 인연으로 일어났다 인연으로 사라지는 제법무아諸法無我의 중도실상을 깨닫는 것이 견성의 의미이다. 다르게 말하면, 일체 법이 마음으로 생겨나고 소멸하므로 마음의 실상을 보는 것이 견성인 것이다.

혹자는 말한다. 대승불교나 선종에서 설하고 있는 불성, 여래장은 현상 너머에 존재하는 불변의 자아(아트만)를 상정上程하고 있는 말이기 때문에 무아연기無我緣起를 설한 부처님의 교설에 위배된다고 주장한다. 그러나 그것은 잘못된 이해이다. 중국 선종의 견성사상은 불성과 반야를 실천(선수행)으로 회통한 사상적 기반 위에 전개되고 있다. 달마선종은 『능가경』의 설법을 통해 이렇게 일러주고 있다. "현상(法)에는 자아(我)가 없는 관계로 일체의 그런 염려를 떠났다. 그러나 지혜의 방편으로서 어느 때는 여래장如來藏을 설하고, 어느 때는 법무아法無我를 설한다. 이것은 인연에 따른 것이다. 그러므로 여래장은 바로 무아無我이고 해탈문에 들어가는 경계인 것이다." 그리고 『열반경』에도 연기가 불성이며 중도임을 이렇게 설하고 있다.

선남자야, 이 때문에 나는 모든 경전 가운데서 설하기를, "만약 어떤 사람이 십이연기를 보았다면 그는 곧 법을 본 것이다. 법을 보는 자는 곧 부처를 본다."라고 한 것이다. 부처라는 것은 불성이다. 왜냐하면 일체 모든 부처님은 이로써 본성을 삼기 때문이다. 선남자야, 십이연기를 관하는 지혜에는 무릇 네 가지 종류가 있다. …… 이런 의미 때문에 십이연기를 불성이라 한다. 불성이라는 것은 제일의공第一義空이다. 제일의 공을 중도라 한다. 중도라는 것은 부처이다. 부처라는 것은 열반이다.[233]

대승불교나 선종에서 말하는 불성이나 여래장은 외도들이 말하는 실체로서의 자아가 아니라 무아無我, 연기緣起의 다른 표현이고, 중도실상의 기술적인 언표이다. 다만 인연과 방편에 의해 달리 시설되는 선교善巧언어일 뿐이라고 친절하게 가르쳐 주고 있다. 그런데 우리는 중도의 실상이 불성이라는 사실을 이미 알고 있는데, 어째서 다시 견성을 말하는가. 안다는 것은 개념(알음알이)으로 아는 것이기 때문에 직접 깨달아 체증體證하기 위해 견성을 말하고 돈점의 수증문을 세우는 것이다. 그래서 존재의 참성품이 무엇인지 직접 체달하기 위해 정견正見을 확립하는 것이며, 견성見性을 강조하는 것이다. 그렇기 때문에 선종에서는 "직지인심直指人心, 견성성불見性成佛"을 핵심 종지로 내세워 가장 중요한 수증의 덕목으로 삼고 있는 것이다. 직지인심이란 사람의 마음을 바로 가리켜 부처라고 하는 것이다. 밖을 향해 부처를 찾는 것이 아니라 마음의 내면을 반조하여 마음이 부처요, 성품이 부처임을 깨달으라는 말이다. 마음의 성품이 부처임을 깨쳐서 생사를 해탈하는 것이 참선이다. 따라서 선종에서는 견성의 중요성을 거듭 강조하고 있는 것이다.

---

[233] 「열반경」「사자후보살품」.

만약 부처를 찾고자 한다면 반드시 바로 성품을 보라. 성품이 곧 부처요, 부처는 곧 자유자재한 사람이며, 일 없고 작위가 없는 사람이다. 만약 성품을 보지 못하면, 종일토록 아득하여 밖을 향해서 치달아 구하더라도 부처는 원래 찾을 수 없다.[234]

선禪이라는 한 글자는 범부와 성인이 능히 측량할 수 있는 것이 아니니, 본래의 성품을 바로 보는 것을 선이라 한다. 만약 본성을 보지 못하면 선이 아니니, 설사 천경과 만론(千經萬論)을 설하더라도 성품을 보지 못하면 단지 범부요 불법은 아니다. …… 다만 본래의 성품을 보았다면 한 글자도 알지 못해도 또한 얻을 것이니, 성품을 보는 것이 바로 부처이다.[235]

만약 성품을 보지(見性) 못하면 십이부경전의 가르침을 설하더라도 다 마구니의 말이며, 마구니 집안의 권속이며, 부처님 집안의 제자가 아니다. 이미 흑백도 가리지 못하거늘 무엇을 의지하여 생사를 면하겠는가. 만약 성품을 보면 곧 부처요, 성품을 보지 못하면 곧 중생이다. 만약 중생의 성품을 여의고 달리 불성을 얻을 수 있다고 한다면 부처는 지금 어느 곳에 있는가. 곧 중생의 성품이 곧 불성이다. 성품 밖에 부처가 없으며, 부처가 곧 성품이다. 이 성품을 제외한 밖에서 부처를 가히 얻을 수

---

234) 「혈맥론」.
235) 위의 책.

없으며, 부처 밖에서 성품을 얻을 수 없다.[236)]

성품을 보는 것(見性)이 부처를 이루는 것(成佛)이기 때문에 견성이 곧 성불이고 성불이 바로 견성이라는 것이다. 따라서 "만약 부처를 찾고자 한다면 반드시 바로 성품을 보아라(見性)."고 말하는 것이다. 이어서 계속 강조하기를 "성품을 보는 것이 바로 부처이다. 만약 성품을 보지 못하면 염불하거나 경전을 독송하거나 재齋를 지키고 계를 지녀도 또한 이익이 될 것이 없다. 염불은 인과를 얻고, 경을 독송하면 총명함을 얻고, 계를 지키면 하늘에 태어나고 보시하면 복을 얻으나 부처는 끝내 찾을 수 없다."라고 하였다.

다시 말하면 성품을 바로 보지(見性) 못하고 행하는 간경, 염불, 지계 등은 유위有爲의 공덕이기 때문에 결코 불도를 이루는 무위법無爲法으로서의 이익이 없음을 밝히고 반드시 견성하여 부처를 이루기를 권장하고 있다. 다시 정리해 보면, 성불을 하기 위해서는 반드시 견성해야 하는 것이니, 만약 성품을 보지(見性) 못하고 다른 수행으로 조그마한 법이라도 얻었다고 한다면 이것은 유위법有爲法이며, 인과因果이며, 과보果報를 받음이며, 윤회의 법으로 생사를 면하지 못하게 되는 것이니 결코 성불할 수 없게 된다는 것이다.

혜능도 『단경』에서 "본래 마음을 알지 못하면 법을 배워도 이익이 없으니, 마음을 알고 자기 성품을 보아야(識心見性) 바로 큰 뜻을 깨닫는다."라

---

236) 『혈맥론』.

고 설하고 게송으로 성품(佛性)에 대해 노래하고 있다.

    깨달음에는 본래 나무가 없고,   菩提本無樹
    밝은 거울도 또한 대가 아니네.   明鏡亦非臺
    부처의 성품은 항상 청정하거니,   佛性常淸淨
    어느 곳에 티끌 먼지 있으리오.   何處有塵埃[237]

혜능은 "불성이 항상 청정하다"고 말하고 있는데 여기서 청정淸淨이란 공空이란 의미로서 중생이 본래 가지고 있는 공적한 성품인 진여본성眞如本性을 가리키는 말이다. 따라서『단경』에서 "나는 홍인화상의 처소에서 한 번 듣고 그 말 아래 크게 깨달아 진여의 본래 성품을 단박에 보았느니라(頓見眞如本性)."고 설하여 견성의 기연을 전해 주고 있다. 불성이 청정하다는 것은 번뇌가 실로 있다는 집착을 깨기 위해 번뇌가 본래 공空함을 드러낸 방편의 말이므로 청정이란 다만 공의 다른 표현에 지나지 않는다. 그래서 혜능은 이렇게 말한다. "의도적으로 깨끗함에 집착하여 도리어 청정하다는 망상(淨妄)을 내지만, 망상은 있는 곳이 없으므로 집착하는 것 역시 허망하다. 청정에는 모습이 없는데 도리어 깨끗하다는 모습(淨相)을 세워 그것을 공부라고 말하지만, 이러한 견해를 낸다면 자기의 본성을 가로막고 도리어 깨끗함(淸淨)에 얽매이게 된다."[238] 그러므로 항상 청정한 불성이 실체적

---

237) 돈황본,『단경』.
238) 종보본, 육조대사,『법보단경』.

으로 존재한다는 의미의 상(淨相)을 다시 세우면 중도불성中道佛性의 뜻에 어긋난다. 중생의 번뇌가 본래 남이 없고(無生) 존재의 실상이 본래 공한(本空), 모습 아닌 모습을 항상 청정하다(常淸淨)고 표현한 것이다. 불성이 공(청정)한 줄 깨우치되 공(청정)한 상相을 부여잡고 거기에도 안주할 것이 없기 때문에 "한 법도 얻을 바가 없으며(無一法可得)", "본래 한 물건도 없다(本來無一物)"라고 설하는 것이다. 이러한 중도불성을 깨닫는 견성에 대해 혜능선사는 이렇게 설하고 있다.

> 만약 자신의 성품을 깨달으면 보리열반도 세우지 않고 또한 해탈지견도 세우지 않으니, 한 법도 가히 얻을 것이 없어야 바야흐로 만 가지 법을 건립할 수 있게 된다. 만일 이 뜻을 알면 부처의 몸이라 이름하고, 또한 보리열반이라 이름하며, 해탈지견이라 이름한다.
> 성품을 본 사람(見性人)은 세워도 되고 세우지 않아도 되니, 오고 감이 자유로워 막힘 없고 걸림 없어서 작용에 응하여 따라 짓고 말에 응하여 따라 답하여, 널리 화신化身을 보이되 자신의 성품(自性)을 떠나지 않아서 곧 자재한 신통과 유희遊戱삼매를 얻게 되니 이것이 성품을 보는 것(見性)이다. [239]

본래 한 물건도 없고, 한 법도 얻을 바가 없는 중도의 실상을 깨달은 사람은 번뇌의 오염에도 물들지 않고 보리의 청정에도 안주하지 않는다. 그

---

239) 종보본, 육조대사, 『법보단경』.

러므로 번뇌의 생사에도 머물지 않고(無住生死), 불성의 열반에도 머물지 않는다(無住涅槃). 번뇌가 본래 공한 줄 알지 못하는 사람을 위해 번뇌는 공하다고 설하여 번뇌를 파하고 불성을 세우며, 불성이 청정한 상에 안주하는 사람을 위해 불성마저 공함을 설하여 불성을 파하고 번뇌를 세운다. 그래서 『유마경』에서는 "번뇌가 곧 보리이며(煩惱卽菩提), 보리가 곧 번뇌이다(菩提卽煩惱)."라고 설하는 것이다. 이와 같이 번뇌의 생사도 세우지 않고 불성의 열반도 세우지 않으며, 언제 어디서나 걸림 없는 주체적인 자유를 살아가는 무위진인無位眞人[240]이 되는 것이 곧 견성한 사람이다. 이런 사람은 언제 어디서나 주인이 되어(隨處作主) 서 있는 그 자리에서 진실된 삶(立處皆眞)을 살아간다. 그러므로 성품을 본 도인은 한 법도 얻을 수 없음을 단박에 깨달아 만 가지 법을 세워 육도만행(六度萬行: 육바라밀)을 하는 것이다.

그러면 여기서 견성見性의 견(見: 봄)에 대해 구체적으로 탐구해 보도록 하자. 먼저 본다(見)는 것의 의미부터 살펴보면,『오성론』에 참되게 보는 것(眞見)에 대해 이렇게 설하고 있다.

참되게 본다(眞見)는 것은 보지 않는 바가 없고 또한 보는 바가 없어서, 보는 것이 시방에 가득하여 일찍이 보는 것이 있지 않다. 왜냐하면, 보는 바가 없기 때문이며, 보아도 보는 것이 없기 때문이며, 보아도 보는 것이 아니기 때문에 범부가 보는 바는 모두 망상이라 한다. 만약 적멸하여 보

---

240) 무위진인(無位眞人)이란 임제선사가 즐겨 쓰는 말로서 일체의 조작된 인위(人爲)가 없는 참사람을 지칭하는 것이다. 견성하여 걸림이 없는 도인을 이르는 말이다.

는 바가 없으면 비로소 참되게 본다(眞見)고 한다. 마음과 경계가 상대하여 그 가운데 본다는 것이 생기나니, 만약 안에서 마음을 일으키지 않으면 곧 밖에서 경계가 사라진다. 그러므로 마음과 경계가 함께 고요하니 이에 참되게 본다고 하며, 이러한 것을 알게 될 때를 이에 바르게 본다(正見)고 한다.[241]

보되 보는 바가 있으면 망상이며, 보는 바가 없으면 참되게 보는 것(眞見)이 된다. 즉 범부는 보는 대상이 있기 때문에 보는 모든 것이 망상이 되며, 견성인은 보는 주관과 보여지는 대상이 적멸(공)하여 보는 바가 없게 되니, 이것을 일러 참되게 본다고 말하는 것이다. 왜 그러한가? 보는 것 없이 본다는 것은 보는 것(見)과 보지 않는 것(不見)의 양극단을 함께 보지 않는 중도의 봄(中道見)이기 때문에, 참되게 보는 것(眞見)이라고 말한다. 일체 경계에서 보는 대상(물건)이 없을 때 참다운 견見이 된다는 것은 신회선사 역시 마찬가지로 주장하고 있는 바이다.[242]

어떤 사람이 묻기를, "무념의 법이 있습니까, 없습니까?" 선사가 말하기를, "있다고도 없다고도 말할 수 없습니다." 말하기를, "이러한 때에 어떻게 해야 합니까?" 선사가 말하기를, "또 이러한 때라는 것도 없습니다. 마치 거울이 만약 형상을 대하지 않으면 끝내 형상을 볼 수 없는 것

---

[241] 『오성론』.
[242] 하택신회의 견성사상에 대해서는 인경스님의 『쟁점으로 살펴보는 간화선』, (명상상담연구원, 2011) 제2장에서 자세히 고찰하고 있다. 본서에서는 그 내용을 참고하였음을 밝혀 둔다.

과 같습니다. 보는 물건이 없어야 참되게 보는 것(眞見)입니다.[243]

신회는 마치 거울이 대상이 없으면 볼 수 없는 것처럼 보는 물건이 없이 보는 것이 참된 봄(眞見)이라고 말한다. 이 말의 뜻은 인식주관인 안이비설신의와 인식대상인 색성향미촉법이 대립된 인식작용(見聞覺知)으로써의 견見을 떠난 것도 아니며 떠나지 않는 것도 아닌 중도의 견이기 때문에 참된 견이라고 말하는 것이다. 견문각지에 의해 분별된 견은 대상에 오염된 견이며, 견문각지를 여읜 견이라면 허공의 견이 되어 아무런 뜻이 없게 된다. 신회는 "대승경론에서 허공은 봄이 없다고 했으며, 허공은 반야가 없기에 결코 봄이 없다." 그러나 "중생에게는 반야가 있기 때문에 봄이 있다."라고 설하며 반야에 의한 중도의 견을 제시하고 있다.

신회는 이 중도견中道見을 무념無念, 무상無相, 무주無住로 표현하고 있다. 먼저 무념에 대해 살펴보면, 위에서도 무념無念으로 견見을 나타내고 있음을 볼 수 있지만, 『문답잡징의』에 의하면 중도의 견으로서의 무념을 더욱 자세하게 설명하고 있다. "어째서 무념은 있다고도 또한 없다고도 말할 수 없는가?"라는 물음에 답하기를, "만약 무념이 있다고 말해도 세간에서 있다고 말하는 것과 같은 것이 아니고, 만약 그것이 없다고 말해도 세간에서 없다고 하는 것과 똑같은 것이 아니다. 그러므로 무념은 있다(有) 없다(無)고 말할 수 없다."라고 말해 먼저 유와 무를 여읜 중도로서의 무념을 설하고, 이어서 무념은 언설로써 설명할 수 없는 것임을 지적하고 다음과 같이

---

243) 신회, 『낙경하택신회대사어』.

명경明鏡의 비춤을 예로 들어 무념無念과 견見이 같음을 증명하고 있다.

문, "그러면 도대체 무엇이라고 해야 합니까?"

답, "또 한 물건이라고도 말할 수가 없습니다. 비유하면 마치 밝은 거울 앞에 만약 대상이 없으면 결국 거울에서는 형상을 볼 수 없는 것과 같습니다. 지금 형상을 비춘다고 말하는 것은 대상물이 있기 때문에 그 모양이 나타나는 것입니다."

문, "만약 대상이 없으면 비춥니까? 비추지 않습니까?"

답, "지금 비춘다고 하는 것은 대상이 있고 없고 관계없이 언제나 비추고 있는 것입니다."

문, "이미 형상이 없고, 또 언설도 없으며, 일체의 유무有無 모두를 세우지 않았습니다. 그런데 지금 비춘다고 하는 것은 도대체 무엇을 비춘다는 것입니까?"

답, "지금 비춘다고 말하는 것은 거울이 밝기 때문에 거울 자신의 본성이 비추고 있는 것입니다. 만약 중생의 마음이 청정하면 자연히 대지혜의 광명이 나와 무여無餘의 세계를 비추는 것입니다."

문, "이미 이와 같다면 어떤 때에 무념을 체득할 수 있습니까?"

답, "다만 없음을 볼 뿐입니다."

문, "이미 없다면 무엇을 봅니까?"

답, "비록 볼지라도 무엇이라고 부를 수 없습니다."

문, "이미 무엇이라고도 부를 수 없다면 무엇을 본다는 것입니까?"

답, "아무것도 보지 않는 것이 참되게 보는 것(眞見)이고, 항상 보는 것(常見)입니다."244)

　신회의 주장에 의하면, 보는 대상이 없이 보는 것이 무념無念이며, 진견眞見이요, 상견常見이다. 신회가 말하는 무념이란 무엇인가. "다만 스스로 본체가 적정하고 공하여 소유할 것이 없는 줄 알면 집착하는 것도 없고 허공과 같이 어디에도 두루하지 않는 것이 없다. 이것은 모든 부처님의 진여법신眞如法身이다. 진여는 번뇌망념이 없는 무념의 본체이다. 이러한 의미 때문에 무념을 세워 궁극적인 진리로 삼는 것이다. 무념을 분명히 깨달은 사람은 비록 보고 듣고 느껴 알지라도 공적空寂하다."245)

　신회선사는 진여법신의 작용으로서의 무념을 명경의 광명에 비유하여 표현하고 있다. 즉 밝은 거울의 자성이 대상이 있고 없음에 관계없이 비추는 것과 같이 중생의 마음이 청정하면 자연히 반야의 광명이 나와서 진리의 세계를 비추는 것이 무념을 체득하는 것이며, 참되게 보는 것(眞見)이라고 설명하고 있다. 이러한 무념의 견見은 대상을 보되 대상에 집착하여 머무름이 없으므로 또한 무주無住의 견見이 되는 것이다. 경에 말하기를 "마땅히 머문 바 없이(應無所住) 그 마음을 내라(而生其心)"고 하였듯이 머무는 바가 없기에 한 생각도 낸 바 없이 보게 되는 것이다. 그러므로 "본다는 것은 곧 남이 없음을 바로 본다(見卽直見無生)."246)라고 말하는 것이다. 그리고 위에서 말하

---

244) 신회, 「잡징의」.
245) 신회, 「단어」.
246) 신회, 「돈오무생반야송」.

는 상견常見이란 단견斷見에 상대되는 상견常見이 아니고, 거울의 광명이 바깥 경계로서의 대상 인연에 상관없이 항상 비춘다는 의미로 주객이 소멸된 절대적 의미의 상견을 말하는 것이다. 이때의 상常은 열반사덕涅槃四德인 상락아정常樂我淨의 상常을 말하는 것이다.

 그런데 거울이 거울 자체에 비친 형상을 보되 본 바 없이 본다면 이것은 또한 무상無相이 되는 것이다. 형상을 눈으로 보되 형상에 집착하지 않고 보게 되면 그 형상은 형상 아닌 형상이 되며, 형상을 보되 형상을 떠나 있으므로 무상無相의 견見이 되는 것이다. 즉 보되 본 바가 없고, 보지 않되 보지 않음도 없는 것이 무상의 중도견이다. 『오성론』에 이르기를 "도道라는 것은 적멸로써 바탕을 삼고, 닦는다(修)는 것은 형상(相)을 여의는 것으로써 근본(宗)을 삼는다. 그러므로 경에 이르시길 '적멸이 바로 보리이니 모든 형상(相)을 멸하였기 때문이다.'라고 하였다. 부처(佛)라는 것은 깨달음(覺)이다. 사람에게는 깨닫는 마음이 있어서 보리를 얻기 때문에 부처라 한다. 경에 이르시길 '일체 모든 상을 여의는 것을 곧 모든 부처라 부른다.' 하시니, 이는 형상이 있는 모습(有相)이 곧 형상이 없는 모습(無相)의 상相인 줄 아는 것이다."라고 하였다. 『단경』에도 "밖으로 모습에 집착하면 안의 마음이 어지럽고, 밖으로 모습을 벗어나면 마음이 어지럽지 않다."라고 설하고 있다. 이와 같이 신회는 무념無念·무주無住·무상無相을 내용으로 하는 중도의 견(中道見)을 설하고, 진정한 중도란 "중도마저 세우지 않는 것(中道亦無)"이라고 주장하고 있다. 혜능은 일찍이 『단경』에서 선禪의 본질로서 무념無念, 무상無相, 무주無住의 불이중도不二中道를 설한 바 있다.

나의 이 법문은 …… 생각 없음으로 종을 삼고(無念爲宗) 모습 없음으로 체를 삼고(無相爲體) 머묾 없음으로 본을 삼는다(無住爲本). 어떤 것을 모습 없음(無相)이라 하는가. 모습 없음이란 모습에서 모습 떠나는 것이며, 생각 없음이란 생각에서 생각이 없는 것이며, 머묾 없음이란 사람의 본래 성품이 생각마다 머무르지 않는 것이다.247)

생각하되 생각하지 않는 무념無念, 모습에서 모습 떠난 무상無相, 생각마다 머무름이 없는 무주無住는 다름 아닌 반야般若, 법신法身, 해탈解脫의 중도 실상을 나타낸 말이다. 혜능은 무념, 무상, 무주의 중도 선법禪法으로 견성성불을 말하고 있는 것이다. 다시 말하면, 생각에서 생각을 떠나고, 모습에서 모습을 떠났으며, 생각마다 머무름이 없다는 것은 마음이 일체 분별과 형상을 떠나서, 있는 것도 아니고(非有) 없는 것도 아닌(非無) 불이不二의 법임을 나타낸 말이다. 분별에서 분별을 떠났으므로 분별과 무분별은 둘이 아니요, 형상 속에 있되 형상을 떠났으므로 상相과 무상無相이 둘이 아니다. 그러므로 곧 불이중도不二中道를 깨닫는 것이 견성인 것이다. 둘이 아니기(不二) 때문에 점차와 단계가 필요 없게 되어 단박에 깨달아(頓悟) 계합하게 된다. 이와 같이 혜능은 불이중도의 돈오법문을 통해 조사선사상의 단초를 개연開演하였다. 그를 계승한 신회는 돈오선의 사상을 확립하고 그 지위를 확정지었으며, 나아가 스승의 견성성불사상의 외연을 확대하여 조사선사상의 기초를 다진 위대한 선사였다. 특히 무념, 무상, 무주의 중도

---

247) 돈황본, 「단경」.

실상으로 견성의 견見을 정립함으로 해서 이후 선종 견성이론의 태두가 되었다. 연수 또한 신회의 견성사상을 계승하여 다음과 같이 설하고 있음을 볼 수 있다.

문, "어떠한 방편으로 깨달아 들어가야 하는가."

답, "방편문이 있으니 반드시 스스로 살펴 들어갈 것이다."

문, "어째서 지적해 주지 않는가."

답, "성품을 보는 데는 일정한 방법이 없거늘 어떻게 가르쳐 줄 수 있겠는가. 실로 보고 듣고 느껴 아는(見聞覺知) 그러한 경계가 아닌 것이다."

문, "이미 가르칠 일정한 법이 없다면 밝게 보게 될 때 어떤 물건을 보는가."

답, "대상(物) 없음을 보는 것이다."

문, "대상(物) 없음을 어떻게 보는가."

답, "대상이 없으면 곧 볼 수도 없나니, 이 봄이 없는 것(끊어진 것)이 곧 참되게 보는 것이다. 볼 것이 있다면 곧 망념을 따르는 것이 되기 때문이다."

문, "만일 그와 같다면 교敎 가운데 부처님께서 어찌하여 또한 본다고 설하였는가."

답, "그것은 부처님께서 세간법(世法: 俗諦法)에 따라서 설하신 말씀이다. 그러나 곧 보지 않고 보는 것이라 범부들이 실제로 본다고 집착하는 것과는 다른 것이다. 구경究竟으로 말한다면 성품을 본다(見性)는 것은 유무有無 등의 분별에 속한 것이 아니므로 오직 담연湛然하여 항상 고요할(常寂) 뿐인 것이다."[248]

연수 역시 신회와 마찬가지로 유무有無의 분별을 떠나 담연공적湛然空寂한 구경의 중도로서 보는 대상이 없음을 보는 견성의 법을 설하고 있다. 이러한 중도의 견見은 견문각지見聞覺知에 속해 있는 것도 아니고 견문각지를 떠나 있는 것도 아니다. 그러므로 때로는 견문각지가 불성이라고 말하고, 때로는 견문각지가 불성이 아니라고도 말한다. 보는 대상이 없음을 보아 인식주관과 객관대상이 청정하면 견문각지가 그대로 불성이 되는 것이고, 보는 대상이 있음을 보아 인식과 대상에 오염되면 견문각지는 곧 망념이 된다. 그래서 참성품(眞性)은 망념에 속한 것도 아니고, 불성에 속한 것도 아니기 때문에 불이법不二法을 보는 자가 진정 성품을 보게 된다. 『오성론』에서는 보되 본 바가 없고(見而不見), 들어도 들은 바가 없어서(聞而不聞), 색과 소리에 자재한 해탈을 이렇게 표현하고 있다.

눈이 색을 볼 때에 색에 물들지 않고, 귀가 소리를 들을 때에 소리에 물들지 않으면 모두 해탈하게 된다. 눈이 색에 집착하지 않으면 눈은 선문禪門이 되고, 귀가 소리에 집착하지 않으면 귀도 선문이 된다. 다시 말하면 색의 성품을 보는 자는 항상 해탈을 이루고, 색의 형상을 보는 자는

---
248) 연수, 「만선동귀집」.

항상 얽매이게 된다. 번뇌에 얽매이지 않는 것을 곧 해탈이라 말하고, 별도로 해탈이 있는 것이 아니다. 색을 잘 관찰하면 색이 마음에서 생긴 것이 아니고, 마음이 색에서 생긴 것도 아니며 곧 색과 마음이 함께 청정한 줄 보게 된다. 망상이 없을 때에는 하나의 마음이 바로 하나의 부처님 나라요, 망상이 있을 때에는 하나의 마음이 바로 하나의 지옥이다. 중생이 망상을 조작하여 마음으로써 마음을 내기 때문에 항상 지옥에 있지만, 보살은 망상을 관찰하여 마음으로써 마음을 내지 않기 때문에 항상 부처님 나라에 있게 된다. 만약 마음으로써 마음을 내지 않는다면 곧 마음과 마음이 공에 들어서 생각마다 고요함으로 돌아가 한 불국토를 지나 한 부처님 나라에 이르게 된다. 만약 마음으로써 마음을 내면 곧 마음과 마음이 고요하지 않아서 생각마다 움직임으로 돌아가, 한 지옥을 거쳐 또 하나의 지옥을 지나가게 된다.[249]

이와 같이 색이 마음에서 생긴 것도 아니고, 마음이 색에서 생긴 것도 아닌 줄 알아 색과 마음이 함께 청정(淨)한 줄 보게 되는 것이 곧바로 견성이다. 마음으로써 마음을 내지 않는 보살은 색과 마음이 공한 줄 알아서, 마음이되 마음 아닌 마음으로 돌려쓰기 때문에 불국토를 장엄하게 되고, 마음으로써 마음을 내는 중생은 경계와 마음이 공한 줄 몰라서, 마음이되 생각 생각에 집착된 마음을 쓰기 때문에 지옥을 만들게 된다. 성품(性)이란 일체의 형상(相)이 공함에 갖다 붙인 이름이기 때문에, 상을 보면(見相) 중생이

---
[249] 「오성론」.

요, 성을 보면(見性) 부처라고 하는 것이다.

　신회는 스스로 말하기를 "신회가 삼십여 년 동안 배운 바 공부는 오직 '견見' 자에 있다."250)라고 강조하면서 견見에 대한 성격을 자성견自性見과 수연견隨緣見의 두 종류로 나누어 설명하고 있다. 위에서 신회가 견을 설명할 때, 대상이 있고 없음에 상관없이 거울의 본성이 항상 비추는 것은 중생의 자성이 청정하여 지혜의 광명이 세계를 비추는 것과 같다고 하였다. 이때 지혜의 광명이 항상 비추는 것을 자성견自性見이라 설명하고 있다. 즉 자성에 본래 갖추어진 반야의 작용으로서의 견을 자성견이라 부르고 있다. 이것은 앞에서 신회가 무념으로써 견을 삼을 때의 견이기 때문에 해탈의 방편으로 사용되는 견이 되는 것이다. 따라서 "조작하지 않는 것이 곧 무념이다. 무념의 본체 위에 스스로 지혜의 생명이 살아 있다. 근본지根本智의 생명은 실상이다. 제불보살은 무념으로써 해탈의 법신을 삼는다."라고 설하는 것이다.

　하택의 선법을 계승하고 있는 혜해선사 또한 자성견에 대해 이렇게 설하고 있다. "다만 저 청정한 바탕도 오히려 얻을 수 없는데 이 보는 것(見)은 어디서 나옵니까. 비유하면 밝은 거울 속에 비록 모양이 없으나 그 거울이 온갖 모양을 나타낼 수 있는 것과 같다. 왜냐하면 밝은 거울이 무심하기 때문이다. 배우는 사람이 만약 마음이 대상에 의해 물듦이 없으면 망심이 나지 않아서 나(인식주관)와 내 것(객관대상)이라는 의식이 사라져 자연히 청정해진다. 마음이 청정하므로 이 보는 것이 생겨난다." 인식주체와 인식대상

---

250) 신회, 『남종정시비론』.

이 모두 공적(청정)하여 얻을 바가 없으나 그 가운데 능히 보는 작용이 있으니 이를 자성의 견이라고 하는 것이다.

수연견隨緣見은 말 그대로 대상을 따르는 견見을 말한다. 일상생활에서 견문각지見聞覺知로써 감응하는 작용의 측면을 가리키는 견이다. 자성견이 본체적인 면을 나타낸다면, 수연견은 작용적인 면을 나타내고 있다고 할 수 있다. 따라서 자성견의 본체로부터 수연견의 작용이 일어나게 되는 것이다. 방안이 어두울 때 대상을 분명하게 볼 수 없는 것은 자성견은 작용하지만 수연견은 작용하지 않기 때문이다. 다시 말하면 자성견은 명암明暗에 관계없이 보는 견이지만, 수연견은 명암 등의 주변 환경에 영향을 받게 되는 견이다. 그런데 신회는 수연견을 설명하면서, 보는 것(見)과 아는 것(知)에 대해 구분하여 설명하고 있다.

여러분은 자신의 몸속에 불성을 가지고 있으면서 아직 분명하게 보지 못하고 있다. 왜냐하면 마치 이곳에서 각자의 집에 있는 주택이나 의복, 침구 및 일체의 여러 가지 가재도구를 생각한다고 할 때 그 도구들이 있는 것을 알고 다시는 의심하지 않는 것과 같다. 이런 경우 안다(知)고 하지 본다(見)고 하지는 않는다. 만약 직접 집에 도달하여 위에서 말한 것들이 분명하게 똑같다면 본다(見)고 하지 안다(知)고 하지는 않는다. 지금 배워서 알고 있는 것은 타인의 말에 의해 몸 가운데 불성이 있다는 것을 알고(知) 있는 것일 뿐 아직 분명하게 보지는(見) 못하고 있다.[251]

---

251) 신회, 「단어」.

선지식의 가르침에 의해 배워서 알고 있는 것을 지知라 하고, 실제적인 경험을 통해 체득하는 것을 견見이라고 하고 있다. 다시 말하면 불성이 있음을 아는 본래적인 앎을 지知라고 한다면 수행을 통한 직관적인 깨달음을 견見이라 하는 것이다. 그렇지만 불성에 대한 본래적인 지知는 그것에 대한 체득의 견見과 서로 다르지 않다. 그래서 "다만 마음에 조작됨이 없어서 망심이 일어나지 않는 것이 무념이며, 무념은 끝내 지知를 여의지 않고, 지知는 견見을 여의지 않는다."252)고 설하고 있다. 신회는 여기서 선지식으로부터 배워서 아는 이해, 즉 비량比量253)으로서의 지知로부터 직접 수행하여 체득하는 현량現量으로서의 견見을 설하여 견성의 방법론을 제시하고 있다.

그럼 불성을 체득하는 견이란 무엇을 말하는 것인가. 신회는 무념을 깨닫는 것이 견성이라고 설명하고 있다. "진여는 무념의 본체이다. 이런 의미 때문에 무념을 세워 종지로 삼는다. 무념을 보는 자는 비록 견문각지할지라도 항상 공적空寂하다. 이것은 계정혜 삼학이 하나가 되어 동시에 작용하는 것이며 육도만행六度萬行이 구비되는 것이다."라고 설하고 있다. 『기신론』에 "만약 능히 관찰하여 마음이 무념인 줄 알면 곧 수순하여 진여의 문에 들어갈 수가 있다."라고 설한 말과 같다.

그래서 지와 견의 관계를 다시 정의하면 "지知는 곧 마음의 공적을 지知하는 것이고, 견見은 곧 성품이 나지 않음을 견見하는 것이다. 지知와 견見은 분명하게 하나도 아니고, 다르지도 않다."라고 하였다. 마음의 공적은

---

252) 신회, 『단어』.
253) 비량(比量)이란 서로 비교하여 판단하는 인식을 말한다. 반면에 현량(現量)이란 직접 보고 체득하여 깨닫는 것을 말한다.

본체(體)로서 진공眞空을 가리키는 것이고, 성품이 나되 난 바 없이 난다는 것(無生之生)은 작용(用)으로서 묘유妙有를 말하는 것이기 때문에 하나도 아니고 다르지도 않다고 말하는 것이다. 즉 진공眞空은 묘유의 진공이요 묘유妙有는 진공의 묘유이며, 성품은 작용을 떠나지 않고 작용 또한 성품을 여의지 않는다. 그래서 "성품은 작용에 있다."고 말하는 것이다. 그러므로 불성(體)이란 다름 아닌 안이비설신의의 작용(用)인 것이다. 즉 진공을 여의지 않은 작용으로서의 견문각지는 곧바로 불성의 작용이 되는 것이다. 거울의 공적(寂)한 밝음은 성性이며, 그 성품에서 나오는 비춤(照)이 바로 견見이다. 성性이 공적(寂)의 본체(體)라면 견見은 그 본체에서 나오는 작용(用)으로써 비춤(照)이다. 체體와 용用이 둘이 아니고, 적寂과 조照가 둘이 아니어서 체용일여體用一如이며, 상적상조常寂常照이므로 성性과 견見 또한 둘이 아니다. 그러므로 견은 그대로 성(見=性)이고, 성性의 현전이 바로 견見이다. 그러므로 불성에 대한 지知는 바로 보고 듣는 견의 작용을 통해서(見性), 간격 없이 곧장 이루어지는 것(成佛)이다.[254] 지금까지 견성의 심성론적 구조에 대해 살펴보았다. 지금부터는 조사선에서 제시하고 있는 구체적인 견성의 방법에 대해 살펴보도록 하겠다.

앞에서도 이미 언급하였지만 선종은 "불립문자不立文字, 교외별전敎外別傳, 직지인심直指人心, 견성성불見性成佛"로 종지를 표방한 바 있다. 여기서 우리가 견성성불이란 말 이전에 먼저 주목해야 할 연구는 불립문자와 직지인심이다. 문자를 세우지 말라는 것(不立文字)은 일체의 언어문자, 즉 분별적 사

---

254) 인경, 『쟁점으로 살펴보는 간화선』, p 110~111.

고, 개념적 분석을 내려놓으라는 것이다. 왜냐하면 언어문자의 방편마저 의지하지 말아야 견성으로 나아갈 수 있기 때문이다. 이 말은 분별을 멈추고 생각 이전으로 돌아가야만 성품을 볼 수 있다는 의미이다. 언어(文字)란 생각의 드러남이요, 생각은 드러나지 않는 언어이다. 생각을 내려놓는다는 것은 개념적 분석인 분별심을 멈추라는 가르침이다. 생각을 멈추고 생각 이전으로 돌아가면(返照) 순수의식인 성품을 볼 수 있다.

직지인심直指人心, 즉 바로 사람의 마음을 가리킨다는 것은 일체 수행의 방편마저 의지하지 말고 곧장 자신의 마음을 직시하란 말이다. 수행의 방편에 집착하게 되면 점차적인 수증단계를 세워 즉각적으로 깨달아 들어가는 불이법문에 반하게 된다. 단계적인 수행의 상相으로부터 벗어나서 마음이 곧 부처임(卽心是佛)을 바로 깨달아야 한다는 것이다. 즉 견성하여 성불하기 위해서는 먼저 일체의 분석적 사고의 틀을 떨쳐버리고 분별 망념을 벗어나, 생각 이전으로 돌아가 곧장 자신의 마음이 부처임을 단박에 깨달으라는 말이다. 밖으로 일체 경계의 반연을 내려놓고 안으로 생각을 돌이켜 내면을 직관直觀하여야 한다. 즉 밖으로 일체의 상을 취하지 않고(不取外相), 자신의 마음을 돌이켜 비추는 것(自心返照)이 선이다. 그러므로 선수행의 기본적 방법으로 "회광반조廻光返照"를 말하는 것이다. 즉 "밖으로 향하는 의식의 빛을 안으로 돌이켜 생각 이전을 비추어 보라(廻光返照)."고 말하는 것이다. 바깥 경계(대상)를 향하는 생각을 돌이켜 생각 이전의 자리, 즉 생각이 일어나는 자리를 비춰 보면 거기에 진여의 성품이 온전히 드러나 보여(見性) 부처를 이루게 된다(成佛).

이것이 조사선의 핵심 가르침이다. 다시 정리해 보면, 첫째 자신의 생각을 즉각 내려놓고(不立文字), 둘째 생각 이전의 참마음을 직시하라(直指人心). 그리고 생각을 떠난 성품을 보아 곧장 부처를 드러내면 된다(見性成佛). 여기서 가장 중요한 수행의 핵심이 바로 "일념반조一念返照"이다. 즉 한 생각을 돌이켜 비추는 것(一念返照)이야말로 수증의 기본이 되는 것이다. 모든 선 수행은 이 "반조返照"를 벗어나지 않는다. 달마선종의 종지는 일념반조하여 생각이 공한 마음자리(참마음)가 부처임을 확인하는 작업이다.

마조가 대중에게 말했다. 그대들 모든 사람은 각자 자기의 마음이 부처임을 믿어라. 이 마음이 곧 부처이다. 달마대사가 인도에서 중국으로 건너와 최상승의 일심법一心法을 전하여 그대들로 하여금 깨닫게 하였다. 그리고 또한 『능가경』을 인용하여 중생의 마음자리를 확인시킨 것은 그대들이 뒤바뀌어 이 하나의 마음(一心)이 각자에게 있다는 사실을 믿지 않을까 염려되었기 때문이다. 그러므로 『능가경』에서 "부처가 말한 마음으로 근본을 삼고(佛語心爲宗) 문 없는 문으로 진리의 문을 삼는다(無門爲法門)"라고 하였다. 255)

마음이 부처(卽心是佛)라면 부처인 마음으로 돌아가, 그 마음을 드러내면 바로 부처가 된다. 마음을 가로막아 장애하는 것이 생각(망념)이므로 생각 이전으로 돌아가면 자연히 부처가 현전한다. 그렇다고 생각 이전 자리를

---

255) 『마조어록』.

실체화시켜 이해하면 안 된다. 다만 생각이 공하여 아무런 실체가 없는 그것을 생각 이전 자리라고 말하는 것뿐이다. 생각은 본래 공하여 전후가 없기 때문이다. 그래서 혜능은 생각 속에서 생각이 없는 것이 무념이라고 말하는 것이다. 우리가 쓰는 마음이란 말은 생각 이전의 진심(참마음)과 생각으로서의 망념으로 나뉘어 사용되고 있다. 참마음은 생각으로 미혹되었으므로 생각을 돌이켜 생각 이전인 참마음으로 돌아가는 것이 수행이다. 그러므로 생멸문生滅門을 돌이켜 단박에 진여문眞如門으로 들어간다고 말하는 것이다.

어떤 스님이 동산洞山선사에게 물었다. "추위와 더위가 닥쳤을 때는 어떻게 피해야 합니까?" 동산이 이르기를 "어찌 추위와 더위가 없는 곳으로 향하지 않는가?" 스님이 말하기를 "추위와 더위가 없는 곳은 어디입니까?" 동산이 이르기를 "추울 때 추위가 그대를 죽이는 곳이고, 더울 때 더위가 그대를 죽이는 곳이다."256)

추위라는 개념, 더위라는 분별이 사라진 그곳이 참마음 자리이며, 청량한 피안의 정토이다. 추위라는 분별의 형상, 더위라는 개념의 형상을 초월하는 길은 분별과 개념인 생각 이전으로 돌아가는 방법 밖에 도리가 없다. 무릇 형상(생각의 형상)이란 모두 공空하다. 형상이 형상 아닌 줄 아는 그 자리를 깨달으면 불성은 찬연히 빛으로 드러난다. 생각 이전으로 돌아가기 위

---

256) 원오, 「벽암록」.

해서는 추위와 더위라는 분별의 형상(생각)을 죽여야 한다. 춥다는 분별, 덥다는 망념이 죽은 그 자리가 피한避寒도량이요, 피서避暑도량이다. 즉 분별 망념이 공함을 철저히 깨닫는 것이 죽는 자리이다. 죽어야 산다. 즉 망념이 죽어야 무념이 드러난다. 중요한 것은 일념一念, 곧 생각이다. 일체 경계의 형상(생각)으로부터 한 생각을 돌이키는 데 열쇠가 있다. 따라서 종밀은 하택종의 수증의 방법을 일념을 반조하여 깨닫는 무념無念에 있다고 설명하고 있다.

> 만약 선지식의 가르침을 받아 공적의 지(空寂之知)를 단박 깨닫게 되면 모든 것이 생각이 없고(無念), 형상이 없음(無形)을 알게 되니, 누가 무엇으로 아상我相과 인상人相을 삼을 수 있겠는가. 모든 상이 공함을 깨달으면 마음에 스스로 생각(망념)이 없고 생각이 일어나면 곧 깨달아서(念起卽覺), 깨달으면 바로 없어지니(覺之卽無) 수행의 오묘한 문이 오직 여기에 있다. 그러므로 만 가지 행을 갖추어 수행하더라도 오직 무념無念으로써 근본(宗)을 삼는다.257)

종밀은 하택종의 수행의 문을 "생각이 일어나면 곧 깨닫고(念起卽覺), 깨달으면 바로 없어진다(覺之卽無)."라는 정형구로 정리하고 있다. 여기서 깨달음은 생각의 반조를 통한 견見의 의미로 볼 수 있다. 이것 역시 망념의 한 생각을 돌이켜 비추어 보는 반조返照의 한 방법이다. 다시 말하면 생각(망념)

---

257) 종밀, 「도서」.

이 일어나면 생각을 돌이켜 비추어 보는(卽覺 = 卽見) 반조를 거쳐, 그 생각이 소멸됨으로써 견마저 소멸하게 되어(卽無 = 見滅) 무념에 이르게 된다는 것이다. 이와 같이 즉견卽見하는 반조返照의 단계와 견멸見滅하여 소멸하는 두 단계를 거쳐 무념의 불성을 깨닫게 되는 것이다.[258] 이것이 하택신회가 정초하고 조사선에서 실행한 선의 수증 방법론이다.

부처님은 『화엄경』에서 초발심시변정각初發心是便成覺[259]을 설하고 초주성불初住成佛을 주장하고 있다. 성철선사는 『선문정로』에서 등각견성等覺見性[260]의 구경성불究竟成佛을 주장한 바 있다. 부처님이 옳은가, 조사가 옳은가? 둘 다 옳다. 부처님은 만대의 모범이라 활등같이 원융하게 설하시고, 조사는 근기 따라 제도해야(應機接物)함으로 활줄같이 치밀한 방편을 세운다. 불법은 불법이 아니므로 그 이름이 불법이다. 팔만대장경은 수기설법隨機說法이요, 응병여약應病與藥이다. 즉 근기에 따라 법을 설하고 병에 응하여 약을 처방한다. 불교의 모든 교설은 연기되어진 상황언어이다. 병이 다하면 약도 쓸모가 없는 법이다. 따라서 경에 "법도 마땅히 버려야 하거늘 하물며 법 아닌 것이랴."고 설한 것이다.

종밀은 『원각경대소』에서 "중생본래성불衆生本來成佛"을 해석하면서 육종성불六種成佛[261]을 주장하였다. 그 가운데 『원각경』의 본래성불本來成佛을 바

---

258) 인경, 『쟁점으로 살펴보는 간화선』, p 125.
259) 처음 발심했을 때에 바로 정각을 이룬다.
260) 대승기론에서는 수행의 지위로 십신(十信), 십주(十住), 십행(十行), 십회향(十回向), 십지(十地), 묘각(妙覺), 등각(等覺), 불(佛) 등 53위(位)를 설하고 있다. 그 가운데 11위인 십주(十住) 초위에 돈오하여 점차 닦아 성불한다고 주장하는 것을 초주성불(初住成佛)이라 하고, 52위인 등각에서 견성한다고 주장하는 것을 등각견성(等覺見性)이라 하고, 등각에서 견성하여 구경(究竟)의 불지위에서 성불한다고 보는 것이 구경성불이다.
261) 종밀이 주장한 육종성불이란 1) 일생성불(一生成佛) 2) 삼지성불(三祇成佛) 3) 상진성불(相盡成佛) 4) 초주성불(初住成佛) 5) 일념성불(一念成佛) 6) 본래성불(本來成佛)을 말한다.

탕으로 하여 『화엄』의 초주성불初住成佛과 선종의 일념성불一念成佛을 회통하여 돈오점수頓悟漸修와 선교겸수禪敎兼修의 수증론을 제시하였다. 법에는 단박과 점차가 없지만 사람에게 예리함과 둔함이 있어 각각 견성의 기연과 성불의 방편이 다르게 이루어지는 것이다. 어쨌든 범부가 견성하여 성인이 되어야 하는 것이 현실법이다. 혜해는 『돈오입도요문론』에서 견성한 사람에 대해 이렇게 설하고 있다.

> 성품을 본 사람(見性者)은 곧 범부가 아니다. 최상승을 단박에 깨쳐 범부도 뛰어넘고 성인도 뛰어넘었다. 미혹한 사람은 범부를 논하고 성인을 논하지만 깨달은 사람은 생사와 열반을 함께 초월한다. 미혹한 사람은 현상을 말하고 이치를 말하지만 깨달은 사람은 큰 작용이 끝이 없다. 미혹한 사람은 얻음을 구하고 깨달음을 구하지만 깨달은 사람은 얻음도 없고 구함도 없으며, 미혹한 사람은 오랜 세월을 기다려 증득하지만 깨달은 사람은 단박에 본다.[262]

돈오견성頓悟見性한 도인은 대승의 보살로서 범부와 성인을 초월하고, 생사와 열반을 초월하여 이사원융理事圓融의 작용이 무궁한 중도中道의 실천행으로 삶을 장엄한다. 견성하여 성불함이 수행자의 본분사本分事요, 일대사 인연一大事因緣이다.

---

[262] 혜해, 『돈오입도요문론』.

제 5 장

간화선
看話禪

간화선
看話禪

제1절 정념正念과 화두話頭

한국불교의 선수행은 간화선看話禪 전통이 주류를 이루고 있다. 그리고 근래 남방 상좌부 불교 전통으로부터 명상이란 이름으로 위빠사나 수행이 전래되어 뿌리를 내려가고 있는 것 또한 괄목할 만한 변화이다. 간화선에서는 화두 의심을 통해 견성으로 나아가고자 하며, 위빠사나 전통에서는 정념(正念: sati) 수행을 근거로 하여 지(止: Samatha)와 관(觀: Vipassana)으로 나아가 해탈을 구하고자 한다. 이와 같은 남전南傳과 북전北傳의 이질적인 수행 문화의 만남에서 파생되는 사상적·실천적 충돌과 논쟁은 불가피한 상황이라고 할 수 있다. 그러나 이러한 남북 문화의 충돌과 논쟁은 충분히 회통될 수 있는 요소를 안고 있기 때문에 서로 융섭이 이루어질 수 있는 것이다. 그 외형의 이질성만을 문제 삼아 배타적이고 소모적인 논쟁으로 서로를 공격할 것이 아니라, 둘 다 불교 수행 전통 안에서 이루어진 수행문화라는 공통점을 융회하여 보다 나은 해탈의 방법론을 창출해 가는 것이 바람직한 현상일 것이다.

넓은 의미의 불교란 석가세존으로부터 면면히 이어져 오늘에 이르기까지 정법을 깨달은 모든 불조사의 가르침을 통칭하여 말하는 것이 역사연기에 부합한 인식일 것이다. 초기불교, 상좌부불교, 대승불교, 중국선불교, 한국불교의 핵심교설이 결코 상이한 내용일 수 없다.

그러므로 중국 조사선에서 집대성되어 현재 한국에서 주류를 이루고 있는 간화선 수행법이 부처님 당시의 수행법과 상좌부의 아비담마, 그리고 대승불교의 수증론과 동일한 지평 위에서 이해되어야 함은 두말할 나위가 없다. 이러한 인식의 기초 위에 간화선의 이론적 토대를 초기불교의 교설 및 수행법으로 해석해 봄으로써 남방의 아비담마 수행 전통에서 수립된 위빠사나와 북방의 대승불교 및 중국 선종 수행 전통 위에 수립된 간화선의 수중修證 내용이 결코 상이하지 않음을 살펴보도록 하겠다. 대혜는 『서장』에서 화두 참구하는 법에 대해 다음과 같이 제시하고 있다.

> 다만 망상으로 뒤바뀐 마음, 사량하여 분별하는 마음, 삶을 좋아하고 죽음을 싫어하는 마음, 알음알이(知見)로 알려는 마음, 고요함을 좋아하고 시끄러움을 싫어하는 마음 등을 한꺼번에 눌러야 합니다. 눌러내린 그곳에서 "어떤 스님이 조주스님께 '개에게도 불성이 있습니까.'라고 물으니, 조주스님께서 '없다'라고 답했다."는 화두를 들어야 합니다. [263]

이와 같이 화두를 참구해 가다 보면 "평소 낯설었던 공부길이 저절로 낯이 익어진다."고 전제하고, "낯설었던 곳이 낯이 익어지면 그동안 익어 있던 나쁜 버릇은 저절로 낯설어진다."고 말하고 있다. 이것이 이른바 "익은 것은 설게 하고, 선 것은 익게 한다."는 참선공부의 요체이다. 그러면 어떤

---

[263] 대혜, 『서장』.

것이 낯이 익고, 어떤 것이 낯이 선 것인가?

 오음五陰 · 육입六入 · 십이처十二處 · 십팔계十八界 · 이십오유二十五有 · 무명업식無明業識 · 사량분별(思量計較)하는 마음들이 밤낮으로 일어나되 길들이지 않은 말처럼 잠시도 쉴 틈이 없는 것이 익어 있는 곳입니다. 이러한 것들이 사람들로 하여금 생사에 유랑하게 하고, 좋지 않은 일들을 만드는 것입니다. 이러한 것들이 낯설어지면 보리열반과 진여불성이 바로 눈앞에 드러납니다. 그러나 눈앞에 드러날 때도 눈앞에 드러났다는 생각이 없습니다.[264]

 무명업식과 사량분별 등은 낯익은 것들이고, 보리열반, 진여불성은 낯선 것이다. 여기서 기본적으로 설해지고 있는 것이 오온五蘊, 육입六入, 십이처十二處, 십팔계十八界[265] 등의 교설임을 알 수 있다. 대혜스님은 화두 참구를 통해 생사를 요달하는 사건을 "일대사인연一大事因緣"이라 주장하고, 이것은 다른 사람에게 구하는 것이 아니라, 저절로 인연이 흘러가는 곳에서 활발발活潑潑하게 이루어지는 것이라고 말한다. 만약 이와 같은 경계를 얻지 못했거든 세간의 번거로운 마음을 한꺼번에 내리눌러 "생각이 미치지 않는 곳", 즉 화두(조주 無字)로 돌이키라고 가르치고 있다.

---

[264] 대혜, 『서장』.
[265] 오온(五蘊)이란 색수상행식의 정신과 물질로 이루어진 세계를 말하는 것이다. 인식주관인 안이비설신의는 육근(六根: 혹은 六入)이며, 인식대상인 색성향미촉법은 육경(六境: 혹은 六塵)이며, 육근과 육경이 접촉하는 것이 십이처(十二處)이며, 육근과 육경이 접촉하여 안식 내지 의식인 육식(六識)을 일으키는 의식세계를 십팔계(十八界)라고 한다. 중생의 의식세계를 일반적으로 오온, 십이처, 십팔계라고 표현한다.

여기서 주목되는 부분이 바로 화두함으로 정의된 "생각이 미치지 않는 곳"이란 말이다. 대혜선사는 "오음五陰·육입六入·십이처十二處·십팔계十八界·이십오유二十五有[266])·무명업식無明業識·사량분별(思量計較)하는 마음"을 생각이 미치는 곳으로 보고, 이러한 생각이 미치지 않는 곳, 즉 팔식八識인 아뢰야식의 업상業相이 계속 이어지지 않는 그곳에서 화두를 참구하라고 지시함으로써, 화두참구의 요체를 삼고 있음을 알 수 있다. 즉 초기불교 수행에서 무명으로 인한 번뇌 망념에 휘말리지 않는 거기에서 알아차림(sati: 혹은 지켜봄)을 행하라고 하는 것과 같은 논리인 것이다.

다시 말하면 오음五陰·육입六入·십이처十二處·십팔계十八界 등으로 대변되는 일체 번뇌망념(팔식작용)을 놓아버린 그곳에서 화두참구를 통해 번뇌가 바로 공성空性임을 요달하여, 번뇌가 그대로 보리菩提인 진여불성의 중도中道를 깨닫게 하는 견성법見性法을 지시하고 있는 것이다. 그러므로 선종에서 주장하는 자성이 청정(空)함을 단박에 깨닫는다는 것(頓悟自性淸淨)이란 자기 성품이 무명번뇌에 오염되지 않는 본래 청정한 성품 자리를 바로 본다(見性)는 의미인 것이다.

이러한 간화선 수행의 사상적 연원은 혜능의 선법에서 찾을 수 있다. 혜능선사는 『단경』에서 최후 유교설법遺教說法을 통해 선종의 근본종지根本宗旨를 잃지 않도록 당부하면서 "삼과법문三科法門"과 "삼십육대법三十六對法"을 설하고 있다. 혜능이 설한 삼과법문은 오온, 십이처, 십팔계를 가리키며, 삼십육대법의 내용은 다름 아닌 중도를 수행하는 견성과 전법의 논리인 것

---

266) 중생의 윤회하는 세계를 25종으로 분류한 것을 말한다. 욕계에 14, 색계에 7, 무색계에 4가 있다.

이다. 물론 이러한 삼과법문과 삼십육대법은 일념수행一念修行과 일념해탈로 성취할 수 있다고 주장하고 있다.

일념을 수행하면 자신이 곧 부처이다. 깨닫지 못한즉 부처가 중생이요, 일념을 깨달은즉 중생이 부처이다. [267]

혜능스님이 천명한 일념수행이란 중생과 제불의 차이를 단지 일념의 깨침과 미혹(迷悟)에 있다고 보고, 깨침과 미혹의 차이는 다만 일념지간一念之間에 있으므로 일찰나에 미혹을 돌이켜 깨달음으로 나아갈 것(轉迷開悟)을 권장한다. 이 말은 중생이 한 생각(一念) 일으킴에 있어서 대상에 오염되면 분별망념이 되어 생멸윤회하기 때문에 고통을 받게 되지만, 일념 가운데 분별망념에 휘말려들지 않고 생각이 본래 공함을 여실히 깨달으면 본래심이 회복되어 부처를 이루게 된다는 것이다. 즉 한 생각이 일어나면 곧바로 지켜보라(念起卽見)고 가르친다. 즉 분석하거나 판단하여 그 생각에 휘말려들지 말고 강물이 흘러가듯이 그냥 지켜보라는 것이다. 지켜보면 바로 사라진다(見之卽滅). 인식주관도 공하고 인식대상(생각)도 공하여 일체가 공한 그 자리에서 깨어 있는 마음으로 지켜보아라. 이러한 주장은 일념에 대한 지켜보기(알아차림)를 통해, 즉 오온이 공함을 보아 무아의 해탈을 성취하는 초기불교의 가르침과 맥을 같이하고 있다. 초기불교『아함』교설에서는 오온이 무상無常, 고苦, 공空, 무아無我임을 다음과 같이 관찰하라고 역설하고

---

[267] 돈황본,『단경』.

있다.

　색은 무상하다는 것을 관찰하라. 이렇게 관찰하면 바른 관찰이다. 바르게 관찰하면 곧 싫어하여 떠날 마음이 생기고, 싫어하여 떠날 마음이 생기면 즐겨하고 탐하는 마음이 없어지며, 즐겨하고 탐하는 마음이 없어지면 그것을 마음의 해탈이라고 한다. 이와 같이 수상행식受想行識 역시 무상하다고 관찰하라. …… 무상無常하다고 관찰하는 것과 같이 그것들은 고苦요, 공空이요, 내가 아니라는 것(無我)을 관찰하는 것도 역시 그와 같다.[268]

　대혜가 주장하는 일대사인연이나 혜능이 설하고 있는 근본종지와 일념수행 역시 부처님께서 설한 무상無常, 고苦, 공空, 무아無我를 벗어나지 않고 있다. 오온, 십이처, 십팔계 등의 교설이 초기불교로부터 중국 선종에 이르기까지 기본 내용으로 설해지고 있음을 알 수 있다. 다만 초기불교에서는 현상(法)으로서의 대상, 즉 오온, 십이처, 십팔계로서 현상(法)의 존재를 인정하는 인무아人無我의 관점에 놓여 있다면, 상대적으로 대승불교와 중국 선종에서는 현상 자체마저 부정하는, 즉 일체개공一切皆空의 법무아法無我의 입장에 서 있다는 점에서 그 다름을 보여 주고 있다. 아울러 초기불교는 생멸연기生滅緣起[269]의 입장에서 부정적 언어(무상, 고, 무아, 부정)로 기술하고 있으며, 선종에서는 환멸연기還滅緣起의 입장에서 긍정적 언어(보리, 불성, 청정, 본래면

---
268) 『잡아함경』 권1, 「무상경」.

목, 주인공)로 표현하고 있는 차이가 있을 뿐이다.

대혜가 말한 보리열반, 진여불성이 번뇌망념 너머 존재하는 실체가 아니듯이 혜능이 말한 자성自性 혹은 본성本性, 심성心性 또한 공空, 무아無我를 내용으로 하는 중도中道의 다른 이름에 지나지 않는 것이다.

이미 앞 장에서 중도정관中道正觀을 해명할 때 언급하였지만, 선종에서 말하는 자성청정自性淸淨, 본래면목本來面目, 주인공主人公, 평상심平常心, 즉심시불卽心是佛, 무위진인無位眞人 등의 언구는 실체적 자아(아트만)의 의미로 설한 것이 아니라, 부처님께서 설하신 공空, 무아無我, 중도中道를 나타내는 존재의 참모습을 선종 용어로 나타낸 것에 불과한 것이다. 즉 일체의 분별적 사유(망념)가 공하되 공한 그것마저 공하여 항사의 작용이 있다는 중도실상中道實相의 입장에서 있는 그대로 직관하는 정신세계를 진제(眞諦: 勝義諦)라고 한다면, 이러한 진제(진리)의 입장에서 자성청정, 본래면목, 무위진인을 설하고 있는 것이다. 그렇기 때문에 조사선에서는 자성, 보리, 불성, 진여 등을 철저한 공사상에 입각해 본래무일물本來無一物이라고 주장하고 있는 것이다.

---

269) 생멸연기(혹은 유전연기)란 고(苦)가 일어나는(生起) 연기의 관계를 말하는데, 혹은 연기의 순관(緣起의 順觀)이라고 한다. 연기의 순관은 구체적으로는 "무명(無名)에 연(緣)해서 행(行)이 있고 행에 연해서 식(識)이 있으며 식에 연해서 명색(名色)이 있고 명색에 연해서 6입(六入)이 있으며 6입에 연해서 촉(觸)이 있으며 촉에 연해서 수(受)가 있고 수에 연해서 애(愛)가 있고 애에 연해서 취(取)가 있으며 취에 연해서 유(有)가 있고 유에 연해서 생(生)이 있으며 생에 연해서 노사(老死) · 우비고수뇌(憂悲苦愁惱)의 갖가지 고(苦)가 생긴다."라고 표현된다. 이는 생멸이 있음의 입장에서 설해진 연기이다. 환멸연기란 고뇌의 유전(流轉)이 멸해지고 이상의 열반계(涅槃界)로 돌아가는 연기의 관계를 말하며 또 이것을 연기의 역관(緣起의 逆觀)이라고 한다. 연기의 역관은 구체적으로는 "무명(無明)이 멸하기 때문에 행(行)이 멸한다. 행이 멸하기 때문에 식(識)이 멸한다. 식이 멸하기 때문에 명색(名色)이 멸한다. 명색이 멸하기 때문에 6입(六入)이 멸한다. 6입이 멸하기 때문에 촉(觸)이 멸한다. 촉이 멸하기 때문에 수(受)가 멸한다. 수가 멸하기 때문에 애(愛)가 멸한다. 애가 멸하기 때문에 취(取)가 멸한다. 취가 멸하기 때문에 유(有)가 멸한다. 유가 멸하기 때문에 생(生)이 멸한다. 생이 멸하기 때문에 노사(老死) · 우비고수뇌(憂悲苦愁惱)의 갖가지 고(苦)가 멸한다."고 설한다. 이는 생멸이 본래 없는 공(空)의 입장에서 설해진 연기이다.

몸이 공空하므로 법이 공하며, 마음이 공하므로 성품이 공한 것이다. 몸과 마음 모두 공하므로 성품도 공하다고 한다. 또한 천 갈래의 다른 말도 모두 너의 본심을 여의지 않는다. 마치 지금 말하는 보리菩提, 진여眞如, 불성佛性, 이승보살二乘菩薩 등 모두가 나뭇잎을 황금이라 하고, 빈 주먹 안에 보물이 있다고 말하는 방편설이다. 만약에 손바닥을 폈을 때 하늘이든 사람이든 일체 대중은 모두 손바닥 가운데 한 물건도 없음을 본다. 그러므로 말하기를, "본래 한 물건도 없는데(本來無一物), 어디에 티끌이 있겠는가(何處有塵埃)."라고 하는 것이다. 이미 본래 한 물건이 없다면 과거, 현재, 미래에 본래 소유할 바가 없다. 따라서 수행자는 단도직입單刀直入으로 깨달아야 비로소 그 의미를 알 수 있다.[270]

조사선에서는 "본래무일물本來無一物"로써 제법의 성품이 공空함을 설명하고, 또한 제법의 성품이 본래 청정함을 말하고 있다. 선종에서는 제법의 성품, 즉 중생과 제불, 생사와 열반, 유위有爲와 무위無爲, 세간과 출세간 내지 육도六道와 사생四生, 산하山下와 대지大地, 유성有性과 무성無性 등 모두가 둘이 아닌(不二) 하나의 바탕(同一體)이라고 설하고 있다. 그 원인은 "같다고 말하는 것은 이름의 모양(名相)이 또한 공하기 때문이다. 유有도 공이요, 무無도 공이며 항하사 세계 모두가 원래 하나의 공"[271]이기 때문에 중도실상中道實相으로 하나의 바탕이 되는 것이다.

---

270) 황벽, 『완릉록』.
271) 위의 책.

이러한 입장에서 보면 선종에서 설하고 있는 자성청정, 본래면목, 주인공, 평상심 등은 초기불교로부터 대승불교에 이르는 무상, 공, 무아, 중도 교설의 중국 선종적 전개로 이해해야 할 것이다. 마조의 평상심平常心과 임제의 일심一心에 대한 법문 또한 이러한 사상적 토대 위에 설해지고 있음을 알 수 있다.

도는 닦을 필요가 없다(道不用修). 다만 오염시키지 말라. 무엇을 오염이라 하는가? 생사심으로 조작造作하여 취향趣向이 있으면 모두 오염이다. 만약 그 도를 바로 깨달으려면 평상심이 도다(平常心是道). 평상심은 조작造作, 시비是非, 취사取捨, 단상斷常, 범성凡聖이 없음이다.[272]

도 배우는 이들이여! 마음 법(心法)은 형상이 없어서 시방세계를 꿰뚫어 두루 미치고 있다. 그것이 눈에 있을 때는 본다 하고, 귀에 있을 때는 듣는다 하며, 코에 있을 때는 냄새 맡는다 하고, 입에 있을 때는 이야기한다 하고, 손에 있을 때는 잡는다 하고, 발에 있을 때는 걷는다고 한다. 본래 밝고 정묘한 한 덩어리(一精明)가 나뉘어서 여섯 가지로 화합(六和合: 六根, 六塵, 六識)하여 작용하는 것이다. 만일 한 마음(一心)에 번뇌 망념이 없으면 이르는 곳마다 해탈의 경지이다.[273]

---

272) 『마조어록』.
273) 『임제록』.

무명 번뇌에 의해 오염(왜곡)된 인식이 실체적 자아 관념을 만들어 이분법二分法적인 틀을 조작하여 옳음과 그름(是非), 취함과 버림(取捨), 단견과 상견(斷常), 범부와 성인(凡聖) 등으로 이원화二元化의 세계를 만들어 버린다. 그러므로 존재와 세계를 있는 그대로(존재실상) 인식하지 못하고 왜곡된 허위의 식의 틀 속에 가둬버리기 때문에 중생은 고통을 받게 되는 것이다. 평상심平常心이란 이러한 허구적인 인식의 오염이 없어 더 이상 조작하지 않고 존재와 세계를 있는 그대로, 즉 진리를 진리 그대로 보는 마음인 것이다. 허구적인 표상에 오염되지 않는 본래심의 그 자리에서는 밖으로 닦음을 구하는 것이 오히려 망념을 보태는 격이 된다. 따라서 "도는 닦을 필요가 없고, 다만 오염시키지 말라."고 하는 것이다.

이것으로써 일심이나 평상심은 철저하게 필경공畢竟空과 중도中道의 입장에서 설해진 선법禪法임을 분명히 알 수 있다. 임제가 설하고 있는 일정명一精明의 법문은 자칫 오해의 소지가 있는 말이지만 이 또한 일심의 다른 이름에 불과하며 일심으로부터 오온, 십이처, 십팔계가 전개된다면 오온, 십이처, 십팔계가 공空, 무아無我라는 초기불교의 교설을 벗어나지 않으며, 다만 진리의 입장(眞諦)에서 긍정적인 언어로 일심을 설하고 있을 뿐이다.

이른바 밝고 정밀한 성품인 일정명一精明이 나뉘어 육화합六和合이 된다고 하였다. 일정명이란 한 마음(一心)이요, 육화합六和合이란 육근六根이다. 이 육근은 각기 육경六境과 합하는데, 눈은 색과, 귀는 소리와, 코는 냄새와, 혀는 맛과, 몸은 촉감과, 뜻은 법과 제각기 합한다. 그런 가운데 육식六識을 내어 십팔계十八界가 된다. 만약 이 십팔계가 어디에도 존재하지 않음을 알면, 육화합이 하나로 묶이어 일정명이 된다. 일정명이란 곧 마음이다. 그런데 도를 배우는 사람들은 이것은 모두 알면서도, 일정명과 육화합에 대해 알음알이만을 지어서 드디어는 교설에 묶이어 본래 마음에 계합하지 못한다.[274]

황벽스님은 일정명一情明이 일심一心이며, 일심으로부터 육입六入, 십이처十二處, 십팔계十八界가 전개되고 있다고 말하고 있다. 따라서 삼계는 오직 마음이 변화된 것(三界唯心)이요, 만법은 오직 아뢰야식의 전개인 것(萬法唯識)이다. 그러므로『능엄경』에서는 일심, 즉 일정명이 쉬어져서 근원으로 돌아가면 저절로 육식이 공한 도리를 깨닫게 된다고 설하고 있는 것이다.

육근의 작용 또한 이와 같이 원래 일정명一精明에 의거해서 나뉘어 여섯 가지로 화합(六和合)을 이룬 것이니, 원래 한 곳만 쉬어져서 근원으로 돌아간다면 여섯 작용 모두 이루어지지 못한다.[275]

대승불교와 조사선에서 설하고 있는 일심이란 한 생각이 일어나되 일어난 바가 없는 공空한 그것을 지칭하는 말이다. 일심이 공한 줄 알아 쉬게 되면 육화합으로 이루어진 십팔계는 저절로 걸림이 없어 해탈하게 된다. 일

---

274) 황벽,「전심법요」.
275)『수능엄경』제6권.

심으로부터 전개된 만법 또한 일심이 본래 공한 줄 깨달으면 그대로 중도의 법계가 된다. 일심一心, 법계法界, 진여眞如 등이 번뇌 망념을 모두 끊어 없애고 난 뒤에 나타나는 실체적 자아가 아니라, 깨달음의 세계(眞諦)와 현실의 세계(俗諦)가 둘이 아닌 불이중도不二中道의 입장에서 설하고 있는 존재의 실상을 가리키는 말이다. 이러한 도리를 임제는 "일체의 모든 법은 마음의 법(心法)이며, 일체의 모든 이름은 마음의 이름(心名)이다. 이 만법이 모두 마음으로부터 일어나고 마음은 만법의 근본이다."라고 전제하고, 만법을 때에 따라 법계法界, 진여眞如, 이사理事 등의 이름으로 자재하게 사용할 뿐이라고 주장하면서 이어서 아래와 같이 설하고 있다.

> 갖가지 법이 성립되는 것은 모두 일심에 의거한 것이다. 건립되는 것이나 소탕되는 것 모두가 묘용이며, 묘용은 모두 자기 자신의 본체이다. 깨달음의 세계(眞諦)를 여의고서 현실적인 삶의 세계(俗諦)가 있는 것은 아니다. 현실적 삶의 세계가 곧 바로 깨달음의 세계이며, 일체 모든 묘용은 자기 자신의 깨달음의 당체가 전개된 것이다. 만약 그렇지 않다면 또 다시 어떤 사람이 존재하겠는가? 일체 법은 모두 불법이다. 모든 법은 해탈이다. 해탈이란 진여이다. 모든 법은 진여를 떠나지 않는다. 가고 머물고 앉고 눕는(行住坐臥) 일상사 모든 것이 부사의한 묘용으로 시절인연을 기다리지 않는다.[276]

---

276) 『임제록』.

진제眞諦를 여의고 속제俗諦가 있는 것이 아니기에 일체 법은 모두 불법이 되는 것이다. 중생의 자심본체인 일심의 묘용으로 전개된 만법은 그대로 깨달음의 세계, 즉 진여법계이다. 그러므로 지금 여기의 행주좌와가 시절인연을 기다리지 않고 그대로 해탈인 것이다. 조사선에서 설하고 있는 일심, 법계, 평상심 등의 일체법은 자신의 깨달음의 당체, 즉 일심이 전개된 것이다. 조사선의 평상심은 혜능의 무념법문無念法門에 그 뿌리를 두고 있다. 선종에서 제시하고 있는 무념, 무심을 내용으로 하는 이른바 "무념위종(無念爲宗: 무념을 종지로 함)"의 법문을 올바로 파악함으로 해서 선종의 모든 사상이 철저하게 부처님께서 설하신 중도법문에 기인하고 있음을 살펴보기로 하자.

　무념위종無念爲宗의 무념無念이란 결코 아무 생각이 없는 상태가 아니라, "생각에서 생각하지 않는 것(於念不念)"을 이르는 말이다. 즉 "생각에서 생각하지 않는다."는 것은 "생각에서 생각을 여의었다."는 말이 된다. 즉 일체 사량 분별을 여읜 진여불성 그대로의 생각인 것이다. 그러므로 "일체 경계에 오염되지 않는 것을 무념이라 이름한다. 스스로의 생각에 경계를 떠나서 법에 생각을 일으키지 않는다."[277]라고 하였다. 스스로의 생각(自念)이란 자심自心, 자성自性, 즉 일심의 진여본성을 가리킨다. 중생 각자의 진여본성에는 전혀 바깥 경계의 집착상이 없다. 대상을 분별하지 않고, 즉 무명에 오염된 분별망념에 빠지지 않고 지켜보는 불이중도의 마음이 무념無念인 것이다.

---

277) 돈황본, 「단경」.

없다(無)고 하는 것은 어떤 일이 없다는 것이며, 생각한다(念)는 것은 어떤 물건을 생각하는 것인가? 없다는 것은 두 가지 상(二相)의 모든 번뇌가 없다는 것이요, 생각한다는 것은 진여본성을 생각한다는 것이다.[278]

혜능이 말하는 무념이란 생멸生滅, 유무有無, 진속眞俗 등 변견邊見의 망념을 없애고, 자심의 진여본성을 생각하는 것이다. 이러한 무념위종의 사상은 하택과 혜해에 계승되어 더욱 발전적으로 정의되고 있음을 볼 수 있다.

무념을 종으로 하고(無念爲宗), 망념이 일어나지 않음을 핵심으로 한다(妄念不起爲旨). 청정으로 체를 삼고, 지혜로써 용을 삼는다. …… 무념이란 사념邪念이 없다는 것이지 정념正念마저 없다는 말이 아니다. …… 있음(有)과 없음(無)을 생각하는 것을 일러 삿된 생각(邪念)이라 하고, 있음과 없음을 생각하지 않음을 일러 바른 생각(正念)이라 한다. 선과 악을 생각함을 삿된 생각이라 하고, 선과 악을 생각하지 않음을 일러 바른 생각이라 한다. 내지 고락苦樂, 생멸生滅, 취사取捨, 원친怨親, 애증愛憎 등을 일러 삿된 생각이라 하고, 고락, 생멸 등을 생각하지 않음을 일러 바른 생각이라 한다.[279]

무념無念이란 진념眞念이다. 만약 생각으로 생각을 삼는다면 사념邪念

---

278) 돈황본, 「단경」.
279) 신회, 「단어」.

이지 정념正念이 아니다. 왜 그러하냐? 경에 말하길, 사람에게 여섯 가지 생각(六念: 眼識 내지 意識)은 생각이 아니라고 가르친다. 여섯 가지 생각이 있으면 사념이라 부른다. 여섯 가지 생각이 없는 것이 진념이다.[280]

하택과 혜해는 우선 생각(念)에는 정正과 사邪의 구별이 있다고 분석하고, 아울러 무념無念이란 사념邪念이 없다는 것이지 정념正念이 없다는 것이 아니라고 강조하고 있다. 정념의 정正은 정사正邪의 이분법적인 정正이 아니라 정사正邪를 초월한 무념의 정正을 말하는 것이다. 따라서 정념正念이란 유무有無, 선악善惡, 고락苦樂 등 두 가지 견해(二見)의 차별상을 생각하지 않는 것이며, 사념邪念이란 유무, 선악, 고락 등 양 변을 생각(집착)하는 것이라고 정의한다. 이른바 정념은 유무, 선악, 고락 등의 양 극단에 집착하지 않는 초기불교의 중도관中道觀이며, 대승불교의 반야중관般若中觀이자 불이중도관不二中道觀인 것이다. 그리고 혜해는 한 걸음 더 나아가 정념이란 "오직 보리를 생각하는 것"이라고 밝히고 있다.

묻기를, 무엇이 정념正念인가? 답하기를, 정념이란 오직 보리를 생각하는 것이다. 묻는다. 보리는 얻을 수 있는가, 없는가? 답한다. 보리는 얻을 수 없다. 묻기를, 이미 얻을 수 없다면 어째서 보리를 생각한다고 하는가? 답하기를, 보리라고 하는 것도 단지 거짓으로 세운 이름에 불과하니 실로 얻을 수 없다. 또한 전후를 얻을 수 없다는 것은, 얻을 수 없

---

[280] 혜해, 『돈오입도요문론』.

으므로 곧 생각이 없다. 오직 무념無念만이 진념眞念이다. 보리란 생각하는 바가 없으니, 생각하는 바가 없다는 것은, 즉 어느 곳이든 무심無心함이다. 생각하는 바가 없다는 것은, 위에서 말한 것처럼 무념을 여러 가지로 표현하고 있는데, 이것은 모두 일에 따른 방편에 의해 억지로 이름을 붙인 것이지만, 전부 하나의 바탕(體)으로서 둘이 아니다. 다만 어느 곳에서든지 무심無心함을 알면 즉시 무념無念이다.[281]

혜해는 정념正念이란 "오직 보리를 생각하는 것"이라고 말하고, 보리열반은 본래 얻을 수 없고, 얻을 바가 없기 때문에 "무념은 모두 일에 따른 방편에 의해 거짓으로 그 이름을 붙인" 중도정관中道正觀의 표현에 불과하다고 주장한다. 간화선에서도 마찬가지로 이 중도정관의 자리에서 화두를 보는 것(看話)이다. 즉 중도의 자리에서 본 바 없이 화두를 보며, 의심하는 바 없이 의심하게 되므로, "이뭣고?" 하는 그 첫 자리가 이미 깨달음에 발을 딛고 있는 구경의 자리가 되는 것이다. 여기서 우리는 조사선에서 주장하고 있는 정념(正念: 無念)과 초기불교와 아비담마의 중요 교설인 정념(正念: sati)의 일치를 확인할 수 있다.

초기불교의 중요한 교설이자 수행법인 정념(正念: Samma-sati)에 대해 이렇게 정의하고 있다. "'무명이 주도하는 세계 왜곡과 오염의 인식 체계와 계열'에 휘말려 들지 않는 국면에 눈을 떠서 그 자리를 '지키고 서는' 멈춤인 동시에, 그 자리에 서서 가공과 왜곡을 일삼던 세계를 더 이상 조작하지 않고

---

281) 혜해, 「돈오입도요문론」.

'그저 보는' 혹은 '단지 볼 뿐인' 관찰이다. 그리고 이 멈춤과 관찰의 연장선상에서 지止와 관觀의 두 국면이 수립된다."[282] 다시 말하면, 바깥 경계에 집착하여 일어나는 물든 분별 망념에 끄달리지 않고 일체가 공한 그 자리에 서서 보는 것이 정념이라고 말하고 있는 것이다.

이러한 주장에 동의한다면, 초기불교의 정념, 즉 sati 수행과 선종이 설하고 있는 정념의 개념은 완전히 일치함을 알 수 있다. 무명에 오염된 허망한 분별적 사유인 번뇌망념을 여읜 그곳이 견성에 눈뜨는 자리이며, 망념이 사라진 순일한 정념의 본래심에 계합한 마음이 즉심卽心이기에 "즉심이 부처(卽心是佛)"라고 말하는 것이다. 이러한 즉심이 바로 "무명이 주도하는 세계 왜곡과 오염의 인식 체계와 계열에 휘말려 들지 않는" 마음인 sati인 것이다.

그리고 "멈춤과 관찰의 연장선상에서 지(止: 사마타)와 관(觀: 위빠사나)의 두 국면이 수립된다."라고 하는 지관겸수止觀兼修의 입장 또한 선종의 정혜쌍수定慧雙修의 전통과 간화선에 있어서의 성성적적惺惺寂寂[283]이라는 화두참구법과 동일 지평에 있다고 할 수 있다. 이로써 남방의 sati(혹은 위빠사나)수행을 통한 해탈열반解脫涅槃과 화두 타파로 얻어지는 견성성불見性成佛이 똑같이 정념의 실천수행을 통한 깨달음의 경지임을 알 수 있다.

물론 지켜본다고 했을 때 위빠사나의 지켜봄과 화두의 지켜봄에 있어서

---

282) 박태원, 『정념(正念, Samma-sati)과 화두(話頭)』, (울산대학출판부, 2005), p 44.
283) 화두일념이 이루어지면 번뇌는 고요하여 적적(寂寂)이 되며, 화두는 또렷또렷하여 성성(惺惺)이 된다. 적적(寂寂)은 지(止)이며, 선정(禪定)이며, 성성(惺惺)은 관(觀)이며, 지혜(智慧)가 되어 지관겸수(止觀兼修), 정혜쌍수(定慧雙修)가 된다.

지켜보는 대상은 분명히 다른 것이다. 다만 그 지켜보는 대상이 위빠사나에서는 현상(法)이 되는 것이며, 간화선에서는 화두, 즉 성품(性)이 되는 것이다. 초기불교에서는 오온, 십이처, 십팔계라는 법을 대상으로 하여 알아차림(지켜보기)을 통해 무아를 드러내는 방식을 취한다. 그러나 간화선에서는 화두를 보게(참구) 한다(看話). 화두란 선문답에서 기인한 공안에서 추출된 핵심의문을 말한다. 공안의 핵심은 바로 성품(性)인 까닭에 결국 성품을 보는(見性) 일에 다름 아니다.[284]

이것은 위빠사나가 초기불교에서 주장하는 인무아人無我의 바탕 위에 정립되었으며, 견성을 강조하는 간화선은 대승불교와 함께 법무아法無我의 입장에서 전개되고 있기 때문에 보는 대상이 법法과 성性으로 나누어지게 되는 것이다. 그렇기 때문에 인무아와 법무아의 구공俱空을 설하는 대승불교를 바탕으로 하는 조사선에서는 초기불교의 대상에 대한 알아차림의 관법을 마음으로써 마음을 관觀하게 하는 소승小乘의 수행법이라고 폄하하기도 하는 것이다. 즉 마음의 성품이 공함을 바로 보아(見性) 부처를 이루면(成佛) 되는 것이지, 공한 마음을 일으켜 다시 공한 마음을 관하게 하는 의도적이고 인위적인 관심觀心은 잘못된 수행이라고 주장하고 있는 것이다.

하택신회가 남종선의 돈오법문頓悟法門을 선양하면서 북종선을 비판할 때, 북종선의 수증법으로 규정한 "마음을 모아 정에 들고(凝心入定), 마음을 머물러 깨끗함을 보고(住心看淨), 마음을 일으켜 밖을 비추고(起心外照), 마음을 거두어 안으로 깨닫는다(攝心內證)."라고 하는 내용이 인위적이고 조작적

---

284) 인경, 『쟁점으로 살펴보는 간화선』, p 55, 57.

인 수증방편이라고 비판한 바 있다.

간화선은 조사선의 연장선상에 있다. 조사선의 한 가지 수증방편으로 정립된 화두수행은 조사선의 사상과 실천 위에 세워진 방법론이다. 다음은 화두에 대한 의심을 매개로 한 화두참구의 구체적 방법론에 내포된 몇 가지 특징에 대해 살펴보기로 하겠다.

첫째는 본래성本來性이다. 대승불교는 기본적으로 중생본래성불衆生本來成佛의 기초 위에 수증론修證論을 제시하고 있다. 즉 부파불교의 대중부에서 주장한 "마음의 성품은 본래 청정하지만(心性本淨), 객진 번뇌에 오염되어 있다(客塵所染)."라는 심성론적 입장이 더욱 발전되어 대승불교의 불성본유佛性本有사상으로 전개되어 중생이 본래부처라는 교설이 성립되었다. 중생의 마음에 본래 불성을 갖추고 있다는 것이 바로 중생이 본래부처라는 사상이다. 선종의 수증론 역시 중생의 마음이 본래부처(本來是佛)라는 대승사상의 토대 위에서 수립되고 있는 것이다. 즉 화두참구 또한 이러한 자성청정自性淸淨, 즉 본각本覺의 토대 위에서 중생의 현실(不覺)을 직시하여 화두 의심을 통한 무념으로 시각始覺을 성취하고자 한다. 그래서 대혜는 시각이 본각에 합쳐지는 것이 깨달음이라고 정의하고 있는 것이다.

그리고 참구의 대상이 되는 공안(화두) 또한 깨달은 불조사의 깨달음의 영역(기연)에서 설해진 언구言句이기에, 수선납자가 일단 화두에 의정을 일으킨다는 것은 이미 부처님과 조사의 깨달음의 세계에 발 디딤을 의미하는 것이다. 중생의 본성이 부처와 동일 지평 위에 놓여 있음으로 해서 화두참구로 인해 단박에 그 본래성을 회복하려는(頓悟) 연결 고리가 형성되게 되는 것이다. 다시 말하면 "이뭣고?" 하는 화두일념은 분별심으로서의 의심이 아니라, 일체가 공하여 중도인 본래부처의 무한 작용에서 나오는 무분별로서의 의심인 것이다. 그러므로 간화행자가 "이뭣고?" 하는 그 첫 순간 이미 본래부처의 깨달음의 자리에 첫 발을 내딛게 되는 것이다. 화두참구를 통해 선정을 익혀 점차로 부처를 새로 만드는 것이 아니라, 본래부처 자신이 자신을 단박에 온전히 드러내는 것이다.

그러므로 공안 화두가 불조사로부터 제시되었다 하더라도 수행자가 그 공안을 참구함으로 해서 그 공안은 전적으로 수행자 자신의 몫이 되어 그 본래성에 한 발짝 들여놓음의 국면을 이루게 되는데, 이때의 화두일념은 구경의 깨달음을 떠나 있는 것이 아니다.

둘째는 전일성全一性이다. 초기불교의 sati 수행에 있어서 "무명이 주도하는 세계 왜곡과 오염의 인식 체계와 계열에 휘말려 들지 않는 국면에 눈떠 그 자리를 지켜보기"가 전일적全一的으로 이루어지듯이, 화두 참구에 있어서도 일체의 오염된 망념이 소멸된 일념의 상태에서 전일적으로 온전하게 이루어져야만 의단(疑團: 의심 덩어리)을 이루어 타성일편(打成一片: 주객이 하나가 됨)이 되어 화두를 타파하게 된다. 즉 천 가지 만 가지의 생각(萬念)이 하나의 화두(一念話頭)로 귀결되는 전일성全一性의 실천이 화두수행인 것이다. 그래서 조주선사는 "만법이 하나로 돌아가는데(萬法歸一), 이 하나는 어디로 돌아가는가(一歸何處)."라고 묻고 있는 것이다.

간화선에서는 화두와 사활을 건 한판 승부에서 건곤일척乾坤一擲의 자세로 목숨을 던져 나와 세계가 하나가 된다는 의미로 "백 척의 장대 위에서

한 발 나아간다(百尺竿頭進一步)."라고 하고, "천 길 절벽에서 두 손을 뿌리친다(懸崖撒手)."라고 하는 말로 전일성을 표현하고 있다. 그리고 볼 때 보기만 하고 들을 때 온전히 듣기만 하라고 가르치는 초기불교 수행도 이 전일성全一性의 범주를 벗어나지 않는 것이다.

화두 의심 이외에는 일체 망념이 끼어들 수 있는 여지가 전무하여 오로지 강화된 의심이 형성됨으로 해서 번뇌는 그쳐(止) 고요한 상태가 되고(寂寂) 의정은 더욱 또렷하게(惺惺) 살피게 되어(觀) 저절로 성적등지惺寂等持가 이루어져 깨달음으로 나아가게 되는 것이다. 성적등지惺寂等持란 적적寂寂하되 성성惺惺하며, 성성惺惺하되 적적寂寂한 지관구행止觀俱行, 정혜불이定慧不二를 말한다. 다시 말하면 번뇌가 고요하여 적적함과 화두가 또렷하여 성성함이 전일적全一的으로 동시에 이루어지는 것이지 차제로 분리되는 것이 아니다. 번뇌가 바로 보리임(煩惱卽菩提)을 깨달음에 점차적 단계가 요구되는 것이 아니라 즉각적으로 단박에 이루어짐이 전일성을 내포하고 있는 것이다. 모든 수행의 역량이 하나의 깨달음으로 현전되는 전일적全一的 기폭제가 화두일념이 된다. 그러므로 화두가 타파되어 견성의 순간을 분지일발憤地一發 혹은 폭지일발爆地一發이라고 표현하는 것이다.

셋째는 무규정성無規定性이다. 간화선이 요구하는 화두상의 의심은 "불확실성으로 인한 마음의 혼란이나 답답함, 궁금증"의 측면이 아니라, "그 어떤 개념적 판단도 서지 못하는 무규정적 심리상태"를 지목하는 것이다.[285] 화두 참구는 일체의 분별적·개념적 규정을 배제한다. 이것은 분별

---

285) 「정념(正念, Samma-sati)과 화두(話頭)」, p 93~94.

적·개념적 망념이 끼어들 여지가 없다는 말임과 동시에 화두에 대해 분별과 개념으로 규정하여 이해하려고 해서는 안 된다는 말이기도 하다.

분별과 개념이라는 망념 속에서 화두를 들게 되면 화두 의심 역시 "분별망념의 참구"에 지나지 않기 때문에 전면적이고 전일적인 참구가 이루어질 수 없게 된다. 또한 총명이나 박식, 혹은 교학적 지식(알음알이)으로 분별하여 개념적으로 규정하지 말고 "오직 모를 뿐"이라는 바탕 위에 서야 의정疑情이 하나로 드러나게 된다.

> 지장계침이 법안문익에게 묻기를, 그대는 어디로 가는가? 법안이 대답하였다. 이리저리 돌아다녀 볼까 합니다. 지장이 묻기를, 무엇하러 그리 돌아다니는가? 법안이 대답하였다. 모르겠습니다. 지장이 말하였다. 모르는 것이 가장 친절하지. 이에 법안이 활연히 크게 깨달았다.[286]

그렇다. 일체 분별이 떨어져 나간 오직 모르는 그 자리가 가장 친절한 자리이다. 아는 것은 알음알이요, 모르는 것은 무기無記이다. 알고 모르는 것을 초월한 절대의 무분별적 모름의 상태가 화두수행의 출발점이다. 일체의 분별이 떨어져 나가고 오직 화두의심만이 오롯이 드러나는 상태를 순일무잡純一無雜이라 한다. 의심이 순일하여 망념이 없는 심리 상태가 지속되면 시절인연을 맞이하여 견성체험이 이루어지게 된다. 그래서 간화선에서의 좌선은 일체 분별 망념이 공한 그 자리, 일체 번뇌가 보리인 중도의 자리에

---

[286] 『종용록』.

앉음이 되는 것이다. 이 중도의 자리는 분별로써 규정되지 않는 깨달음의 자리이다.

넷째 향상성(向上性: 持續性)이다. 선은 직관直觀이요, 통찰洞察이다. 즉 진리를 있는 그대로 바로 봄이요, 전면적으로 온전하게 파악하는 것이다. 직관이나 통찰은 고도의 집중(화두삼매)으로 이루어지게 된다. 깨달음으로 나아가고자 하는 향상일로向上一路의 향상성向上性이 없이는 중생을 바꾸어 부처로 전의轉依될 수 없다. 중생의 업력에서도 의심은 의심을 더하게 하는 분별의 심리작용이 있듯이, 화두의심에 있어서도 의심이 의심을 강화하여 의심의 덩어리(疑團)를 형성하는 무분별의 심리작용이 있어 의정이 스스로 타파되는 길로 나아가게 된다. 유식唯識에서 행위 된 육식은 아뢰야식에 저장되지만, 이 저장된 업식은 그대로 있지 않고 바깥 경계(육식)로 나아가려는 성질이 있는데 이를 지향성指向性이라 한다. 생사와 진여가 본래 일심에서 나왔기에 번뇌 또한 보리의 진성으로 돌아가려는 회귀성이 있다. 무명의 중생이 깨달음의 부처로 나아가고자 하는 회귀성, 지향성이 바로 반본환원返本還源으로서의 향상성向上性이 되는 것이다. 이 향상성은 간절한 마음의 지속을 담보하게 된다. 발심에 의한 간절한 지속심이 참구를 향상되게 하여 깨달음으로 나아가게 한다.

화두 참구에 있어서 가장 요긴한 것은 간절함(切)이다. 일대사를 반드시 해결하고야 말겠다는 발심發心이 전제되고 있기에 간절한 마음으로 의정이 끊어지지 않는 심리 상태를 지속적으로 유지할 수 있다. 틈이 없는 마음, 즉 무간단無簡單이 되어야 한다. 간단없는 의심을 이어가되 간절하고 철저하게 사무치는 의심이 일념만년一念萬年이 되게 하여야 깨달음의 단계로 향상할 수 있게 된다. 향상의 매개가 되는 것이 바로 화두일념이 현전하게 하는 것이다. 중생을 바꾸어 부처로 거듭나고자 하는 향상일로向上一路의 정진이 바로 화두수행이다.

제2절 화두참구話頭參究의 자세

1. 간절한 마음

　중봉명본은 "공부를 해도 영험이 없는 이유"에 대해 이렇게 경책하고 있다. 첫째, 고인들과 달리 도업道業을 이루려는 의지와 기개가 없다. 둘째, 생사가 무상無常하다는 것을 큰일로 여기지 않는다. 셋째, 무량겁無量劫 동안 익혀 온 습習과 소중하게 여기던 것을 놓아버리지 못하고, 좌복에 앉아서는 혼침昏沈 아니면 산란散亂에 빠져 있다. 넷째, 깨달을 때까지는 시간이 아무리 걸리더라도 물러나지 않겠다는 신심을 갖추지 못했다.

　세상에 나면서부터 미륵인 사람은 없다. 그럼에도 요즘의 성취가 없는 이들은 자기가 애쓰지 않는 것은 꾸짖지 않고 불법이 쇠퇴하고 총림叢林은 저물었다고 입버릇처럼 말하면서, 위로는 자기를 단련시켜 줄 선지식이 없고, 옆으로는 정진을 책려策勵해 주는 도반이 없다고 한다. 게다가 방사房舍가 불편하고 음식이 맛이 없고 대중의 규칙도 시원찮고 주위 환경이 시끄러워서 공부가 이처럼 안되는 지경에 이르렀다고 하는데, 이런 것은 누구나 핑계 대는 소리이다. 이는 마치 농부가 물이 가문 것만 책망하면서 김을 매지 않는 것과 같으니, 이러고서 어찌 가을의 풍성한 결실을 바라겠는가. 진정한 수행자라면 역경逆境과 순경順境을 대하더라도 한 생각도 분별해서는 안 되는 것이니, 만겁萬劫토록 생사生死에 얽매이게 된 허물이 바로 이러한 '경계를 분별하는 생각'을 그 바탕으로 하고 있기 때문이다.

처음 발심할 때에 본래 '결정코 생사대사生死大事를 해결하리라.' 하고 기약하고서 20년이나 30년씩 공부했는데, 만약 깨치지 못했더라도 부디 다른 방편을 구하지 말라. 다만 마음에 딴 생각 하지 말고 오직 화두에만 마음을 쏟아 부지런히 쉬지 말고 공부하라. 단지 참구參究하던 화두 위에 굳건히 서서, '살아 있는 동안은 물론 죽어서조차도 항상 화두를 여의지 않으리니, 만약 철저히 깨치지 못한다면, 삼생三生이 걸리든 백 생百生이 걸리든 결정코 공부를 쉬지 않겠다!' 하는 이런 바른 인因만 있다면 일대사一大事를 밝히지 못할까 근심할 필요가 없다.[287]

어떤 수행을 선택한 수행자이든지 간에 수행을 통하여 견성성불見性成佛, 광도중생廣度衆生하려고 하면 먼저 발심發心이 전제되어야 한다. 화두참선 역시 발심이 바탕이 되어야 함은 불문가지不問可知이다. 발심이 있는 곳에 화두가 있고, 화두 있는 곳에 발심이 있다고 하였다. 그런데 발심은 무상을 절실하게 느끼는 마음(無常心)과 간절한 마음(懇切心)에 그 뿌리를 내리고 있다.

생로병사의 고통으로부터 벗어나 위없는 깨달음을 이루어 모든 생명에게 즐거움을 주겠다는 것을 경전에서는 "발고여락拔苦與樂"이라고 말한다. 발고여락의 원력을 세운 발심행자는 자연히 무상심과 간절한 마음이 일어나게 된다. 부처님께서 설하시길 "일체 세상 일이 다 허망하다. 중생의 모든 하는 일이 다 나고 죽는 생사법이니, 오직 제 마음을 깨달아야 진실한

---

[287] 성철스님의 『화두하는 법』, p 4~5.

법이다"라고 하였다. 여기서 "일체 세상일이 다 허망"하며, "중생사가 모두 생사법"이라고 느끼는 것이 바로 무상심無常心이다. 이 무상심으로부터 수행자가 생사生死를 해결하여 마음을 깨달아야 되겠다는 결정심決定心이 생겨난다. 결정심이란 나의 생사가 한 호흡 사이에 달려 있음을 느끼는 다급하고 절박한 마음을 말하는데, 이 결정심이 바로 간절한 마음인 것이다.

다시 말하면, 생사를 벗어나 중생에게 즐거움을 주기 위해서는 참선을 해야 하는데, 참선의 경절문(徑截門: 지름길)은 화두를 참구하는 것이다. 화두를 참구함에 있어서 의정疑情을 내기 위해서는 반드시 간절함(切)이 있어야 한다. 박산무이는 『참선경어』에서 간절함에 대해 다음과 같이 말하고 있다.

> 참선하는 데 있어서는 '간절함(切)'이라는 한마디가 가장 요긴하다. 간절함은 무엇보다도 힘이 있는 말이니 간절하지 않으면 게으름이 생기고, 게으름이 생기게 되면 편한 곳으로 내쳐 마음대로 놀게 되며 못할 짓이 없게 된다. 만일 공부에 마음이 간절하면 방일할 겨를이 있겠는가. 간절하다는 이 한마디만 알면 옛 스님들의 경지에 이르지 못한다고 근심할 필요도 없고, 생사문제를 해결하지 못한다고 근심하지 않아도 된다. 이 간절하다는 말을 버리고 따로 불법을 구한다면 모두 어리석고 미친 사람들로서 형편없이 빗나가고 있는 것이다. 그러니 이런 엉터리와 참선하는 사람을 어떻게 동일시할 수 있겠는가.[288]

---

288) 무이, 『참선경어』.

화두를 참구하여 일념에 이르는 것은 쉬운 일이 아니다. 마치 폭포처럼 쏟아지는 강물과 같은 망념을 돌이켜 화두일념으로 깨어 있는 것은 결코 간단한 사건이 아니다. 이러한 화두참선법은 간절한 마음이 없이는 잠시도 참구하기 어렵다. 그러므로 역대 간화선사들은 한결같이 이마에 간절 "절切" 자 한 글자를 써 붙이고 다니라고 말하고 있다. 간절함이 이론에 있지 않고 생각에 있지 않아서 자신의 몸과 마음에서 절체절명絶體絶命으로 우러나는 것을 친절親切이라 한다. 친절에는 안의 친절과 밖의 친절이 있다. 안의 친절이란 마음을 밝혀 생사를 벗어나겠다고 하는 간절함이 직접적으로 자신 스스로를 일깨우는 것이다. 즉 스스로가 스스로에게 친親히 간절하게 사무치는 것이 안의 친절이다. 이 안의 친절로 인해 견성성불見性成佛할 수 있게 되는 것이다. 참선이란 늘 깨어 있고 열려 있는 마음이라고 한다면, 깨어 있는 마음은 안의 친절이요, 열려 있는 마음은 밖의 친절로 나타난다. 밖의 친절이란 흔히 우리가 알고 있는 의미의 친절이다. 수행자가 제대로 수행한다면 수행 그대로가 인격으로 드러나게 된다. 다시 말하면 안의 친절로 인한 사무치는 수행이 그대로 밖의 친절로 드러나게 되는 것이다. 일체 중생이 모두 불성이 있고, 본래부처라고 한다면 나와 너의 분별, 범부와 부처라는 차별은 사라지게 된다. 일체 모든 생명을 부처님으로 섬기는 마음이 밖의 친절이다. 나와 네가 다르지 않고, 범부와 성인이 둘이 아닌 불이不二의 경계, 이것이 바로 안과 밖이 서로 사무치는 친절이요, 간절한 마음이다. 황벽스님은 수행자에게 친절하게 일러주고 있다.

티끌 세상을 벗어남은 보통일이 아니다.	塵勞逈脫事非常
고삐 끝을 꼭 잡고 한바탕 일을 치르라.	緊把繩頭做一場
매서운 추위가 한 번 뼛속에 사무치지 않으면,	不是一番寒徹骨
어떻게 매화향기가 코를 찌르랴.	爭得梅花撲鼻香

안으로 친절하고 밖으로 친절한 가르침이다. 뼛속을 사무치는 친절이 없었다면 어떻게 코를 찌르는 매화향기의 친절이 있겠는가. 친절은 실천행이다. 서울을 간다고 말만 하고서 뒤돌아서서 나는 가고 있다고 해서는 점점 멀어질 뿐이다. 간절하게 사무치는 마음으로 온 정성을 다해 친절해야 한다. 간절한 마음은 어디서 생기는가? 무상심無常心에서 비롯된다. 경에 설하기를 "일체의 유위有爲의 법은 마치 꿈과 같고, 환幻과 같고, 물거품과 같고, 그림자와 같으며, 또한 이슬과 같고 전깃불과 같다. 마땅히 이와 같이 보아라."고 하였다. 어젯밤 꿈은 작은 꿈(小夢)이요, 인생 백년사는 큰 꿈(大夢)이다. 꿈 가운데 꿈 이야기를 하고 있는 나그네가 우리 인생이다. 꿈속에서 꿈을 꾸면서 깨어 있는 것은 진정한 깨달음이 아니다. 꿈을 완전히 깨서 꿈 밖으로 나와야 한다. 이것이 생사를 벗어나는 깨달음이다. 생사의 일이 하루아침 풀잎의 이슬과 같다는 무상심의 바탕 위에서만이 간절한 의심이 불현듯 강렬하게 일어나게 된다. 한암스님은 인생의 무상함에 대해 다음과 같이 읊고 있다.

천만고의 영웅호걸 하나도 간곳없고,

부귀문장 재자가인才子佳人[289] 북망산에 티끌이라.
어제의 청춘홍안 어느덧 백발일세.
아홉 구멍에는 항상 부정한 물질이 흐르고,
가죽 주머니 속에는 피, 고름, 똥, 오줌 담겨 있네.
광음이 신속함은 달리는 말과 같고,
잠깐 있다 없어짐은 풀끝의 이슬이라.
생각 생각이 위태함은 바람 속의 등불과 같아서,
오늘 비록 살아 있으나 내일을 보전하기 어려우니,
무엇을 집착하며 무엇을 애착하리오.[290]

세상사 모두가 뒤바뀐(顚倒) 꿈속의 일이라고 보고 빨리 꿈속에서 깨어나고자 발심하는 것이다. 그래서 『반야심경』에서도 "전도된 꿈속의 일을 멀리 여의고(遠離顚倒夢想), 구경에 열반을 성취한다(究竟涅槃)."라고 설하고 있는 것이다. 한암선사는 거듭 말하기를 "아! 성인이 가신 지 이미 오래고 세월이 변하여 무상하건만, 우리 중생이 무명無明의 긴 밤에 깊이 잠이 들어, 알음알이(분별심)의 풍파에 나부끼고 고동쳐서 마음 돌이킬 줄을 알지 못하기 때문에, 정법正法을 흙덩이같이 보고 혜명慧命을 계승해 지키는 사람 알기를 희롱거리와 같이 여기니, 대도大道가 폐하여 행하지 못할 지경에 이르렀도다. 어찌 애달프지 아니하리오."[291]라고 하여 무상함으로부터 정법을 닦

---

289) 재주 있는 사람과 아름다운 사람, 즉 재사(才士)와 미인(美人)을 가리킨다.
290) 『한암일발록』, p 43~44.
291) 위의 책. p 45.

아 대도로 나아갈 것을 인도하고 있다. 옛 조사들의 기연을 살펴보더라도 대다수의 선사들이 무상을 절감하고 발심출가했거나, 혹은 출가한 이후라도 문득 무상이 신속함을 통감하고 참선으로 전향하여 생사를 영단할 것을 재발심하고 있다. 평생 남의 돈을 세고만 있으면 어느 날에 진정한 보물을 얻어 부자가 되겠는가. 대혜스님도 이렇게 말하고 있다.

묘희妙喜는 십칠 세에 이 일에 대해 의심하기 시작하여 장장 십칠 년을 참구하고서야 쉴 수 있었다. 깨닫기 이전에 항상 스스로 생각하기를 내가 지금 이미 몇 살이나 먹었는가? 또 남섬부주에 태어나기 이전에 어디로조차 왔는지 모른다. 마음이 어둡기가 마치 칠통과 같아서 어디서 왔는지를 알 수가 없다. 이미 온 곳을 모르니 이것이 태어남의 문제가 크다(生大)는 것이다. 내가 백 년 후 죽을 때 어디로 향해 가는가? 마음 또한 어둡고 어두워서 갈 곳을 모른다. 이와 같이 갈 곳을 모르니 이것이 죽음의 문제가 크다(死大)는 것이다. 이를 일러 무상이 신속한데(無常迅速) 생사의 일이 크다(生死事大)는 것이다."292)

선禪에서는 본래면목本來面目을 깨달으라고 말한다. 본래면목이란 존재의 실상이자, 생명의 본질이다. 생명은 시작과 끝이 있는가? 태어남은 어디로조차 오는 것이며(生從何處來) 죽음은 어디로 향해 가는가(死向何處去)? 이 문제는 선에서 제기하고 있는 본분사요, 일대사이다. 아울러 인간과 우주

---

292) 「대혜어록」 권16.

에 대한 근원적인 문제의식이기도 하다. 이 근원적인 본분사를 대하는 대혜선사의 문제의식이 바로 "무상신속無常迅速, 생사사대生死事大"인 것이다. 과학이 발달하고 물질이 풍요로운 시대를 살아가는 현대인들은 편의주의에 빠져 도를 구할 마음을 내지 않는다. 아무리 뒤바뀐 세상을 살아간다 하더라도 나고 죽는 일만큼은 인생의 가장 큰 일임에 변함이 없다. 나고 죽음의 근원적 문제에 소홀한 사람은 선근인연이 희박한 사람으로서 생사를 벗어날 기약을 할 수 없다.

> 나고 죽음의 일이 크고 덧없는 세월의 흐름은 빠르다. 태어나되 어디에서 오는지를 알지 못함을 삶의 큰일이라 하고, 죽되 어디로 가는지를 알지 못함을 죽음의 큰일이라 한다. 이 나고 죽음의 일대사一大事가 참선하며 도를 배우는 이들의 목구멍이며, 부처님이나 조사가 되는 수행처이다.[293)]

꿈과 같고 환과 같은 이 육신에 집착해서는 안 된다. 이 몸은 조금 일찍 혹은 조금 늦게 조만간 무상無常으로 돌아갈 뿐이다. 삼계의 불난 집에서 무엇을 해탈이라 할 수 있나. 배고픔을 달래기 위해 밥 한 끼 먹고, 몸을 가리기 위해 옷 한 벌 입고, 몸을 편히 쉬기 위해 집 한 칸 마련하고자 평생을 소진하고 있다. 물론 최소한의 의식주는 꼭 충당해야 되겠지만 항상 맑은 가난으로 도업을 증장시키는 수행에 몰두해야지 쓸모없는 일에 세월을 허비하고 시간을 탕진해서는 안 된다. 한 순간 한 순간이 무상하여 죽음으

---
293) 고봉, 「선요」.

로 내달리고 있다. 몸과 마음은 모두 공하여 진실함이 없는데 어찌 내 몸이니, 내 마음이니 집착하면서 누에고치처럼 스스로를 옭아매고 있는가.

  사바의 언덕에 태어나 오는 일도 가는 일도 알지 못하고 취생몽사醉生夢死하면서 세월만 죽이고 있으니 이 어찌 한심한 살림살이가 아닌가. 평생을 바깥 경계를 주인삼아 참마음을 등지고 나고 죽음을 반복하고 있으니 어느 세월에 해탈을 구하겠는가. 한 생각 일어남이 태어남이요, 한 생각 사라짐이 죽음인데 하루에도 수만 번 나고 죽는 하루살이 인생. 정녕 무엇이 귀하고, 무엇이 소중한가. 하루 빨리 무명의 삶을 청산하고 지금 여기 불법 만난 시절인연 헛되이 버리지 말고 머리에 불이 난 듯이 생사의 미망을 떨쳐야 한다. 괴로우나 즐거우나 항상 무상이 신속함을 알아 "생사生死"라는 두 글자를 가슴에 품고, 이 일을 해 마쳐야 되겠다는 결심이 확고부동하게 서야 한다.

  부처님께서 어떤 사문에게 물으셨다. 사람의 목숨이 얼마 사이에 있는가? 며칠 사이에 있습니다. 부처님께서 말씀하셨다. 너는 아직 도를 모른다. 다시 한 사문에게 물으셨다. 사람의 목숨이 얼마 동안에 있는가? 밥 먹을 동안에 있습니다. 부처님께서 말씀하셨다. 너도 아직 도를 모른다. 다시 한 사문에게 물으셨다. 사람의 목숨은 얼마 사이에 있는가? 숨 내쉬고 들이쉬는 사이에 있습니다. 부처님께서 말씀하셨다. 옳고 옳다. 너는 도를 바로 알았다.[294]

---

294) 「사십이장경」.

사람의 목숨은 며칠 동안도 아니요, 밥 먹는 동안도 아니며, 오직 호흡하는 순간에 있다는 부처님 말씀이다. 선종에서는 한 생각 일어남이 생生이요, 한 생각 사라짐이 사死라고 하였다. 실로 목숨은 찰나지간에 있는 것이 사실이다. 이러한 사실을 객관적으로 남의 일로만 받아들이기 때문에 무상심이 생기지 않는 것이다. 이 일은 나의 일이요, 순간 순간 일어나고 있는 지금 여기의 긴박한 문제임을 직시해야 한다. 옛 선사가 노래로 일깨워 주기를 "참선은 모름지기 일찍 시작할지니, 늙을 때를 기다리지 말아라. 귀가 먹어가고 눈이 어두워지면 아침에 살아 있어도 저녁을 보장하기 어려우니, 평생 가장 즐겁던 일, 여기에 이르면 쓸모없게 된다네. 불법 만날 기회란 본래 많지 않으니, 오직 이 자리에서 끝내야 하느니라."[295] 『참선경어』에 "참선에 필요한 네 가지 태도"를 열거하고 있는데, 첫째 긴장緊張, 둘째 바름(正), 셋째 면밀綿密, 넷째 융활融豁을 들고 있다. 그 가운데 첫째가 "긴박함(緊)"이라고 말하고 있다.

무엇을 일러 긴박함이라고 하는가? 사람의 생명은 호흡에 달려 있는데, 생사대사生死大事를 밝히지 못한 채로 숨이 떨어지면 앞길이 깜깜하여 어디로 가야 할지 모른다. 그러므로 긴장하지 않을 수가 없다. 옛날 어떤 큰스님도 죽음의 일이 마치 "삼으로 꼰 새끼를 물에 적시듯 하여 한 발짝 한 발짝 갈수록 조여드는 것과 같다."라고 하셨다.[296]

---

295) 무이, 『참선경어』.
296) 위의 책.

수선자의 발심은 일대사를 기필코 해결해야겠다는 결심의 출발이다. 고인이 말하기를 "화두 안 되는 것을 한탄 말고 발심 못한 것을 부끄러워하라."고 하였다. 거듭 말하기를 공부하는 사람이 마음 움직이지 않기를 산과 같이 하고, 마음을 넓게 쓰기를 허공과 같이 하고, 지혜로 불법을 생각하기를 해와 달같이 하여, 남이 나를 욕하든지 칭찬하든지 개의치 말고, 남의 허물을 보지 말고 나의 허물을 고치기에 힘쓰며, 기쁜 일을 당하거나 슬픈 일을 당하여도 마음을 평안히 하며, 일체에 무심하여 남이 봄에 숙맥같이 지내고, 병신같이 지내고, 벙어리같이, 어린아이같이 지내면서 오직 생사화두生死話頭에 매달리면 마음에 저절로 망상이 사라진다고 하였다.

위없는 깨달음을 얻으려고 하는 사람은 발심하기를 무쇠처럼 단단하게 하여 흔들림이 없어야 한다. 불퇴전의 발심으로 일체 시비 이해에 물들지 말고 곧바로 생사를 향해 부딪쳐 나가야 한다. 수행자에게 있어서 생사문제는 보통의 일이 아니라 필생의 가장 큰 일이다. 따라서 일대사인연一大事因緣이라고 말하는 것이다. 이 일대사인연은 말로 전할 수도 없고 배울 수도 없다. 모름지기 스스로 증득하고 스스로 깨달아야 하며 스스로 긍정하고 스스로 쉬어야만 비로소 공부에 철두철미해지는 것이다.

대장부가 구경의 이 일대사인연을 결판내려 한다면 모든 세상일을 돌보지 않고 조급한 마음으로 꼿꼿이 앉아서 남 생각에 끌려가지 말고 평소부터 품어 오던 자기의 의심을 붙들고 늘 염두에 두어야 한다. ……
그리하여 급할 것도 없는 데서 무슨 일이나 난 듯 참구해 나가야만 비로

소 이 생사문제를 해결해 나갈 자격을 갖게 된다.[297]

근세의 선지식인 만공스님은 참선공부의 과정을 첫째 지무생사知無生死, 둘째 계무생사契無生死, 셋째 체무생사體無生死, 넷째 용무생사用無生死를 들고 있다. 지무생사란 생사가 본래 없음을 아는 것을 말하고, 계무생사란 생사가 없는 경지에 계합하는 것을 말하고, 체무생사란 생사가 없는 도리를 체달體達하는 것을 말하며, 용무생사란 생사 없는 경지를 수용하여 자유자재로 활용하는 것을 말한다.[298]

만공은 네 종류의 생사의 일을 마치기 위해서는 반드시 화두참선을 해야 한다고 주장하고 있다. 아울러 모든 납자는 화두공부밖에 할 것이 없다는 서원을 세우라고 말하고 있다. 그래서 그의 입실제자인 일엽一葉스님에게 "세세생생世世生生에 참선밖에 할 것이 없음을 알아야 할 것"[299]이라는 유훈을 남기고 있다. 발심납자는 출가자 재가자를 막론하고 한결같이 무상이 신속하고(無常迅速), 생사의 일이 크다(生死大事)는 생사화두生死話頭에 간절해야 한다. 이것이 일대사인연을 해결하는 바탕이 된다.

---

297) 무이, 「참선경어」.
298) 「만공법어」, p 262.
299) 「일엽선문」, (修德寺 歡喜臺, 도서출판 문화사랑, 2004년), p 165.

2. 결정심을 갖춤

참선을 하기 위해서는 반드시 신심信心, 분심憤心, 의심疑心이 하나가 되어야 공부를 성취할 수 있다. 선종에서는 중생이 모두 불성을 갖추었다고 말하고, 나아가 사람이 부처라고 가르친다. 『참선경어』에서는 범부가 부처와 똑같다는 말은 믿기 어렵지만 이것을 믿는 사람은 참선을 할 수 있는 그릇이 되고, 믿지 않는 사람은 참선할 근기가 아니라고 하였다. 모든 수행자가 참선을 하기 위해서는 반드시 이 믿음으로부터 들어가야 한다. 마음이 곧 부처라고 믿는 것을 바른 믿음이라 하고, 마음 밖에서 법을 얻으려고 하는 것을 삿된 믿음이라 한다. 마음이 부처요, 사람이 부처임을 철저히 밝혀 자기 마음으로 직접 맛보아 의심할 수 없는 확실한 경지에 이르러야만 비로소 바른 믿음이라 할 수 있다. 그러니까 화두참선을 하려고 하는 수행자는 먼저 일체 법이 공하며, 중생이 본래 부처라는 믿음 위에 우뚝 서야 한다. 이것이 바로 신심이자 정견이다.

대혜가 생각하기에 화두를 참구함에 먼저 의정疑情을 일으켜야 하는데, 이 의정을 일으키기 위해서는 반드시 대결심大決心과 대신심大信心을 갖추어야 한다는 것이다. 참선하여 깨달음을 얻는 중요한 관건이 신심과 결심이라는 것이다.

과거 역대 부처님과 조사들께서는 진실로 사람들을 위해 먼저 결정지決定志를 가르쳤다. 이른바 결정지라는 것은 금생에 결정코 마음을 깨달아 불조사의 경지에 이르러 안심입명安心立命의 해탈경계에 들겠다는 의지를 말한다. 결정지가 없으면 결정신決定信이 생길 수 없다.[300]

억천겁을 돌고 돌다가 금생에 이르러 불법을 만났고 마음 깨닫는 참선법을 배웠는데 결정코 도를 이루고야 말겠다는 결심이 서면, 이로부터 신심이 나온다. 믿음은 모든 수행의 근본이요, 깨달음의 어머니다. 생사를 해탈하려면 견고한 신심을 가지지 않으면 결코 이룰 수 없다. 부처님께서 정각을 이루신 뒤에 "대지의 일체 중생은 여래의 지혜와 덕상을 가지고 있으면서도, 다만 망상과 집착으로 인해서 능히 깨달음을 얻지 못한다."라고 하셨다. 부처님의 말씀을 굳게 믿고 나도 반드시 성불할 수 있다는 결심과 서원을 굳건히 세워야 한다. 결심과 신심에 의해 의심이 일어나는 것이다. 이 세 가지 마음이 참선수행의 기본이다. 고봉의 『선요禪要』에서도 신심, 분심, 의심을 참선하는 데 가장 요긴한 세 가지 요건이라 하여 이를 갖춤을 "삼요三要"라고 말하고 있으며, 이것은 간화선 수행의 기본이 되고 있다.

만약 착실한 참선을 말한다면 결단코 세 가지 요점을 갖추어야 한다. 첫 번째 요점은 큰 신심(大信根)이 있어야 하니, 신심이 수미산須彌山을 의지하는 것과 같다는 것을 분명히 알아야 한다. 두 번째 요점은 큰 분심(大憤志)이 있어야 하니, 이 분심은 부모를 죽인 원수를 만나 바로 두 동강 내버리는 마음과 같아야 한다. 세 번째 요점은 큰 의심(大疑情)이 있어

---

300) 『대혜어록』 권22.

야 하니, 이 의심은 아무도 모르는 곳에서 큰일을 저질러 은폐되었던 일들이 막 폭로되려고 할 때와 같은 것이다.[301]

고봉은 주장하기를 "의심은 믿음으로 체(體)를 삼고 깨달음은 의심으로 용(用)을 삼는 줄 알아라. 믿음이 십분(十分: 전부)이면 의심이 십분이고, 의심이 십분이면 깨달음이 십분이다."[302]라고 하여 신심과 의심과 깨달음이 하나의 바탕(一體)임을 강조하고 있다. 곧 화두참선은 나고 죽음(生死)에 대한 무상심(無常心)으로부터 신심과 용맹심이 일어나고, 신심과 용맹심이 충만하면 화두를 의심하지 않을 수 없게 된다. 이렇게 저절로 들어지는 화두라야 하루 24시간에 일념상응(一念相應)하여 화두일여(話頭一如)로 무념(無念)을 성취할 수 있는 것이다.

무이스님은 중단 없는 용맹심으로 수행할 것을 당부하고 있다. "도(道)란 잠시라도 떨어질 수 없는 것이니, 떨어질 수 있는 것이라면 그것은 도가 아니다. 공부는 잠시라도 중단해서는 안 되니, 중단해도 된다면 그것은 공부가 아니다. 진정한 수행자라면 마치 눈썹이나 머리에 붙은 불을 끄듯이 절실하게 참구를 해야 하니, 어느 겨를에 딴 생각을 하겠는가. 옛 스승께서도 '마치 한 사람이 적병 만 명과 대적하듯 해야 하니 한눈을 팔 여가가 있겠는가.'라고 하였다. 이것은 공부에 가장 요긴한 말이니 반드시 유념해야 한다."[303] 거듭 노래로 불퇴전의 용맹심을 독려하고 있다.

---

301) 고봉, 「선요」.
302) 위의 책.
303) 무이, 「참선경어」.

참선을 하려면 철인鐵人이 되어야 하니
그 기한은 논하지 말지어다.
어금니를 꼭 깨물고
오직 일대사만을 결판내어라.
맹렬한 불꽃이 기름 가마를 태우고
허공이 다 타서 문드러졌다가
홀연히 하루아침에 그곳을 박차고 나오니
천근의 등짐을 내려놓은 듯하구나.[304]

화두참구가 지속적으로 여일하게 이루어지기 위해서는 용맹심을 바탕으로 하여 투철하게 지어가야 한다. 옛사람은 잠이 오면 송곳으로 살을 찔렀으며, 제대로 된 참구를 위해서는 밥 먹는 것도 잊었으며 잠도 자지 않았다는데 요즘 공부인들은 용맹심은 고사하고 먹고 놀고 잠자기 바쁘면서 걸림 없는 공부라고 하니 어찌 스스로를 제도할 수 있겠는가.

홀로 큰 경지를 밟으니 마음 밖에 따로 경계가 없어서 시방 세계와 부모가 준 몸과 마음을 하나로 녹여 그 자리에서 생사를 끝장내야 비로소 방편 하나 얻었다 하리라. 여기에서 향상일로向上一路의 화두를 다시 붙들어라. 그렇지 않으면 이 모든 것이 도깨비굴에서 살 꾀를 내는 꼴이다.[305]

---
304) 무이, 「참선경어」.
305) 위의 책.

화두참선은 활구活句에 대한 의정疑情을 일으키는 것으로부터 시작된다. 옛 조사가 말하기를 "큰 의심에 큰 깨달음이 있고, 작은 의심에 작은 깨달음이 있으며, 의심이 없으면 깨달음도 없다."라고 하였다. 무엇을 의정이라 하는가. 우리가 어디로부터 태어났는지 모르니 그 온 곳을 의심하지 않을 수 없고, 또한 죽어서 어디로 가는지 모르니 가는 곳을 의심하지 않을 수 없다. 생사라는 관문을 통과하지 못했을 때 이로부터 의정이 불같이 일어난다. 가고 머무르고 앉고 눕는 것에 상관없이 버리려야 버릴 수 없고, 떼려야 뗄 수도 없어 항상 나와 더불어 하나 된 의심을 지어가야 한다. 모든 존재가 공적한데 공적한 가운데 신령한 앎이 있으니, 눈앞에서 법을 들을 줄도 알고 법을 설할 줄도 아는 이것이 도대체 무엇인가. 몽산화상은 말한다.

> 화두 위에서 의심이 끊어지지 않으면 참된 의심이라 한다. 만약 의심이 한 번 일어났다가 잠깐 사이에 또 의심이 없는 것은 참된 마음으로 의심을 내는 것이 아니고 억지로 의심을 지어내는 것에 속한다.[306]

만약 움직이는 가운데나 고요한 가운데서 의심하는 화두가 흩어지지 않고 부딪히지 않으며, 화두가 급하지도 않고 느리지도 않아 자연히 앞에 드러나면 이와 같은 때에 공부에 힘을 얻는다. 억지로 하지 않아도 저절로 들리는 화두를 자연화두自然話頭라고 한다. 자연화두가 되어서 적적寂寂하면

---

306) 덕이, 「몽산법어」.

서 성성惺惺하고 성성하면서 적적하여 의심덩어리가 깨어져 홀연히 마음길이 한 번 끊어지면 곧 깨달음이 열린다. 이러한 때를 당하여 나옹스님은 이렇게 말하고 있다. "진실로 이 일대사인연을 기어코 이루려 하거든 결정적인 믿음을 세우고 견고한 뜻을 내어, 하루 종일 가고 머물고 앉고 눕는 가운데 늘 참구하던 화두를 들어야 한다. 언제나 들고 늘 의심하면 어느새 화두가 저절로 들리고, 의심덩어리가 의심하지 않아도 저절로 의심이 되는 경지에 이르게 될 것이다. 그때는 몸을 뒤쳐 한 번 내던지고 다시는 부질없고 쓸데없는 말을 말아야 한다."[307]

3. 순일한 마음

화두를 참구하는 실참實參에 직면해 보면 그것이 그리 쉬운 일이 아니다. 번뇌가 곧 보리이며, 생사가 곧 열반이며, 중생이 곧 부처라고 말하기는 쉽지만 깨닫고 실천하기는 너무나 어려운 일이다. 무량겁 동안 흘러내려 온 업식의 강물을 하루아침에 되돌려 번뇌망상煩惱妄想을 보리정념菩提正念으로 흐르게 하는 것이 결코 쉬운 일이 아니다.

경전이나 어록에 보면 부처님 당시나 조사선 시대에 많은 제자들이 부처님 설법을 듣고 바로 아라한과를 성취하였다거나, 조사의 한마디 말 아래 바로 깨달음(言下便悟)을 얻는 경우가 많이 등장한다. 이것은 무슨 까닭일

---

307) 「나옹록」.

까? 숙생에 닦은 인연이 금생에 나타난 것일까, 아니면 근성이 뛰어난 최상근기의 사람이라서 그런 것일까, 그것도 아니면 부처님이나 조사들이 시설하는 방편이 뛰어나서 그런 것일까. 아무튼 요즘 우리 수행자들과는 너무나 판이한 수증의 기연인 것만은 분명하다. 위에 열거한 여러 조건을 두루 갖추었을 것이라고 짐작은 되지만 한 가지 더 중요한 사실은 그때의 수행자들의 마음 바탕에는 순수의식이 깔려 있었음을 간과할 수 없다. 지금은 시대가 흐리고 사람이 흐리고 사람의 생각마저 흐려져 버렸다. 예전보다 여러 방면에서 발전되었지만 인간의 품성만은 오히려 영악하게 변하여 순수성을 잃어버렸다. 수행자의 기본 품성은 밝고 맑은 순수함이 유지되어야 한다. 우직하면서도 순수한 영혼을 가진 수행자가 도 닦기 훨씬 수월하며, 더군다나 화두에 몰입하기 더욱 용이하다. 순수한 사람은 믿음이 여일하고, 발심이 굳건하며, 한 가지 일에 전념하기 쉬운 성정으로 말미암아 화두를 일념으로 참구해 나가는 데 큰 도움으로 작용될 수 있다. 이러한 순수성은 화두일념의 상태인 순일무잡純一無雜과 일맥상통하기 때문이다. 도를 깨달은 도인이 어린아이처럼 천진난만한 성품을 보이는 것도 이 때문이다.

공문空門에 들어와 수행자가 된 것은 생사윤회를 영단하고 일체 중생을 제도하고자 함이니, 가장 수승한 참선법을 배워 생사生死를 벗어나 중생을 제도해야 한다. 화두를 간택하여 참선을 하는 목적은 마음을 밝혀 불성을 보고자 함(明心見性)이다. 자연불성自然佛性은 망념에 가려서 나타나지 못하는 순수한 성품이므로, 마음의 오염만 제거하면 순수자성純粹自性은 저절로 드러난다. 물들지 않은 순수한 성품이 불성이기에 "닦아 증득함이 없지 않으나 물들면 안 된다."라고 가르친 것이다. 오염은 전도된 망상(顚倒妄想)이다. 망상이 본래 공한 줄 알면 망상이 그대로 불성이다. 그러므로 자연불성이라 한다. 자연불성이 순수하게 드러남이 바로 견성이다.

종밀은 달마의 9년 면벽의 벽관壁觀을 정의하여 "밖으로 모든 인연을 쉬고(外息諸緣), 안으로 헐떡임이 없어서(內心無喘), 마음이 장벽과 같아야(心如牆壁), 도에 들어갈 수 있다(可以入道)"라고 말한 바 있다. 밀운선사 또한 이 말에 대해 일찍이 해석하기를 "밖에서 들어오는 바가 없으니 곧 '밖으로 모든 인연을 쉰 것(外息諸緣)'이요, 안에서 일어나는 바가 없으니 곧 '안으로 마음이 헐떡이지 않는 것(內心無喘)'이다. 이미 안으로 마음이 헐떡이지 않고, 밖으로 모든 인연을 쉬즉 한 생각도 일어나지 않는다(一念不生)."[308]라고 하였다. 밖으로 모든 인연을 쉬고, 안으로 헐떡임이 없다는 것은, "온갖 인연을 다 놓아 버리고 한 생각도 일어나지 않는 것(萬緣放下, 一念不生)"[309]을 말한다. 이른바 "만연방하, 일념불생"이라고 하는 것이 순일무잡純一無雜한 경지이다.

이 순일무잡한 순수성이 바탕이 되지 않으면 화두참구는 그냥 앉아서 흉내만 내고 있는 것이지 한 발짝도 앞으로 나아갈 수가 없다. 온갖 인연에 얽매이고 번뇌가 죽 끓듯 하며, 망념이 폭포처럼 쏟아져 잠시도 쉴 수 없는데 어느 곳에 발을 붙여 화두를 참구한단 말인가. 이런 경우를 옛 조사

---

308) 『밀운어록』.
309) 허운, 『참선요지』, p 16.

들은 "모기가 쇠로 된 소가죽을 물래야 물 도리가 없다."고 표현하고 있는 것이다. 용성스님 또한 이렇게 말하고 있다.

> 세상의 다른 공부는 다 아는 마음으로 헤아려 궁구하거니와 이 공부는 단지 알지 못하는 이 한 물건을 일심으로 의심하여 참구하는 것이다. 헤아려 알려고 하면 만년을 궁구하여도 알지 못한다. 화두를 참구할 적에 무슨 재미를 찾지 말고 모기가 쇠로 만든 소 위에 앉아 부리를 내리지 못할 곳을 향하여 신명身命을 돌아보지 아니하고 한 번 뚫고 들어가면 몸조차 쑥 들어가리라.310)

발붙일 곳 없는 그곳이 의심처이다. 화두조차 발붙일 곳이 없는데 망념은 애초에 그림자를 드리울 수 없다. 그러나 인연에 매달려 망념을 일으키고 생각을 움직여 바깥 경계에 끄달리어 잠시도 쉬지 못한다면 어찌 화두가 순일무잡純一無雜할 수 있겠는가. 종색스님도 『좌선의』에서 좌선으로 입도하려면 우선 "모든 인연을 놓아 버리고, 만 가지 일을 쉬어버리며, 몸과 마음을 한결같게 하고, 움직임과 고요함에 틈이 없게 하라."311)고 말하고 있다. 안과 밖이 다 쉬어야 된다는 말이다.

일체 분별망상을 쉬어서 고요하게 하고, 화두는 또렷하게 하여 밝은 달이 허공에 두렷하게 드러난 것같이 하여야 한다. 이때에 망상은 적적寂寂하

---

310) 용성, 『수심정로』.
311) 종색, 『선원청규』.

고 화두는 성성惺惺하여, 적적하고 성성함이 밝은 달과 달빛이 서로 어김이 없는 것같이 화두를 지어가야 한다. 원오스님은 이 말만 믿고 의지하여 수행하면서 몸과 마음을 흙과 나무와 돌덩어리처럼 놓아 버려야 한다고 가르치고 있다. 이것은 일체 사량분별하는 정식情識의 마음을 놓아 버리라는 말이다. 화두를 제대로 참구하기 위해서는 육근과 육진의 일체 경계에서 죽어야만 살길이 생긴다. 밖으로 모든 반연을 다 놓아버리고 안으로 한 생각도 없이 무심해져야 화두가 일여一如하게 자리를 잡게 된다는 말이다.

이 종지를 알아차리는 요점은 의식과 마음을 쉬어서 마치 마른 나무 썩은 기둥처럼 차갑고 쓸쓸한 경지에서 육근, 육진이 짝하지 않고 동動과 정靜이 상대가 끊겨서 서 있는 자리가 텅 비어 안배하여 들어앉을 곳이 없이 벗은 듯 텅 비게 하는 데 있다. 이것이 이른바 '사람은 무심하게 도에 합치고, 도는 무심하게 사람에게 합친다.'는 것이다.[312]

오조법연이 평상시에 학인들에게 "반드시 죽음에 임했을 때의 선禪을 참구하라."고 하였으며, 대혜가 "열반당의 선(涅槃堂禪)"을 이야기한 것도 이와 같은 맥락에서 이해할 수 있다. 즉 열반당이란 죽음을 앞둔 노스님들이 거처하는 곳이다. 이것은 곧 죽음을 목전에 둔 사람과 같은 자세로 마지막 공력을 다해 공부하라고 하는 말이다. 사람이 죽음에 이르렀을 때에는 가장 간절해지며, 가장 순수해지며, 가장 긴박해지는 것이다. 이와 같이 육

---

312) 『원오심요』.

근, 육진의 온갖 경계를 다 놓아버리는 것이 참선인의 마음자세이다.

　　모든 사물은 다 꿈과 같고 환幻과 같으며 물거품 같고 그림자와 같다. 나의 사대색신四大色身과 산하대지山下大地는 자성 가운데 있는 것으로서, 바다 가운데 뜬 거품과 같아 일어났다가 꺼졌다 하지만 본체를 가리지 않는다. 일체의 환幻과 생주이멸生住異滅 현상을 따르면서, 좋아하고 싫어하고 취하고 버리는 마음을 일으키지 말고, 통째로 놓아버려서(通身放下) 죽은 사람처럼 되면 자연히 육근이 육진에 반연하는 식심이 떨어져 나갈 것이며, 탐내고 성내고 어리석고 애착하는 마음도 소멸될 것이다. 뿐만 아니라, 이 몸을 통한 아프고 가렵고 괴롭고 즐거운 것과 배고프고 춥고 배부르고 따뜻한 것과 영욕생사, 길흉화복, 헐뜯고 칭찬하고 얻고 잃는 것과, 안전하고 위태롭고 험하고 평탄한 것 등을 모조리 도외시해 버리고, 이런 식으로 헤아리는 것도 놓아버리고, 하나도 놓고 일체도 놓아서 아주 완전히 놓아 버려야만, '모든 인연을 놓아 버렸다(萬緣放下).'라고 말할 수 있다.

　　이렇게 모든 인연을 놓아 버리면, 망상은 스스로 없어지고 분별은 일어나지 않아 집착을 여의게 된다. 여기에 이르면 한 생각도 일어나지 않게 되어(一念不生), 자성광명이 온통 환히 드러날 것이다. 이렇게 되면 참선의 조건이 구비된 것이며, 다시 노력하여 진실로 참구하면 마음을 밝혀 성품을 볼 수 있는 분分이 있게 되는 것이다.[313]

---

313) 허운, 「참선요지」.

결국 화두참구의 대전제는 죽는 것이다. 죽어야 사는 것이니, "죽은 사람처럼 되어야" 하는 것이다. 무이는 "참선공부할 때 '죽을 사死' 자를 이마에 붙이고 몸과 마음을 죽은 상태처럼 하여, 오직 이 문제를 밝혀야겠다는 한 생각만이 눈앞에 나타나게 하라."314)고 하였다. 일체 분별망념이 죽지 않고서는 화두수행이 온전히 간단없이 이어질 수가 없다. 온갖 망념이 시퍼렇게 살아서 그물 속의 물고기처럼 팔딱거리고 있으면 화두가 들어설 자리가 없게 된다. 그래서 온갖 인연을 통째로 놓아 버리고(通身放下) 일체 망념이 모두 죽어 한 생각도 일어나지 않는 것(一念不生)이 화두참선의 조건이 된다. 한 번 죽어 영원히 사는 길이 화두참선의 길이다.

다시 말하면, 화두공부를 하려고 하는 사람은 먼저 순수해야 한다. 순백의 영혼이 참선하기에 가장 적합하다. 화두에 대한 의심은 순일하여 일체 잡념이 없는 일념이어야 한다. 일체의 반연을 다 놓아 버리고(萬緣放下), 한 생각도 잡념이 일어나지 않을 때(一念不生) 화두일념이 현전하게 된다. 이것이 화두참구의 자세이다.

---

314) 무이, 「참선경어」.

제3절 화두의 결택 決擇

간화선에서는 화두참구가 생명인데, 이 화두는 바로 공안公案에서 만들어진 것이다. 공안이란 눈 밝은 조사들이 부처님과 조사들의 깨달은 기연에 대한 이야기를 모아 하나의 공정한 법칙으로 만들어 놓은 글을 말한다. 공안公案이라고 한 것은 관공서(公府)에 있는 문서(案牘)에다 비유해서 말한 것이다. 공公이란 훌륭한 도를 깨달아 세상 사람들에게 그 길을 모두 함께 가도록 하는 지극한 가르침이며, 안案이란 성현들께서 그 도를 수행하는 바른 방법을 기록한 것이다.

공公이란 뜻은 개개인의 주관적인 주장을 개입시키지 않았다는 것이며, 안案이란 뜻은 기필코 부처님과 조사의 깨달음과 동일하게 만들겠다는 것이다. 그러므로 공안이 풀리면 번뇌의 알음알이(情識)가 사라지고, 번뇌의 알음알이가 사라지면 생사의 굴레가 공空해지고, 생사의 굴레가 공해지면 불도를 이룰 수 있다. [315]

공안을 시설하는 근본 의의는 번뇌의 알음알이를 제거하고 생사를 끊어 견성성불하는 데 있다. 즉 생사번뇌가 본래 공함을 체득하여 정법의 안목

---
315) 「산방야화」.

을 갖추어 안심입명安心立命을 얻게 하는 데 그 목적이 있다고 하겠다. 그러므로 혜심선사는 "정법의 안목을 열고 현묘한 이치(玄機)를 갖추어, 삼계를 벗어나 사생의 중생을 제도하고자 하는 이라면 공안을 참구하는 것을 버리고 무슨 방법이 있겠는가?"[316] 라고 하였다.

현재 선문에서는 공안과 화두라는 말을 동일하게 사용할 때도 있지만, 엄격하게 말하면 공안과 화두는 구별된다. 불조佛祖의 깨달음의 기연을 시설해 놓은 것을 공안公案이라고 했다. 그 공안 가운데 핵심이 되는 일구一句 혹은 일자一字의 대답을 선택하여 의심을 하게 되는데, 이때 의심의 대상이 되는 말(話)이 곧 화두가 되는 것이다.

화두에는 일체 사량분별이 끼어들 틈을 용납하지 않는다. "무엇이 부처냐?" 혹은 "무엇이 모든 부처님이 나신 곳이냐?"라는 물음에 "마른 똥막대기(乾屎橛)", "동쪽 산이 물 위로 간다(東山水上行)"라고 대답하여 일체의 상대적인 분별을 초월하고 있다. 즉 "판단정지"를 명령하여 일체 이성적 사유를 정지시키고 말과 생각(분별) 이전의 자리로 돌아가 그곳에서 화두의심을 일으키게 하는 것이다. 그래서 허운선사는 화두의 뜻을 "말의 머리(話之頭) 혹은 생각의 머리(念之頭)"라고 해석하고, 화두란 한 생각 이전의 소식이기 때문에 화두에 나타난 표면상의 의미를 가지고 사량분별하는 것은 마치 "말의 꼬리(話尾)"를 잡고 시비하는 것과 같다고 주장하였다.

말은 마음에서 일어나므로 마음은 말의 머리요, 생각도 마음에서 일어

---

316) 혜심, 『선문염송집』「서문」.

나므로 마음은 생각의 머리이다. 만법이 모두 마음으로부터 생기므로 마음은 만법의 머리인 것이다. 기실 화두는 바로 생각의 머리이며, 생각 이전의 머리는 바로 마음이다. 바로 말하면 한 생각 일어나기 전이 바로 화두(말의 머리)인 것이다. [317]

한 생각 일어나기 전이란 마음자리이다. 이 마음자리가 바로 화두가 된다. 즉 화두가 가리키고 있는 것이 생각 이전의 마음자리(心地)란 뜻이다. 즉 화두의 지시 내용이 생각 이전이므로 화두를 참구한다는 것은 생각으로 분별한다는 뜻이 아니고, 생각 이전 자리인 '오직 모를 뿐'인 무분별로써의 참구를 한다는 것이다. 한 생각 이전이기 때문에 생각이 미치지 못하므로 언어의 길이 끊어지고(言語道斷), 마음의 길이 소멸했다(心行處滅)라고 말하는 것이다. 일념으로 사량하고 분별할 수 없는 그 자리를 오로지 일념으로 참구하는 데 화두참선의 묘미가 있는 것이다. 앞의 일념은 분별로서의 일념이며, 뒤의 일념은 무분별로서의 일념을 말한다. 따라서 원오는 "독으로써 독을 공격한다(以毒攻毒)"라고 표현하여 번뇌망념은 분명히 독이다, 독을 제거하기 위해 더 강력한 독으로써 독을 치게 하는 극약처방을 하고 있는 것이다. 극약을 처방하는 것은 병이 심하기 때문이다. 그러나 병이 없으면 굳이 약을 쓸 필요가 없다.

만약 한 생각의 번뇌 망념이 일어나지 않는다고 한다면 그대로 전체가

---

317) 허운, 「참선요지」.

부처인데, 그 어느 곳에 화두가 있을 수 있겠는가. 단지 다겁생多劫生에 걸쳐 많은 습기로 인하여 깨달음을 등지고 번뇌에 빠져 마치 원숭이가 밤알을 주워 모으듯 끊임없이 찰나 사이에도 생각 생각이 일어났다 사라졌다 한다. 그래서 부처님과 조사께서 부득이 어쩔 수 없이 방편을 세워 하나도 재미없는 화두를 씹게 하여 의식이 산란하지 못하도록 한 것이다.[318]

공안에 천착하여 바로 깨달아 들어간다면 화두를 참구할 필요가 없다. 그러나 번뇌 망념이 치성한 중생이 견성하여 도를 깨닫기 위해서는 화두를 참구해야 하며, 그 참구의 대상이 바로 생각 이전의 자리인 본래면목(本來面目: 존재의 참모습)이 되는 것이다. 본래면목을 달리 불성, 진여, 여래장, 법계, 중도, 주인공, 공겁空劫 이전의 자기 등이라고 부르는 것이다. 이것이 곧 존재의 실상이요, 생명의 근원을 나타내는 말이다.

이때의 공안이나 화두는 아무 의미를 부여할 수 없고 오직 화두에 대한 의심만이 참구의 대상이 되는 것이다. 즉 화두 그 자체가 중요한 것이 아니라 화두에 대한 참구, 즉 의심이 소중한 것이다. 화두는 본래면목을 깨닫기 위한 도구의 역할을 하기 때문에 원오선사는 화두를 "대문을 두드리는 기와 조각(敲門瓦子)"이라고 말하였다.

그러므로 공안을 시설하여 화두를 참구하게 한 목적은 전적으로 화두에 대한 의심으로 타성일편打成一片을 이루어 일체 망념을 제거하고 본연자성

---
[318] 『고애만록』 中.

本然自性이 드러나게 하기 위함인 것이다. 지혜가 수승한 상근기는 한마디 말 아래 바로 깨닫기(言下便悟) 때문에 화두를 참구할 필요가 없겠지만, 중하근기의 일반 사람들에게 있어서는 화두는 참구하는 데 그 의의와 목적이 있는 것이다.

간화선 수행에 입문하면 우선 하나의 화두를 선택하여야 한다. 화두의 선택은 원칙적으로 선지식의 지도에 의거하여야 함이 통설이다. 그런데 혜능은 선지식에는 안의 선지식과 밖의 선지식이 있다고 말하였다.

> 삼세 모든 부처님의 십이부경전이 모두 사람의 성품(人性) 가운데 본래 스스로 갖추어져 있지만 스스로 깨닫지 못하므로 반드시 선지식의 가르침을 구해야 비로소 보게 된다.
>
> 만약 스스로 깨닫는 자는 밖으로 (선지식을) 구할 것이 없다. 반드시 다른 선지식을 의지해야 해탈을 얻을 수 있다고 한결같이 집착하여 말하면 이것은 옳지 않다. 왜 그런가? 자신의 마음속에 선지식이 있어 스스로 깨닫는 것이다. 만약 삿되고 어리석은 생각을 일으켜 망령된 생각으로 인해 뒤바뀌게 되면 비록 밖의 선지식이 가르쳐 준다 해도 구할 수 없다.[319]

선지식에 두 종류가 있어서 마음속의 선지식과 밖의 선지식으로 나누어진다면 화두선택 역시 자기 마음 안의 선지식과 스승으로서의 바깥 선지식

---

319) 종보본, 육조대사, 「법보단경」.

의 역할이 동시에 이루어져야 된다는 말이다. 이 말은 종래의 막연하던, 화두의 결택(決擇: 결정하여 선택함)은 선지식에 의해 이루어져야 한다는 말의 의미를 더욱 명확하게 한다. 지금까지는 주로 바깥의 선지식을 찾아가 화두를 결택받는 것이 공식화되어 있었다. 수행자가 선지식을 찾아 화두 받기를 원하면 선지식은 수행자의 근기와 인연에 따라 일칙의 공안에 의거해서 하나의 화두를 간택해 주었다. 이때 안으로 참문자의 근기가 수승하고 신심과 발심이 견고함과 밖으로 선지식의 가르침이 주도면밀함이 서로 잘 계합하게 되면, 수행자가 결택된 화두를 참구함에 의정이 면밀히 지속되어 공부에 힘을 얻게 되는 것이다. 그러나 본인의 발심이 깊지 못하고 참구의 의지 또한 빈약한 데다가 지도해 주는 스승마저 참문자의 근기와 숙세의 인연을 잘 살펴 주도면밀하게 방편을 사용하지 못하고, 가볍게 기존의 공안에 의거하여 하나의 화두를 가려 참구하라고 일러준다면, 수행자 자신의 화두참구는 십중팔구 제대로 결실을 맺지 못하게 된다.

 여기서 우리가 주의해야 할 것은 먼저 안의 선지식에 의해 화두 선택에 대한 필요충분조건을 갖추어 수행과 깨달음 및 중생 구제에 대한 사무치는 고민이 선행되어야 한다는 점이다. 여기가 바로 발심과 정견과 화두참구가 만나는 지점이다. 간절한 발심의 토대 위에 중도정관을 확립하고, 기필코 참선수행을 통해 생사를 해탈하고 일체 생명에게 이익을 주겠다는 자세가 투철하게 갖추어져야 한다. 이러한 발심과 결정심이 바탕이 되면 저절로 간절하고 사무치는 마음으로 우주와 인생에 대한, 즉 존재의 실상에 대한 자기 자신의 실존적 과제와 직면하게 된다. 지금 여기서 나의 실존적 과

제가 바로 화두가 되는 것이다. 오늘날 간화선이 이 시대의 중심 화두가 되기 위해서는 천년 전의 죽은 이야기로부터 출발하지 말고, 바로 지금 여기 존재 자체의 실존적 문제로부터 화두가 결택되어 실참실구가 이루어져야 한다. 다시 말하면 너의 이야기(공안)가 아닌 나의 문제(화두)로 다가와야 화두로서의 생명이 담보될 수 있다. 그리고 또 절절한 나의 문제의식으로 자리매김되지 않는 화두에 대해서는 간절하고 절박한 의정疑情이 일어나지 않는다.

거듭 말하면, 기존의 전통적 공안과 거기에서 추출된 화두 자체가 잘못되고 쓸모가 없다는 말이 아니라, 아무리 부처님과 조사로부터 기연된 기존의 화두라 하더라도 참구자 자신의 근원적 문제의식으로 다가오지 않으면 화두로서의 의정이 제대로 일어나지 않는다는 말이다. 그래서 먼저 자신의 절절하게 사무치는 문제의식으로부터 출발하여 선지식의 철저하고 친절한 점검에 의해 화두가 선택되어야 지금 현재 나에게 의심으로 이루어지는 현성공안이 된다는 것이다. 즉 아무리 좋은 화두라 하더라도 그것이 너의 이야기(話)로 남아 있고, 나의 문제(의심)로 다가오지 않는다면 이것은 하나의 옛날 이야기(古則公案)는 될지언정 지금 현재 나의 영성(靈性: 신령스런 성품)을 밝힐 수 있는 생생한 거울이 될 수는 없다는 말이다.

간절하게 사무치는 자신의 현존現存의 고민으로 꽂혀지지 않는 화두는 시대 대중들에게 자신의 실존적 과제로서의 절박한 문제의식으로 주어지지 않기 때문에 화두로서의 효용가치가 없어 자칫 간화선 수행의 토대마저 위태롭게 할 수 있다. 즉 화두는 절박한 자신의 문제로 주어질 때 강렬한 의심의 동기가 부여될 수 있는 것이다. 의심이 일어나지 않는 화두는 사구(死句: 죽은 말귀)에 지나지 않으며, 절박한 자기의심이 수반되어야 활구(活句: 산 말귀)로서의 생명이 부여된다.

이와 같이 안의 선지식에 의해 화두를 결택하려는 준비가 성숙되었다면, 마땅히 밖의 선지식을 참문하여 자신의 문제의식을 폭로하고 자세하고도 친절한 지도를 받아야 한다. 선지식을 친견하여 자신의 전 인생을 투영한 신심으로 하나에서 열까지 수행의 전반에 걸친 상담으로 철저히 자신의 문제의식에 바탕을 둔 입장에서 자상한 지도에 힘입어 화두가 결정되어야 한다. 즉 선지식은 참문자의 인생 전후에 걸친 인연과 수행자로서의 발심과 정견 그리고 화두에 대한 절박한 인식 등을 고려해 가장 적합한 하나의 화두를 결택해 주어야 한다. 이렇게 안의 선지식과 밖의 선지식의 상응相應에 의해 하나의 본참화두本參話頭가 탄생되는 것이다. 안의 선지식을 강조하는 이유는 결국 참구할 당사자의 문제의식이 결여된 화두, 즉 밖에서 들어온 화두는 간절한 의심이 일어나지 않을 수 있기 때문이다. 그리고 반드시 밖의 선지식의 점검과 지도를 필요로 하는 것은 정법正法에 의거해 원만하게 화두 결택이 이루어져야 하기 때문이다. 이렇게 하여 간택된 화두는 지금 현재 나에게 간절한 의심으로 참구가 이루어지게 되므로 바로 현성공안現成公案이 되는 것이다.

여기에 비추어 보면 현재 선문에서 일반적으로 이루어지고 있는 화두 결택의 방법은 대단히 편의적이고 무책임한 행태라고 비판받을 충분한 문제점을 안고 있다고 하겠다. 초심의 간화행자들에게 제대로 된 발심의 계기와 정견의 수립 및 화두결택의 지도가 병행될 수 있는 간화선 지도체계가 확립되어야 한다.

이와 같이 안과 밖의 선지식에 의해 화두가 간택되어져야 하지만 혹 부득이한 경우에는 본인 스스로 선택을 해야 한다. 이때에 중요한 것이 바로 생사화두生死話頭에 바탕을 둔 현성공안을 선택해야 하는 것이다. 즉 반드시 사구(死句: 죽은 말귀)가 아닌 활구(活句: 산 말귀)를 참구하도록 해야 한다. 다시 말하면, 간화선에서 화두를 결택하여 참구할 때에 사구가 아닌 활구를 참구하게 하는데, 이것을 일명 활구참선活句參禪이라고 한다. 그러면 활구는 무엇이며, 사구란 무엇을 말하는 것인가. 혜홍과 수초는 똑같이 말하기를 "말 가운데 말이 있는 것을 사구라 하고, 말 가운데 말이 없는 것을 활구라 한다."320)라고 하였다. 그리고 원오는 사구를 참구하지 말고, 활구를 참구할 것을 지시하면서 이렇게 말하고 있다.

> 본분종사는 활구를 참구하였고 사구를 참구하지 않았다. 활구 아래에서 깨달으면 영겁토록 잊지 않고, 사구 아래서 깨달으면 자기마저도 구제하지 못한다. 만약 조사와 부처와 더불어 스승이 되고자 한다면, 반드시 활구를 밝혀야 한다.321)

이른바 "활구 아래에서 깨달으면 영겁토록 잊지 않고, 사구 아래서 깨달

---

320) 『선림승보전』 上 12권. 『임간록』 卷上.
321) 『원오심요』 上.

으면 자기마저도 구제하지 못한다."라는 격언은 선문에서 "화두참구의 준칙"으로 삼고 있는 말이다. 다시 말하면 사구란 지성적으로 이해하는(알음알이) 언구이며, 일체의 사량분별을 초월해서 지성적 이해로는 미칠 수 없는 언구라야 활구가 된다. 즉 활구란 지금 여기에 살아 움직이는 생명의 언어적 표현이다. 분별의 자취가 깃들어 있고 관념과 사유의 그림자가 남아 있으면 사구로 전락한다. 그래서 대혜스님이 말하기를 "해석으로 참구할 수 있는 말을 사구라 하고, 해석할 수 없는 말을 참구하는 것이 활구이다."[322] 라고 하였다.

일체의 사량하고 분별하는 생각을 끊고, 초월하는 것으로 화두를 참구하는 목적을 삼고 있다. 이것은 화두를 참구하는 데 있어서 모든 작위적인 유위심有爲心과 분별심分別心을 떠나서 무분별심無分別心으로 깨달음을 추구해야 한다는 것이다. 이 사량분별의 알음알이로 아는 것이 바로 사구가 되는 것이다. 대혜스님은 이러한 사량분별심의 알음알이를 제거하기 위해서 화두참구에 있어서 간절(切)할 것을 요구한다. 그래서 화두참구에 간절함이 있으면 활구참선活句參禪이요, 간절함이 없으면 사구참선死句參禪이라고 말하는 것이다. 그렇다면 헤아려 아는 사구가 아닌, 알지 못하는 마음에 의한 활구의 화두참구는 어떻게 이루어지는가. 용성의 『수심정로』의 내용을 다시 인용해 보기로 하자.

　　세상의 다른 공부는 다 아는 마음으로 헤아려 궁구하거니와 이 공부

---

322) 『대혜어록』 권14.

(화두공부)는 단지 알지 못하는 이 한 물건을 일심으로 의심하여 참구하는 것이다. 헤아려 알고자 하면 만년을 궁구하여도 알지 못한다. 화두를 참구할 적에 무슨 재미를 찾지 말고 모기가 쇠로 만든 소가죽 위에 앉아 부리를 내리지 못할 곳을 향하여 신명身命을 돌아보지 아니하고 한 번 뚫고 들어가면 몸조차 쑥 들어가리라. 화두란 일심으로 의심하여 궁구하고 추호라도 아는 마음과 구하는 마음을 두지 말지어다. 일단 풍화 춘절이 돌아오면 꽃피고 잎 피듯이 공부가 익으면 자연히 이같이 되는 것이다.[323]

용성은 생각으로 헤아려 아는 마음으로 참구하면 만년을 궁구하여도 깨닫지 못하며, 오직 알지 못하는 마음, 즉 오직 모를 뿐인 마음으로 한 물건(一物)을 의심하여 참구하면 활구참선이 된다고 강조하고 있다. 이와 같이 활구참선의 중요성을 실천하기 위해 용성은 망월사에서 "활구참선만일결사活句參禪萬日結社"를 주도하였던 것이다. 여기서 말하는 한 물건이란 존재의 실상實相, 즉 생명의 참모습을 가리키는 말이다. 존재의 실상에 대한 의심으로 "이 한 물건이 무엇인가?"라고 참구하는 것을 요즘에는 줄여서 "이뭣고?"라고 말한다. 그러면 여기서 한 물건에 대한 의심을 참구하는 "이뭣고" 화두에 대한 연원과 참구법에 대해 자세하게 살펴보기로 하자.

근세에 와서 "이뭣고(是甚麼)" 화두를 수선자들에게 정식으로 제시한 분은 경허와 용성이다. 사실 두 선사는 근세 한국 선불교의 중흥조라고 일컬

---

[323] 용성, 「수심정로」.

는 분들이다. 이 두 분의 선사에 의해 전통적으로 선문에 전해져 내려오던 시심마(是甚麼: 이뭣고)의 화두가 다시 정립되어 제시된 것이라고 할 수 있다. 경허는 그의 제자 혜월慧月을 "이뭣고?" 화두로 개오시키고 있음을 볼 수 있다.

경허선사께서 이르시기를, "사대四大가 본래 거짓으로 이루어져서 법을 설하지도 못하고 듣지도 못하며, 허공도 또한 법을 설하지도 못하고 듣지도 못하느니라. 다만 눈앞에 두렷이 밝은 한 물건이 있어서 능히 법을 설하고 듣나니, 고명孤明한 이 한 물건이 무엇인고?" 하시더니 재차 다그쳐 물으셨다.

"알겠느냐? 대체 어느 한 물건이 법을 설하고 법을 듣느냐? 형상은 없되 두렷이 밝은 그 한 물건을 일러라!"

혜월스님은 앞이 캄캄하여 이 순간부터 오로지 이 화두일념話頭一念에 몰두했다. 앉으나 서나 일할 때나 잠잘 때까지도 '도대체 이 한 물건이 무엇인가?' 하는 일념을 놓지 않았던 것이다.

그렇게 일념에 잠겨 참구하는 가운데 3년이라는 세월이 지나가고, 어느 날 혜월스님은 짚신 한 켤레를 다 삼아 놓고서 잘 고르기 위해서 신골 칠 준비를 하고 있었다.

무심삼매無心三昧에서 짚신을 다 삼아 놓고서 신골을 치는데 '탁' 하는 그 망치 소리에 '이 한 물건이 무엇인가?' 하는 의심이 환하게 해소되었다. 혜월스님이 그 길로 경허선사를 찾아가니, 선사께서 간파하시고 물음을 던지셨다.

"목전目前에 고명孤明한 한 물건이 무엇인고?"

이에 혜월스님은 동쪽에서 서쪽으로 가서 섰다.

"어떤 것이 혜명慧明인가?"

"저만 알지 못할 뿐만 아니라 일천성인一千聖人도 알지 못합니다."

경허선사께서는 여기에서,

"옳고 옳다." 하시며 혜월스님을 인가認可하셨다.

경허선사의 또 다른 제자 만공도 자화상에 찬하기를 "나는 그대를 여의지 않고(我不離汝), 그대 또한 나를 여의지 않았네(汝不離我). 그대와 내가 나기 이전에(汝我未生前), 알 수 없어라. 이것이 무엇인고?(未審是甚麼○)"[324]라고 하였다. 여기서의 '시심마是甚麼?'는 부모로부터 태어나기 전(父母未生前)의 본래면목本來面目에 대한 반추를 말하고 있는 것이다. 그리고 만공선사는 "만법귀일 일귀하처(萬法歸一, 一歸何處: 만법이 하나로 돌아가는데, 이 하나는 어디로 돌아가는가?)"라는 화두로 깨침을 얻었는데, 뒷날 이 화두를 대중들에게 제시할 때 "이 화두는 이중적 의심이라 처음 배우는 사람은 만법이 하나로 돌아갔다고 하니, 하나는 이 무엇인고?(是甚麼)[325]"라는 말로 바꾸어 참구하게 한 바 있다. 여기서의 "하나라는 것은 있는 것도 아니요, 없는 것도 아니요, 이 정신 영혼도 아니요, 마음도 아니니, 하나라는 것은 과연 무엇인고?"[326]라고

---

324) 『만공법어』.
325) 위의 책, p 255.
326) 만법이 하나로 돌아간다(萬法歸一)라는 의심과 또 이 하나는 어디로 돌아가는가(一歸何處)?라는 의심이 두 개가 겹치므로 이중적 의심이라고 말한 것이다.

하였으니, 이것은 다름 아닌 "한 물건(一物)"과 상통하는 존재의 참모습에 대한 참구이다. 이와 같이 경허선사에 의해 제시된 "이뭣고?" 화두는 그의 제자들에 의해 참구되고 선양되었으며, 용성선사에 의해 정식으로 체계화되고 보편화되고 있다. 용성은 『수심정로』에서 "시심마是甚麼 화두話頭에 병을 간택함"이라는 제목 하에 "이뭣고?" 화두에 대해 상세히 논술하고 있다.

밝기는 백 천 일월百千日月로 견주어 말할 수 없고, 검기는 칠통漆桶과도 같다고 할 수가 없다. 이 물건이 우리가 옷 입고, 밥 먹고, 잠자는 데 있으되 이름 지을 수 없고 얼굴로 그려낼 수 없다. 이는 곧 마음도 아니요, 마음 아님도 아니요, 생각도 아니요, 생각 아님도 아니요, 부처도 아니요, 부처 아님도 아니요, 하늘도 아니요, 하늘 아님도 아니요, 귀신도 아니요, 귀신 아님도 아니요, 허공도 아니요, 허공 아님도 아니요, 일물一物도 아니요, 일물 아님도 아니니, 그것이 종종 여러 가지가 아니로되 능히 종종 여러 가지를 건립하나니 극히 밝으며, 극히 신령하며, 극히 비었으며, 극히 크며, 극히 가늘며, 극히 강强하며, 극히 유柔하다.

이 물건은 명상名相이 없으며, 명상 아님도 없다. 이 물건은 마음 있는 것으로도 알 수 없고, 마음 없는 것으로도 알 수 없으며, 언설言說로도 지을 수 없고, 고요하여 말 없는 것으로도 알 수 없으니 "이것이 무슨 물건인가?" 의심하고 또 다시 의심하되 어린아이가 어머니 생각하듯이 간절히 하며, 닭이 알을 품고 앉아 그 따뜻함이 끊이지 아니하는 것과 같이 하면 참나의 본래면목本來面目을 깨친다.[327]

---

327) 용성, 『수심정로』.

용성은 위에서 이뭣고(是甚麽) 화두를 참구함에 있어서 "이것이 무슨 물건인가?" 혹은 "이 물건이 무엇인가?"라고 의심을 지으라고 가르치고 있다. 그런데 용성이 제시한 "이뭣고?" 화두의 그 내용을 자세히 분석해 보면 종문에 내려오는 몇 칙의 화두가 복합되어 이루어졌음을 알 수 있다. 즉 (一) 한 물건(一物)의 화두, (二) 본래면목本來面目의 화두, (三) 마음도 아니요, 부처도 아니요, 물건도 아니다(不是心 不是佛 不是物)의 화두 등이 한데 어우러져 "시심마是甚麽?" 화두를 형성하고 있다. 이 세 공안은 종문에서 다같이 한 물건(一物)에 대한 의심으로 그 도리를 밝히고자 하는 것이다. 그래서 모두 "이것이 무엇인가?"라는 의심으로 참구하게 되는 것이다. 용성스님 자신도 "시심마란 일물一物의 소이연(所以然: 그러한 도리)을 알지 못하여 의심하는 것"328)이라고 밝히고 있으며, 그 연원이 바로 혜능과 회양의 한 물건(一物)에 있음을 밝히고 있다.

　　육조대사께서 말씀하시되 "나에게 한 물건(一物)이 있는데 위로 하늘을 받치고 아래로 땅을 괴었으며, 밝기는 일월 같고, 검기는 칠통과 같아서, 항상 나의 동정動靜하는 가운데 있으니 이것이 무슨 물건인가?" 하시며, 또 육조 대사께서 회양懷讓선사를 대하여 물어 이르되 "무슨 물건이 이렇게 왔는가?" 하시니 회양선사는 이를 알지 못하여 팔 년 동안 궁구하다가 확철대오하였으니 이것이 화두하는 법이다. 329)

---

328) 용성, 「수심정로」.
329) 위의 책.

용성은 "이뭣고?" 화두가 "일물一物의 소이연에 대한 의심이며, 그 연원이 육조혜능이 설한 일물一物과 회양이 대답한 "설사 한 물건이라 해도 맞지 않다(設使一物也不中)."라고 하는 법문에 기인하고 있음을 밝히고 있다. 그리고 본래면목本來面目 화두에도 다음과 같은 연기가 있다. 혜능이 행자로서 홍인의 법을 받고 대유령을 넘어가는데 뒤쫓아 온 혜명慧明을 향해 묻기를 "선도 생각하지 말고(不思善) 악도 생각하지 말라(不思惡). 바로 이러한 때에 어떤 것이 혜명상좌의 본래면목本來面目인가?"라고 묻는 말 아래 크게 깨쳤다고 한다.

또한 마조가 "마음이 곧 부처다(卽心是佛)."라는 말로 제자들을 가르치다가 어느 날 "마음도 아니요 부처도 아니다(非心非佛)."라고 가르쳤다. 그리고 더 나아가 "마음도 아니요, 부처도 아니요, 물건도 아니다(不是心 不是佛 不是物)."라고 말한 데서 "마음, 부처, 물건이 아니라면 이것이 도대체 무엇인가?"라는 화두가 형성된 것이다.

용성은 위에 열거한 몇 종류의 공안이 모두 "이뭣고?"라는 근원적인 물음으로 귀결되는 것이기에 이를 종합하여 이뭣고 화두를 제시하고 있는 것이다. 이에 대해 성철도 그의 법문에서 "이뭣고" 화두에 대해 "마조선사가 '마음도 아니요(不是心), 부처도 아니요(不是佛), 물건도 아니다(不是物)'라고 했는데, 그러면 이것이 무엇인가(是甚麼)?"라고 의심하라고 가르치고 있다. 고려 말 나옹화상도 이와 똑같은 화두를 다음과 같이 제시하고 있다.

이 눈앞에 분명하고 역력하여 설법을 듣는 자는 누구이며, 합장하고 묻는 이는 누구이며, 머리 숙여 절하는 이는 누구인가? …… 여러분이 분명히 알고 분명히 보며 분명히 말한다고 한다면, 나는 다시 여러분에게 묻겠다. 알아내고 보아내는 그 주인공이란 무엇인가? 그러므로 조사도 '그것은 마음도 아니요 부처도 아니며 물건도 아니다'라고 하였다. 그러면 그대들은 말해 보아라. 마음도 아니요 부처도 아니며 물건도 아니라면 결국 그것은 무엇인가?[330]

이와 같이 한 물건(一物)에 대한 문제는 고려시대 보조普照, 태고太古, 나옹懶翁 등이 참구의 방법으로 제기해 왔던 본참화두인 것이다. 보조는 『수심결』에서 말하기를, "그대는 하루 종일 배고픈 줄 알고 목마른 줄 알며, 추운 줄 알고 더운 줄 알며, 혹 성내고 혹 기뻐하니 마침내 이것이 무슨 물건인가?"라고 하여 한 물건에 대한 의심의 참구를 강조하고 있다. 그리고 태고 역시 한 물건에 대한 의심을 설하고 있다.

한 물건(一物)이 있으니, 밝고 밝으며 역력歷歷하여 거짓도 없고 사사로움도 없다. 고요하여 움직임이 없고 크고 신령스런 지혜가 있다. 본래 나고 죽음이 없고 사량분별 또한 없다. 이름과 모양도 없어 말로 할 수도 없다. 허공을 전부 삼키고 천지를 덮었으며 빛이나 소리까지 덮었으며 체體와 용用을 갖추었다. …… 이 한 물건(一物)은 사람들의 본분 위에 있어 발을 들거나 내려놓을 때나 경계에 부딪치고 인연을 만나는 곳에는

---

[330] 『나옹록』.

단정하고 분명하고, 분명하고 단정하여 사람마다에 밝고 물건마다에 나타난다. …… 여기에 다만 밝고 또렷한 것이 나타날 것이니, 이런 때에 부모에게서 태어나기 전의 본래면목本來面目을 참구하라.[331]

위에서 태고도 "한 물건(一物)"의 화두와 "본래면목本來面目"의 화두를 하나로 통일시켜 "이뭣고"로 참구할 것을 지시하고 있음을 볼 수 있다. 보조, 나옹, 태고 등 여러 선사들의 이러한 "일물一物사상"이 조선의 청허에게 계승되고, 다시 경허, 용성에 의해 활성화되는 일련의 과정을 거쳐 오늘날 우리들이 참구하는 "이뭣고"로 전승되고 있는 것이다.

선문에서는 공안의 종류에 대해 일반적으로 "1700 공안"이라고 말하는데, 이 말은 『전등록』에 이름을 올린 조사가 1701분인 데서 기인된 것이다. 현재까지 전해지는 공안과 화두는 그 종류가 대단히 많다. 그 어떤 화두라 하더라도 자신의 절체절명의 문제의식으로 참구될 때만이 활구참선이 이루어지는 것이다.

일구의 화두를 간택하였으면 오로지 일심으로 참구해야 한다. 화두가 순일하게 참구되지 않는다고 해서 진정성 없이 이 화두 저 화두로 바꾸어 가면서 참구를 느슨하게 한다면 미륵이 하생하더라도 일념화두一念話頭의 경지에 들기 어렵다. 혹 화두에 의정이 일어나지 않아서 본참화두를 바꾸어야 될 때에는 스승의 지도를 받아서 실행해야 한다. 오로지 순일하게 화두를 참구할 뿐이니, 마음에 아무 잡념 없이(純一無雜) 온 정신을 다해 화두

---

331) 『태고어록』, 「현릉청심요」.

를 들어, 밤낮으로 지속하여 분별망념을 끊어야 한다.

제4절 화두참구

1. 일념반조 —念返照

　화두의심의 본질은 한 생각을 통해 한 생각이 일어나는 그 자리를 깨닫는 데 있다. 생각이 일어나는 곳을 향해 '이 생각이 어디로부터 일어나는가?'라고 일념반조一念返照로서의 의심을 함으로 해서 생각이 일어나기 이전 자리를 알아차린다. 생각이 일어나기 이전 자리는 불이중도不二中道의 경계이다. 화두의심이라는 창조적 긴장을 통해 본연자성을 회복해야 하는 것이다. 대혜는 이렇게 설하고 있다.

　여기에 이르러서는 번뇌를 생각할 필요가 없고, 불법도 생각할 필요가 없습니다. 불법과 번뇌가 모두 바깥의 일입니다. 그러나 또 바깥의 일이라는 생각을 지어서도 안 됩니다. 다만 빛을 돌이켜 비추어 보십시오(廻光返照). 이와 같이 생각하는 것은 어디로부터 오며, 행위를 할 때는 어떤 모습을 하고 있으며, 행위하는 바가 이미 갖추어지면 내 마음의 뜻을 따라 빈틈없이 준비되면 모자람도 남음도 없으니, 바로 이러한 때에 누구의 은혜를 입어서 이와 같이 공부합니까? 날이 가고 달이 가다 보면 마치 사람이 활쏘기를 배우는 것과 같아서 저절로 적중하게 되는 것입니

다.[332)]

대혜는 "이 생각이 어디로부터 오는가?"를 묻고 있다. 번뇌니 보리니 하는 분별은 망상이다. 그러므로 바깥의 일이 되는 것이다. 그러나 이 분별을 떠나서 불법이 있는 것도 아니다. 화두의 특징은 생각을 돌이켜 물어 생각이 없는 곳으로 나아가는 데 있다. 범부는 일상에서 경계境界에 빠져 망상을 주인삼아 살아가고 있다. 즉 인식의 대상을 부여잡고 생각을 일으켜 집착하는 분별 망념으로 울고 웃는 것이다. 바깥 경계는 분별이다. 문제는 분별로서의 생각이다. 이 분별과 망상은 언제나 대상을 향해 있다. 화두는 일단 분별과 망상의 생각을 돌이키는 작용을 한다. 생각을 돌이킨다는 것은 분별 망념을 멈춘다는 것이다. 화두는 질문으로부터 시작되므로 질문을 통해 생각을 돌이키는 것이다. 반드시 스스로가 스스로에게 물어야 한다. 설사 선지식에 의해 물음이 제기되었다 하더라도 결국 자기 물음이 되는 것이다. 이 물음을 통해 알아차리는 그 자리를 비춰 보게 한다. 이것을 회광반조廻光返照 혹은 일념반조一念返照라고 말한다.

양좌주가 경론을 강의하다가 마조를 뵈었다. 마조가 물었다. 듣자 하니 좌주는 경론을 많이 강의한다는데 사실인가? 양좌주가 말했다. 감히 그렇다 하기가 민망합니다. 무엇을 가지고 강의하였소? 마음을 가지고 강의하였습니다. 마음은 재주 부리는 아이와 같고 뜻은 아이를 부리

---
332) 『대혜어록』.

는 자와 같거늘, 어떻게 경전을 강설하겠는가? 양좌주가 언성을 높여 말했다. 마음이 강의를 못한다면 허공이 강의를 한다는 말입니까? 허공은 강의할 수 있다. 양좌주가 수긍하지 않고 바로 나가서 계단을 내려가는데, 마조가 불렀다. 좌주여! 양좌주가 머리를 돌리자, 마조가 말했다. 이것이 무엇인가(是甚麼)? 양좌주가 활연대오豁然大悟하고서 예배하였다.[333]

좌주란 강주講主를 지칭한다. 양좌주는 경론에 정통한 강사이다. 생각의 지해知解로써 강설함에 걸림이 없다. 그러나 마조는 이 생각을 멈추게 하고 있다. 부르는 소리를 듣고 알아차리는 그 자리는 생각이 멈춘 생각 이전의 자리이다. 즉 분별을 멈추고 본래의 마음자리를 바로 보게 지시하였다. "이것이 무엇인가?"라는 질문을 통해 스스로를 돌아보게 하는 것은 조사선의 수중방편이다. 분별과 망상을 바라보게 함으로써 분별과 망상을 바라보는 그 자리를 직시하게 한다. 오직 바라보는 자로서만 존재할 수 있다면 일체의 분별 망념을 초월할 수 있다. 번뇌 망념에 물든 생각을 돌이켜 자신의 본래 마음을 곧장 들여다보게 하여, 보는 그 자리로 복귀하게 하는 것이 반조의 방법을 활용한 조사선의 방법론이다. 마조의 한마디 말 아래 양좌주가 바로 깨닫게 하는 방식의 조사선 수중방편을 언하변오言下便悟라고 말한다.

---

[333] 『전등록』 제8권.

육조가 말했다. "선도 생각하지 말고 악도 생각하지 말라. 바로 이때 어떠한 것이 그대의 본래면목인가?" 혜명이 그 자리에서 깨달았다.[334]

이른바 "선도 생각하지 말고 악도 생각하지 말라"는 것은 일체의 분별망념을 멈추라는 것이다. 일체의 이원二元적 분별을 하기 이전 자리로 돌아가 그 자리를 비추어 보아라. 그러면 그 자리에서 빛나고 있는 그대의 참모습은 무엇인가. 일체 생각이 일어나기 전, 즉 선악에 물들기 이전의 본래 그 상태로 존재하라는 것이다. 바로 그 자리를 체험하여 깨달으면 된다. 이것이 조사선에서 구사하는 질문을 통한 반조의 방법이다. 반조를 통해 알음알이(지식)에 의한 일체의 분별의식이 사라져야 본래면목이 드러나는 것이다. 위산영우는 지식이 출중하고 언변이 뛰어난 향엄지한을 향해 이렇게 지시하였다.

내가 듣기로 그대는 백장선사의 처소에 있을 때 하나를 물으면 열을 답했고, 열을 물으면 백을 답했다고 하였다. 그런데 이것은 그대가 총명하고 영리하여 뜻으로 알아차리고 알음알이(識)로 헤아리는 것이니 바로 생사의 근원이 된다. 이제 부모가 그대를 낳아 주기 이전의 일을 한마디 일러 보아라.[335]

---

[334] 종보본, 육조대사, 『법보단경』.
[335] 『전등록』 제11권.

배우고 익혀서 아는 알음알이로는 생각 이전의 본래면목을 깨달을 수 없다. 마조선사가 일깨운 "이것이 무엇인가?"와 육조혜능이 말한 "어떤 것이 그대의 본래면목인가?"라는 물음과 위산영우의 "부모미생전父母未生前의 일구一句"는 스승이 제자에게 던진 질문이다. 이 질문에 의해 스스로를 돌아보고 바로 마음자리인 본래면목을 깨달으면 이것이 조사선의 수증방편이 되는 것이다. 조사선의 물음은 밖의 경계를 향해 있는 생각을 안으로 돌이켜 본래심, 즉 본래부처(중도실상)를 비춰 보게 하는 방법이다. 이러한 회광반조의 과정을 구체적으로 살펴보면, 첫째 번뇌 망념 〈바라보기〉, 둘째 분별 망념의 〈멈춤〉, 셋째 생각 이전 자리의 〈직면〉, 넷째 본래심의 〈깨달음〉이다.[336] 사실 이러한 한 생각은 단계를 거쳐서 일어나는 것이 아니다. 이 찰나적 심리현상을 단계적 과정으로 구분하여 살펴보는 것은 초심자들이 실제로 화두를 참구함에 있어서 바로 일념이 현전되기가 쉽지 않을 뿐만 아니라, 망념에 휘둘려 제대로 참구하기가 어려움을 호소하는 현실적 고충 때문이다. 화두가 바로 일념으로 참구된다면 이러한 단계적 방편의 지시는 전혀 필요가 없게 될 것이다. 제방 선덕들의 방망이를 기다리며 눈썹을 아끼지 않고 방편을 세우고자 한다. 시대에 맞는 방법을 제시하지 않고 무조건 화두만 들면 된다고 가르치는 것으로는 간화선 대중화는 어렵기 때문이다.

첫째, 번뇌 망념을 바라본다는 것은 지금까지 습관적으로 생각과 자신

---

336) 인경스님의 『쟁점으로 살펴보는 간화선』에서는 "첫째는 사량분별을 〈끊어냄〉, 둘째 마음 그 자체에 〈직면〉, 셋째 분별하는 마음에서 벗어나 본래의 마음을 〈깨닫게〉 돕는다."라고 기술하고 있다. p 334~335.

을 동일시하던 인식의 체계에 휘말려 들지 않고 생각과 생각하는 자를 분리시켜 지켜본다는 의미이다. 마치 위빠사나에서 생각의 대상인 법을 알아차려 지켜보는 것과 같이 분별에 끄달리지 않고 분별을 바라보게 하는 것이다. 초보자에게는 이러한 단련을 거쳐 번뇌 망념을 철저히 객관화하는 작업이 선행될 필요가 있다. 생각을 바라보게 하는 것은 결국 번뇌 망념이 공空함을 깨닫게 하는 것이다. 이때에 번뇌가 본래 공하므로 바라보되 바라봄이 없는 바라봄이 되는 것이다. 즉 번뇌 망념에 휘둘려 고통을 느끼는 인식의 체계를 전환함으로 해서 분별의 고통으로부터 자신을 분리시키는 국면을 맞이하게 하는 것이다. 이 첫 번째 단계인 망념 바라보기만 잘 단련하여도 의식을 전환하고 오염식인 말라식을 바꾸어 인격적 수양에 현저한 변화를 초래할 수 있다. 평생을 수행하고도 수준 높은 인격적 소양을 함양하지 못하는 것은 바로 이와 같은 수행의 첫 단계에 대한 단련을 소홀히 한 원인도 작용하고 있다.

둘째, 분별 망념의 멈춤이란 앞의 바라보기를 통해 바로 망념의 분별심을 타파하는 것을 말한다. 즉 개념적인 분석으로 아는 분별심을 멈추는 것이다. 그러므로 『신심명』에서는 "지극한 도는 어렵지 않다(至道無難). 오직 분별심을 멀리하고(唯嫌揀擇), 다만 미움과 사랑만 버리면(但莫憎愛), 툭 트여 밝게 깨달을 것이다(洞然明白)."라고 말하는 것이다. 밖으로 향해 있는 분별의 망념은 개념과 분석으로 아는 알음알이(知解)에 불과하다. 이 지혜의 알음알이는 이원적 분별에 의한 번뇌 망념이기 때문에 분별 이전의 자리로 돌아가야 한다. 분별 이전의 자리란 불이중도의 경계이다. 생각 이전 자리로 돌아가기 위해서는 사량분별을 타파하여야 한다. 첫 번째 망념 바라보기와 두 번째 분별심의 멈춤은 거의 간격 없이 동시에 이루어지는 것이다. 앙산스님이 위산스님에게 물었다. '어떠한 것이 참부처의 머무는 곳입니까?' 위산이 말하였다. '생각하되 생각함이 없는(無思) 묘한 이치로써 돌이켜 신령스러운 불꽃(靈焰)의 무궁함을 생각하라(返思). 생각이 다하여 근원으로 돌아가면 성상性相이 상주하여 일(事)과 이치(理)가 둘이 아니요, 진불이 여여如如하리라.' 분별심의 멈춤은 반조返照로 이루어진다. 이때에 지금까지 분별로써 알고 있던 알음알이를 멈추고 "오직 모를 뿐(only don't know)"인 마음이 되어야 한다. 오직 모르는 마음은 분별 이전을 향한 마음이다. 모든 사량분별을 멈추어 판단을 정지하고 일체를 부정해야 한다. 지금까지 알고 있는 모든 분별의 세계를 한꺼번에 내려놓고(放下着) 오직 "판단정지"를 외침과 동시에 모름의 장벽에 부딪쳐야 한다. 따라서 종문 제일의 책(宗門第一書)이라 불리는 『벽암록』에서도 제1칙으로 "달마불식達磨不識"과 제2칙으로 "조주의 명백함에도 있지 않음(趙州不在明白)"의 공안을 시설하고 있는 것이다.

양무제가 달마스님에게 물었다. 무엇이 가장 성스럽고 가장 으뜸가는 진리입니까? 텅 비어 성스럽다 할 것도 없습니다. 나와 마주한 그대는 누구입니까? 모르겠습니다(不識).

조주가 대중에게 말하였다. 지극한 도는 어렵지 않으니, 오직 분별하지만 않으면 된다. 말하는 순간 분별함에 떨어지거나 명백明白함에 떨어진다. 노승은 명백함에도 머물지 않는다. 그대들은 오히려 명백함에 머무는 것을 보호하고 아낀다. 그렇지 않은가. 이때 어떤 스님이 물었다. 이미 명백함 속에도 있지 않다면 무엇을 보호하고 아껴야 합니까? 나도 모른다(不知).

도는 알고 모르는 데 있지 않다. 그러나 이 모름은 알고 모르고의 모름이 아닌 절대의 모름이다. 오직 모를 뿐이다. 이것이다 저것이다 분별하여 간택揀擇하면 어긋난다. 일체의 생각을 내려놓고 그냥 모름을 유지하라. 오직 모를 뿐인 그곳에서 하나의 출구를 찾아야 한다. 그러므로 고봉스님은 "부지불식(不知不識: 생각도 못하고 알지도 못함)"을 강조하고 있는 것이다. "어느덧 일 년 삼백육십오 일이 오늘 밤에 다 끝나는데, 열에 다섯 쌍은 선수행을 하면서 선을 알지 못하며(不知) 도를 배우면서도 역시 도를 알지 못한다(不識). 다만 이 부지불식不知不識의 네 글자가 바로 삼세 모든 부처님의 골수이며 일대장교一大藏敎의 근원이다."[337] 오직 모름은 간화의 출발점이다. 알지 못하기에 알려고 하는 그 마음, 알지 못하기에 꽉 막힌 답답함이 화두의심의 동력이 된다. 온몸으로 온 마음으로 온 정성으로 간절하게 의심하라. 의심뿐인 그 상태를 유지하여 참구가 저절로 이루어지게 해야 한다. 참구의 관건은 "저절로(自然)"에 있다. 억지로 작위적으로 참구하지 않아도 저절로 되는 이 저절로의 의심이 일체 분별의식을 부수고 본래면목을 깨달

---

337) 고봉, 『선요』.

게 한다. 즉 일체의 분별이 다하여 헤아림이 미치지 못하는 무념無念으로 나아가라. 그곳이 우리가 돌아갈 자리이자 본래면목 자리이다. 본래면목을 깨치기 위해 모든 분별과 망념을 내려놓은 그 부정의 자리에서 간절히 의심하여라. 화두를 의심한다는 것은 일체의 정식情識, 즉 분별 망념이 끊어진 자리로 나아가는 것을 의미한다. 그래서 대혜스님은 "다만 알지 못하는 그곳에서 깨달아야 한다."고 하면서 다음과 같이 설하고 있다.

> 그대가 진실하게 참구하려고 한다면, 다만 일체를 놓아 버리고 마치 완전히 죽은 사람처럼 아무것도 알지 못하고 아무것도 이해하지 못해야 한다. 알지도 못하고 이해하지도 못한 곳을 향해 문득 이 한 생각이 부서지면, 부처님도 그대를 어찌하지 못할 것이다.[338]

알지 못하고 이해하지 못해서 완전히 죽은 사람처럼 된 것이 바로 일체개공一切皆空의 자리이다. 이 자리에 앉아 의심의 한 생각마저 부서질 때 깨달음이 열리게 된다. 사량하고 분별하는 일체의 알음알이를 부정하고 망념이 끊어진 자리에 앉아서 "마음도 아니요, 부처도 아니요, 물건도 아니다. 이뭣고?"라고 참구하라.

셋째, 생각 이전 자리의 직면이란 대상을 향해 분별하던 마음을 멈추고 지금 여기의 마음과 마주하는 것이다. 지금 여기의 마음이란 일체의 분별을 떠난 본래심을 말한다. 즉 밖으로 향하던 생각을 현전일념現前一念인 "이

---

[338] 『대혜보각선사보설』 제13권.

것이 무엇인가?"라는 물음에 의해 안으로 돌이켜 생각 이전 자리와 직면하게 하는 것이다. 생각 이전 자리는 생각이 일어난 바 없이 일어났으므로 그 실체가 없기에 공空한 것을 말한다. 공한 그것마저 공하므로 창조적 보리정념菩提正念이 일어나게 된다. 일체의 분별의 마음을 멈추고 지금 여기의 마음, 즉 즉심卽心과 대면하게 되는 것이다. 즉심이 부처이기(卽心是佛) 때문이다. 분주의 무업선사는 원래 좌주였다. 어느 날 마조대사를 뵙고 물었다.

> 삼승三乘의 문자는 거의 다 그 뜻을 궁구해 보았습니다. 그러나 평소에 듣기를 선문에서는 즉심시불卽心是佛이라 말한다는데 무슨 뜻인지 잘 모르겠습니다. 마조가 말했다. 단지 그대가 모르는 그 마음이 곧 즉심시불이다. 달리 어떤 것이 있겠느냐.[339]

모르는 마음으로 사량분별이 끊어진 자리가 생각 이전 자리이다. 생각 이전과 직면하는 것이 즉심이요, 즉심이 바로 부처이다. 달리 이 마음을 떠나 부처를 찾으면 삿된 외도이다. 부처가 무엇인가. 일체 분별 망념을 떠난 불이중도의 참마음이다.

넷째, 본래심의 깨달음이란 분별의 생각에서 벗어나, 있지도 않으며 없지도 않은 중도의 무심無心에 계합하는 것을 말한다. 이 중도의 무심이 바로 생각 이전의 자리인 본래의 마음이며, 진여자성眞如自性이며, 본연불성本然佛性인 것이다. 이러한 체험은 선지식의 지시에 의해 즉각적으로 단박에 이루

---

[339] 『전등록』 제8권.

어질 수도 있으며, 화두참구를 통해 망념을 소멸하여 점진적으로 드러날 수도 있다.

　이 마음은 곧 없는 마음(無心)이니, 일체의 모습을 떠나서 중생과 부처가 전혀 차별이 없다. 다만 무심하기만 하면 바로 구경의 깨달음이다. 도를 배우는 사람이 만약 당장에 무심하지 못하다면 아무리 오랜 세월 수행해도 마침내 깨달을 수 없으니, 삼승三乘의 수행에 매여서 해탈할 수 없기 때문이다. 그러나 이 마음을 깨닫는 데에는 빠르고 더딤이 있다. 법문을 듣고 한 생각에 바로 무심한 자도 있고, 십신十信·십주十住·십행十行·십회향十回向에 이르러서 비로소 무심한 자도 있고, 십지十地에 이르러서 무심한 자도 있다. 그러나 빠르건 더디건 무심하면 그만이지, 다시 수행하거나 깨달을 것은 없다.340)

어떠한 수행이 되었든지 간에 모두 무심無心에 계합하는 것이 목적이다. 공안과 화두 또한 방편이다. 한순간에 바로 계합하든 삼현三賢·십성十聖에 계합하든 결국 무심에 계합하는 것이다. 염불로 계합하면 염불선念佛禪이 되며, 주력으로 계합하면 지주선持呪禪이 되며, 화두로 계합하면 간화선看話禪이 된다. 화두 참선을 곧바로 질러가는 문이라 하여 경절문徑截門이라 부른다. 일체가 공한 그 자리, 즉 본래부처의 자리에서 바로 화두를 보아 직지인심直指人心을 깨쳐 들어가는 것이 간화 경절문이다. 일념에 상응하여

---

340) 황벽, 『전심법요』.

무심을 체득하기 위해 "이것이 무엇인가?"를 묻는 것이다. 지금 일어나고 있는 현전일념을 돌이켜 그대로 무심에 상응하라. 경에 설하기를 "오직 하나의 사실만 있을 뿐 나머지 둘은 참이 아니다."라고 하였다.

화두 참구로 일념반조-念返照하는 내용을 다시 정리해 보면, "이것이 무엇인가?"라는 물음(참구)을 통해 ① 망념 〈바라보기〉 → ② 분별 망념의 〈멈춤〉 → ③ 생각 이전 자리의 〈직면〉 → ④ 본래심(부처)의 〈깨달음〉에 이르게 되는 것이다.

2. 화두참구법

스승이 던진 질문에 의해 바로 생각 이전 자리에 직면하여 본래 마음을 체험하여 깨닫는다는 것은 특별한 기연이 아니면 매우 지난한 일임에 틀림없다. 바로 깨닫지 못하기 때문에 화두를 장치하여 참구하게 만든 것이다. 생각하는 그대는 누구이며, 생각을 바라보는 이것은 무엇인가? 다시 말하면 "이것이 무엇인가?"라고 하는 "현전일념現前一念은 어디서부터 일어나는가?" 라고 되묻는 것이다. "이것이 무엇인가?"를 줄여서 "이뭣고?"라고 하는 것이다. 조주는 어째서 무無라고 했는가? 만법이 하나로 돌아가는데 이 하나는 어디로 돌아가는가? 부모에게 태어나기 전의 본래면목本來面目이 무엇인가? 무엇이 공겁空劫 이전의 자기인가? 부처도 아니요, 마음도 아니요, 물건도 아니다. 이것이 무엇인가? 팔만사천의 의문도 결국은 이뭣고라는 의심으로 귀결된다. 대혜선사는 이렇게 설하고 있다.

> 천 가지 만 가지 의심이 오직 하나의 의심일 뿐입니다. 화두 위에서 의심이 타파되면 곧 천 가지 만 가지 의심이 일시에 타파됩니다. 화두가 타파되지 않았으면 바로 그 화두를 붙잡고 화두와 서로 맞붙어 버티고 계십시오. 만약 화두를 버리고 도리어 다른 문자 위에서 의심을 일으키거나, 경전의 가르침 위에서 의심을 일으키거나, 옛사람의 공안 위에서 의심을 일으키거나, 일상에서 대하는 경계 가운데서 의심을 일으킨다면, 이것은 모두 삿된 마구니의 권속일 것입니다.[341]

화두 참구의 본질은 의심을 통해 사량분별이 미치지 못하는 곳으로 나아가는 것이다. 그러므로 천 가지 만 가지 의심이 다만 하나의 의심으로 모아지는 것이다. 대혜가 지시하고 있는 화두를 의심하게 하는 방법은 수행자 스스로가 스스로에게 활쏘기를 익히는 것과 같이 끊어짐 없이 지속적으로 제시해 들어가는 것이기 때문에 번뇌가 끼어들 틈을 용납하지 않는다. 모든 번뇌 망념을 누른 그곳에서 오직 의심만이 드러나게 해야 한다. 마치 야생의 망아지를 길들여 고삐를 다잡고 안장을 채워 눌러서 한 치의 틈도 주지 않고 달리게 하는 것과 같다. 그래서 화두를 참구함에는 의심이 가장 중요한 핵심이 되는 것이다. 간화선을 창시한 대혜 역시 자신이 깨달음을 얻는 계기에서 조사의 언구를 의심함으로 하여 기연이 이루어지고 있

---

[341] 『대혜보각선사서』 제28권.

다.

나(원오)에게 "어떤 것이 모든 부처님이 나타나는 도리입니까?"라고 묻는다면, 나는 "훈풍이 남쪽에서 불어오니 전각이 조금 시원하구나."라고 말할 것이다. 이에 나(대혜)는 홀연히 앞뒤의 생각이 끊어졌다. 한 생각도 일어나지 않은 채, 도리어 맑고 텅 빈 자리에 앉아 있었다. 그래서 입실하게 되었을 때, 원오선사는 말했다. "그대가 그런 자리에 도달하기란 쉽지 않다. 그러나 죽어 버려 활발발을 얻지 못한 것이 애석하구나. 조사의 언구에 의심을 하지 않는 이것이 큰 병통이다. ……".

노화상께서 이에 말씀하셨다. '내가 묻기를, 있다는 구절과 없다는 구절이 마치 등나무 덩굴이 나무에 기댄 것과 같을 때에는 어떻습니까?'라고 하니, 조사께서 말씀하시기를 '묘사하려고 해도 묘사할 수 없고, 그리려고 해도 그릴 수가 없다.'라고 하였다. 내가 다시 물었다. '홀연히 나무가 넘어져 등나무가 말라 죽을 때에는 어떠합니까?' 조사께서 말씀하셨다. '서로 뒤따른다.' 나(대혜)는 그 말을 듣자마자 깨닫고는 말했다. '제가 깨달았습니다.'[342]

대혜가 담당선사로부터 오매일여寤寐一如에 대한 질문을 받은 이후, 원오선사의 회상에서 "훈풍이 남쪽에서 불어오니 전각이 시원하다."라는 법문을 듣고 첫 번째 깨달음이 이루어지고 있다. 그리고 그 뒤 원오선사의 지시

---

342) 『대혜보각선사연보』.

에 의해 언구를 의심하여 두 번째의 깨달음을 얻고 있다. 여기서 우리는 간화선 수증의 정절(程節: 단계)을 엿볼 수 있다. 제1단계에서 "홀연히 앞뒤의 생각이 끊어지고, 한 생각도 일어나지 않은 채, 도리어 맑고 텅 빈 자리"로 표현되는 공적(空寂)한 경지를 깨달은 것이다. 이때에 스승 원오는 점검하기를 "그대가 그런 자리에 도달하기란 쉽지 않다. 그러나 죽어 버려 활발발을 얻지 못한 것이 애석하구나."라고 하였다. 그리고 제2단계에서 조사의 언구를 의심할 것을 지시받아 참구하던 도중에 원오의 "홀연히 나무가 넘어져 등나무가 말라 죽을 때에는 어떠합니까?"라는 말 아래 바로 두 번째의 깨달음을 얻게 된다. 이때에는 죽었다 다시 살아나 활발발한 지혜가 펼쳐지고 있다.

화두 참구의 수증(修證)단계에서 말하면 첫 번째 단계에서 공적함을 깨닫고, 두 번째 단계에서 지혜를 성취하고 있음을 볼 수 있다. 이러한 수증의 구조는 우리나라의 선사인 태고선사와 나옹선사에게도 비슷하게 나타나고 있음을 볼 수 있다.

생각이 일어나고 사라지는 것을 생사(生死)라 한다. 이 생사에 부딪혀 온 힘을 다해 화두를 들어라. 화두가 순일해지면 일어나고 사라짐이 다할 것이다. 일어나고 사라짐이 다한 그곳을 일러 고요함(寂)이라 한다. 고요함 가운데 화두가 없으면 무기(無記)라 하고, 고요함 가운데서도 화두가 어둡지 않음을 일러 신령스런 지혜(靈知)라고 한다. 이 텅 빈 고요함(空寂) 가운데 신령스런 지혜(靈知)가 있어 무너지지도 않고, 더럽혀지지도 않

는다. 이와 같이 공부하면 멀지 않아 공功을 이룰 것이다. [343]

생각이 일어나고 사라지는 것을 생사生死라 한다. 이 생사에 부딪혀 온 힘을 다해 화두를 들어라. 화두가 순일해지면 일어나고 사라짐이 다할 것이다. 일어나고 사라짐이 다한 그곳을 일러 신령스러움(靈)이라 한다. 신령스러움 가운데 화두가 없으면 무기無記라고 하고, 신령스러움 가운데서도 화두가 어둡지 않음을 일러 신령스러움(靈)이라고 한다. 이 텅 빈 고요함(호적) 가운데 신령스런 지혜(靈知)가 있어 무너지지도 않고, 더럽혀지지도 않는다. 이와 같이 공부하면 멀지 않아 공功을 이룰 것이다. [344]

위의 『태고록』과 『나옹록』에 똑같은 내용을 똑같이 기술하고 있는데, 다만 중간의 몇 글자만 다를 뿐이다. 그것은 아마도 『나옹록』의 내용이 편집과정에서 몇 글자의 오류가 있지 않았나 유추해 본다. 여기서 양 선사 모두 화두 참구의 과정은 먼저 공적호寂을 이루고, 나중에 영지靈知를 이루는 과정으로 설명될 수 있다. 차제로 설명하고 있지만 사실은 공적과 영지가 분리될 수 없는 성적惺寂의 등지等持인 것이다. 나옹의 법문을 인용하여 한암선사 역시 공적영지호寂靈知로 화두수행의 지침으로 삼을 것을 당부하고 있다.

---

343) 『태고록』 卷上.
344) 『나옹록』 「각오선인에게 보임」.

나옹조사께서 말씀하시기를, "한 생각이 일어났다가 사라졌다 하는 것을 생사生死라 하는 것이니, 생사의 즈음에 당하여 힘을 다해 화두話頭를 들면 생사가 곧바로 다할 것이니, 생사가 곧바로 다한 것을 적寂이라고 한다. 적寂한 가운데 화두가 없는 것을 무기無記라 하고, 적寂한 가운데 화두가 성성惺惺한 것을 영靈이라 말하는 것이니, 공적영지空寂靈知가 부서짐이 없고 혼잡됨이 없으면 곧바로 이루어진다."고 하셨으니, 학인은 마땅히 이 말을 지침으로 삼아야 할 것이다. [345]

한암스님은 여기서 나옹스님의 말씀을 인용하고 있지만 오히려 태고스님의 말씀에 더욱 가깝다. 그러나 사실 세 분 선사가 같은 내용을 말하고 있는 것이다. 먼저 생사의 마음에서 온 힘을 다해 화두를 들게 되면 생사의 마음이 다해 공적空寂함에 이르게 된다. 공적한 가운데 화두가 없으면 무기無記에 떨어지고, 화두가 분명하고 또렷하면 영지靈知가 된다. 이것을 단계로 나누어 정리하면 다음과 같다.

제1단계: 마음의 생사 → 화두참구 → 공적空寂한 마음 ┐
　　　　　　　　└ 윤회　　　　　　　　　　　　　　　중도의 마음[346]
제2단계: 마음의 공적 → 화두참구 → 영지靈知한 마음 ┘
　　　　　　　　└ 무기

---

345) 『한암일발록』 상권.
346) 인경, 『쟁점으로 살펴보는 간화선』, p345에 나오는 도표에 중도의 마음을 첨가하였음.

제1단계에서는 생사生死에 물든 마음이 일어났다(起) 사라졌다(滅)를 반복할 때, 참선자는 힘을 다해 화두를 들면, 생멸이 다하게 된다. 만약 이때 화두를 들지 않고 생멸하는 마음에 끌려가면, 육도의 윤회에 빠지게 된다. 마음이 산란함을 화두로 대치對治함으로써 마음의 공적空寂을 이룰 수가 있다. 여기서 공적이란 마음이 텅 비워지고 산란함이 사라져서 마음이 고요해진 상태로서 선정을 가리키는 말이다.

제2단계에서는 일단 마음이 고요해진 선정 상태(空寂)에서 출발하는데, 이때도 역시 지속적인 화두를 참구하게 된다. 만약 이때 화두가 없으면, 무기無記에 떨어진다. 마음이 고요한 가운데 화두가 있어서 어둡지 않고 환하게 밝아진 것을 '신령한 지혜(靈知)'라고 말한다.[347]

이러한 화두 참구의 구조는 조사선의 수증구조와 동일한 지평 위에 있음을 알 수 있다. 달마 이래 중국 선종의 수증 방편의 핵심이 다름 아닌 회광반조廻光返照에 있기 때문에, 간화선에서 화두참구의 구조 역시 이것과 궤를 같이 하고 있다고 할 수 있다. 즉 "생각이 일어나면 곧바로 깨달아 알고(念起卽覺), 깨달으면 바로 없어진다(覺之卽無)."라고 하는 것이 조사선의 반조返照이다. 공안이나 화두에 의해 물음이 주어지고 이 물음에 의해 자심을 반조하는 형태로 수증이 진행되고 있는 것이다. 반조하여 바로 대오大悟하면 생사가 타파되겠지만, 그렇지 못하다면 다시 화두를 참구하여야 한다. 다만 간화선에서는 화두를 지속적으로 참구하게 하는 것이 특징으로 나타나고 있다고 하겠다.

---

347) 인경, 『쟁점으로 살펴보는 간화선』, p345.

화두를 참구함에 있어서는 언구에 의심을 일으키는 것이 기본으로 전제된다. 앞에서 보았듯이 대혜선사가 참구하여 깨달음을 얻게 된 화두는 "있다는 구절(有句)과 없다는 구절(無句)이 마치 등나무가 나뭇가지에 기대어 있는 것과 같을 때에는 어떠한가?"라는 것이다. 공안의 일구一句인 화두를 의심하므로 해서 참구가 본격적으로 이루어지게 되는 것이다. 화두 참구의 구체적 방법으로 제시한 것이 항상 의심이 순일하게 지속되게 한다는 의미의 "시시제시時時提撕"[348]이다. 곧 언제 어디서나 늘 화두의심이 현전하게 하여 "하루 24시의 사위의四威儀 가운데 끊어짐 없게 참구하는 것"을 말한다. 이 말은 화두를 참구함에 있어서 화두의 의정이 타파되는 그 순간까지 끊어짐이 없이 한결같이 이어져 가야 함을 강조하는 말이다.

간화행자는 참구함에 오로지 화두의심에 전심전력할 뿐 분별로 헤아려서는 안 된다. 생각 생각에 간절히 화두에 대한 의심을 지어 나가서 한 티끌의 망념도 일으켜서는 안 된다. 이것은 재미가 없는 일이긴 하지만 간화행자는 오로지 화두에 전념해야 할 뿐, 의식으로 분석하고 추리해서는 안 되며, 또 마음으로 이해하고 추측하려고 해서도 안 된다. 분별망념을 화두 일념으로 모아 마치 쥐가 쇠뿔의 덫에 들어가 옴짝달싹할 수 없는 것과 같이 벽에 부딪치게 해야 하는 것이다. 즉 일체의 분별의식을 멈추고 오직 의심만 남게 하여 종국에 철저히 의단疑團으로서의 일념만이 역력歷歷해야 한다. 거듭 말하지만 화두를 참구함에 온갖 어려움이 있더라도 한결같이 간

---

[348] 제시(提撕)란 말은 원래 "말로 일깨운다."는 의미이지만 화두공부에 있어서 이미 "참구한다.", "의심한다."라는 뜻으로 사용되고 있다. 조사선에서는 공안을 스스로에게 말하여 일깨우는 장치로써 사용되었지만, 간화선의 발전과 더불어 화두를 든다, 혹은 화두를 참구한다, 화두를 의심한다는 의미로 통용되고 있다.

절하게 밀고나가야 한다. 간절하게 의정이 지속되어 마음의 길이 끊어지게 되면 조사의 관문을 통과하게 된다.

참선은 반드시 조사관祖師關을 통과해야 하고, 미묘한 깨달음은 마음의 길이 끊어져야 한다. 조사의 관문을 통과하지 않고 마음의 길이 끊어지지 않으면, 모두가 풀에 의지하고 나무에 붙어 사는 정령精靈에 불과하다. 말해 보라. 어떤 것이 조사관인가? 오직 이 하나의 무無가 바로 종문의 한 개 관문이다. 그것을 일러 선종무문관禪宗無門關이라 한다. 이 '무無' 자라는 관문을 통과할 수 있다면, 조주를 직접 만날 수 있을 뿐만 아니라, 바로 역대 조사들과 손잡고 함께 걸어가며 서로 마주하여 같은 눈으로 보고 같은 귀로 들으니 어찌 기쁘지 아니하겠는가. 관문을 통과하고자 하는 자가 있는가? 360개의 뼈마디와 8만4천 개의 털구멍에 이르기까지 온몸이 하나의 의심 덩어리가 되어, 무無 한 글자를 참구하라. 밤낮으로 일깨워 참구하되 허무로 이해해도 안 되고, 유무有無의 무라고 이해해서도 안 된다. 마치 하나의 뜨거운 쇳덩어리를 삼킨 것과 같아서 토해 내려고 해도 토해 내지 못하게 되면, 종전의 모든 나쁜 지혜와 나쁜 깨달음을 모두 소탕하게 된다. 오래오래 순수하게 익어 가면 저절로 안과 밖이 한 덩어리가 될 것이다. 그리하여 마치 벙어리가 꿈을 꾼 것처럼 다만 자신만 알게 되면 갑자기 폭발하면서 하늘을 놀라게 하고 땅을 진동시킬 것이다.[349]

---

349) 혜개, 『무문관』.

무문혜개는 무자 화두를 강조하고 있지만, 어떠한 화두라도 스스로가 참의심으로 참구하게 되면 모든 화두가 조사관이 될 수 있고 무문관이 될 수 있는 것이다. 이때에 "360개의 뼈마디와 8만4천 개의 털구멍에 이르기까지 온몸이 하나의 의심 덩어리가 되도록" 하는 것이 화두참구의 관건이다. 의심이 하나의 덩어리가 되게 하여 일체의 망념이 모두 없어져 어느 날 깨달음이 열리게 되는 것이다. 이와 같이 참구할 때는 오직 일념으로 화두만을 참구해야 한다. 그렇지 않고 화두는 없고 망념이 오락가락하면 참구와는 아무런 상관이 없다. 이런 식으로는 미륵이 하생할 때까지 계속해도 깨달음과는 십만 팔천 리나 멀어지게 된다. 고봉의 『선요』에는 실참실오實參實悟하는 본분납자가 화두참구를 할 때의 태도에 대해 이렇게 말하고 있다.

만일 실제 참구하여 깨닫는 내용을 말하자면, 마치 팔십 늙은이가 거꾸로 부는 바람과 물살을 향하여 밑 빠진 한 척의 쇠로 된 배를 끌고 가는 것과 같이, 공부가 되든 안 되든 깨치고 못 깨치는 여부를 묻지 않아야 한다. 바로 틈이 없는 마음의 온전한 생각에서 한 걸음 한 걸음 평생의 기량을 다하여 공부를 밀고 나아가야 한다. 발붙일 수 없는 곳, 힘줄이 끊어지고 뼈가 으스러지는 때의 경계에 도달하면, 별안간 물살과 바람의 방향이 바뀔 터이니, 이곳이 곧 집에 도달한 소식이니라."[350]

---

350) 고봉, 『선요』.

화두참구는 마치 폭류瀑流하는 의식(망상)의 강물을 역풍에 역류逆流하여 한 걸음 한 걸음 위로 나아가는 것과 같다. 이때에 평생의 기량을 다하여 참구의 노를 저어서 거슬러 올라가다 보면 언젠가 순풍에 순류順流를 만나게 되는 날이 있게 되는 것이다. 여기서 고봉스님이 말한 "생각과 생각에 틈이 없음(心心無間)"이 바로 위에서 대혜가 제시한 "시시제시時時提撕의 참구법이다. 화두를 참구함에 있어서 가장 중요한 것 중의 하나가 바로 한결같은 지속심이다. 이것을 "무간단無間斷"이라고 하는데 간단間斷이 없다는 것은 곧 "틈이 없다" 혹은 "끊어짐이 없다"는 말이니, 화두참구가 물샐 틈 없이 "지속적으로 이루어져" 은산철벽銀山鐵壁에 부딪쳐야 한다. 옛사람들은 참선할 때 끊어짐 없이 참구하는 모양을 마치 "고양이가 쥐를 잡을 때" 혹은 "닭이 알을 품을 때"에 비유해서 말하곤 한다.

화두를 들고 공부하는 납자는 쥐를 잡으려는 고양이처럼 분명하고 또렷하게 깨어 있어야 한다. 옛사람도 "적군의 목을 베지 않고서는 맹세코 쉬지 않겠다."라고 말하였다. 그렇지 않으면 망상의 도깨비굴 속에 들어앉게 되어 어둡고 깜깜한 채로 일생을 다 보내고 말 것이니 참선한들 무슨 소용이 있겠는가.

고양이가 쥐를 잡을 때는 두 눈을 부릅뜨고 목표물을 노려보며 네 다리에는 힘을 주고 곧추서서 오는 쥐를 잡아 물어야만 비로소 목적을 달성한 것이다. 그런데 그때 닭이나 개가 옆에 있다 하더라도 돌아볼 정신이 없다. 참선하는 사람도 마찬가지여서 오직 열심히 이 도리를 밝히기

만 하면 될 뿐이다.[351]

　무릇 참구하는 공안위에서 간절한 마음으로 공부하기를 마치 닭이 알을 품듯 하며, 고양이가 쥐를 잡듯 하며, 굶주린 자가 밥을 생각하듯 하며, 목마른 사람이 물 생각하듯 해야 하며, 어린 아이가 엄마 생각하듯 하면 반드시 투철히 깨달을 때가 있을 것이다.[352]

　화두를 참구함에 있어서 가장 큰 병이 의심이 끊어지게 하는 것이다. 망념이 죽 끓듯이 일어나서 잠시도 멈추지 않는데 망념의 하나로 잠시 화두를 일깨우는 식으로는 의식의 길을 끊을 수 없다. 또한 망념 반 참구 반으로 산란散亂과 도거掉擧로 세월을 보내서는 참선하는 사람이라고 할 수 없다. 예를 들어 말하면 물을 끓임에 있어서 물의 온도가 사오십 도에 이르도록 불을 때다가 그만두고, 다시 오류십 도에 이르도록 하다가 끊어지는 행동을 반복한다면 평생 동안 불을 때도 물이 끓을 수 없는 것과 마찬가지이다. 그러므로 몽산화상은 "화두에 의심이 끊어지지 않는 것이 참의심이라고 한다. 만약에 의심이 잠깐 생겼다가 다시 없어진다면 이것은 참마음으로 의심을 낸 것이 아니다"[353]라고 말하고 있다.
　만일 의정疑情이 문득 일어난 수행자라면 허공 속에 갇혀 있어도 그것이 허공인 줄 모르고, 천 길 우물 속에 앉아 오직 빠져나갈 궁리만 하며, 또한

---

351) 무이, 『참선경어』.
352) 청허, 『선가귀감』.
353) 덕이, 『몽산화상보설』.

은산철벽銀山鐵壁 속에 갇혀 있듯 하여 오직 살아나갈 길만을 모색해야 하니, "살길을 찾지 못하면 어떻게 편안하게 은산철벽 밖으로 빠져나갈 수 있겠는가"라고 생각해야 한다. 단지 이렇게 공부해 나가다 보면 때가 올 것이니, 그때는 어쩔 수 없이 저절로 들어갈(入道) 곳이 나타나게 될 것이다.

그런데 문제는 실제로 참구함에 있어서 뜻대로 잘 되지 않는 데 있다. "1년 참구하면 초참初參이요, 2년 참구하면 구참久參이요, 3년 참구하면 불참不參이다"라는 옛말이 있듯이 신심을 내어 조금 참구하다 마음대로 되지 않으니 지속심持續心을 잃어버리고 그만 퇴굴심退屈心을 내고 만다.

물러난다(退屈)는 의미는 보리심이 물러난다, 장원長遠한 마음이 물러난다, 정진하는 마음이 물러난다는 뜻으로, 부처님께 예배하기도 싫고, 선지식을 친견하기도 싫고, 도우道友를 가까이 하기도 싫고, 화두를 들기도 싫고, 그저 마음대로 방탕하고 싶은 마음이다.[354]

옛날이나 지금이나 사람 마음은 똑같다. 마음껏 놀고 싶고, 마음껏 편하고 싶고, 마음껏 먹고 싶고, 마음껏 자고 싶어, 이대로 살다 죽겠다고 생각하는 것이 퇴굴심이다. 지철선사는 이렇게 퇴굴심이 일어나는 것은 "용심이 너무 지나쳤거나 혹은 숙세의 업장은 깊고 선근이 미약한 탓"이라고 그 이유를 설명하고 있다. 이런 때에는 불보살 전에 나아가 간절하게 발로發露참회하라고 가르치고 있다. 참회하고 불보살이 도와주실 것을 기원하

---

354) 지철, 「선종결의집」.

며 다시 용맹스럽게 화두를 들게 되면 망념이 마치 끓는 물에 얼음이 녹듯 사라지고 의정이 순일정념純一淨念하게 될 것이라고 격려하고 있다.

그런데 화두를 참구할 때 위에서 말한 것처럼 그렇게 순일하게 진척된다면 얼마나 좋겠나. 그러나 그것이 그렇게 간단하지가 않다. 쉽고 간단하면 그 누가 조사가 못 되며 부처를 이루지 못하겠는가. 막상 실참實參에 들어가 보면 온갖 어려움과 마장이 겹쳐 온다. 이에 대해 나옹은 이렇게 경책하고 있다.

> 어떤 때는 화두가 분명하고 어떤 때는 분명하지 않으며, 어떤 때는 나타나고 어떤 때는 나타나지 않으며, 어떤 때는 있고 어떤 때는 없으며, 어떤 때는 틈이 있고 어떤 때는 틈이 없거나 하면 그것은 신심과 의지가 견고하지 않기 때문이다. 이렇게 세월을 허송하면서 헛되이 남의 보시만 받으면 반드시 뒷날 염라대왕이 밥값을 계산하게 될 것이다. 이른바 부질없이 세상에 와서 한번 만났을 뿐이라 하였으니, 어느 겨를에 다시 쓸데없는 말을 하고 짧은 소리 · 긴소리 하며, 이쪽을 가리키고 저쪽을 가리키겠는가. 생각하고 생각하여라.[355]

만약에 이와 같이 화두를 참구하는데 의정이 사라지고 화두가 잘 들려지지 않을 때는 어떻게 해야 하는가? 대혜선사는 이러한 때에 다시 한 번 자신의 생사대사生死大事에 대해 고심해야 한다고 가르치고 있다. 세간이나

---

355) 『나옹록』.

출세간이나 항상 죽음을 염두에 두고 생각하고 행동하는 것이 성공의 비결이다. 그 어떠한 화두라도 자신의 나고 죽는 문제에 견줄 만한 것은 없다. 가장 간절한 마음으로 자신의 생사를 보는 것이야말로 "생사 화두生死 話頭"를 참구하는 것이다. 지금 여기서 가장 큰 자신의 문제의식으로 제기된 것이 생사의 일이라면 생사 화두가 현성공안이 되는 것이다. 대혜는 생사대사生死大事로 귀결되는 현성공안의 "생사가 겹치는 곳(生死交加)"에서 참구하여 본참공안本參公案으로 옮겨 가라고 말하고 있다.

　이와 같이 태어난 곳을 모르고 죽어 가는 곳을 몰라 의심하는 마음이 없어지지 않는 것이 생사가 겹쳐지는 때(生死交加)이다. 이때를 당하여 반드시 생사가 겹쳐지는 곳을 향해 화두를 참구해야 한다. 이 화두가 바로 어떤 스님이 조주선사에게 묻기를 "개에게도 불성이 있습니까?" 조주가 대답하기를 "무無"라고 하였다.
　그대는 오직 태어난 곳을 모르고 죽어 가는 곳을 몰라 의심하는 마음을 무無 자 위에 옮겨 오면, 겹쳐지는 마음은 다시 조작造作하고 취향趣向하지 않는다. 일단 겹쳐진 마음이 더 이상 조작하고 취향하는 활동이 없어진다면 생사거래生死去來를 의심하는 마음 또한 끊어진다. 이때에 그대는 오직 이 활동을 단절하고 또한 아직 단절되지 않는 곳을 향해 일념으로 응대하며 항상 화두로 깨어 있으면 언젠가는 시절인연이 성숙하여 돌연히 한번 분출하여(噴地一下) 단박에 깨닫게 된다.[356]

---

[356] 『대혜어록』 권23.

화두를 하여도 화두가 되지 않고, 공부를 하여도 공부에 진전이 없을 때 물러나지 말고 더욱 용맹심을 내어 생사를 대적하는 마음으로 돌아가 "생사가 겹쳐지는 곳(生死交加)"에서 본참공안本參公案으로 넘어가야 한다. 공부가 정말 안 될 때 포기하지 말고 끝까지 밀고 나가려는 마음을 내어 어깨에 천 근의 짐을 진 것처럼 한 걸음 한 걸음 혼신의 힘을 다해 나가다 보면 문득 시절인연이 도래하는 날을 맞이하게 될 것이다. 그래서 "모름지기 굳센 믿음과 뜻을 갖추어 생각마다 머리에 타는 불을 끄듯 공부하여야 한다."357)라고 말한다. 옛사람이 말하기를 "공부가 죽어라고 안 될 때가 가장 잘 되는 때인 줄 알아라."고 하였다. 선원에서 정진하다 보면 어떤 때는 공부가 정말 잘 되는 것 같기도 하고, 어떤 때에는 정말 죽고 싶을 정도로 공부가 안 될 때가 있다. 공부에 조금 진전이 있다고 기분이 들떠 자랑하기를 좋아해서도 안 되며, 공부가 좀 안 된다고 기가 죽어 낙담할 필요가 전혀 없다. 공부란 원래 잘되어 진척이 있을 때도 있고, 잘 안 되어 퇴보하는 것 같을 때도 있다. 좋고 나쁨에 용심하지 말고 묵묵히 참구해 나가는 습인심習忍心을 길러야 한다. 잘 되든 못 되든 상관 말고 참구를 지어가다 보면 스스로 기쁜 날이 있게 마련이다. 이와 같이 화두의 의심이 일념으로 지속되면 하나의 의단疑團을 형성하게 된다. 의단에 대한 고봉스님과 무이스님의 가르침을 살펴보자.

의단이 형성되면 걷거나 앉을 적에도 의심뿐이고, 옷 입고 밥 먹을 때

---

357) 『대혜어록』 권26.

에도 의심뿐이며, 똥오줌 눌 때에도 의심뿐이니, 나아가 견문각지見聞覺知가 온통 하나의 의심일 따름이다. 의심하고 의심함에 그 의심이 힘들지 않은 곳에 도달하면 그곳이 바로 힘을 얻는 곳이다.

　의심하지 않아도 저절로 의심이 되고 화두를 들지 않아도 저절로 들어져, 아침부터 저녁까지 의심이 이어져 한 덩어리(打成一片)가 되니 털끝만치도 그 틈이 없게 되는 것이다. 흔들어도 흔들리지 아니하고, 쫓아내도 쫓겨나지 아니하며, 한없이 밝고 신령하여 늘 앞에 있되, 마치 물을 따라 흘러가는 배와 같아 전혀 손쓸 데가 없는 바로 이때가 힘을 얻는 시절이다.[358]

　참선하는 납자는 고개를 쳐들어도 하늘을 못 보고 고개를 숙여도 땅을 못 보며, 산을 보아도 산으로 보이지 않고, 물을 보아도 물로 보이지 않아야 한다. 또한 길을 걸어가도 걷는 줄을 의식하지 못하며, 앉아 있어도 앉아 있는 줄 몰라야 한다. 많은 인파 속에서도 한 사람도 눈에 보이지 않아야 한다. 그리하여 몸과 마음이 온통 의심 덩어리 하나뿐이니 세계를 하나로 뒤섞어 놓았다 할 만하다. 이 의심 덩어리를 깨뜨리지 않고서는 맹세코 마음을 쉴 수 없으니, 이것이 공부에 있어서 요긴한 것이다.[359]

---

358) 고봉, 「선요」.
359) 무이, 「참선경어」.

화두를 참구함에 화두하는 자(能)와 화두 됨(所)이 하나가 되어 의정疑情이 타성일편(打成一片: 한 덩어리)이 되어야 한다. 즉 자신이 의심과 하나가 되어야 한다. 의정이 타성일편이 되면 화두함에 힘을 덜게 된다. 화두참구에 힘을 덜고(省力) 힘을 얻으면(得力) 화두를 억지로 들지 않아도 저절로 들게 된다. 이것을 "자연화두自然話頭"라고 한다. 자연화두란 억지로 참구하려고 하지 않아도 저절로 의심이 지속적으로 이루어지는 상태를 말한다. 그래서 "다만 바른 신심을 발해서 진력하는 마음 가운데 의심이 있으면 저절로 화두(自然話頭)가 현전하리라. 만약 용을 써서 화두를 들 때에는 공부에 힘을 얻지 못하리라."[360] 즉 의심하지 않아도 저절로 의심이 되고, 화두를 들지 않아도 저절로 드는 때가 되면 세월이 멀지 않음을 알게 된다.

이와 같이 자연화두로 간격 없이 깨어 있는 상태를 성성적적惺惺寂寂이라 표현한다. 화두를 참구함에 있어서 화두가 한결같아(話頭一如) 일체 번뇌망념을 여의어 고요한 상태를 적적寂寂이라 하고, 의정이 한결같이 지속되어 화두로 깨어 있음이 성성惺惺의 경계이다. 이는 곧 적적하면서 성성하고(寂寂而惺惺), 성성하면서 적적한(惺惺而寂寂) 불이중도不二中道의 경계를 이르는 말이다.

그러므로 영가永嘉는 "성성적적惺惺寂寂은 옳고 성성망상惺惺妄想은 그르며, 적적성성寂寂惺惺은 옳지만 적적무기寂寂無記는 그르다"고 말했다. 이미 고요한(寂寂) 가운데 멍하니 있는 상태(無記)를 용납하지 않고, 또렷

---

360) 덕이, 『몽산법어』.

한(惺惺) 가운데 어지러운 생각(亂想)을 일으키지 않으니 모든 망심이 어찌 일어나겠는가?[361]

깨어 있는 가운데 고요해야지 망상으로 산란함은 잘못된 것이며, 고요한 가운데 깨어 있어야지 아무 생각 없음(無記)에 빠짐은 잘못된 것이다. 즉 일체 망념이 일어나지 않아 고요하되 화두로 깨어 있고, 화두일념으로 깨어 있되 경계에 걸림이 없어 항상 고요한 순일무잡純一無雜의 상태로 화두함을 말한다. 화두를 함에 있어 성성적적惺惺寂寂의 상태가 유지되지 않으면 혼침昏沈, 도거掉擧, 무기無記[362]에 빠지기 쉽고, 또한 마군의 경계에 침범당하기 쉽다. 몽산덕이 역시 번뇌가 쉬어 고요함 가운데 화두가 현전해야 한다고 설하고 있다.

고요함(定) 가운데 반드시 화두가 현전해야 한다. 고요함(定)을 탐하여 화두를 놓치면 안 된다. 화두를 잊으면 공空에 떨어져 도리어 고요함이 미迷하게 된다. 고요함(定) 가운데서 힘을 얻기는 쉽다. 그러니 반드시 성성惺惺하여 어둡지 않아야 한다.[363]

고요한 가운데 힘을 얻기는 쉬우나, 또한 그 가운데 화두가 없으면 혼

---

361) 보조, 『진심직설』.
362) 혼침이란 정신이 아득하여 착 가라앉은 상태를 말하며, 도거란 마음이 산란하여 붕 떠 있는 상태를 말하며, 무기란 공에 빠져 아무 생각이 없는 정신 상태를 가리키는 말이다.
363) 덕이, 『몽산법어』.

침昏沈이나 무기無記에 떨어질 염려가 있다. 그래서 고요함 가운데(寂寂) 항상 화두가 성성惺惺해야 한다는 것이다. 이것이 바로 몽산화상이 말한 "참선의 묘妙는 성성惺惺함에 있다"는 말의 의미이다. 사실 남종선의 "정혜등지定慧等持"의 사상에서 볼 때, 선정禪定 가운데 지혜智慧가 현전하고, 지혜가 현전하는 그것 역시 선정을 여의지 않는 것이다. 그러므로 선정과 지혜를 함께 닦는 "정혜쌍수定慧雙修"가 선가의 전통으로 내려오고 있다. 그런데 태고스님은 화두가 순일한 경계를 또한 공적영지空寂靈知로 표현하고 있다. 그 부분 인용문을 다시 한 번 살펴보기로 하자.

한 생각 일어나고 사라지는 것을 생사라 한다. 이 생사에 부딪혀 온 힘을 다해 화두를 들어라. 화두가 순일해지면 일어나고 사라짐이 없어질 것이다. 일어나고 사라짐이 없어짐을 일러 고요함(寂)이라 한다. 고요함 가운데 화두가 없으면 무기無記라고 하고, 고요함 가운데서도 화두가 어둡지 않음을 일러 신령스런 지혜라고 한다. 이 텅 빈 고요함(空寂) 속에 신령스런 지혜(靈知)가 있어 무너지지도 않고, 뒤섞이지도 않는다. 이와 같이 공부하면 멀지 않아 공功을 이룰 것이다. 몸과 마음이 화두와 한 덩어리가 되어 의지하고 기댈 것도 없고 마음이 있는 바도 없을 것이다.[364]

태고화상이 말한 공적영지空寂靈知는 성성적적惺惺寂寂의 다른 표현에 지나

---

364) 『태고어록』 卷上.

지 않는다. 텅 비어 고요한 가운데 신령스런 앎이 있고(空寂而靈知), 신령스런 앎 가운데 텅 비어 고요함(靈知而空寂)이 바로 성성하면서 적적한 것(惺惺而寂寂)이요, 적적하면서 성성한 경지(寂寂而惺惺)이다. 하택신회는 "공적함이 본체(體)요, 영지靈知함이 그 작용(用)이니, 본체는 작용을 여읜 본체가 아니요, 작용 또한 본체를 여읜 작용이 아니기 때문에 체용일여體用一如가 된다."고 말한 바 있다. 물결을 떠나 물을 말할 수 없고, 물을 떠나 물결이 존재할 수 없는 것과 마찬가지로 적적寂寂함을 떠나 성성惺惺함이 없으며, 성성惺惺함을 여의고 적적寂寂함이 없다. 화두를 참구함에 적적하며 성성함이 생명인 이유가 바로 여기에 있다. 화두참구가 성성적적惺惺寂寂하게 빈틈없이 지속적으로 이루어지면 화두와 내가 하나가 되어 모든 마음의 길이 끊어지는 화두삼매話頭三昧를 이루게 된다.

다시 말하면 화두할 때 화두함(能)과 화두되어짐(所)이 하나되어 주객主客과 능소能所가 끊어져 일여함이 화두삼매인 것이다. 즉 화두가 일여한 경계에 이르러 화두하는 자도 없고(能空) 화두함도 없으니(所空), 움직임(動)과 고요함(靜), 밝음(寤)과 어두움(寐)이 함께 공空하여 실로 한 법도 얻을 것이 없으니, 움직이는 가운데 고요함이 있고 고요함 가운데 움직임이 있으며, 밝음 가운데 어두움이 있고 어두움 가운데 밝음이 있게 되는 것이다. 이때 사실은 움직임(動)도 없고 고요함(靜)도 없으며, 깨어 있음(寤)도 없고 잠듦(寐)도 없는 화두삼매話頭三昧가 현전된다.

사조 도신스님은 "어떤 사람이 선사禪師인가?"라는 물음에 답하기를 "고요함(靜)과 산란함(亂)에 장애받지 아니하면 곧 훌륭한 선禪으로 용심하는 사람이다. 항상 지止에 머무르다 보면 마음은 가라앉게 되고, 오랫동안 관觀에 머무르다 보면 마음이 산란하게 된다."365)라고 했다. 수선修禪에는 산란함을 떠나야 한다. 그렇다고 고요함을 취하려고 하면 이 또한 장애가 된다. 그래서 고요함과 산란함 그 어느 쪽에도 장애받지 않아야 한다. 참 선수행을 저해하는 가장 큰 장애가 혼침과 도거인데 이것을 제거하기 위해서는 성성적적惺惺寂寂하게 몸과 마음이 화두와 하나가 되어야 한다.

태고는 혼침은 깨어 있는 마음(惺惺)으로 다스리고, 도거는 고요한 마음(寂寂)으로 다스리라고 말하고 있다. 성성적적惺惺寂寂인 상태가 바로 화두와 내가 하나 되는 것이다. 이를 이루기 위해서는 간절히 참구하는 길밖에 없다. 의정의 간절함이 극에 달하면 적적과 성성이 어우러져 타성일편打成一片이 된다. 즉 화두와 내가 한 덩어리가 되어 참구하게 되면 혼침과 도거의 병을 대치對治할 수 있다는 것이다.

고봉스님이 당시 선중禪衆들에게 말하기를, 열 해, 스무 해, 나아가 평생 동안 세상의 반연을 잊고 오로지 이 일을 밝혀 가도 이 일을 해결하지 못했던 병이 어디에 있는지 드러내 보이라고 하면서 지적한 열 가지 선병의 종류는 다음과 같다.

전생에 닦은 지혜가 없었던 것은 아닌가. 눈 밝은 스승을 만나지 못했던 것은 아닌가. 하루 공부하고 열흘 놀았던 것은 아닌가. 근기가 시원찮고 의지가 약했던 것은 아닌가. 번뇌 망상에 푹 빠져 있었던 것은 아

---

365) 「능가사자기」 「도신장」.

닌가. 공적한 곳에 걸려 막혀 있었던 것은 아닌가. 쓸데없는 잡념이 있었던 것은 아닌가. 시절인연時節因緣이 아직 도래하지 않았던 것은 아닌가. 화두를 의심하지 않았던 것은 아닌가. '얻지 못한 것을 얻었다 하고, 증득하지 못한 것을 증득했다'라고 말했던 것은 아닌가. [366]

전생은 이미 지나갔기 때문에 돌이킬 수 없다. 지금 여기에서 더욱 분발하여 근기를 새롭게 하고 지혜를 닦아야 한다. 눈을 뜨고 보면 도처에 스승이요, 선지식이다. 다만 스스로가 눈이 멀어 보지 못할 뿐이다. 공적한 데 빠져 선禪을 구하는 것도 병이요, 망상의 숲에서 헤어나지 못함도 병이다. 그리고 시절인연은 가만히 있는데 어느 날 갑자기 찾아오는 것이 아니다. 능동적이고 창조적인 삶으로 오늘을 살아가는 것이 시절인연이다. 그리고 하루 공부하고 열흘 노는 것이 해태행자의 본보기이다. 열흘 공부하고 하루 쉬는 것 또한 중도행자의 자세는 아니다. 오늘날 선문에 진정견해眞正見解를 획득한 선자가 드문 것은 화두에 의심이 철두철미하지 못할 뿐만 아니라, 공부 중 조금의 경계를 보게 되면 거기에 눌러 앉아 도인 노릇하며 확철대오確徹大悟 했다고 큰소리치며 더 이상 나아가지 않기 때문이다. 선병은 간절한 마음과 지속심이 부족한 데서 오는 마장이다. 간절한 마음과 지속하는 마음이 모든 수행의 병폐를 물리치는 열쇠이다.

---

[366] 고봉, 「선요」.

3. 공부삼단 工夫三段

부처님의 팔만사천 법문이 모두 병에 따라 처방한 약방문이요, 역대 조사의 도에 들어간 기연이 근기에 따른 방편문이다. 그래서 응병여약應病與藥이란 말이 생겨나고, 수기방편隨機方便이란 말이 회자된다. 약은 병을 치유하기 위한 약이지 약을 위한 약은 아니며, 방편은 법문에 들어가기 위한 방편이지 방편을 위한 방편이 아니다. 병이 다 나으면 약은 필요가 없으며, 법문에 온전히 들어갔으면 방편은 필요가 없다. 그러므로 강을 건너 저 언덕에 이르렀으면 뗏목은 버리는 것이며, 달을 가리키면 달을 볼 것이지 손가락에 집착하지 말라고 설하고 있는 것이다. 약과 방편은 깨달음을 위한 수단이기 때문에 깨달음을 얻고 나면 방편과 약은 버려야 한다. 그래서 대혜스님은 말하기를 "부처는 중생의 약이니, 중생에게 병이 있으면 이 약을 쓴다. 중생에게 병이 없는데도 이 약을 쓰면 도리어 병이 되는데, 어떤 병보다도 더 심한 병이 된다."라고 하였다. 방편의 약을 먹고서 병이 다 나으면 병도 약도 모두 잊고서 건강하게 살아가면 된다.

지금부터 간화종장들이 보여 준 깨달음에 들기 위한 문제제기와 방편시설에 대해 궁구해 보고자 한다. 특히 간화종주 대혜스님의 공부 과정을 자세히 들여다 보는 것으로써 참구와 방편에 대해 알아보도록 하겠다. 먼저 현재 우리의 선문에서 회자되고 있는 공부삼단工夫三段의 방편에 대해 구체적으로 살펴보기로 하자. 성철스님은 소참법문에서 이렇게 말하고 있다.

그래 공부란 것은, (겉으로) 공부하는 체하여 묵언하고, 장좌불와長坐不臥를 하고, 뭐를 하고 해도, 속을 보면 동정일여動靜一如도 안 되거든. 뭘 알았다고 한 사람 더러 봤지만 몽중夢中에도 되는 사람이 참 드물다 그 말이여. 하지만 아무래도 우리가 선방밥을 먹으려면 몽중일여夢中一如는 되어야 선방밥도 먹을 수 있는 것이지, 그러기 전엔 무엇을 가지고 공부라 할 거고? 아무리 가사를 입고 앉았다 해도 속으로는 아무것도 아니면 수좌首座라 할 수 없거든? 그러니 동정일여動靜一如 · 몽중일여夢中一如 · 숙면일여熟眠一如가 공부의 표준이 되어야 한다 이 말이야. 이게 내가 만든 법法이 아니고, 우리 불법 · 선가禪家의 근본생명이 되어 내려오는 것이야. 이렇게 된 뒤에야 이제 화두에 대한 얘기를 해야 돼.[367]

여기서 설하고 있는 동정일여動靜一如, 몽중일여夢中一如, 숙면일여熟眠一如를 공부삼단工夫三段이라 부르는 것이다. 화두 공부를 함에 있어서 이 세 단계의 과정을 거쳐야 견성오도에 이를 수 있다고 한다. 문제는 이 말씀을 방편으로 활용하지 못하고 실법實法으로 믿는 데 있다. 이것은 부처님과 조사가 세운 방편이다. 방편이란 깨달음에 들기 위한 수단이다. 방편을 잘 알아 방편을 활용해 깨달음에 들어가는 것이 방편의 역할이다. 그러나 방편에 속아 방편에 머물러 깨달음을 증득하지 못하면 오히려 방편이 독이 된다.

성철스님의 방편에 의거하면, 동정일여라고 하는 것은 말 그대로 고요하

---
[367] 성철스님의 『화두하는 법』.

게 앉아 있을 때뿐만 아니라 얘기하고 밥 먹고 분주하게 움직일 때에도 화두가 틈이 없이 일여—如한 경계를 말하는 것이다. 한 걸음 더 나아가 몽중일여란 꿈 가운데서도 여일하게 공부를 지어가야 한다는 것이며, 숙면일여란 다른 말로 오매일여寤寐—如라고도 표현하는데, 잠이 깊이 들었을 때에도 여일하며, 아울러 깨어 있을 때에나 잠잘 때에도 화두가 여일한 것을 말하고 있다. 이렇게 삼단의 과정을 거쳐 숙면일여 혹은 오매일여를 통과하여야 깨치는 것이라고 주장하고 있는 것이다. 이와 같은 방편의 말을 통해 분별망념을 여의고 깨달음을 드러내야 한다. 시대가 흐리고 사람이 흐려서 가짜가 판을 치는 세상이라 극약 처방을 한 것이다. 이러한 방편의 낙처落處가 어디에 있는지 바로 알아차리고 불이중도로 나아가야 한다. 그러면 이러한 공부삼단의 방법이 성철스님께서 만든 법이 아니고, 불법과 선가의 근본 생명으로 계승되는 공부의 표준이라면 그 연원과 의미를 살펴볼 필요가 있겠다. 먼저 태고스님과 나옹스님의 법문을 들어보도록 하자.

만일 하루에 한 번도 틈이 없는 줄 알았거든 더욱 정신을 바짝 차려서 늘 점검하되 날마다 틈이 없게 해야 합니다. 만일 사흘 동안 법대로 끊어지는 틈이 없어, 움직이거나 고요할 때에도 한결같고(動靜—如), 말하거나 침묵할 때에도 한결같아(語默—如) 화두가 항상 앞에 나타나 있되, 급히 흐르는 여울 속의 달빛 같아서 부딪쳐도 흩어지지 않아 자나 깨나 한결같으면(寤寐—如) 크게 깨칠 때가 가까워진 것입니다.[368]

---

368) 『태고록』 상권.

언제나 끊이지 않고 들어 고요하거나 시끄러운 가운데에서도 공안이 앞에 나타나며, 자나 깨나 그 화두가 분명하여 들지 않아도 저절로 의심이 되어 마치 급히 흐르는 여울 속의 달과 같아서, 부딪쳐도 흩어지지 않고 움직여도 잃지 않을 것입니다. 진실로 그런 경지에 이르면 세월을 기다리지 않아도 갑자기 한 번 온몸에 땀이 흐르게 되니, 그때는 잠자코 스스로 머리를 끄떡일 것입니다. [369]

태고스님과 나옹스님 두 분 똑같이 동정일여와 오매일여를 시설하고 있다. 이른바 "급히 흐르는 여울 속의 달빛 같아서 부딪쳐도 흩어지지 않는" 공부에 이르게 되면 깨달음의 세월을 기다리지 않아도 된다고 하는 법문을 동일하게 설하고 있음을 볼 수 있다. 이 말은 동정動靜간에 화두가 현전하고 오매寤寐에도 화두가 여일하면 깨달음이 가깝다는 것이다. 이 말은 자기 체험에서 나온 말이다. 이러한 체험이 없이 분별망념으로 제단하는 것은 금물이다. 방편이 진실된 방편인지 아닌지는 깨달음을 얻고 난 뒤에야 알 수 있다. 즉 아무리 훌륭한 방편의 문이라도 분별 망념으로 보면 제대로 이해할 수 없다. 깨닫고 나서야 방편이 방편이었음을 알게 된다. 따라서 진실로 방편의 문으로 들어가기 위해서는 방편을 부여잡고 방편을 분별로 이해하려고 하지 말고 방편을 버리고 곧장 깨달음에 들어가야 한다. 하늘의 달도 여울 속의 달도 마찬가지로 방편의 달인 줄 알 때 스스로 머리를 끄덕이게 될 것이다. 고려 말을 살다간 두 선사의 이러한 공부의 방편은

---

[369] 「나옹록」, 「득통거사에게 주는 글」.

중국 원대元代의 간화종장인 몽산화상의 법어에 영향을 받은 바가 크다고 할 수 있다. 몽산은 "고원상인과 총상인에게 주는 글"에서 다음과 같이 말하고 있다.

오래오래 공부가 한결같이 익어 가면 바야흐로 힘을 덜게 된다. 공부 지어감이 마음을 쓰지 않아도 저절로 화두가 앞에 드러날 때가 되면, 경계와 몸과 마음이 모두 이전과 같지 않게 되어, 꿈속에서도 또한 화두를 기억할 수 있게 될 것이니, 이와 같은 때에 큰 깨달음이 가까워질 것이다.370)

공부를 해 가면서 처음부터 끝까지 고요함(靜)과 깨끗함(淨)의 두 글자를 떠나지 말아야 한다. 고요함이 지극하면 곧 깨달음이 있고, 깨끗함이 지극하면 마음의 빛을 통달할 것이다. 기운이 엄숙하고 바람이 맑으며 움직이고 고요함의 경계가 마치 가을 하늘과 비슷할 때가 첫 번째의 정절(程節: 과정의 마디)이니, 바로 이때를 타고 나아가야 한다. 마치 맑은 가을 들판의 물과 같고, 오래된 사당 속의 향로와 같이 고요한 가운데 또렷하게 깨어 있어 마음이 움직이지 않을 때에, 또한 인간에게 환상과 같은 몸이 있는 줄도 알지 못하고, 오로지 화두만이 보아 끊어짐이 없이 이어져야 한다. 여기에 이르러 번뇌가 사라지려 하고 마음의 빛이 드러나려 한다면 이것이 두 번째 정절이다. 이때에 만약 느끼고 아는 마음을 낸

---

370) 덕이, 『몽산법어』 「고원상인에게 주는 글」.

다면 곧 순일한 묘함이 끊어질 것이니 큰 손해이다. 이런 허물이 없다면 움직이거나 고요할 때나 한결같고(動靜一如), 자나 깨나 또렷또렷하여(寤寐惺惺), 화두가 앞에 드러나는 것이 마치 물에 비친 달빛이 세차게 흐르는 물결 속에서도 활발하게 드러나 부딪혀도 흩어지지 않고 쓸어버려도 잃어버리지 않는 때와 같으면 안으로 고요하여 흔들림이 없고 밖으로 감각에 움직이지 않는다. 이것이 세 번째 정절이니, 의심 덩어리가 타파되고 바른 눈이 열릴 때가 가까워졌다.[371]

현재 선문에서 유행하고 있는 공부삼단工夫三段은 몽산화상의 법문에서 유래되어 태고, 나옹을 거쳐 우리나라에 전승되고 있음을 알 수 있다. 몽산은 공부의 과정을 세 단계로 나누어 설명하고 있는데, 동정이 여일한 경계를 첫 번째 정절(단계)로 보고 있으며, 고요한 가운데 또렷하여 번뇌가 사라지려 하고 마음의 빛이 드러나려 하는 때를 두 번째 정절로 설명하고 있으며, 자나 깨나 화두가 여일한 경지를 세 번째 정절로 설명하고 있는 것이다. 이러한 공부의 단계를 방편으로 활용하여 실제의 공부로 나아가야 한다. 여기서 중요한 단서는 애써 억지로 화두를 참구하지 않아도 저절로 자연스럽게 앞에 나타난다는 점이다. 저절로 의심된다는 것은 유위의 공부가 아니다. 의심으로 인해 분별의식이 없는 무위의 경지일 뿐이다. 인위적으로 억지로 화두를 부여잡고 염화두念話頭, 송화두頌話頭로써 고요한 때나 움직이는 때나, 꿈속에서나 꿈 밖에서나, 깨어 있을 때나 잠잘 때나 의식적으

---

[371] 덕이, 『몽산법어』 「총상인에게 주는 글」.

로 화두를 기억하는 것으로 동정일여, 몽중일여, 오매일여의 공부를 지어 가고 있다면 병 없는 사람이 약을 구하는 꼴이 된다. 이러한 자연의 화두 참구법은 고봉스님에게도 두드러지게 강조되고 있음을 볼 수 있다.

설암화상을 시봉하며 천녕사로 가는 도중에 화상께서 다그쳐 물었다. 하루 종일 떠들썩하게 살 때 주인공이 되느냐? 답하길, 주인공이 됩니다. 다시 물었다. 잠잘 때 꿈속에서 주인공이 되느냐? 답하길, 주인공이 됩니다. 다시 물었다. 잠이 들어 꿈도 없고 생각도 없고 보는 것도 없고 듣는 것도 없을 때에 주인공은 어디에 있느냐? 여기에 이르자 바로 대답할 말이 없고 펼칠 도리도 없었다. 설암화상이 다시 부촉하여 말하기를, 오늘부터 너는 불법을 배울 필요가 없으며, 또한 옛날과 오늘을 따져 보지도 말아라. 다만 배고프면 밥 먹고 피곤하면 잠자되, 잠에서 깨어나자마자 다시 정신을 가다듬어 의심하여라. '내가 잠을 자면 주인공은 필경 어디에 안신입명安身立命하는가?'[372]

설암화상이 고봉에게 제시한 공부는 첫째 일상의 시끄러움 가운데서도 주인공이 되느냐? 둘째 잠잘 때 꿈속에서도 주인공이 되느냐? 셋째 잠이 깊이 들어 아무 생각이 없을 때에도 주인공이 되느냐? 라고 하는 것이다. 주인공이 된다는 것은 경계에 끄달리지 않는 주체적인 삶을 살아가고 있다는 뜻이며, 분별 망념에 휘둘리지 않고 화두가 여일하다는 의미이다. 이것

---

372) 고봉, 「선요」.

은 다름 아닌 동정일여, 몽중일여, 숙면일여라는 방편의 장벽을 말하는 것이다. 일체의 사량분별의 의식을 오매일여라는 벽에 부딪치게 하여 일시에 소탕시키는 강렬한 방편의 덫을 놓고 있는 것이다. 깨어 있을 때에는 주인공이 되는데 잠이 깊이 들어서는 주인공이 되지 못한다는 이원적 분별을 벗어나기 위해 "잠을 잘 때 주인공이 어디에 편히 쉬는가?"를 의심하여 참구케 하여, 깨어 있음과 잠들어 있음이 모두 공하여 둘이 아닌 불이중도에 들게 하는 것이다. 이와 같이 고봉의 공부 과정을 살펴보면 처음에 화두에 의심을 일으키지 않음이 문제가 되었지만, 결국 설암화상의 지시에 의해 화두에 의정을 일으켜 천 가지 의심과 만 가지 의심이 오로지 하나의 의심 덩어리가 되어 홀연히 의단이 타파되어 천하가 태평하게 된 것이다.

하루는 암자에서 잠을 자다가 깨어나서 바로 이 일을 의심하고 있는데, 홀연히 함께 자던 도반이 밀쳐 낸 목침이 땅에 떨어지는 소리에 불현듯 의심 덩어리가 타파되면서 마치 그물 속에서 뛰쳐나온 듯하였다. 이전에 의심했던 부처님과 조사의 난해한 공안과 옛날과 지금의 차별된 인연들을 상기해 보니, 흡사 사주泗州에서 대성大聖을 보는 것[373]과 같았다. 멀리 떠나온 나그네가 고향으로 돌아가니, 원래 다만 옛날 그 사람이어서 옛날의 행동을 고치지 않았다. 이로부터 나라가 안정되고 천하가 태평해졌다.[374]

---

[373] 사주에서 대성을 본다는 것은 사주의 보광사에서 활동하던 승가(僧伽)대사를 친견한다는 말인데, 승가대사는 관세음의 화신이라 일컫는 분이다. 즉 관세음보살을 친견한 것처럼 일이 이루어졌음을 뜻한다.
[374] 고봉, 「선요」.

중생의 입장에서는 부처와 중생이 둘이지만, 부처의 눈으로 보면 중생과 부처는 둘이 아니다. 깨닫기 전에는 깨어 있음과 잠들어 있음이 둘이지만, 깨닫고 나면 깨어 있음과 잠들어 있음이 둘이 아니다. 문제는 깨닫기 전에는 이러한 것들이 모두 현실적 고민이요, 실체적 현상으로 다가온다는 것이다. 이러한 현실적 고민과 실체적 현상을 방편의 화두의심을 통해 그 실체 없음을 요달하여 본래부처로 살아가게 하는 것이다. 그래서 고봉도 고향에 돌아와서 보니 옛날 그대로의 사람이라고 말하는 것이다. 이러한 문제의식과 화두의 의정은 대혜에 있어서도 같은 유형으로 설해지고 있다.

다시 어느 날 담당선사가 물었다. '종고상좌(杲上座)! 나의 여기의 선禪을 너는 일시에 이해하여, 너에게 설법을 시켜도 설법을 할 수 있고, 너에게 염고拈古・송고頌古・소참小參・보설普說을 시켜도 너는 모두 할 수 있다. 오직 그렇지 않은 한 가지 일이 있으니, 너는 알겠는가?' 대혜가 말했다. '무슨 일인지 저는 모르겠습니다.' 담당선사가 말하기를 '흠! 네가 부족한 것은 하나의 이해에 있는데, 너는 이 한 가지를 이해하지 못하고 있다. 내가 방장 안에서 너와 더불어 말할 때는 곧 선禪이 있다가도 방장을 나오자마자 곧 없어져 버리고, 깨어서 생각할 때에는 곧 선禪이 있다가도 잠이 들자마자 곧 없어져 버린다. 만약 이와 같다면 어떻게 생사와 맞설 수 있겠는가?'라고 하였다. 대혜가 말했다. '바로 제가 의심하던 바입니다.'[375]

---

375) 『대혜연보』.

종고가 다시 말하였다. '제가 아직 잠이 들기 전에는 부처님이 찬탄하신 것에 의지하여 행하고 부처님이 나무라신 것은 감히 범하지 않았습니다. 이전에 스승들께 의지한 것과 스스로 공부하여 얻은 작은 것들을 또렷하게 깨어 있을 때에는 모두 마음대로 수용할 수 있습니다. 그러나 침상에서 잠이 들락말락할 때에 이미 주재主宰하지 못하고, 꿈에 황금이나 보물을 보면 꿈속에서 기뻐함이 한량없고 꿈에 사람이 칼이나 몽둥이로 핍박하거나 여러 가지 나쁜 경계를 만나면 두려워 어쩔 줄 모릅니다. 스스로 생각해 보면 이 몸은 오히려 그대로인데 다만 잠이 들면 이미 주재할 수 없는데, 하물며 지수화풍地水火風이 제각기 흩어지며 여러 고통이 맹렬히 다가올 때에 휘둘리지 않을 수 있겠습니까? 여기에 이르면 비로소 마음이 황망해집니다.' 원오선사께서는 또한 말씀하시기를 '네가 말하는 허다한 망상들이 끊어질 때를 기다려 너는 스스로 깨어 있을 때와 잠을 잘 때가 늘 하나(寤寐恒一)인 곳에 이르게 될 것이다.'라고 하였다. 처음 이 말을 들었을 때는 믿지 않고 매양 말하였습니다. '내가 스스로 돌이켜 보면 깨어 있음과 잠들어 있음이 분명히 둘인데, 어떻게 감히 입을 크게 벌려 선禪을 말하겠는가? 반드시 부처님께서 말씀하신 깨어 있음과 잠들어 있음이 늘 하나라는 말이 망령된 말이라면 나의 이 병을 꼭 없앨 필요가 없겠지만, 부처님 말씀이 과연 사람을 속이지 않는다면 이것은 곧 내 스스로가 아직 깨닫지 못한 것이다. 후에 원오선사께서 모든 부처님이 나신 곳에 훈풍이 남쪽으로부터 불어온다.'라고 하시는 말씀을 듣고서 홀연히 가슴에 걸려 있던 물건이 내려갔습니다. 비로소 부처님께서 설하신 바가 진실된 말이며, 있는 그대로의 말이며, 속이지 않는 말이며, 망령되지 않은 말이며, 사람을 속이지 않는 진정으로 큰 자비로서 몸을 가루로 만들어 목숨을 버리더라도 갚을 수 없음을 알았습니다.[376]

여기서 담당선사가 대혜에게 말하고 있는 내용을 살펴보면, 당시 26세의 대혜스님이 이미 선禪을 닦고 이해하는 수준이 고준하여 법을 설할 수도 있고, 당시에 유행하던 염고拈古, 송고頌古, 소참小參, 보설普說[377] 등 여러 가지에 능통하고 있음을 지적하고 있다. 그러나 오직 하나의 부족한 점을 지시해 주고 있는데, 즉 고요한 경계에서는 선禪이 있는데 움직이는 경계에서는 선禪이 없다고 하는 것은 동정動靜에 여일하지 못함을 지적한 것이며, 깨어 있을 때는 선이 있다가도 잠이 들어버리면 선이 없다는 것은 오매寤寐에 여일하지 못함을 지적하고 있는 것이다. 그리고 향시랑에게 보낸 편지의 내용 역시 몽중일여夢中一如와 오매일여寤寐一如를 거론하여 문제 삼고 있는 것이다. 다시 말하면 잠이 들거나 꿈속에서도 주재主宰할 수 없는데 장차 죽음을 맞이하여 지수화풍이 제각기 흩어질 때를 당하여서는 어떻게 대적할 것인가라는 문제의식으로 고민하고 있었던 것이다.

---

[376] 「대혜보각선사어록」 제29권, 「향시랑에 대한 답서」.
[377] 염고(拈古)는 고칙공안(古則公案)에 대해 자신의 견해를 밝히는 것을 말한다. 송고(頌古)는 고칙공안에 대해 자신의 견해를 운문체의 게송으로 표현한 것을 말한다. 법당에서 정식의 설법을 상당(上堂)이라 하고, 수시로 장소를 정하지 않고 대중을 위해 법을 설하는 것을 소참(小參)이라 하는데, 저녁에 행하면 만참(晚參)이 된다. 보설(普說)이란 대중을 위해 널리 정법을 설한다는 의미를 담고 있다. 상당과는 달리 형식을 다 갖추지 않는 약식의 설법을 말한다.

일체 경계에 수연자재隨緣自在하여 여여如如한 생활을 유지하는 것이 참선인의 자세이다. 즉 어떤 경계에도 부림을 당하지 않고 주체적인 삶으로 여일如一하게 살아가는 것이 당당한 수행자의 풍모이다. 고요한 경계와 움직이는 경계, 깨어 있을 때의 경계와 잠들었을 때의 경계 등 경계마다 활발발하지 못한 것이 당시 대혜스님의 실질적인 고민이자, 모든 수행자들의 문제의식이기도 하다.

이것으로 미루어 볼 때 대혜 당시에 선수행의 주된 과제로 널리 유행되고 있는 문제가 이른바 공부삼단으로 불리는 동정일여, 몽중일여, 오매일여였음을 알 수 있다. 문제는 문제 그 자체에 해답이 있다. 스승은 이 해답을 얻게 하기 위해 역으로 문제를 방편으로 제시하게 된다. 그러나 안타깝게도 대혜가 문제를 해결하기도 전에 스승인 담당선사는 열반에 들고 만다. 대혜는 27세 때에 담당의 원적을 맞이하고 그의 어록을 편찬하였으며, 담당의 부촉에 의해 이후 원오극근을 만나 이 문제를 해결하고 있음을 볼 수 있다. 『대혜어록』에는 원오스님을 친견하여 단련을 받고 깨달음을 얻는 기연을 이렇게 기술하고 있다.

"어떤 스님이 운문선사에게 묻기를 '어떤 것이 모든 부처님이 나신 곳입니까?'라고 하였다. 운문은 말하길 '동산이 물위로 간다(東山水上行).'라고 하였다. 만약 천녕(원오)이라면 그렇게 말하지 않는다. 어떤 것이 모든 부처님이 나신 곳인가? 훈풍이 남쪽에서 불어오니 전각이 조금 시원하구나." 여기에 이르자 홀연히 앞뒤의 생각이 끊어졌다. 비유하자면 한 타래 얽힌 실뭉치를 칼로써 한 번에 모두 잘라버린 것과 같았다. 그 당시 온몸에 땀이 흘렀다. 그러나 한 생각도 일어나지 않고 도리어 맑고 텅 빈 자리에 앉아 있었다.

하루는 입실入室하여 방장에 들어갔는데 노화상(원오)께서 말씀하셨다. 그대가 이런 경지에 이른 것도 쉬운 일이 아니지만, 죽어서 살아나지 못해서 안타깝구나. 언구言句를 의심하지 않는 것이 큰 병이다. 들어보지도 못했느냐. 낭떠러지에 매달려 손을 뿌리쳐 스스로 수긍하여 받아들여 죽었다가 다시 살아난다면 그대를 속일 수 없을 것이다. 반드시 이런 도리가 있음을 믿어야 한다. 나는 혼자 말했다. 나는 다만 지금 얻은 곳에 의지하여 편하게 살아갈 뿐, 다시 깨닫지는 못하고 있구나.

노화상께서는 도리어 나로 하여금 택목당擇木堂[378]에 거처하게 하시고, 시자의 일은 시키지 않으셨다. 매일 사대부들과 같이 서너 차례 입실하였는데, 다만 '있다는 구절(有句)과 없다는 구절(無句)이 마치 등나무 덩굴이 나무에 기대어 있는 것과 같다.'는 말을 꺼내어 질문하였다. 내가 입을 열어 무슨 말을 하려고 하면 곧 '아니다'라고 말씀하셨다. 이와 같이 반년이나 오직 참구하게 되었다. 하루는 여러 관원들과 함께 방장실에서 저녁을 먹을 때에 나는 단지 젓가락을 손에 쥐고 있을 뿐 밥 먹는 것을 잊고 있었다. 노화상께서 말씀하셨다. '이놈은 황양목선黃楊木禪[379]

---

378) 택목당이란 절을 방문한 관리들이 머물며 쉬는 곳을 말한다.
379) 황양목선(黃楊木禪)이란 깨달은 자리에 머물러 법상(法相)에 취해 완전한 해탈자재의 경지로 나아가지 못하고 머물러 있는 것을 말한다. 황양목은 회양목을 말하는데 회양목이 일 년에 손가락만큼만 자라서 성장이 느린 데 비유한 것이다.

을 참구하더니 도리어 움츠러들어 버렸구나.' 나는 하나의 비유를 들어 말하였다. '스님! 이 도리는 마치 개가 뜨거운 기름 솥을 보고 있는 것과 같아서 핥고 싶어도 핥을 수가 없고 버리고 싶어도 버릴 수가 없습니다.' 노화상께서 이르시길 '그대의 비유는 매우 좋구나. 다만 이것이 곧 금강권金剛圈[380]이요, 율극봉栗棘蓬이니라.'

하루는 노화상께 여쭈었다. '스님께서 오조(법연)스님 문하에 계실 당시에 일찍이 이 이야기를 물은 적이 있다고 들었습니다. 오조스님께서는 어떻게 대답하셨는지 모르겠습니다.' 스님께서는 말씀하시지 않으려 하셨다. 내가 말씀드렸다. '스님, 당시에 혼자서 질문하신 것이 아니고 대중들 앞에서 질문하셨을 것인데 지금 다시 말씀하신다고 무슨 거리낄 일이 있겠습니까?' 노화상께서 이에 말씀하셨다. '내가 묻기를, 있다는 구절과 없다는 구절이 마치 등나무 덩굴이 나무에 기댄 것과 같을 때에는 어떻습니까?'라고 하니, 조사께서 말씀하시기를 '묘사하려고 해도 묘사할 수 없고, 그리려고 해도 그릴 수가 없다.'라고 하였다. 내가 다시 물었다. '홀연히 나무가 넘어져 등나무가 말라 죽을 때에는 어떠합니까?' 조사께서 말씀하셨다. '서로 뒤따른다.' 나(대혜)는 그 말을 듣자마자 깨닫고는 말했다. '제가 깨달았습니다.' 노화상께서 말씀하셨다. '다만 그대가 공안을 투과하지 못했을까봐 걱정이다.' 내가 말씀드렸다. '스님께

---

380) 금강권(金剛圈)이란 무너지지 않는 울타리란 의미로서 무너뜨릴 수 없는 장벽과 같은 언어의 방편을 말한다. 율극봉(栗棘蓬)의 율(栗)은 밤송이, 극(棘)은 가시나무, 봉(蓬)은 쑥을 말한다. 모두 다 그대로 삼키기 불가능한 것을 가리켜, 분별 망념으로는 이해할 수 없는 격외의 언어를 시설하는 것을 말한다. 모두 공안과 화두를 두고 하는 말이다.

서 말씀해 보십시오.' 노화상께서는 연달아 일련의 어려운 공안을 말씀하셨는데, 나는 두 번 세 번 끊어 버리고 마치 태평하여 일 없는 때에 길을 가는 것처럼 다시는 지체되고 막힘이 없었다. 노화상께서 말씀하셨다. '내가 너를 속일 수 없다는 것을 이제야 비로소 알겠구나.'[381]

대혜스님은 원오선사에게 입실하여 "훈풍이 남쪽에서 불어오니 전각이 조금 시원하구나."라는 상당법어上堂法語를 듣고 "홀연히 앞뒤의 생각이 끊어져" 맑고 텅 빈 본래면목의 자리에 앉을 수가 있었다. 그리고 앞에서 언급한 깨어 있음과 잠들어 있음이 둘인 경계에서 고민하다가 이 법문을 듣고 홀연히 가슴에 걸려 있던 물건이 내려가고 오매항일寤寐恒一의 도리를 깨달았다고 말하고 있다. 즉 "가슴에 걸려 있던 것이 없어지고 나서야, 비로소 꿈꿀 때가 바로 깨어 있는 때이며 깨어 있는 때가 바로 꿈꾸는 때라는 것을 알았으며, 부처님께서 말씀하신 깨어 있을 때와 잠잘 때가 늘 하나라는 것을 비로소 스스로 알게 되었습니다. 이러한 도리는 집어내어 남에게 보여줄 수도 없고, 남에게 말해 줄 수도 없습니다. 마치 꿈속의 경계와 같아서 취할 수도 없고 버릴 수도 없습니다."[382]라고 하였다. 이것은 몽각일여夢覺一如, 오매일여寤寐一如의 문제가 해결되었음을 말하고 있는 것이다.

다시 말하면 깨어 있음과 잠자고 있음이 늘 하나라는 것을 깨달았다는 것은, 분별 망념에서는 오寤와 매寐가 두 가지 상相이었지만 분별 망념이 일어나기 이전의 본래 마음에는 오寤의 상相도 공空이요, 매寐의 상相도 공空하

---

381) 『대혜어록』, 권17.
382) 『대혜어록』, 권29.「향시랑에 대한 답서」.

여 둘이 아닌 무상실상無相實相임을 스스로 체득했다는 말이다. 즉 분별 망념에 빠져 있을 때에는 깨어 있는 마음의 상相과 잠자는 마음의 상相을 이원화二元化하여 분별하지만, 분별 망념을 벗어나면 일체 마음의 상相은 그림자에 불과하여 실체가 없는 무상無相인 것이다. 무상(無相: 모습 없음)이 곧 실상(實相: 참모습)이다. 본래 마음에는 상相이 없는데 어디에 깨어 있을 때의 마음의 상(心相)이 있고, 잠잘 때의 마음의 상(心相)이 따로 있을 수 있겠는가. 대혜가 깨달았다는 것은 깨어 있을 때는 주재하는데 잠들어 있을 때는 어째서 주재하지 못하느냐고 하는 이원二元적 망념이 사라져버렸다는 것이지, 잠이 깊이 들었을 때도 깨어 있을 때처럼 주인공 노릇하게 되었다는 것이 아니다. 깨어 있음도 없고 잠들어 있음도 없으며, 꿈속도 없고 꿈 밖도 없음을 깨달은 것이다. 그러므로 대혜는 "지인至人은 꿈이 없다고 말하는데, 여기서 '없다'는 말은 '있다 없다'의 '없다'가 아니라, 꿈과 꿈 아님이 하나일 뿐이라는 말"이라고 말하면서 아래와 같이 설하고 있다.

도리어 세간을 살펴보면 오히려 꿈속의 일과 같습니다. 교敎 가운데 본래 분명한 글이 있습니다. "오직 꿈일 뿐이니 곧 전체가 망상이다. 중생은 뒤바뀌어 매일 대하는 눈앞의 경계를 실답게 여기고, 모든 것이 꿈인 것을 전혀 알지 못한다." 아울러 그 가운데서 다시 허망하게 분별하여 망상심이 생각에 얽매인 의식이 어지럽게 일어나는 것을 참된 꿈으로 여기고 있으니, 이것이 바로 꿈속에서 꿈을 말하는 것이며 뒤바뀐(顚倒) 가운데 다시 뒤바뀐 것임을 도무지 모르는 것입니다.[383]

---
383) 『대혜어록』 권29. 「향시랑에 대한 답서」.

그러므로 대혜는 꿈과 꿈 아님이 모두 환상임을 깨달아, 모든 꿈이 그대로 진실이며 모든 진실이 그대로 꿈이어서 취할 수도 버릴 수도 없는 도리를 깨달아 "몽자재법문(夢自在法門: 꿈에 자재한 법문)"을 성취하게 하여 중생의 삿된 선정을 파하고 성불의 선정으로 들어가게 가르치고 있는 것이다. 한 생각도 일어나지 않는 맑고 텅 빈 자리에는 꿈도 없고 꿈 아님도 없으며, 깨어 있는 마음도 없고 잠들어 있는 마음도 없다. 앞의 마음도 뒤의 마음도 모두 끊어진 마음 없는 마음인 무분별의 중도실상中道實相일 뿐이다. 온 우주 삼라만상이 있는 것도 아니요 없는 것도 아닌 불이중도不二中道인 것이다. 그래서 스승인 원오가 말한 "네가 말하는 허다한 망상들이 끊어질 때를 기다려 너는 스스로 깨어 있을 때와 잠잘 때가 늘 하나(寤寐恒一)인 곳에 이르게 될 것이다."라고 한 말을 이해하게 된 것이다. 이러한 깨달음은 오로지 스스로의 참구를 통한 체득의 경지이기 때문에 마치 꿈속의 경계와 같아서 취할 수도 없고 버릴 수도 없어서 다른 사람에게 보여 줄 수도 없고, 말해 줄 수도 없는 것이다.

그러나 대혜가 깨달음은 얻었으나 아직 온전한 경지를 이루지 못하고 "한 생각도 일어나지 않고 도리어 맑고 텅 빈 자리에 앉아서" 고요한 경지에 머물러 편안하게 살아갈 뿐 해탈자재하지 못한 것이 오히려 문제가 되고 있다. 그러므로 원오선사가 "이런 경지에 이른 것도 쉬운 일은 아니지만, 죽어서 살아나지 못해서 안타깝다."라고 지적하며, 이것을 구경의 깨달음으로 인정하지 않고 조사의 언구를 의심하게 한 것이다. 죽어서 다시 살아나는 것을 사중득활死中得活, 혹은 절후재소絶後再甦라고 한다. 이것을 실천적인 언어로 표현하여 "백 척의 장대 끝에서 한 걸음 더 나아가라(百尺竿頭進一步)." 하고, 천 길 절벽에서 손을 뿌리치라는 의미로 현애살수懸崖撒手라 한다. 번뇌가 공한 줄 깨달아 공적한 선정에 앉아 있으나 활발발한 지혜를 자재하게 활용하지 못하고 있는 반쪽 공부를 죽어서 살아나지 못한 경계라고 하는 것이다. 옛선사가 말하기를 "깎아지른 절벽에서 손을 뿌리치듯(懸崖撒手) 더 나아가 깨달아 보려 해야 하니, 죽은 자리에서 다시 살아나야(絶後再甦) 자기를 속이지 않는 깨달음이니라."라고 하였다.

　맑고 텅 빈 경지에 머물러서 한 걸음 더 나아가지 못하고 있는 안타까운 제자를 위해 원오는 이른바 "있다는 구절(有句)과 없다는 구절(無句)이 마치 등나무 덩굴이 나무에 기대어 있을 때에는 어떠한가?"라는 공안을 참구케 하고 있다. 그리고 결국 대혜는 "있다는 구절과 없다는 구절이 의지한 등나무가 무너지면 어떠한가?"라는 언구 아래 깨달음을 얻고 있다. 그야말로 말 아래 바로 깨닫는 언하변오言下便悟가 이루어지는 찰나이다. 그러나 여기서 주목해야 할 것은 대혜스님이 말 아래 바로 깨달았다고는 하지만, 그 이전에 이미 많은 시간에 걸쳐 조사의 언구言句, 즉 화두를 의심하는 참구가 그 바탕에 깔려 있었다는 사실이다. 화두를 의심하는 공부가 무르익은 상태에서 스승의 한마디 지시에 의해 그 꼭지가 열리고 있는 것이다. 대혜가 자신이 화두를 참구한 체험을 바탕으로 화두에 의정을 일으키게 하는 간화선을 집대성하고 있음을 알 수 있는 대목이다. 즉 간화선의 본질이 화두참구이며, 화두참구의 본질은 의심임을 말해 주고 있는 것이다.

　그런데 문제는 항상 역으로 발상하는 데서 해결의 실마리가 생기게 마련이다. 스승 원오는 제자의 문제의식을 도리어 선교방편善巧方便으로 활용하여 일체의 사량분별을 끊어 내는 장벽으로 대치했던 것이다. 달마가 말한 "도에 들어가기 위해서는 밖으로 모든 반연을 쉬고, 안으로 헐떡거림을 없애서, 그 분별하는 마음을 장벽과 같이 해야 한다."고 한 것이 여기에 해당되는 말이다. 여기서 문제의식(분별) 자체가 도리어 방편(장벽)이 되어 문제의식(분별)을 부숴버린 것인데, 오히려 방편 자체에 속아 거기에 눌러 앉아 수행한다고 하는 사람들이 문제가 되는 것이다. 다시 말하면 병을 도리어 약으로 활용하여 병이 낫는 것을 보고, 어리석은 사람이 약을 잘못 사용해 도리어 병을 만들고 있는 격이 된 것이 현재 선문의 문제로 지적되고 있는 것이다. 즉 방편의 말을 진실의 경계로 잘못 이해한 병통이다.

화두공부를 하는 사람들이 화두를 참구함에 있어서, 화두의심이 동정일여의 경지를 통과하고, 몽중일여의 경지를 통과하여, 마지막으로 오매일여의 경지를 통과해서 대무심의 해탈경지에 도달해야 한다는 말을 듣고, 이것이 문제의식이자 곧 선교방편임을 알아야 하는 것이다. 그럼에도 불구하고 항상 의식적으로 화두를 붙잡고 기억하여 동정, 몽중, 오매에 해당하는 경지가 따로 있다는 경지론으로 이해하여 차제次第적 수정주의修定主義로 착각하는 자가 있다면 눈 푸른 간화행자라 할 수 없다. 이것은 대단히 위험한 수행의 접근임에 틀림없다. 화두할 때 화두의 일념은 일어난 바도 없고 일어나지 않음도 없다. 일어난 바가 없기 때문에 닦아 나아갈 경지도 없으며, 일어나지 않음도 없기 때문에 닦지 않을 경지도 또한 없다. 도는 닦을 것도 없고(道不用修), 또한 닦되 닦음 없이 닦는(無修之修) 것이다. 그래서 회양이 "닦아 중득함이 없지는 않지만 오염시켜서는 안 된다."라고 하는 무오염수無汚染修를 말하고 있는 것이다. 이와 같은 입장에서 보면, 동정動靜을 세우되 세운 바가 없으며, 오매寤寐를 파하되 파한 바도 없다. 세우고 파함에 자재함이 화두일념의 경계이다. 이러한 불이중도의 입장에서 순일하게 화두를 지어가는 것이 간화선看話禪인 것이다.

선정과 지혜를 균등하게 닦는 입장에서 보면, 일체의 분별심이 공적한 것 자체가 선정이며, 공적한 가운데 신령스러운 지혜가 드러나기 때문에 일체 분별이 무분별의 지혜로 살아나게 된다. 따라서 선정 그대로가 지혜이며 지혜 그대로가 선정이 되는 참구가 이루어져야 불이법문不二法門에 합당한 수행이 되는 것이다. 다시 말하면 "이뭣고?" 하는 현전일념이 이미 공한 줄 알기에 "이뭣고?" 그대로가 선정 그 자체로서 이뭣고가 되며, 공한 가운데 이뭣고의 한 생각을 짓는 바 없이 지어가는 그 자체가 그대로 지혜로 현전되는 것이다. 따라서 "이뭣고"의 화두일념이 그대로 성성적적惺惺寂寂으로 정혜쌍수定慧雙修가 되기 때문에, 이뭣고 하는 최초 일념이 온전한 무분별의 일념으로서 공적영지空寂靈知의 일념이므로 구경의 깨달음을 여읜 일념이 아니라, 이미 아뇩다라삼먁삼보리에 첫발을 내딛고 있는 일념이 되는 것이다. 그러므로 동정과 몽중 그리고 오매에도 늘 깨어 있는 주재자를 세우고 단계적 수정修定의 경지를 차례로 통과하고 나서야 무심의 경지에 계합한다고 이해하면 돈오법문頓悟法門과 연기중도緣起中道에 어긋나게 되는 것이다. 단순하게 이해하면 오로지 화두참구에 몰입하여 저절로 의정이 돈발頓發하여 동정動靜, 몽중夢中, 오매寤寐 그 어디에도 걸림 없이 한결같이 이어지게 되면, 오히려 동정, 몽중, 오매라는 이원적 분별 망념은 저절로 사라지고 본래면목이 드러나게 되는 것이다. 이것이 문제를 방편으로 돌려쓰는 자재법문이다.

그렇지 않아도 선종에서 말하고 있는 한 물건(一物), 본래면목本來面目, 주인공主人公 등으로 표현된 실체적 언어표현과 맞물려 자나 깨나 소소영영(昭昭靈靈: 밝고 신령함)한 불생불멸의 주재자主宰者를 찾는 것으로 선을 삼는 병폐가 문제로 지적되고 있는 것이다. 이러한 관점에서 "이뭣고?"를 오매일여의 경지를 투과하여 얻어지는 영원한 진아(眞我: 아트만)와 합일되는 도구로 참구한다면 연기적 중도법문과는 거리가 먼 상견常見에 떨어진 외도의 수행이 되는 것이다. 즉 화두참구가 내 안의 신령한 빛을 찾는 따위의 힌두교의 브라흐만적 명상과는 질적으로 다름에 유의해야 한다.

그러므로 육조의 제자 남양혜충南陽慧忠이 말하기를 "요즈음 남방의 불법이 크게 변해버렸다. 그들은 사대육신四大六身 속에 신령한 성품이 들어 있어 불생불멸不生不滅한다고 한다. 또 이 사대가 파괴되더라도 이 성품은 파괴되지 않는다고들 한다. 그러나 이러한 견해는 인도의 외도外道들과 같은 것이다"384)라고 하였다. 다시 말하면 육신 안에 불생불멸不生不滅하고 소소영영昭昭靈靈한 주인공이 있어 주재한다고 말하는 이는 외도의 견해라는 것이다. 종문에서는 현사玄沙스님에 의해 "소소영영한 주인공"에 대한 법문이 상세하게 설해져 그 의미를 밝혀 주고 있다.

---

384) 『산방야화』 上.

다시 한 가지로 소소영영昭昭靈靈하여 신령스럽게 아는 바탕인 지혜의 성품이 있어서 볼 수도 있고 들을 수도 있으며, 오온의 몸속에서 주재하는 자(주인)를 짓는다고 말하니, 이렇게 선지식이 되면 사람을 크게 속이는 것이다. 내가 이제 그대들에게 묻노니, "그대들이 만약에 소소영영함이 바로 너의 진실이라고 인정한다면 왜 잠잘 때에는 소소영영함을 이루지 못하는가. 만약 잠잘 때 소소영영하지 않다면 왜 또 소소영영할 때가 있는가. 그대들은 알겠는가. 이것은 도적(소소영영한 것)을 잘못 알아 아들이라 여긴 것이니, 이는 생사의 근본이요, 망상이 만들어 낸 인연의 기운이다. 내가 그대들에게 말하겠다. 그대들은 소소영영함은 다만 앞의 경계인 빛깔·소리·냄새 등의 법으로 인해 분별함이 있어서 바로 이것을 소소영영이라 말한 것이다. 그러므로 만약 앞의 경계가 없으면 그대들의 이 소소영영함은 거북 털, 토끼 뿔과 같은 것이다.385)

지금 우리의 목전에서 밝고 신령스레 아는 작용은 인식주체(六根: 眼耳鼻舌身意)에 있는 것도 아니고, 인식대상(六境: 色聲香味觸法)에 있는 것도 아니고, 이 둘이 합쳐진 인식작용(六識: 眼識 내지 意識)에 있는 것도 아니다. 그러므로 "안에 있는 것도 아니고 밖에 있는 것도 아니며 그 중간에 있는 것도 아니다."라고 말하는 것이다. 그러나 밝고 신령스럽게 알 때 알려지는 바 경계는 곧 밝게 아는 활동 자체로 주어지니, 능히 아는 자를 떠나서도 그 밝음은 없고, 알려지는 바를 떠나서도 그 밝음은 없으며, 밝은 작용 자체를 버리고

---

385) 『현사사비어록』.

도 그 밝음은 없다. 즉 신령스러운 앎은 보고 듣고 느끼고 아는(見聞覺知) 것에 속해 있는 것도 아니고 떠나 있는 것도 아니다.

그래서 현사는 말한다. 이 소소영영한 앎은 저 육진의 경계가 있음으로 해서 비로소 경계를 밝게 아는 앎이 된 것이니, 색성향色聲香 등의 경계가 없으면 이는 마치 거북 털, 토끼 뿔과 같다. 이와 같이 신령하게 앎 자체가 좇아온 바가 없는데, 소소영영하게 아는 주재자를 세운다면 이는 있되 있음 아닌 의근意根을 실로 있는 실체로 세우는 망상이다.[386]

그러므로 도적을 자식으로 오인하는 것이라고 말하는 것이다. 깨어 있을 때는 주재가 되지만 잠이 들어버리면 주재하지 못한다고 생각하는 것은, 인식주체와 인식대상 및 인식활동이 공空하여 주재하는 바 없이 주재하는 본래 마음에서 보면, 깨어 있을 때의 마음과 잠들어 있을 때의 마음이 둘이 아님을 알지 못하는 데서 오는 망상이다. 오염된 분별의식 속에서는 깨어 있는 마음을 세워서 분별함으로 해서 다시 잠들어 있을 때의 마음도 세워야 하는 것으로 착각하고 있는 것이다. 마음이 공적하여 공적한 바탕에 신령스럽게 아는 지혜가 있으나, 이렇게 아는 지혜는 아는 바 없이 아는 지혜이므로 따로 주재자를 세우지 않는다. 이와 같은 맥락에서 "이뭣고?" 화두를 보고 듣고 느끼고 아는(見聞覺知) 소소영영한 실체를 찾는 것으로 오인 한다면 이 또한 도적을 부처로 잘못 아는 격이 되어 버린다. 그래서 용성스님은 『수심정로』에서 "이뭣고?"의 참구가 "혹 소소영영한 놈이 무엇인가?"라는 실체적 물음으로 잘못 이해된 것에 대해 크게 경책하고 있다.

---

[386] 학담(鶴潭) 평석, 『현사사비선사어록』, (큰수레), p 46.

육근문六根門의 머리에 아는 빛과 그림자의 식識이 경계를 쫓아 감각하는 대로 "이것이 무엇인고?" 하며, 또 뜻뿌리(意根)에 분별하는 그림자 식識을 가지고 "이것이 무엇인고?" 하며, 또 생각으로 염念이 일어나는 뿌리(根)를 들여다보며 "이것이 무엇인고?" 하며 찾으니 이것으로부터 병이 많이 난다. 이런 사람은 공空한 병이 아니면 맑은 병이며, 그렇지 아니하면 소소영영한 것을 지키는 병이 허다하다. 이와 같은 것으로 어찌 무상대도無上大道를 증득證得하겠는가? 천칠백 화두千七百話頭에 그 참구하는 법은 통틀어서 하나이니 어찌 다름이 있겠는가? 시심마(是甚麽: 무엇인가?)[387]는 한 물건을 알지 못하여 참구하는 것이다.[388]

　존재의 참모습인 한 물건은 견문각지見聞覺知에 속해 있는 것도 아니고, 견문각지를 떠나 있는 것도 아니어서 부즉불리不卽不離한 중도실상中道實相이다. 따라서 이 한 물건에 대한 "이뭣고?"는 중도정관中道正觀에 바탕을 둔, 있는 것도 아니요 없는 것도 아닌 존재의 실상(본래면목)에 복귀하는 참구가 되어야 한다. 그래서 이뭣고의 화두는 일체 분별을 여읜 무분별로서의 의심이므로 오寤와 매寐가 본래 없는 자리에서 한결같이 참구하는 것이다. "그렇다면 '깨어 있음과 잠듦이 늘 한결같음(寤寐一如)'은 어떤 뜻인가. 이 물음의 해답은 '깨어 있음의 밝음과 잠듦의 어두움이 어디서 오는가.'를 물어 밝음과 어두움에 모두 얻을 것이 없음을 사무칠 때 물음의 자기전환이 자기

---

387) 시심마(是甚麽)는 본래 의미상으로 '무엇인가?'라고 해석해야 한다. 그러나 관행적으로 '이것이 무엇인가?'라고 이해하고 줄여서 '이뭣고?'라고 하고 있다.
388) 용성, 『수심정로』.

해답을 줄 것이다."³⁸⁹⁾

그러나 오寤와 매寐가 본래 없는 자리에서 참구한다고 하지만, 중생은 오랜 습기로 항상 그래 왔던 것처럼 오와 매가 둘인 분별 망념에 떨어지기 때문에 화두참구를 통해 일체 경계에 여여如如한 의심을 지어가야 한다. 의심이 독로獨露하여 의단이 타파되면 동動과 정靜, 몽夢과 각覺, 오寤와 매寐가 불이不二한 경계가 저절로 드러난다. 불이중도에 입각하여 화두참구가 동정에 일여하다(動靜一如) 하고, 몽중에도 일여하다(夢中一如) 하고, 오매에도 일여(寤寐一如)하다고 말하는 것이다. 이런 의미로 공부삼단工夫三段이라 말하거나, 혹은 오매일여를 통과해야 견성성불見性成佛한다고 말해도 전혀 비연기론적 차제적 수증론에 떨어지지 않게 되는 것이다. 그렇다고 공부삼단에 해당되는 경지가 각각 따로 있다고 이해해서는 안 된다. 그리고 말로만 밥 먹는 이야기를 한다고 배가 불러지는 것은 아니듯이, 참구 없이 말로만 오매항일寤寐恒一를 떠든다고 오매항일이 되는 것은 결코 아니다. 『능엄경』에서는 오매항일에 대해 이렇게 설하고 있다.

아난아, 저 선남자는 삼매를 닦아서 상음想陰³⁹⁰⁾이 다 소멸한 자이다. 이 사람은 평상시에 꿈(夢)과 생각(想)이 소멸하여 자나 깨나 늘 한결같다(寤寐恒一). 깨달음은 밝고 텅 비고 고요하여 마치 맑은 하늘과 같아서, 다시는 거친 경계의 그림자가 없다. 세간의 모든 산하대지山河大地를 보

---

389) 학담 평석, 『현사사비선사어록』, (큰수레), p 48.
390) 상음(想陰)은 상온(想蘊)을 말하는데, 오온(五蘊)인 색온(色蘊)・수온(受蘊)・상온(想蘊)・행온(行蘊)・식온(識蘊) 가운데의 상온(想蘊)을 가리킨다.

면 마치 거울에 밝게 비친 듯하여, 다가와도 달라붙지 않고 지나가도 흔적이 없다. 헛되이 받아들이고 비추고 반응하는 묵은 습기가 전혀 없고, 오직 하나의 정밀한 참됨이 있을 뿐인데, 생겨나고 사라지는 뿌리가 원래 이것으로부터 나타난다.[391]

경전의 말씀은 오매항일의 깨달음이 마치 거울이 일체의 만상을 맑고 밝게 비추지만, 정작 스스로는 집착과 흔적이 없는 공적영지空寂靈知의 경지임을 설하고 있다. 보되 보는 집착이 없고, 비추되 비추는 흔적이 없으며, 생멸하되 생멸하는 모습이 없어 일체의 분별 망상을 여읜 무상실상無相實相을 오매항일寤寐恒一로 표현하고 있다. 이것은 깨어 있음의 밝음과 잠들어 있음의 어둠이 함께 소멸한 불이법문不二法門일 뿐이다.

그런데 여기서 한 가지 점검하고 넘어가야 할 것은 한 물건(一物), 주인공主人公에 대한 물음인 "이뭣고?" 화두의 지시대명사 "이것"에 대한 대상의 문제이다. 즉 많은 부분 "이뭣고?" 화두참구의 대상인 이것, 예를 들어 대혜의 "생각하는 이것이 무엇인가."라든가, 임제의 "눈앞에 법을 설하고 듣는 이것이 무엇인가?"라든가, 보조의 "보고 듣고 느끼고 아는 이것이 무엇인가?"라든가, 혹은 "시체를 끌고 다니는 이것이 무엇인가?" 등에서 알 수 있듯이 어법상으로는 분명히 이것이 지시하고 있는 대상으로서 누구(무엇)라는 것이 전제되고 있는 것이다. 다시 말하면 행위하는 주체로서의 나(我)를 전제하고 묻게 되면, 물음 그 자체가 이미 연기緣起, 무아無我에 위배되고 있다.

---

[391] 『수능엄경』 제10권.

그렇다면 이러한 물음의 화두는 원천적으로 중도의 교설에 어긋남으로 해서 무의미한 것이 되어 버린다.

그러나 한편으로 이 물음의 화두가 유효한 이유는 중생은 여전히 자아가 존재한다는 강력한 동일시同一視, 무의식적인 믿음을 가진다는 사실에 있다.[392] 아무리 무아를 설하고 중도의 법문을 들어도 무의식적 강박관념으로 내가 있다(有我)고 느끼고 있는 사람에게는 이 물음이 효력을 발생할 수도 있다는 것이다. 왜냐하면 무아無我에 바탕을 두지 않고 출발했다 하더라도 자아自我에의 집착 혹은 소멸에 대한 강력한 애착과 공포에서 오는 몰입(화두집중)으로 인해서 일체의 정념情念이 떨어지고 오직 화두일념만이 현전된다면, 어느 순간에 자아의 관념이 무너짐과 동시에 화두는 타파되고 불이중도不二中道의 진리를 온전히 깨닫게 되는 것이다. 그러나 어떠한 화두를 참구하더라도 반드시 불이중도의 바탕 위에서 참구를 지어가야 하는 것은 철칙이다.

---

[392] 인경, 『쟁점으로 살펴보는 간화선』, p 77.

제 6 장

회향
廻向

회향
廻向

대승보살은 중생이 아프면 따라 아프다. 보살은 이미 모든 병이 공空함을 깨달았기 때문에 스스로는 병의 고통이 사라졌지만, 일체 중생이 자기와 한 몸이므로 중생이 병이 나면 보살도 따라 아프다. 이것이 보살의 자비원력이다.

오늘날 우리 수행자들의 모습을 한 번 돌이켜 보자. 일체 중생은 그만두고 나와 나의 이웃, 나와 함께 살아가고 있는 동시대 사람들의 아픔은 나와 얼마나 상관이 있는가. 미망에 사로잡혀 자신만의 안락에 빠져서 다른 이의 아픔에 아예 무관심으로 일관하고 있지는 않는지. 오히려 이웃이 나를 걱정스레 쳐다보고 있지 않는가. 일반 사람들이 오히려 종교를 걱정하고 있지 않는가. 수행이란 미명 아래 자신의 안락과 해탈만을 추구한다면 이를 어찌 불자라 할 것이며, 최상승最上乘을 닦는 수행자라 할 수 있겠는가. 최상승이란 불승佛乘이다. 부처님은 중생을 위해 겨자씨만한 땅에도 피를 흘리지 않은 곳이 없다고 하였다. 올곧은 수행자라면 안락한 곳에서 편안하게 머물면서 부드러운 음식으로 편안하게 잠자면서 오직 앉아 있는 것으로 수행을 삼는다면 이를 어찌 최상승이라 할 수 있겠는가. "중생이 아프니 나도 아프다"는 말의 의미가 무엇인지, 수행과 깨달음이 궁극적으로 누구를 위한 것인지 깊이 성찰해 보아야 할 것이다.

회향은 돌이켜 나아감(回轉趣向)이다. 자기가 쌓은 수행과 공덕을 모든 중생의 이익을 위해 되돌리는 것이 회향이다. 한편으로 깨달음을 구하고 다른 한편으로 일체 생명을 섬기겠다는 대승행자의 서원이 바로 회향의 정신이 되는 것이다. 나의 이익보다 남의 이익을 먼저 생각하는 것이 보살심이요, 회향심이다. 나와 남이 함께 불도를 이루기(自他一時成佛道) 위해, 생각과 말과 행동으로 짓고 있는 모든 공덕을 남에게 돌리는 것이 회향이다.

회향의 의미가 돌이켜(廻) 나아가는 것(向)이라고 한다면, 구체적으로 무엇을 돌이켜 어디로 나아갈 것인가. 회향이란 곧 나를 돌이켜 너에게로 나아감(廻自向他)이요, 작은 것을 돌이켜 큰 것으로 나아감(廻小向大)이요, 미움을 돌이켜 사랑으로 나아감(廻憎向愛)이요, 비방을 돌이켜 칭찬으로 나아감(廻毀向讚)이요, 예토를 돌이켜 정토로 나아감(廻濊向淨)이요, 번뇌를 돌이켜 보리로 나아감(廻煩惱向菩提)이요, 공덕을 돌이켜 성품으로 나아감(廻功德向眞性)이요, 수행을 돌이켜 깨달음으로 나아감(廻修行向證得)이요, 생사를 돌이켜 열반으로 나아감(廻生死向涅槃)이요, 중생을 돌이켜 부처로 나아감(廻衆生向諸佛)이다.

그러므로 회향은 나와 너, 작은 것과 큰 것, 미움과 사랑, 비방과 칭찬, 예토와 정토, 번뇌와 보리, 공덕과 성품(진성), 수행과 깨달음, 생사와 열반, 중생과 부처가 둘이 아닌 불이중도不二中道의 실천행이다. 그래서 초심행자初心行者의 초발심이 곧 등각보살等覺菩薩의 구경보리究竟菩提이며, 구경의 보리심이 곧 처음의 초발심이라고 말하는 것이다. 초발심이 바로 정각을 이루기(初發心是便正覺) 때문이다. 그러므로 또한 시작이 회향이요, 회향이 바로 시작이 되는 것이다.

부처님께서 사위국 기수급고독원에 계실 때 명천明天보살에게 말씀하시기를 "보살은 과거 현재 미래의 모든 부처님 처소에서 인자한 신구의身口意의 행을 닦으면서 마음을 다하여 부처와 중생을 생각하여야 하며, 이와 같이 함으로써 얻은 공덕을 모든 중생들과 함께 아뇩다라삼먁삼보리에 회향하면 큰 복과福果를 얻게 된다."393)라고 하였다. 이와 같이 자기가 얻은 공덕을 부처와 보리와 중생을 위해 회향하게 되면 큰 복락을 얻게 되는 것이다.

천태는 『마하지관』에서 "회향이라는 것은 온갖 선善을 돌이켜 보리菩提로 나아가는 것"이라고 정의하고, 이와 같이 해설하고 있다. "모든 성현들의 공덕은 넓고도 크다. 내가 지금 그것을 따라 기뻐하니, 복덕 또한 넓고 크다. 중생에게 선善이 없으면 나는 선을 베풀고, 중생에게 다 베풀고 나면 바르게 보리로 나아간다. 소리를 돌이켜 뿔피리에 넣으면 울림이 멀리서 들리는 것처럼 회향은 크나큰 이익이 된다. 바르게 회향하게 되면 삼계의 윤회를 끊고, 모든 희론戱論을 멸하며, 번뇌의 진흙을 말리고, 가시나무 숲을 없애서, 무거운 짐을 버려서 다 없앤다. 취하지도 않고, 생각하지도 않으며, 보지도 않고, 얻지도 않으며, 분별하지도 않고, 회향할 수 있는 자나, 회향되는 곳이나, 모든 법이 다 망상의 모임으로 있는 까닭에 일체 법은 생겨남이 없다(無生). 과거 현재 미래의 생겨남도 없고, 과거 현재 미래의 사라짐도 없다. 모든 법은 이와 같아서 내가 모든 법을 수순(隨順: 따라 순종함)하여 수희(隨喜: 따라 기뻐함)하고 회향廻向하는 것도, 삼세의 모든 부처님들이 다 아시는 바이며, 다 보시는 바이며, 다 받아들이는 바이다. 이것이 진실하고도 바른 회향이라고 부르며, 또한 최상을 구족한 큰 회향이라 부른다."394)

---

393) 「회향경」.
394) 지자, 『마하지관』 제7장.

요약하면 모든 법이 공空하여 일어남도 없고 사라짐도 없는(不生不滅) 줄 깨달아 일체 중생을 이익되게 하는 것이 바른 회향이며, 최상승의 회향이라고 주장하고 있는 것이다. 즉 깨달음(보리)과 불생불멸의 진리와 일체 중생을 위해 순종하고, 기뻐하고, 회향하는 것이 부처님이 증명하시는 최상승의 회향이 되는 것이다. 즉 보리와 법과 중생을 위해 회향해야 한다고 가르치고 있다.

혜원의 『대승의장』에서는 "회향이란 말은 자기의 선법善法을 돌이켜 중생에게 나아가므로 회향이라 한다."라고 밝히고, 세 종류의 회향을 설하고 있다. 첫째, 보리회향菩提廻向이니, 내가 닦은 일체 모든 선법禪法을 위없는 깨달음(菩提)으로 돌아가게 하는 것을 말한다. 둘째, 실제회향實際廻向이니, 일체의 선근 공덕을 평등하고 여실如實한 법의 성품으로 돌아가게 하는 것을 말한다. 셋째, 중생회향衆生廻向이니, 중생을 생각하기 때문에 내가 닦은 일체 모든 선법善法을 다른 이에게 돌아가게 하는 것을 말한다.

다시 말하면, 첫째로 위없는 깨달음, 즉 보리에 회향하여야 한다. 『화엄경』에서는 "보살마하살이 청정한 지원志願과 보리심의 힘으로 선근을 닦을 때 이렇게 생각한다. '이 모든 선근은 보리심으로 쌓아 모은 것이며, 보리심으로 생각한 것이며, 보리심으로 발심한 것이며, 보리심으로 지원志願한 것이며, 보리심으로 증장增長한 것이니, 모든 중생을 가엾이 여긴 것이며, 온갖 지혜를 구하기 위해서이며, 여래의 십력十力을 성취하기 위해서이다.' 이와 같이 생각할 때 선근은 더욱 자라나서 영원히 물러나지 않는다."[395]

---
395) 『화엄경』, 「십회향품」.

라고 설하고 있다. 여기서 부처님께서 설하시는 내용은 모든 선근은 오직 보리심으로 회향된다는 것이다. 『대품반야경』에서는 보리회향에 대해 다음과 같이 설하고 있다.

> 수보리는 이와 같이 말했다. "그렇습니다. 공덕의 근원인 여래를 생각하고 처음으로 보리심을 발하여 수행할 때부터 깨달음을 얻을 때까지 잠시도 잊지 않고 모든 사람의 공덕을 같이 기뻐하면서 그것을 모두 보리菩提에 돌려보낸다면 그것은 둘도 없는 공덕이 될 것입니다."[396]

이른바 처음으로 보리심을 발하여 수행할 때부터 깨달음을 얻을 때까지 잠시도 잊지 않고 모든 사람의 공덕을 같이 기뻐하면서 그것을 모두 보리菩提에 돌려보내는 것을 보리회향이라 말하고 있다. 그리고 계속해서 설하기를 사람들이 마음에 보리를 위해 회향한다는 집착이 있다면 올바른 보리회향이 아니라고 경계하고 있다. "만약 그 마음에, 나는 보리를 위해 회향廻向했다는 생각이 있다면 그 사람은 바른 공덕을 쌓은 것이 아닙니다. 그는 같이 기뻐한 대상에 마음이 걸리고, 또 회향한 사실에 집착한 것입니다. 이와 같이 사물과 마음에 집착이 남아 있는 동안은 바른 도를 성취할 수 없을 것입니다."[397] 일체 선근의 수행과 공덕을 위없는 깨달음(無上菩提)에 회향하되 한 법도 회향했다는 생각이 없어야 진실된 보리회향임을 강조

---

396) 『대품반야경』「수희품」.
397) 위의 책.

하고 있다. 왜냐하면 회향이란 돌이킨 바 없이 돌이키고, 나아가는 바 없이 나아가야 보리(깨달음)에 계합하기 때문이다. 회향하되 회향한 바가 없음이 진정한 보리회향인 것이다.

둘째, 실제로 회향함이다. 실제實際란 "평등하고 여실한 법의 성품"을 가리키는 말이다. 즉 부처님께서 깨달으신 진리의 성품을 말하는 것이다. 중생이 수행하여 깨달음을 성취한다는 것은 진리의 성품인 실제實際의 법을 깨닫는다는 것이다. 실제의 진리는 평등하고 여실如實하여 닦는 이로 하여금 부사의한 법계에 들어가 적멸과 평등의 경지를 깨닫게 한다. 그러므로 『화엄경』에서는 실제회향에 대해 이렇게 설하고 있다.

불자들이여, 보살마하살이 이러한 비길 데 없는 회향으로 일체지一切智에 나아가면 마음이 광대하기가 허공과 같이 한량이 없어 부사의한 데에 들어가며, 모든 업業과 과보가 모두 적멸한 줄을 알며, 마음이 항상 평등하고 끝없어서 일체 법계에 두루 들어가느니라.[398]

실제회향은 비길 데 없는 회향이며, 부사의법계不思議法界에 들어가는 문임을 알 수 있다. 이 실제회향 역시 회향하되 하는 바 없이(無爲) 회향되어야 위없는 보리로 나아갈 수 있다고 설하고 있다. 이에 『소품반야경』에서는 "법도 없고 법에 회향한다는 생각도 없을 때 진실로 아뇩다라삼먁삼보리에 회향하는 것"[399]이라고 설하고 있다. 이것은 일체의 법이 본래 공空하여

---
398) 『화엄경』 「십회향품」.
399) 『소품반야경』 「회향품」.

법이라 할 것도 없고 법 아니라 할 것도 없기 때문에 모든 집착을 여읜 것이 참된 법인 것이다. 모든 집착을 여읜 것이 법이므로 법에 대한 회향 또한 집착을 여의고 행해져야 하는 것이다. 다시 말하면 모든 수행자는 평등하고 적멸한 부사의법계에 들기 위해 스스로 닦은 수행의 공덕을 진리의 성품인 실제에 회향해야 한다. 마치 새가 하늘을 날아가되 자취가 없는 것처럼 회향하되 했다는 자취가 없이 행해져야 하는 것이다.

셋째, 일체 중생을 위한 중생회향이다. 『대품반야경』에서는 이렇게 설하고 있다. "보살이 처음 발심한 이래로 보시를 한 것은 일체 중생을 위하기 때문이다. 심지어 지혜를 닦음까지도 모두 일체 중생을 위함이요, 자기 자신을 위한 것이 아니니라. 보살마하살이 중생을 위하는 일 이외에 다른 일을 하지 않기 때문에 보살이 위없는 깨달음을 구하는 것은 다만 일체 중생을 위하기 때문이니라." 보살은 중생을 위해 태어난 것이다. 그렇기 때문에 중생을 위하는 일 이외에 아무것도 할 것이 없다. 따라서 보살의 모든 수행은 중생을 제도하는 것으로 완성되는 것이다.

수행자가 다른 사람이 쌓는 공덕을 기쁜 마음으로 도와주고 또 자신도 그 공덕을 쌓아, 그것을 자기만이 아니고 다른 사람들에게까지 성불하도록 널리 회향한다면, 그것은 실로 으뜸가는 공덕이라고 할 것이다. 왜냐하면 보통 사람들의 공덕은 자신만을 완전하게 하고, 깨끗하게 하며, 구제하려는 것이지만, 발심수행자의 공덕은 모든 사람들을 완전하게 하고, 깨끗이 하고, 구제하기 위해서 쌓는 것이기 때문이다. 이것이 참으로 올곧은 수행자의 용심用心인 것이다.

보살이 발심하여 구경에 무상보리를 성취하는 것은 중생을 제도하기 위함이다. 그래서 대승보살은 깨달음과 자비를 둘로 보지 않고 하나의 본분사로 여긴다. 보살이 짓는 일체의 공덕과 선법은 모두 중생을 위함이니, 중생을 위해 공空의 도리를 깨달아 보리를 성취하고 나아가 일체 중생을 위해 자비로 회향한다. 지혜와 자비가 평등하게 실천되어야 진정한 보살행이 되며 중생회향이 되는 것이다. 따라서 연수스님은 『만선동귀집』에서 다음과 같이 설하고 있다.

보살의 짓는 바 복덕은 모두가 중생을 성숙시키기 위함이니, 공空과 유有가 원융하고 자타가 걸림이 없어서 세간을 관찰함에 환(幻: 허깨비)과 같은지라 어찌 실상(實相: 참모습)의 문을 어길 것이며, 중생은 또한 공空과 같은지라 어찌 방편의 도가 없겠는가.

『반야경』에 이르기를 "보살이 두 가지 법을 성취하면 마구니가 능히 파괴하지 못하나니 첫째는 제법의 공적空寂함을 관찰함이요, 둘째는 일체 중생을 끝내 버리지 않는 것이다."라고 하였는데 논論에 해설하기를 "해와 달이 고른 인연으로 하여 만물이 윤택하게 성장할 수 있거니와, 만일 달만 있고 해가 없다면 곧 만물은 습해서 죽어버리고, 또한 해만 있고 달이 없다면 만물은 말라서 타버릴 것이다. 이와 같이 해와 달이 고르게 이어서 화합하므로 만물이 제대로 성장할 수 있듯이 보살도 고르게 화합해야 할 두 가지의 도가 있으니, 첫째는 비원悲願이요, 둘째는 깨달음(觀호: 공을 깨달음)이다. 부처님께서 이르시되 '이 두 가지 일을 겸해서 쓰므로 비록 일체가 공함을 보되 중생을 버리지 않으며, 비록 중생을 불쌍히 여기나 또한 일체가 공한 이치도 버리지 않아서, 일체 법의 공함을 살펴서 살피는 공도 또한 공하기 때문에 능히 공에 집착하여 빠지지 않는 것이다.' 하셨다. 그러므로 중생을 불쌍히 여기는 것에도 방해스럽지 않아서 비록 중생을 불쌍히 여기지만 또한 중생에 집착하여 빠지지도 않으며, 중생의 상相도 취하지 않고 다만 중생을 애민히 여기므로 모두를 인도하여 공空에 들게 할 수 있는 것이다."라고 하였다.[400]

수행을 통해 공空을 깨달아 지혜를 성취하는 것은 결국 일체 중생이 모두 공空에 깨달아 들어가게 하기 위한 방편이다. 왜냐하면 보살의 방편에서는 깨달음과 비원悲願은 결코 둘이 아니기 때문이다. 결국 이러한 여러 가지 회향도 역시 방편에 들어 일체 중생을 이롭게 하기 위함이다. 그러므로 모든 회향은 방편으로 이루어지며, 동시에 방편으로 회향되는 것이다. 그래서 『화엄경』은 방편회향方便廻向을 설하고 있는 것이다. "보살마하살이 모든 선근으로써 일체 부처님 세계에 방편으로 회향하며, 일체 보살에게 방편으로 회향하며, 일체 여래에게 방편으로 회향하며, 일체 부처님 보리에 방편으로 회향하며, 일체 넓고 큰 서원에 방편으로 회향하며, 일체 뛰어난 요긴한 길에 방편으로 회향하며, 방편으로 회향하여 일체 중생계를 깨끗이 하며, 방편으로 회향하여 일체 세계에서 부처님들이 세상에 출현하심을 항상 보며, 방편으로 회향하여 여래의 수명이 한량없음을 항상 보며, 방편으

---

400) 연수, 『만선동귀집』.

로 회향하여 부처님들이 법계에 가득하여 걸림 없고 물러가지 않는 법의 수레 굴림을 항상 보느니라." 이와 같은 의미에서 방편이 깨달음에 들어가는 문이 된다고 말하는 것이다.

선종은 파사현정破邪顯正의 방편을 기치로 내거는 대승불교의 실천 정신으로 돌아가고자 하여 일상생활 속에서 깨달음과 자비를 실천하고자 하였다. 이것이 혜능이 구현한 생활선生活禪의 면모이다. 혜능스님의 생활선 정신과 실천은 조사선의 바탕을 형성하고 있다. 이러한 조사선의 입장에서 보면 견성성불見性成佛의 상구보리와 요익중생饒益衆生의 하화중생이 결코 두 가지 모습일 수 없다. 즉 선禪의 깨달음을 말하면 바라밀행이 함께 수습되는, 이른바 『단경』이 설한 마하반야바라밀법으로서의 선행일치禪行一致가 이루어지게 되는 것이다. 따라서 "조사가 무엇인가?"라는 물음에 "깨달음과 실천행이 서로 일치함(解行相應)이 조사"라고 대답하고 있는 것이다. 그리고 영가현각은 "육도만행六度萬行이 한 생각 가운데 있어 본래 원만하다."[401]라고 말하고 있듯이, 선禪을 수행하는 현전일념現前一念을 떠나 보살의 육바라밀이 따로 실천되는 것이 아니다. 그럼에도 불구하고 선수행이 바라밀행과 일치하지 못하는 오늘날의 수행풍토는 대승의 정신에도 맞지 않으며, 조사선의 종지에도 어긋나고 있는 것이다. 최상승을 수행하는 간화행자는 마땅히 상구보리와 중생회향이 둘이 아닌 선수행이 되어야 하며, 화두참구의 일념 가운데 육바라밀이 구현되는 선행일여禪行一如의 회향이 이

---

401) 영가선사의 『증도가』에는 "육도만행이 바탕 가운데 두렷하다(六度萬行體中圓)"고 설해져 있다. 여기서 육도(六度)란 육바라밀을 가리킨다. 그리고 『증도가언기주(證道歌彦琪註)』에서는 "총체적으로 말하면 육도(六度)이고, 구별하여 말하면 만행(萬行)이다. 이 행문(行門)은 모두 한 생각 가운데 있어 본래 원만하다."라고 해설하고 있다.

루어져야 할 것이다.

정토종에서 또한 두 종류의 회향을 말하고 있다. 하나는 왕상회향往相廻向으로서 자신이 과거생과 금생에 지은 일체의 공덕을 중생에게 보시하여 다 함께 정토에 태어나고자 발원하는 것이다. 다른 하나는 환상회향還相廻向으로서 이미 정토에 태어난 연후에 대비심을 발하여 다시 이 땅으로 돌아와 중생을 교화하여 함께 불도로 향하고자 발원하는 것이다. 이것은 결국 대승보살의 무주생사無住生死와 무주열반無住涅槃의 실천을 말하고 있는 것이다. 즉 왕상회향은 보살이 지혜로 생사를 요달하여 생사에 머물지 않고 열반을 성취하는 무주생사無住生死를 의미하며, 환상회향은 열반을 성취했지만 자비가 있기에 열반에도 머물지 않고 생사의 땅으로 돌아오는 무주열반無住涅槃을 의미하는 것이다. 그리고 『왕생론주』에 "회향이란 자기의 공덕을 돌이켜 중생에게 널리 베풀어 다 함께 아미타여래를 친견하고 안락국에 태어나는 것이다."라고 말하고 있다. 예토와 정토, 중생과 부처가 둘이 아님을 깨달아, 가고 옴이 없이 일체 중생을 제도한 바 없이 제도함이 진정한 정토행자의 회향이 될 것이다. 이것이 정토의 미타행자가 가져야 할 본원력회향本願力廻向인 것이다. 본원력회향이란 곧 아미타불이 법장보살로 있을 때에 세운 서원과 성불하여 얻은 위신력으로써 극락세계에 가서 태어날 원인(因)과 부처의 과덕(佛果)으로 나타난 작용(用)과 중생을 위한 한량없는 원행願行마저도 모두 일체 중생에게 회향하는 것을 말한다.

대승보살은 일체의 실천행이 그대로 삼처회향三處廻向[402]이 되게 하는 자이며, 본분납자는 한 생각에 육도만행을 갖추어 순간순간 중생을 이롭게

---

402) 삼처회향(三處廻向)이란 위에서 말한 보리회향, 실제회향, 중생회향을 가리키는 말이다.

하는 자이다. 그러므로 지혜와 자비를 함께 닦는(悲智雙運) 대승행자는 언제 어디서나 문수의 지혜와 보현의 행원이 함께 어우러지는 삶을 살아가기를 발원해야 하는 것이다. 보현보살은 이렇게 회향할 것을 서원하고 있다.

선남자여, 또한 지은 공덕을 널리 회향한다는 것은, 처음에 부처님께 예배하고 공경하는 것으로부터 중생을 수순하는 것까지의 모든 공덕을 진법계 허공계 일체 중생에게 남김없이 회향하여, 중생으로 하여금 항상 안락하고 일체 모든 병고(病苦)가 영원히 없기를 발원하며, 악한 일을 하고자 하면 하나도 이루어지는 것이 없고, 착한 업을 닦고자 하면 모두 속히 이루어져, 일체 악취의 문은 닫아 버리고 인간이나 천상이나 열반에 이르는 바른 길을 열어 보이며, 만약 모든 중생이 그 지어 쌓은 모든 악업으로 인하여 받게 되는 무거운 고통의 과보를 내가 다 대신 받아서 저 중생들로 하여금 모두 해탈케 하여 마침내 무상보리를 성취하게 하는 것이다. 보살이 이와 같이 그 닦은 공덕을 회향하나니 허공계가 다하고 중생계가 다하고 중생의 업이 다하고 중생의 번뇌가 다하여도 나의 이 회향은 다하지 아니하여 생각 생각 상속하고 끊어짐이 없되 몸과 말과 뜻으로 짓는 일에 지치거나 싫어하는 생각이 없느니라. [403]

발심행자가 보현행원을 성취하여 널리 회향하고자 하는 목적은 모든 중생으로 하여금 정각을 이루어, 중생이 부처를 제도하고 부처가 중생을 제

---

403) 「보현행원품」.

도하는 절대 평등의 정토를 장엄하고자 함이다. 작은 공덕으로부터 큰 공덕에 이르기까지 일체의 선근 수행공덕을 모두 다른 이를 위해, 모든 중생을 위해 회향하고자 불퇴전의 발심을 행하는 자를 이름하여 보현행자라 부른다. 즉 내가 닦은 모든 공덕을 다른 이를 위해 돌이키는 것뿐만 아니라, 다른 이가 받는 갖가지 고통을 내가 대신 받기를 서원하고 실행함이 보현행자의 참된 회향이다. 내가 닦은 이 공덕을 법계의 일체 생명에게 회향하고자 하오니, "허공계가 다하고 중생계가 다하고 중생의 업이 다하고 중생의 번뇌가 다하여도 나의 이 회향은 다하지 아니하여" 세세생생 중생의 업보를 대신 받아 끊어지지 않을 것을 다짐하는 것이 최상승의 회향인 것이다.

중생의 안락과 해탈을 위해 보현행원을 성취하기 위해 전도傳道를 떠나야 한다. 부처님의 당부처럼 "세상 사람들의 이익과 행복과 안락을 위해, 한 길을 둘이서 같이 가지 말고 혼자 가라, 처음도 좋고, 중간도 좋고, 끝도 좋으며, 이치에 맞고 객관적인 표현으로 설하라. 순일무잡하고 청정한 행동을 실지로 보여라. 사랑하는 비구들아, 오직 중생들의 이익과 행복을 위해 살아라."

『정도삼매경』에 설하기를 "중생은 한 생각마다 한 몸씩 받는데 착한 생각은 천상의 몸을 받고 악한 생각은 곧 삼악도의 몸을 받아서, 이와 같이 백 가지의 생각에 백 가지의 몸을 받고, 천 가지의 생각에 천 가지의 몸을 받으며, 하루 동안에 생사의 뿌리를 심는 것이 뒤에 가서는 팔억 오천만의 여러 종류의 몸을 받게 되며, 나아가 일생 동안에 후세의 몸을 시방 세계에 가득 심어서 빈 곳이 없게 된다. 그러나 만일 한 생각이라도 일으키지 않는다면 평안히 근본으로 돌아갈 것이니, 이를 일러 '거짓 중생을 제도한다.'고 하는 것이다. 왜냐하면 생각이 바로 공적한 줄 깨달으면 따로 일으키는 곳이 없기 때문이다." 하며 또 "가히 중생 제도함을 보지 않는다." 하며 또 "일체 중생을 건져 다하여야 비로소 정각을 이루리라."[404] 하였다. 한 생각 일으킴에 집착하는 중생을 한 생각 일으키지 않음의 근본으로 돌이키는 것이 회향이다. 그러나 생각 일으킴과 생각 일으키지 않음이 모두 공하여 둘이 아님을 바로 보는 것이 진정한 의미의 불이不二회향이 되는 것이다. 불이중도는 불생不生이요 불멸不滅이다. 하루 낮 하루 밤 동안 만 번 죽고 만 번 나는 찰나중생에게 불생불멸의 법을 모두 체득케 하되, 한 중생도 제도된 바가 없음을 보는 것이 진정한 회향이다. 왜냐하면 중생을 떠나 부처가 따로 있는 것이 아니기 때문이다.

『오성론』에 설하기를 "뱀이 변하여 용이 되어도 그 비늘은 바꾸지 않고, 범부가 변하여 부처가 되어도 그 얼굴은 바꾸지 않는다. 다만 마음은 지혜로써 안을 비추고, 몸은 계로써 밖을 곧게 함을 알아야 한다. 중생이 부처를 제도하고 부처가 중생을 제도하는 것을 평등이라 한다.

중생이 부처를 제도한다는 것은 번뇌가 깨달음을 내는 것이요, 부처가 중생을 제도한다는 것은 번뇌를 멸하는 것이다. 번뇌가 없지 않기에 깨달음도 없지 않은 것이니, 그러므로 번뇌가 아니면 깨달음을 낼 수 없고, 깨달음이 아니면 번뇌를 멸할 수 없는 것을 알아야 한다. 만약 미혹할 때에

---

404) 연수, 『만선동귀집』.

는 부처가 중생을 제도하고, 깨달았을 때에는 중생이 부처를 제도한다. 왜냐하면 부처는 스스로 이루는 것이 아니라 모두 중생으로 말미암아 제도되기 때문에 모든 부처는 무명으로써 아버지를 삼고 탐애로써 어머니를 삼는다고 한다. 무명과 탐애가 모두 중생의 다른 이름이다. 중생과 무명은 오른손바닥과 왼손바닥 같아서 서로 다른 것이 아니다."405)

번뇌와 보리, 무명과 반야, 중생과 부처가 평등하여, 끊을 번뇌도 깨달을 보리도 본래 없고, 밝혀야 할 무명도 이뤄야 할 반야도 본래 없고, 제도할 중생도 제도된 부처도 본래 없음을 깨닫는 것이 불이법문不二法門에 드는 것이다. 불이법문으로 나아감이 최상의 회향을 성취하는 것이 된다. 한편 회향은 현실에서 은혜 갚음으로 나타난다. 시방 삼세의 모든 부처님과 진리와 모든 선지식과 일체 중생의 은혜에 감사하는 마음에서 우러러 섬김이 진정한 회향의 실천이 되는 것이다. 출가자는 네 가지 은혜406)에 감사하고 재가자는 특히 법의 은혜에 감사해야 한다. 모든 인연에 감사하는 것이 즉 모든 인연에 회향하는 것이 된다.

회향하는 자(能)와 회향되어짐(所)이 둘이 아닌 불이不二경계에서 돌이키는 바 없이 돌이키고, 나아가는 바 없이 나아가는 것이 진실로 원만하게 삼처로 회향(三處廻向)하는 것이다. 최상승 수행자는 성품이 공함을 깨달아 생사에도 머물지 않아야 하고, 또한 연기를 관찰하여 열반에도 머물지 않아야 한다. 내 이름을 듣는 이는 삼악도를 벗어나고(聞我名者免三道), 나의 모습

---

405) 『오성론』.
406) 네 가지 은혜란 부모, 스승, 국가, 시주의 은혜를 말한다.

을 보는 이는 모두 해탈을 얻어서(見我形者得解脫) 하루 속히 불이법문不二法門에 들어 보리회향, 실제회향, 중생회향의 방편이 이루어지기를 기도하자.

대자대비 천수천안千手千眼의 관세음보살은 어떤 눈이 진짜 정안正眼인가? 온몸 전체가 그대로 눈이다(通身是眼)! 온몸으로 보고 온몸으로 거두어 온몸으로 회향해야 한다.

『법화경』에 게송으로 설하였다.

    원하옵건대 이와 같은 공덕이   願以此功德
    일체 중생에게 널리 미쳐서   普及於一切
    우리들과 더불어 모든 중생이   我等與衆生
    모두 함께 불도를 이루어지이다   皆共成佛道

이 책이 부처님의 정법에 억만 분의 일이라도 계합되는 부분이 있다면 그 은혜가 동시대를 함께 살아가는 모든 사람과 내지 일체 생명에게 널리 회향되기를 간절히 두 손 모은다.

친절한 간화선

초판 1쇄 발행　2012년 3월　7일
초판 4쇄 발행　2014년 5월 20일

지은이　　　월암月庵

발행인　　　오세룡
주간　　　　이상근
편집·교정　　손미숙, 박성화, 최은영, 고정용
디자인　　　최지혜, 고혜정, 윤지영
펴낸곳　　　담앤북스
　　　　　서울시 종로구 사직로8길 34 (내수동) 경희궁의 아침 3단지 926호
　　　　　전화 02)765-1251　전송 02)764-1251
　　　　　전자우편 damnbooks@hanmail.net
　　　　　출판등록 제300-2011-115호

ISBN　978-89-966855-3-1　03220

이 책은 저작권 법에 따라 보호받는 저작물이므로 무단전재와 복제를 금지하며,
이 책 내용의 전부 또는 일부를 이용하려면
반드시 저작권자와 담앤북스의 서면동의를 받아야 합니다.

정가　20,000 원